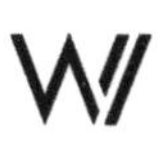

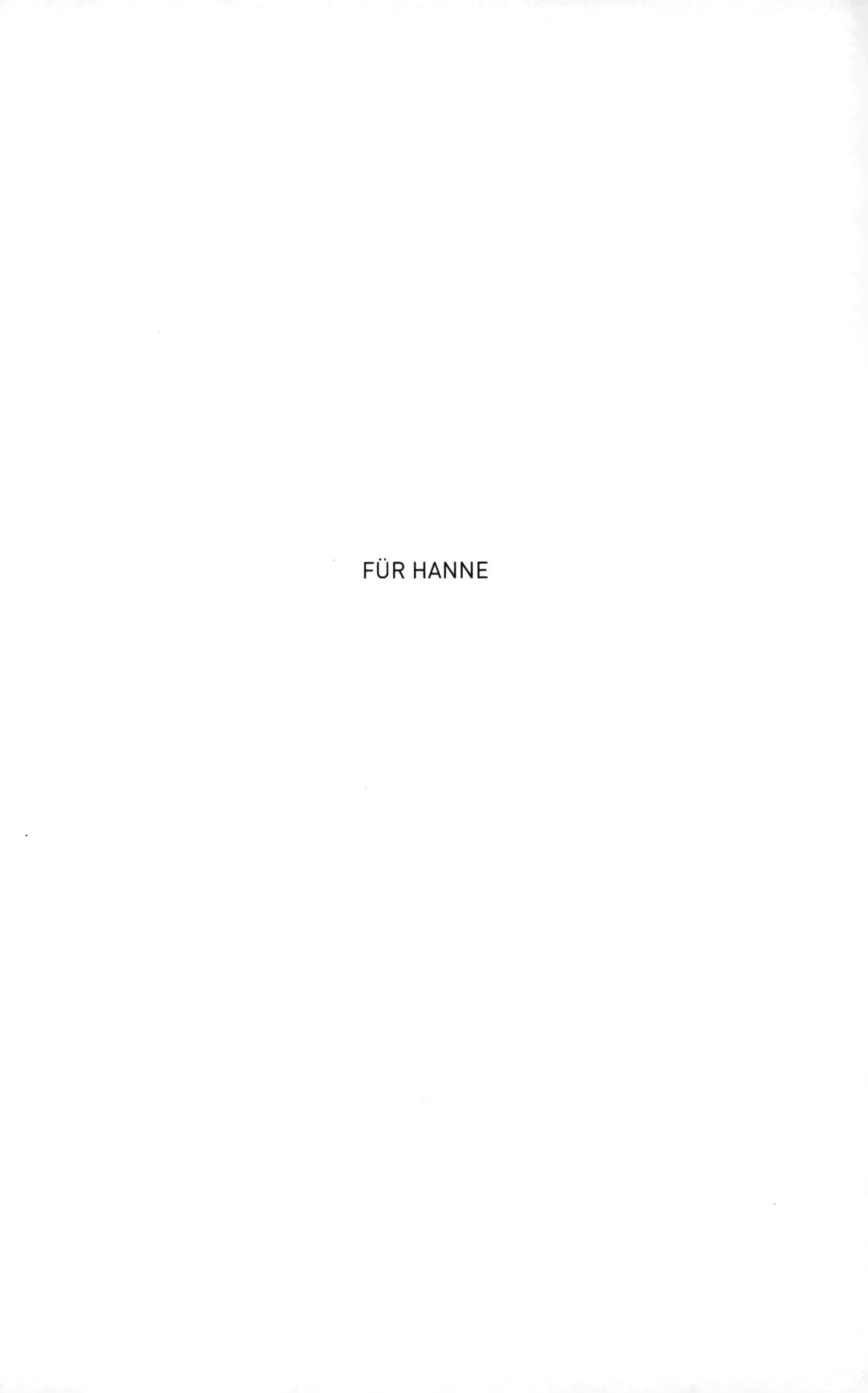

FÜR HANNE

Klaus-Werner Haupt

JOHANN WINCKELMANN

Begründer der klassischen
Archäologie und modernen
Kunstwissenschaften

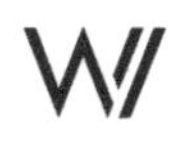

Impressum

Klaus-Werner Haupt

Johann Winckelmann
Begründer der klassischen Archäologie
und modernen Kunstwissenschaften

ISBN: 978-3-86539-718-8

2. Auflage 2018

Umschlagbild:	Johann Joachim Winckelmann, Gemälde von Anton von Maron, 1768 Klassik Stiftung Weimar
Umschlag / Layout:	Olga Bétoux, Weimar
Satz:	Anja Waldmann, Weimar
Lektorat:	Silke Wehrmann-Fischer, Weimar Susen Truffel-Reiff, Weimar
Gesamtherstellung:	CPI books GmbH, Leck – Germany

JOHANN WINCKELMANN

Begründer der klassischen Archäologie und modernen Kunstwissenschaften

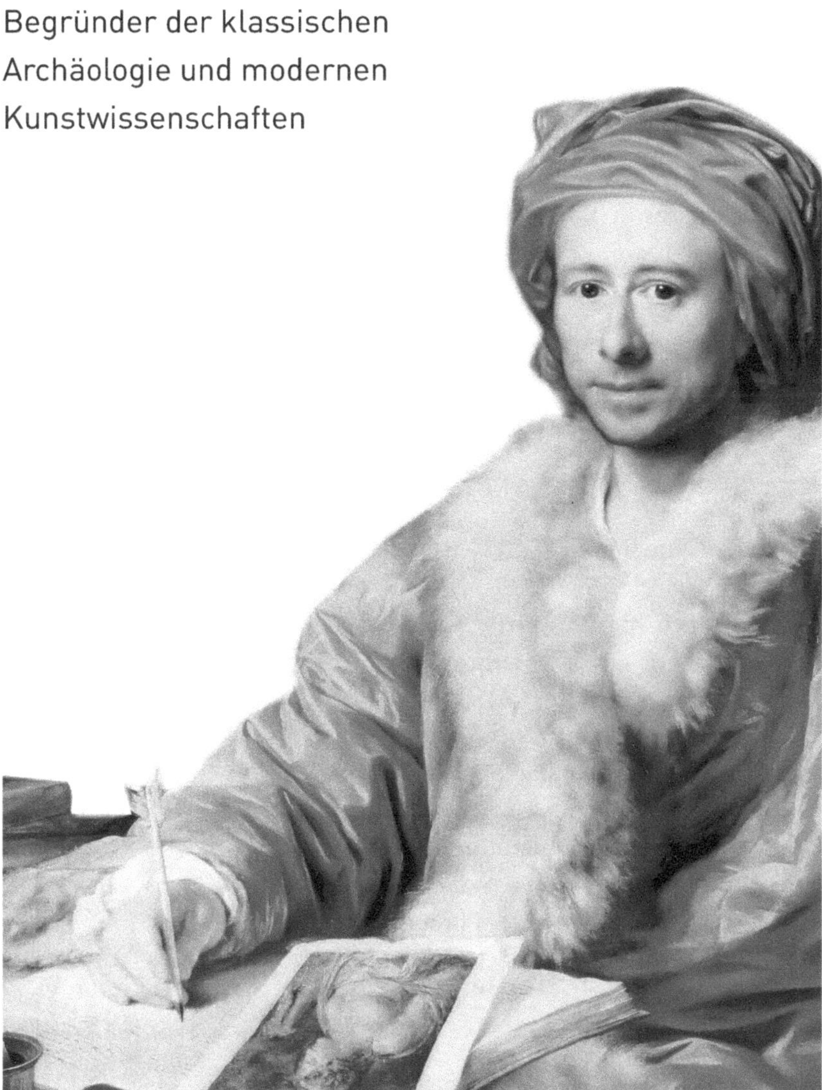

Inhalt

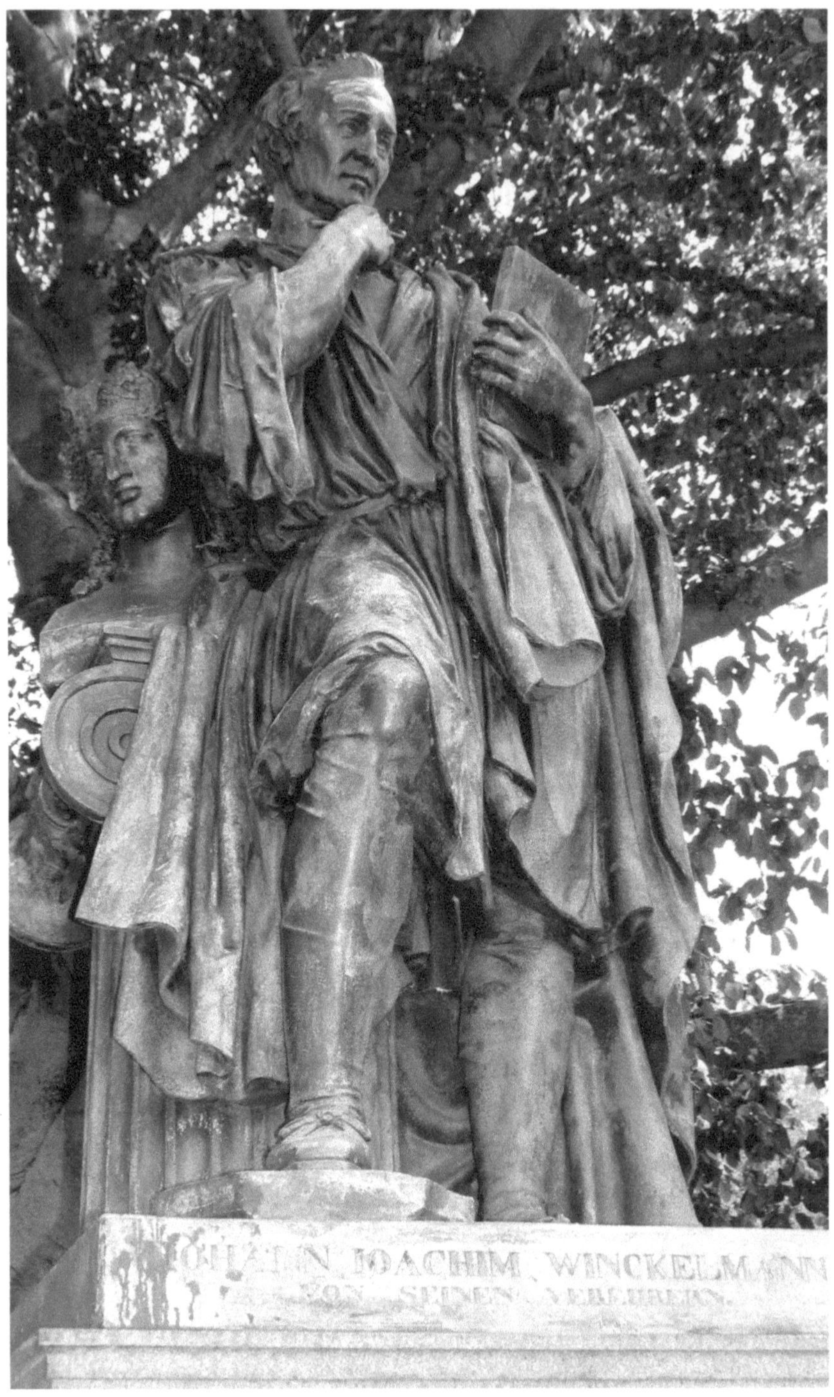

Abb. 1 Winckelmann-Denkmal in Stendal / Altmark von L.W. Wichmann, 1859

Prolog

Am 29. März 1787 nahm Johann Wolfgang von Goethe Abschied vom lebendigen, in allen Farben glänzenden Neapel. Der Vesuv und der Posillipo verloren sich für sechs Wochen aus seinen Augen. In Begleitung des Künstlers Christoph Heinrich Kniep segelte er nach Sizilien. In Catania führte ein Abbé die Gäste durch das Museum des Prinzen Biscari, „wo marmorne und eherne Bilder, Vasen und alle Arten solcher Altertümer beisammenstehen". Dann zeigte ihnen der Prinz persönlich seine berühmte Münzsammlung. „Ich lernte wieder und half mir am Winckelmannischen Faden, der uns durch die verschiedenen Kunstepochen durchleitet, so ziemlich hin" (1), notierte Goethe zufrieden. Achtzehn Jahre später widmete er dem Begründer der klassischen Archäologie und neueren Kunstwissenschaften seine Aufsatzsammlung *Winckelmann und sein Jahrhundert.*

In den antiken Kunstwerken sah Johann Joachim Winckelmann die Verkörperung ästhetischer und geistig-moralischer Schönheit: „Das allgemeine vorzügliche Kennzeichen der griechischen Meisterstücke ist endlich eine edle Einfalt und stille Größe! So wie die Tiefe des Meeres allezeit ruhig bleibt, die Oberfläche mag noch so wüten, ebenso zeigt der Ausdruck in den Figuren der Griechen bei allen Leidenschaften eine große und gesetzte Seele" (2). Sowohl mit poetischer als auch mit streitbarer Feder forderte er die Nachahmung der Alten (Griechen), weil nur aus ihrem Geiste eine Neuschöpfung möglich sei. Winckelmann erkannte, dass die antiken Kunstwerke vor allem aus der griechischen Mythologie heraus zu deuten sind. Im Gegensatz zu überholten antiquarischen Traditionen führte er den Entwicklungsbegriff in die Kunstbetrachtung ein und schuf eine Systematik für die Abfolge von Stilepochen. Seine *Gedanken über die Nachahmung der Griechischen Werke in der Malerey und Bildhauerkunst (1755)* sowie sein Hauptwerk *Geschichte der Kunst des Alterthums (1764)* beeinflussten bildende Kunst, Architektur, Mode und Literatur...

Johann Winckelmann, wie er sich selbst nannte, gelang es, mit Glück und Verstand die mit seiner niederen Herkunft verbundenen Schranken zu überwinden und sich gegenüber Neidern und Konkurrenten zu behaupten. Bereits im altmärkischen Stendal galt sein Interesse antiken Autoren. Nach Beendigung der Schulzeit in Berlin und Salzwedel nahm Winckelmann ein Theologiestudium in Halle auf. Mehr als die Hörsäle reizten ihn jedoch die Bibliotheken und Münzsammlungen. Nach zwischenzeitlicher Tätigkeit als Hauslehrer setzte er sein Studium in Jena in den Fächern höhere Mathematik und Medizin fort. Die dabei erworbenen anatomischen Kenntnisse sollten sich bei der späteren Beschreibung antiker Skulpturen als äußerst hilfreich erweisen.

Seine Freizeit nutzte der rastlose Autodidakt zum Studium der Aufklärer. Dann folgte das ungeliebte Konrektorat an der Lateinschule von Seehausen / Altmark. Obwohl er sich durchaus zum Pädagogen berufen fühlte, verspürte Winckelmann das Bedürfnis nach wissenschaftlicher Betätigung und hatte Glück. Seine erfolgreiche Bewerbung um die Bibliothekarsstelle beim Reichsgrafen Heinrich von Bünau war der Beginn einer aufsehenerregenden Karriere.

Ab 1748 erwarb er in der großen Bibliotheca Bunaviana auf Schloss Nöthnitz nützliche Fertigkeiten im Umgang mit Quellen und Dokumenten. Die Nähe zur Residenzstadt Dresden ermöglichte Studien in der renommierten Gemäldesammlung und den Kontakt zu Künstlerkreisen. Nach einem Besuch in Potsdam war Winckelmann fest entschlossen, seinen Fuß nach Rom zu setzen. Zur Verwirklichung dieses Traumes hoffte er auf sein Glück und die Gunst des Dresdner Hofes. Die Konversion zum katholischen Glauben ermöglichte ein Stipendium und damit einen zweijährigen Aufenthalt in der Ewigen Stadt. Um die Wartezeit zu überbrücken, zog Winckelmann 1754 nach Dresden um.

Die Unbeschwertheit des Hofes dominierte das Stadtbild, die großen Sammlungen waren öffentlich zugänglich. Aus dem Bibliothekar wurde ein Kunstschriftsteller. Winckelmanns Beschreibung der Sixtinischen Madonna fand immer wieder Aufmerksamkeit. Drei Gewandstatuen aus Herculaneum bildeten das Schlüsselerlebnis für die Beschäftigung mit der Antike. Nun galt es, die These vom griechischen Ursprung der Kunstwerke zu beweisen.

Ab 1755 unternahm Winckelmann in Rom archäologische Untersuchungen und beschrieb die umfangreichen Sammlungen. Sein „Lehrgebäude“ sollte helfen, die antike Kunst zu betrachten und zu verstehen. Das Wesen eines Kunstwerkes zu erkennen, setzte aber die Fähigkeit das Schöne zu empfinden voraus. Auszüge aus der literarischen Feder Winckelmanns veranschaulichen, mit welcher Euphorie er sich seinem Publikum mitzuteilen versuchte.

1758 führte ihn die erste Reise an den Golf von Neapel. Endlich würde er auch die Schauplätze am Vesuv mit eigenen Augen sehen können. Doch das Königspaar verwahrte die antiken Schätze vor der Öffentlichkeit. Nur „mit den Augen eines schleichenden Diebes“ gelangte Winckelmann an die Ausgrabungsstätten. Sein nachfolgendes *Sendschreiben von den Herculanischen Entdeckungen (1762)* sorgte zunächst für große Aufregung, doch bald galt es als wegweisend für die Archäologie als Wissenschaft.

Dank seiner Sach- und Sprachkenntnisse wurde Winckelmann – der Schustersohn aus Deutschland – im April 1763 zum Präsidenten der Altertümer in und um Rom ernannt. Zu seinen Dienstpflichten gehörte die Führung prominenter Reisender durch die Ewige Stadt. Die Residenzen Dessau-Wörlitz, Gotha und Weimar sind Beispiele für den nachhaltigen Einfluss Winckelmanns auf die Antikenrezeption des ausgehenden 18. Jahrhunderts. Seine Formel von „edler Einfalt und stiller Größe" beförderte das humanistische Gedankengut der sogenannten Weimarer Klassik. Mit Christoph Martin Wieland holte die Herzogin Anna Amalia 1772 eine Persönlichkeit an ihren Hof, deren künstlerisches wie theoretisches Schaffen den „Kosmos Weimar" zum Strahlen brachte.

Nach der Amtsübernahme durch Herzog Carl August folgten Johann Wolfgang Goethe und Johann Gottfried Herder. Die Sehnsucht nach Italien und das Miteinander von Adel und Bürgertum prägten die Bildung sowohl in Weimar als auch in Jena. 1788 kehrte Goethe von seiner italienischen Reise nach Thüringen zurück. Im September begegnete er in Rudolstadt zum ersten Mal Friedrich Schiller. Dessen Gedicht *Die Götter Griechenlands* fand seine Aufmerksamkeit, doch sollten weitere sechs Jahre vergehen, bevor der Briefwechsel der beiden Dichterpersönlichkeiten die Grundlage für ihre Freundschaft und das Entstehen „klassischer" Werke legte.

Die Jahre 1794 bis 1805 waren vom gemeinsamen Bemühen um vorbildliche Sprache und Literatur geprägt. Die griechisch-römische Antike schien dafür ein unerschöpflicher Quell. Schließlich veröffentlichte Goethe seine Aufsatzsammlung *Winckelmann und sein Jahrhundert in Briefen und Aufsätzen* und trug damit zu einem objektiveren Bild über die Person und das Schaffen des Altertumsforschers bei. Auch dieses Buch versucht dem Leser eine ungewöhnliche Persönlichkeit nahezubringen, deren Name im 21. Jahrhundert noch immer von sich reden macht.

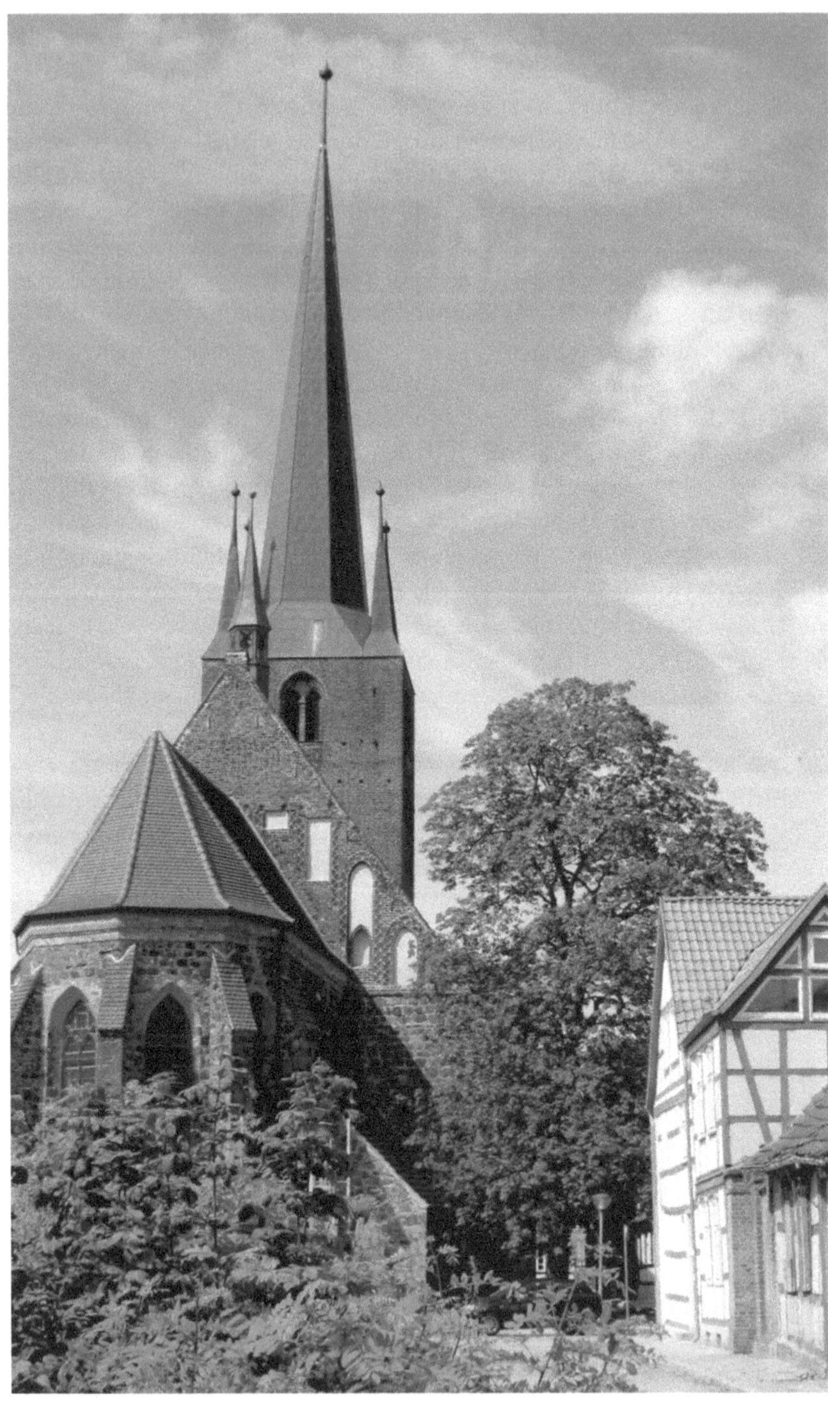

Abb. 2 Kirche St. Petri in Stendal, 2011

Lateinschule in Stendal

Die Stadt Stendal ist geprägt von mittelalterlicher Backsteingotik, denn sie war einst die reichste der sieben altmärkischen Hansestädte. Hier kreuzten sich die hansischen Handelswege Magdeburg – Wismar – Lüneburg. Auf den alles verheerenden Dreißigjährigen Krieg folgte die Pest. Zu Beginn des 18. Jahrhunderts lebten in Stendal noch 3.000 Einwohner, die imposanten Backsteinbauten, Kirchen und Klosteranlagen waren dem Verfall preisgegeben. Friedrich Wilhelm I., König in Preußen und Markgraf von Brandenburg, wollte sein Land durch eine leistungsfähige Verwaltung voranbringen. Ein Edikt vom 28. September 1717 forderte zum Schulbesuch auf. Solide geistige Fertigkeiten sollten die Grundlage für ein effizientes Beamtentum schaffen. Gefürchtet war der eigenhändige Aktenvermerk des Königs: „cito citissimo", schnell, schnellstens – zack, zack!

Am 9. Dezember anno 1717 erblickte das erste und einzige Kind der Schuhmacherfamilie Winckelmann das Licht jener Welt. Drei Tage später, am dritten Advent, ließen Anna Maria und Martin Winckelmann ihren Sohn in der nahegelegenen Petrikirche auf den Namen Johann Joachim taufen. Als Paten waren der Kaiserliche Protonotarius Nicolaus Wernicke, der Schuhmacher Johann Georg Mechau und die Fleischersfrau Anna Gewalt anwesend. Noch Ende des 19. Jahrhunderts hieß es im Volksmund: „Im Dom die Reichen – Marien desgleichen – Jakobi die Arm'n – Petri, daß sich Gott erbarm". St. Petri war die kleinste und älteste der Pfarrkirchen, die Kirche der „kleinen Leute". Heute zählt die Petrikirche zu den wichtigsten Baudenkmälern im Nordwesten der Stendaler Altstadt.

Unweit der Kirche, in der Lehmstraße 263 (seit 1844 Winckelmannstraße 36), bewohnte die junge Familie eine strohgedeckte Schusterkate. Deren zweifenstriges Vorderhaus war sowohl Werkstatt als auch Wohnzimmer. Die Schlafstätte der Eltern befand sich in einem Alkoven, die des Sohnes in einer Kammer nebenan. Zwischen Lederflicken und Werkzeug wuchs Johann Joachim heran. Da das Schusterhandwerk nach dem Tuchmachergewerbe in Stendal zahlenmäßig besonders häufig vertreten war, konnte Martin Winckelmann nur mit geringen Einkünften rechnen.

Zu Ostern 1723, das Einschulungsalter lag im Ermessen der Eltern, wurde Johann Joachim eingeschult. Traditionell hätte er in die Fußstapfen des Vaters treten sollen, doch mit zehn Jahren wechselte der aufgeweckte Junge von der Elementarschule auf die städtische Lateinschule.

Diese Vorläufer der humanistischen Gymnasien bereiteten ihre Schüler auf einen geistlichen Beruf oder ein Universitätsstudium vor. Rektor der Stendaler Lateinschule war Esais Wilhelm Tappert. Im Alter von

30 Jahren war er aus Neu-Haldensleben, der „Stadt zwischen den Wäldern", nach Stendal berufen worden. Zu Ostern 1696 trat er sein Amt an und verhalf der Schule in den folgenden vier Jahrzehnten wieder zu Ansehen. An ihn und seine Frau Anna Catharina, geb. Stegmann, erinnert ein Epitaph in der Stendaler Stadt- und Ratskirche St. Marien.

Da der Westwall noch die Stadtmauer trug, führte Winckelmanns Schulweg wohl von der Lehmstraße über die Petrikirchstraße, Wüste Worth und Birkenhagen zum Mönchskirchhof. Unterrichtet wurde unter unwürdigen Bedingungen im ehemaligen Chor der Kirche (heute befindet sich an gleicher Stelle das Stadtarchiv, Brüderstraße 16). Das Gebäude war im 16. Jahrhundert durch ein Feuer schwer beschädigt worden, für fünf Klassen existierten lediglich zwei Öfen. An die Anlage des Franziskanerklosters erinnert ein zweigeschossiges Backsteingebäude mit gotischen Fenstern, in dessen Obergeschoss sich die Bibliothek befand (heute Stadtbibliothek, Mönchskirchhof 1).

Die Stundenpläne dominierte das Trivium von Grammatik, Dialektik und Rhetorik. Deutsch hatte das Lateinische als Unterrichtssprache abgelöst. Der Griechischunterricht beschränkte sich auf die Lektüre des Neuen Testaments und kleinere Schriften mit lehrhaftem Charakter. Winckelmanns Interesse galt der Rhetorik Ciceros und den Versen Vergils, die er exzerpierte. Zu seiner Lektüre gehörten Schriften der griechisch-römischen Geschichtsschreiber Herodian und Cassius Dio.

Der Rektor erkannte das Talent seines Schülers und ernannte ihn 1732 zu seinem Amanuensis. Als Gehilfe lebte der Fünfzehnjährige fortan in dessen Haus neben der Klosterkirche. Während gemeinsamer Spaziergänge führte Johann Joachim seinen erblindenden Rektor vor das noch immer prachtvolle Uenglinger Tor. Vorbei am Gertraudenhospital und Georgenhospital erreichte man die Mühlenberge, wo immer ein frisches Lüftchen wehte.

Winckelmann war Begleiter, Sekretär und Vorleser des Rektors. Sein Schulfreund und „Bruder" Konrad Friedrich Uden erinnerte sich, dass Johann Joachim durch unablässiges Studieren bald solche Fortschritte machte, „daß er in der Lateinischen und Griechischen Litteratur allen seinen Mitschülern zum Muster vorgestellet wurde" (3).

Im Jahre 1733 hatte er auch die Aufsicht über die bescheidene, in einem Schrank verschlossene Schulbibliothek. Neben lateinischen Klassikern fanden sich darin einige Bände des Erziehungswerkes *Der Geöfnete Ritter-Plaz (1700).* Es war von dem Hamburger Buchhändler Benjamin Schiller herausgegeben worden, „weil doch ohnedem der gantze Menschliche Verstand einer Wanderschaft gleichet" (4). Wie ein Lehrgebäude sollte der Band der Vorbereitung junger Adliger auf Bildungsreise und Studi-

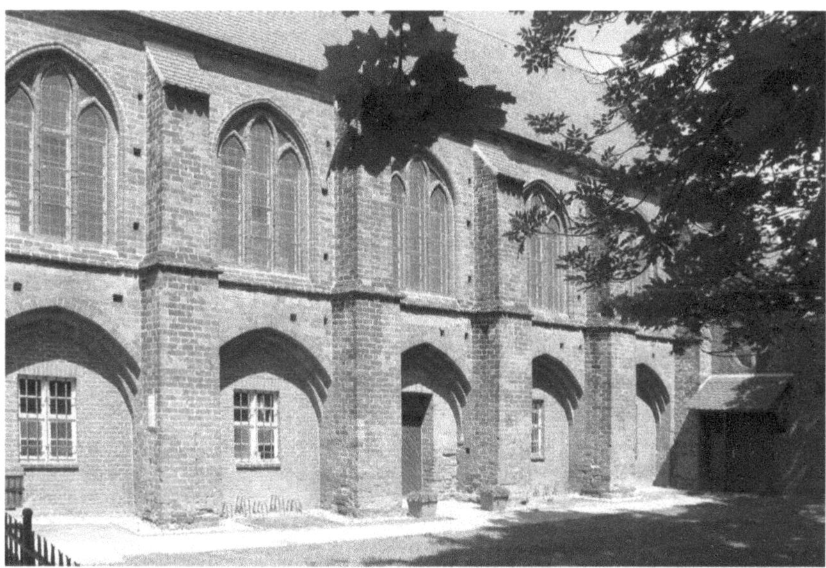

Abb. 3 Mönchskirchhof in Stendal, 2011

um dienen. Zahlreiche Tafeln und Kupferstiche zu Bau- und Bildhauerkunst, Malerei, Münz- und Medaillenkunde weckten auch in dem Schustersohn die Sehnsucht nach der Ferne. Tatsächlich war er nicht einmal in der Lage, die Aufwendungen für persönliche Dinge und zusätzlichen Unterricht (Geometrie, Geschichte und Geographie) zu bestreiten. Um zu seinem Lebensunterhalt beizutragen, ließ sich der Junge in die Kurrende aufnehmen. In der Marienkirche betätigte er sich als Organist oder zog mit dem Laufchor umher. Viel zu oft fiel dafür der Nachmittagsunterricht aus. 1734 / 35 stand ihm als Präfekt der Kurrende ein Viertel der Einnahmen zu, sogenannte Freitische bei wohlhabenden Familien sicherten die tägliche warme Mahlzeit. Pfarrer Schröder und Oberküster Fulß, die Familie des Obergerichtsrats Goldbeck sowie der Lehrer Rassbach waren Winckelmanns „teure Seelen und Wohltäter".

Dem engagierten Rektor Tappert gelang es, die Eltern von der „Bücherkenntnis" und sprachlichen Begabung Johann Joachims zu überzeugen. In der Hoffnung, der Kirche einen würdigen Diener schenken zu können, stimmte der Schuster Martin Winckelmann schließlich einem Universitätsstudium zu. Am 9. April 1734 ersuchte er dafür beim Magistrat der Stadt Stendal um finanzielle Unterstützung. Begleitet wurde das Gesuch von einem lateinisch verfassten Bittschreiben seines Sohnes. Die Übersetzung des Briefes (das Original befindet sich im Winckelmann-Museum Stendal) liest sich auszugsweise so:

„Hochedelste, hochgeehrteste, allerkundigste und allerklügste Herren, jedweis zu verehrende Herren Patrone.

Es errötet fürwahr mein schlichter, noch obendrein in den Worten des einfachen Volkes gleichsam mit dickerem Faden gesponnener Brief, kaum angemessen einer Versammlung von Männern, ausgezeichnet mit so vielfältiger allgemeiner Erfahrung und Klugheit, mit dem ich Euch, Ihr Herren, anrufe, die Ihr im Lichte der Öffentlichkeit und in diesem Welttheater eine herausragende Stellung einnehmt, die Ihr die Steuerruder dieses Staatsschiffes haltet. Aber ebenso, wie Ihr durch untrügliche Zeichen Euer Wohlwollen und Eure Geneigtheit allen gegenüber, die ihren Sinn wissenschaftlichen Studien zuwenden, kundgetan habt, so bin ich auch voll Hoffnung, daß nach der Lektüre dieses Briefes ein von Euch ausgehender Lufthauch der Güte sich mir nicht versagen wird. Denn wenn auch mein gesamtes Sinnen und Denken sich darauf richtet, mit allen Kräften den Geist durch die Studien zu bilden, die später einmal dem Vaterland, dem Staate von Nutzen sind, [...]; so schlägt jedoch jene drückende Armut, die das Knabenalter begleitet hat, auch dieses, für das Erlernen der Wissenschaften so geeignete Lebensalter in Fesseln, so daß ich endlich an der Akademie, gleichsam bei jenem Erhandeln der schönen Künste und Wissenschaften, mein Wissen kaum vermehren kann. Euch, hochangesehenste Herren, bitte ich mit allem Nachdruck, und zwar so, daß ich überhaupt nicht mit größerem Eifer und aus tieferem Herzen bitten kann, daß Ihr, um Eurer Güte gegen die Studien der schönen Künste und Wissenschaften willen, mich Armen! mit der Wohltat unterstützt, mit der Ihr diejenigen Kinder von Bürgern guten Leumunds auszuzeichnen pflegt, die ernsthaft studieren. [...]

Euer hochangesehenster Namen ergebenster Verehrer
Johann Joachim Winckelmann,
Zögling der Stendaler Schule“ (5)

Dieses unterwürfige Stipendiengesuch, obwohl von Rektor Tappert nachdrücklich befürwortet, blieb unbeantwortet. Erst musste zu ermessen sein, wann der Antragsteller seine Schulzeit beenden würde. Nachdem Winckelmann 1738 sein Examen abgelegt hatte, wandte er sich ein zweites Mal an die Herren Patrone – und erhielt folgende Antwort: Obwohl einem Handwerkersohn nicht zustände, mehr zu werden als sein Vater, entschied der Magistrat, für die Jahre 1739 und 1740 „würdig academihren“ zuzustimmen. Aus der Schönbeckschen Fundation wurden ihm dafür 15 Taler bewilligt.

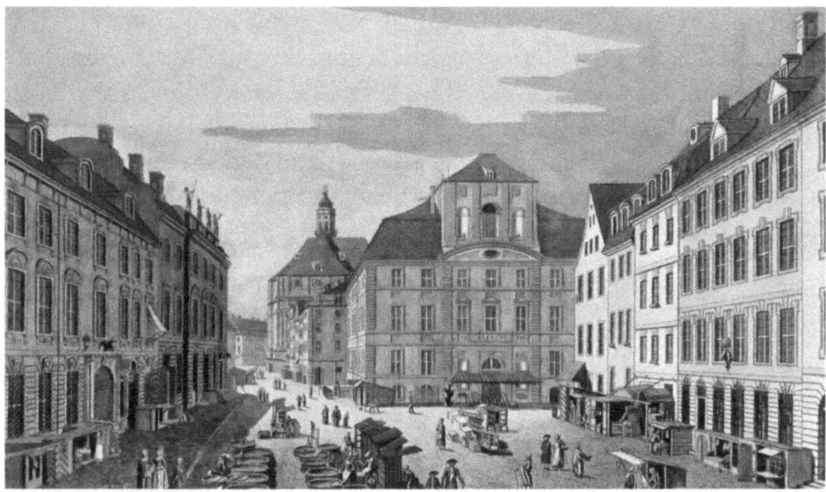

Abb. 4 Cöllnisches Rathaus. Gouache von Johann Georg Rosenberg, 1784

Gymnasiast in Berlin und Salzwedel

Mit den Städten Cölln, Friedrichswerder, Dorotheenstadt und Friedrichstadt entwickelte sich Berlin zusehends zu einer Königlichen Haupt- und Residenzstadt. Von 1734 bis 1737 ließ Friedrich Wilhelm I. (der „Soldatenkönig") eine 14 Kilometer lange und rund drei Meter hohe Ziegelmauer errichten. Sie sollte vor Schmugglern schützen und die Fahnenflucht seiner Soldaten verhindern, vor allem aber als Zollschranke dienen. Am Vorgängerbau des Brandenburger Tores sowie an weiteren 13 Stadttoren kassierten Staatsbeamte die Akzise (Binnenzoll).

Durch das Potsdamer Tor und die Friedrichstadt gelangte Winckelmann im Frühjahr 1735 nach Berlin. Sein Ziel war die Cöllnische Lateinschule, wo er seine Kenntnisse in griechischer Sprache und Literatur erweitern wollte. Tappert unterstützte seinen Eleven mit Büchergeld aus der Schönbeckschen Fundation.

1730 hatte ein Brand mit der gotischen Petrikirche auch die Lateinschule vernichtet. Aus diesem Grunde wurden die Schüler im Cöllnischen Rathaus, Ecke Breite Straße / Scharrenstraße, unterrichtet.

Der Rektor Friederich Bake, ein Freund Tapperts, gewährte Winckelmann freie Kost und Logis. Dafür verpflichtete er ihn als „Pädagogen" für seine eigenen Kinder – das bedeutete Übernahme von Aufsicht und Nachmittagsunterricht. An der Cöllnischen Lateinschule wurde neben dem Lesen auch Wert auf das wirkungsvolle Vortragen deutscher Texte gelegt. Liturgie und Latein sowie zahlreiche weitere Fächer (Theorie der

Staatsverfassung, Gelehrtenbiografien, Naturwissenschaften und Sachkunde) sollten den Priesternachwuchs auf das Studium vorbereiten.

Der Konrektor der Lateinschule war Christian Tobias Damm. Er weckte das Interesse Winckelmanns für die antiken Klassiker – den Dramatiker Sophokles, den Historiker Herodot und den Epiker Homer. Der als Verfasser der Ilias und Odyssee geltende Homer wurde für ihn zur Verkörperung der griechischen Welt schlechthin.

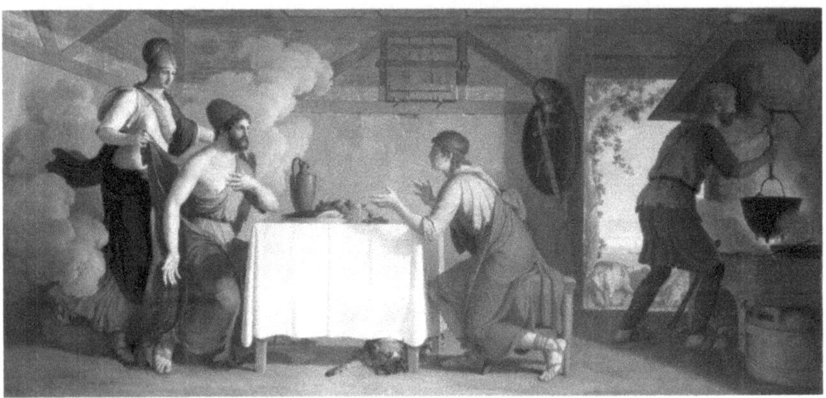

Abb. 5 „Odysseus gibt sich Telemach zu erkennen" von Johannes August Nahl d.J., 1803

Von Homer übernahm er den metaphorischen und poetischen Sprachstil – die Kunst, sinnliche Empfindungen in einem poetischen Text wiederzugeben, Unbelebtes als lebendig erscheinen zu lassen. Mehrfach ließ sich Winckelmann mit Homers Büste abbilden und bezog sich in seinen Schriften auf ihn.

Die Beliebtheit homerischer Epen rührt vom Sagenkreis um den Trojanischen Krieg: Odysseus, König von Ithaka, erscheint als erfindungsreicher Held, der den Griechen zum Sieg verhilft. Unverdrossen wartet seine kluge Gemahlin Penelope auf die Rückkehr des Gatten. Ihr Sohn Telemachos wächst unter dem Schutz der Göttin Athene (röm. Minerva) auf, die ihm in Gestalt des wohlwollenden Mentors nützliche Ratschläge gibt. Als Odysseus nach langer Irrfahrt nach Ithaka zurückkehrt, betritt er als Bettler verkleidet die Hütte des Sauhirten Eumaios. Dort erfährt er unerkannt von den Geschehnissen während seiner zwanzigjährigen Abwesenheit und trifft auf Telemachos. Zeus' strahlende Tochter Athene entdeckt ihm seinen Vater. – Der Maler Johann August Nahl der Jüngere führte Anfang des 19. Jahrhunderts Aufträge für das Weimarer Schloss aus (Abb. 5).

Wegen ihrer bildhaften Sprache und moralischen Wirksamkeit gehörten Homers Epen bereits in der Antike zum Schulkanon. Damm bemühte sich, das Fach griechische Sprache und Literatur wieder an den Schulen zu etablieren. Er war der Ansicht, die Griechen müssten nachgeahmt werden, um etwas Beifallswürdiges entstehen zu lassen. Der Philologe verfasste selbst eine Einführung in das Griechische sowie ein Handbuch zur *Mythologie der Griechen und Römer.* 1765 erschien ein etymologisch geordnetes Wörterbuch. Zu den Freunden Damms – dem „griechischen Orakel der Spreestadt" – zählten die Aufklärer Friedrich Nicolai und Moses Mendelssohn.

Von Cöllns historischem Zentrum mit Petrikirche, Lateinschule und Fischmarkt gelangte man damals über die Mühlendammbrücke nach Alt-Berlin. Dort lockte die Königliche Bibliothek. Im „Apothekerflügel" des Stadtschlosses – dem Palazzo Madama in Rom nachempfunden – war die 50.000 Bände umfassende Bibliothek öffentlich zugänglich. Aber der Schüler Winckelmann war nach Berlin gekommen, weil er sich gründlicher auf das Universitätsstudium vorbereiten wollte. Offenbar stellten ihn die wenigen Stunden Griechischunterricht nicht zufrieden.

Im Herbst 1736 kehrte er vorzeitig in die altmärkische Heimat zurück, was ihm auf dem Zeugnis einen entsprechenden Vermerk des Rektors Bake einbrachte, der lebenslange Gültigkeit besitzen sollte:

„Homo vagus et inconstans" – Ein rastloser und unsteter Mensch

Nach kurzem Aufenthalt im heimatlichen Stendal begab sich Winckelmann nach Salzwedel.

Das 18. Jahrhundert prägte die Hansestadt Salzwedel wesentlich. 1713 erfolgte die Vereinigung der Altstadt mit der Neustadt. Eng verbunden mit der Schul- und Stadtgeschichte ist der Name des Pädagogen Johann Friedrich Danneil. Ab 1804 war er als Lehrer und ab 1819 als Rektor am Salzwedeler Gymnasium tätig und widmete sich prähistorischen Forschungen. Danneil gilt als Mitbegründer des 3-Perioden-Systems der Ur- und Frühgeschichte (Stein-, Bronze-, Eisenzeit). Da sich in der Altmark zahlreiche Hügelgräberfelder („Hünengräber") befinden, kann die archäologische Forschung in der Altmark auf eine lange Tradition zurückblicken. Zwischen Seehausen, Arendsee und Osterburg finden sich in der Gemarkung Bretsch drei Großsteingräber, die auf eine Besiedlung in der Jungsteinzeit schließen lassen. Nach Berichten von Danneil nahm Winckelmann dort in den 1740er Jahren mit Schülern erste Untersuchungen vor. Von ihm selbst sind darüber allerdings keine Aufzeichnungen erhalten (6).

Am 15. November 1736 schrieb er sich in die Altstädter Lateinschule ein. Sie befand sich im ehemaligen Franziskanerkloster gegenüber der

Mönchskirche. Dem dortigen Rektor Johann Georg Scholle eilte der Ruf besonders guter Griechischkenntnisse voraus. Tatsächlich konnte Winckelmann bei ihm seine „schöne griechische Hand“ herausbilden. Allerdings vernachlässigte er – wie er sich nicht schämte, in späteren Schriften zu bekennen – die Normen der deutschen Muttersprache und des Lateinischen. Im Frühjahr 1738 legte er bei dem redlichen Scholle sein Examen ab.

Die Fachwerkstadt Salzwedel blieb ihm als „dignus amore locus“, ein liebenswerter Ort, in Erinnerung. Grund dafür waren nicht zuletzt persönliche Bekanntschaften wie der zehnjährige Privatschüler Schuster und dessen Stiefvater Heller, bei dem Winckelmann in den Genuss von Freitischen kam. Weitere Kontakte bestanden zu der Familie des Schusters Rörs sowie zu dem Pfarrerssohn Gottfried Christian Roth aus Bombeck bei Osterwohle.

Besonders die erste Hälfte des 18. Jahrhundert war von der Buchgelehrsamkeit geprägt. Bücher zu sammeln, faszinierte Adel und Bürgertum gleichermaßen. Im April 1736 war in Hamburg der Philologe und Gymnasialprofessor Johann Albert Fabricius, Verfasser der *Biblioteca Latina* und der *Bibliotheca Graeca*, verstorben. Dessen Bücher sollten auf mehreren Auktionen versteigert werden. Am 17. Februar 1738 fand in Hamburg eine weitere Auktion statt. Winckelmann scheute den 120 Kilometer langen Fußweg durch das Kurfürstentum Braunschweig-Lüneburg nicht. Dank des Zehrpfennigs von Gönnern unterwegs bestritt er nicht nur die Kosten der mehrtägigen Reise, sondern erwarb aus dem Nachlass des Fabricius auch mehrere Werke griechischer und römischer Klassiker.

Als Student der Theologie in Halle

Für eine Anstellung im preußischen Staatsdienst war nach dem Willen des Königs eine zweijährige Studienzeit an der Friedrichs-Universität Halle zu absolvieren. Aus der Alma Mater Hallensis gingen im 18. Jahrhundert so berühmte Persönlichkeiten wie der Komponist Georg Friedrich Händel, der Altphilologe Johann Friedrich Christ oder der Sozialpädagoge und Publizist Johannes Daniel Falk hervor. Unter dem Einfluss des Rechtsgelehrten Christian Thomasius und des Universalgelehrten Christian Wolff entwickelte sich die Friedrichs-Universität zu einem der Ausgangspunkte der deutschen Aufklärung. Da ihn seine pietistischen Gegner des Atheismus beschuldigten, hatte Wolff 1723 Preußen zwar verlassen müssen, aber seine in deutscher Sprache verfassten Abhandlungen beeinflussten das Denken nachhaltig. 1740 holte Friedrich II. den Philosophen zurück.

Gern hätte Winckelmann wohl Medizin studiert, aber die Theologische Fakultät war die einzige, die mittellosen Studenten die Studiengebühren erließ. Am 4. April 1738 schrieb sich der 20-Jährige in der Ratswaage neben dem halleschen Alten Rathaus in die Matrikel ein.

Neben den theologischen Kollegs von Siegmund Jakob Baumgarten – von Voltaire „die Krone deutscher Gelehrter" genannt – und Joachim Lange belegte Winckelmann vier Semester lang Vorlesungen zu Literatur, Eloquentia (Redegewandtheit), Ästhetik und Medizin. Zu den Modephilosophen der damaligen Zeit zählte auch Wolffs Schüler Alexander Gottlieb Baumgarten, der die Theorie der sinnlichen Erkenntnis begründete: Analog zur Ratio sollte der Geschmack zur Herausbildung eines Urteils dienen, folglich erfuhren Dichtung und Poesie eine Aufwertung. Baumgartens Konzeption der Ästhetik übte großen Einfluss auf seine Zeitgenossen aus.

Friedrich Eberhard Boysen aus Halberstadt berichtete, dass sein Kommilitone Winckelmann den Herodot auf eine Art zu interpretieren wusste, „als ob ihn ein Genius dazu inspiriert hätte" (7). Allerdings soll Winckelmann die Bibliotheken – darunter die bibliophilen Schätze der Kulissenbibliothek der Franckeschen Stiftungen – häufiger als die wenig anregenden Hörsäle besucht haben. Mitte Juni 1738 begab er sich sogar nach Dresden, um im Zwinger die kurfürstliche Bibliothek zu besuchen. Sie stand unter der Oberaufsicht des Hofkaplans und Bibliothekars Johann Christian Götze. Dass Winckelmann die Vermählung von Maria Amalia, der kurfürstlichen Prinzessin, mit König Karl III. von Neapel und Sizilien nicht erwähnte, muss nicht verwundern: Die Trauung wurde am 9. Mai in Pillnitz per procura vollzogen. Wenige Tage später reisten die Braut und ihr Bruder nach Neapel ab.

Winckelmann war zwar ein bibliophiler Mensch, aber durchaus kein langweiliger „Bücherwurm". Davon zeugen seine Kontakte zu zahlreichen Studienfreunden: Hieronymus Dietrich Berendis aus Seehausen / Altmark, Gottlob Burchard Genzmer aus Hohen-Lübbichow (poln. Cedynia), Friedrich Wilhelm Marpurg aus Wendemark und Karl Gottlieb Theophil Guichard aus Magdeburg. Laut Genzmer war ihre Gesellschaft unvollkommen, wenn Winckelmann nicht dabei war. Er sei immer aufgeräumt, scherzhaft und gesprächig gewesen und verstand es, „Schnurren aus alten und neuen Zeiten" zu erzählen.

Um zu den Prüfungen zugelassen zu werden, hätte der Student Winckelmann allerdings zwei weitere Semester nachweisen müssen. Nach vier Semestern brach Winckelmann sein Studium ab. Am 22. Februar 1740 händigte Christian Benedict Michaelis, der Dekan der Theologischen Fakultät, „IOHANNES GEORGIUS WINCKELMANN" ein zwar wohlwollendes, aber nur „sehr kahles Theol. Zeugniß" aus (8).

Winckelmann blieb in Halle und sammelte erste praktische Erfahrungen. Der 72-jährige Kanzler und erste Ordinarius der Juristischen Fakultät, Johann Peter von Ludewig, vertraute ihm die Neuordnung seiner Privatbibliothek an. Zwei Jahre vor Winckelmann hatte ein Student namens Johann Wilhelm Ludwig Gleim daran sein Glück versucht. Mit nahezu 13.500 Bänden und 800 Handschriften war Ludewigs Sammlung weit umfangreicher als die Universitätsbibliothek.

Sein um sechs Monate verlängerter Aufenthalt in der Universitätsstadt Halle bot Winckelmann aber auch Gelegenheit, modernere Gelehrte zu hören, die nicht nur ihr Lehrbuchwissen weitergaben. Gottfried Sellius las neben Rechtsgeschichte auch über Naturwissenschaften und Physik. Der Orientalist und Theologe Christian Benedict Michaelis interpretierte die Bibel unter sprachwissenschaftlichem, quellen- und textkritischem Aspekt.

Johann Heinrich Schulze wirkte als Professor für Medizin, Altertumskunde und Beredsamkeit. Seine Sammlung griechischer und römischer Münzen bildete den Grundstock der archäologischen Universitätssammlung. Wegen ihrer Motive waren Münzen einerseits reizvolle Sammelstücke, andererseits wertvolle Anschauungsobjekte. Durch Schulzes Sammlung könnte in Winckelmann der Wunsch gereift sein, die abgebildeten Schauplätze selbst besuchen zu wollen. Weshalb er sich als Student nicht gründlicher mit Altertumswissenschaften befasste, kann nur an seiner Abneigung gegenüber dem Universitätsbetrieb gelegen haben.

Die antike Drachme („eine Handvoll") bezeichnet eine Gewichts- und Münzeinheit aus Silber, die Tetradrachme ist eine Großsilbermünze im Wert von vier Drachmen (Abb. 6). Die kunstvoll ausgeführten Prägungen zeigen oft Tierbilder, die ihre Entsprechungen in den Wappen der Städte haben. Glaukes (Eulen) symbolisieren Klugheit und gelten als Attribute der Göttin Athene. Es ist also überflüssig, „Eulen nach Athen zu tragen".

Winckelmann korrespondierte mit dem klassischen Philologen Johann Matthias Gesner. Er war als Konrektor des Wilhelm-Ernst-Gymnasiums sowie Verwalter der herzoglichen Münzsammlung und Bibliothek in Weimar tätig gewesen, bevor er das Rektorat der Thomasschule in Leipzig übernahm. Da man Gesner eine Lehrerlaubnis an der Universität verwehrte, folgte er 1734 dem Ruf des hannoverschen Staatsministers Gerlach Adolph Freiherr von Münchhausen nach Göttingen. Dort wirkte er als Direktor der Universitätsbibliothek, der Bibliotheca Buloviana, und Universitätsprofessor. Gesner reformierte den Latein- und Griechischunterricht und gründete das Göttinger Philologische Seminar.

In Leipzig begründete Johann Friedrich Christ den akademischen Archäologie-Unterricht. Christ war 1729 in die Messestadt gekommen. Als

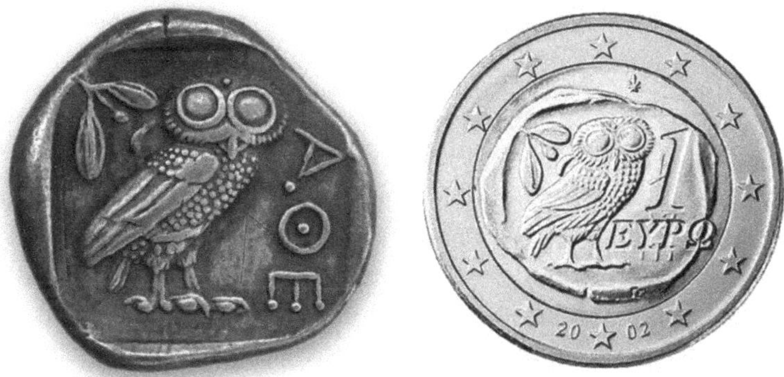

Abb. 6 Antike Tetradrachme (ca. 450 v. Chr.) und griechische Euromünze

Hofmeister des zweiten Sohnes vom Grafen Bünau bereiste er Oberitalien, bevor er an der Alma Mater Lipsiensis lehrte – zunächst als Professor für Geschichte und ab 1739 auch für Dichtkunst. Christ gilt als deutschsprachiger Vorgänger Winckelmanns. Er legte seinen Studenten erstmals Originale zur empirischen Beschreibung vor und verließ sich nicht auf Signaturen, sondern verglich unter kulturhistorischen Gesichtspunkten. Gemeinsam mit Gottfried Sellius gab Christ das Lexikon *Anzeige und Auslegung Der Monogrammatum, einzeln und verzogenen Anfangsbuchstaben der Nahmen, auch anderer Züge und Zeichen, unter welchen berühmte Mahler, Kupferstecher, und andere dergleichen Künstler, auf ihren Wercken sich verborgen haben (1747)* heraus. Winckelmann ging später einen Schritt weiter: Er erkannte, „daß Kunstwerke nicht nur illustrieren und monumentalisieren, sondern Sinn und Wert in sich selbst tragen [...]" (9), d. h. Wirkung auf den Betrachter ausüben. Im Jahre 1756 wünschte er sich von Christ eine Rezension seiner Erstschrift. Durch seinen Verleger Georg Conrad Walther ließ er sich von Rom aus dem Gelehrten empfehlen und äußerte die Hoffnung, Christ persönlich durch die Ewige Stadt führen zu können. Doch der Professor verstarb am 3. September an einem Lungenleiden – kurz nach dem Einfall der preußischen Truppen unter Karl Wilhelm Ferdinand II. von Braunschweig-Wolfenbüttel.

Mehrere Studenten Christs entwickelten die Altertumswissenschaften weiter. Christian Fürchtegott Gellert lehrte von 1744 bis 1769 in Leipzig. Er vertrat die Ansicht, trotz der Einzigartigkeit der Antike seien deren Idole zu hinterfragen. Der Philologe Christian Gottlob Heyne trat 1763 in Göttingen die Nachfolge Gesners an. Der Dichter Gotthold Ephraim Lessing wurde nicht zuletzt mit der ästhetischen Schrift *Laokoon: oder über die Grenzen der Mahlerey und Poesie (1766)* berühmt.

Hauslehrer bei Familie Grolmann in Osterburg

Die rasante Entwicklung von Wissenschaft und Technik begünstigte im 18. Jahrhundert auch aufklärerische Ideen auf dem Gebiet der Bildung. Der englische Philosoph John Locke griff die antike Metapher der „tabula rasa" auf. Danach wird der menschliche Verstand – wie ein leeres Blatt – erst durch Erziehung beschrieben. Da es an einer qualifizierten Lehrerbildung mangelte, blieb die Nachfrage nach Privatlehrern groß. Zwar versuchte Wilhelm I. sein Schuledikt mit der „principia regulativa" vom 30. Juli 1736 nachzubessern, aber erst mehrere Jahrzehnte später verbesserte sich die Bildungssituation.

Im Jahre 1738 wurde die Schusterkate in der Stendaler Lehmstraße verkauft, Winckelmanns Eltern verbrachten ihren Lebensabend im Georgenhospital vor dem Uenglinger Tor. Um die Mittel zur Unterstützung der Eltern und die Fortsetzung seines Studiums aufzubringen, nahm Winckelmann wie viele andere Kandidaten eine Stelle als Hauslehrer an.

In der Hansestadt Osterburg wohnte die Familie von Georg Arnold Grolmann, Kornett im Bredowschen Kürassierregiment Nr. 7. Deren Sohn Friedrich Georg Ludwig sollte auf eine militärische Laufbahn vorbereitet werden. Winckelmann unterrichtete den 15-Jährigen in Geschichte und Philosophie. Ein zweiter Lehrer, wahrscheinlich aus Paris, lehrte Geometrie und Taktik, Französisch und Italienisch.

Winckelmann genoss sowohl den Familienanschluss als auch die feinen Umgangsformen im Hause Grolmann. Die sprachgewandte Mutter seines Zöglings inspirierte ihn, sich den neueren Sprachen, insbesondere Englisch, zu widmen. Im Frühjahr 1741 quittierte Winckelmann den Dienst im Hause Grolmann. Er verließ die Altmark, um sein Studium in Thüringen fortzusetzen. Die Hauslehrerstelle übernahm sein Kommilitone Boysen.

Georg Arnold Grolmann wurde 1740 zum Rittmeister befördert, im Jahre 1741 von Friedrich II. in den Adelsstand erhoben. Sein Sohn brachte es zum Rang eines Obersten des Infanterieregiments von Billerbeck.

Student der Medizin in Jena

Die reizvoll gelegene thüringische Stadt Jena kam 1741 an das Herzogtum Sachsen-Weimar-Eisenach. Die traditionsreiche Alma Mater Jenensis, an der einst Johann Matthias Gesner und Johann Friedrich Christ studierten, zählte in der ersten Hälfte des 18. Jahrhunderts zu den beliebtesten Universitäten Deutschlands. Seit 1737 lehrte hier Georg Erhard Hamber-

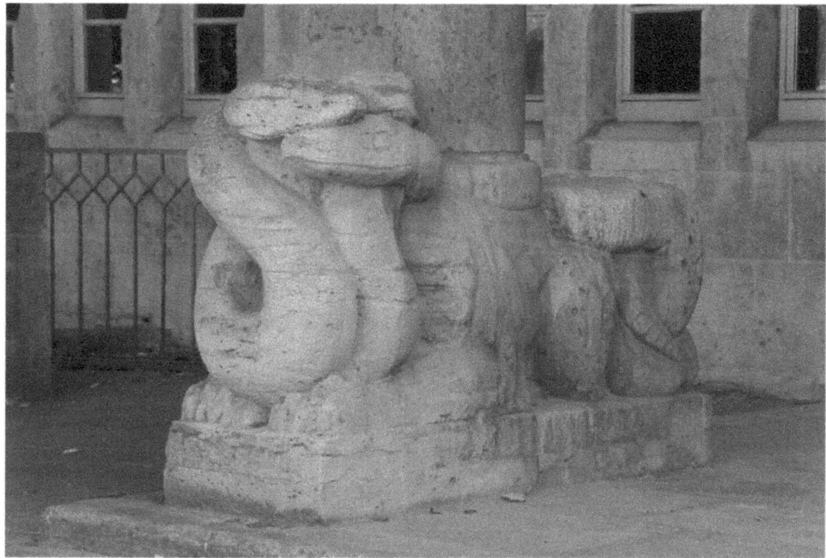

Abb. 7 Skulptur am Eingang zur heutigen Universität in Jena, 2011

ger. Er war ordentlicher Professor der Mathematik und Physik und umstrittener Verfechter der Iatro-Physik, die die Bewegung und Funktion des menschlichen Organismus mit physikalischen Gesetzen erklärte.

Winckelmann entschied sich für Jena, weil er glaubte, die Studiengebühren lägen dort deutlich unter denen anderer Universitäten. Tatsächlich war er gezwungen, seinen Aufenthalt im Studentenparadies Jena – der Ort soll einem Wirtshaus geglichen haben – mit Privatstunden abzusichern. Sein Ziel war aber nicht zu schlagen und zu stechen, er wollte Medizin und höhere Mathematik studieren. Dem 44-jährigen Professor Hamberger verdankte Winckelmann vor allem seine Neigung zu den Naturwissenschaften. Die bei ihm erworbenen anatomischen Kenntnisse sollten sich als äußerst hilfreich bei der Beschreibung antiker Kunstwerke erweisen. Zwar ist der Name Winckelmann in keinem Vorlesungsverzeichnis zu finden, aber gegenüber dem Grafen Bünau erwähnte er, sich in Jena „Grundlagen des Italienischen und der Sprache der Engländer" angeeignet zu haben. Nach einem Jahr beendete er seinen Studienaufenthalt wiederum ohne akademischen Abschluss, aber er hatte bereits Pläne für eine solche Reise geschmiedet.

In der Jenaer Universitätsbibliothek war Winckelmann auf den neuesten *Rysselschen Katalog (1741)* gestoßen und hatte darin Hinweise auf griechische Handschriften gefunden. Sie befanden sich 800 Kilometer weit entfernt in der königlichen Bibliothek (Hôtel de Nevers) in Paris. Diese Handschriften wollte er studieren. Sein Studienfreund Genzmer erinnerte sich, dass Winckelmann plante, am 12. Februar 1742 in Frankfurt zu sein, um dort die Kaiserkrönung Karls VII. mitzuerleben.

Um die Reisekasse zu schonen, wollte er ab Erfurt alle Abende in einem katholischen Kloster um Nachtquartier bitten. Allerdings hatte er sich vom Verkauf seiner Bücher und Habseligkeiten gar zu gute Reisegarderobe zugelegt – „einen capuzinergrauen saubern Rock, ein paar gute Stiefel und einige weiße Wäsche". Damit machte er keinen bedürftigen Eindruck, kein Kloster wollte ihn beherbergen.

In Gelnhausen / Hessen, 40 Kilometer vor Frankfurt, sei sein Geld aufgebraucht gewesen. Winckelmann musste umdrehen und kam „blutarm" zurück. Nicht zuletzt entging er so den Truppenbewegungen des Österreichischen Erbfolgekrieges.

Hauslehrer auf dem Amt Hadmersleben

Hadmersleben liegt an der Südroute der Straße der Romanik. Das dortige Benediktinerinnenkloster St. Peter und Stephan, heute St. Peter und Paul, wurde 961 durch Bischof Bernhard von Halberstadt gegründet. Die Burg Hadmersleben gelangte 1372 in den Besitz des Magdeburger Domkapitels. 1680 ging das Amt Hadmersleben an den Kurfürsten Friedrich Wilhelm über und wurde als Domäne von wechselnden Amtmännern (Pächtern) verwaltetet.

Johann Rudolph Nolten, einst Absolvent der Universität Helmstedt und Rektor der Hansestadt Gardelegen, war Generalsuperintendent der Altmark und Prignitz. Zu seinen Aufgaben zählte die Dienstaufsicht über das Schulwesen. In guter Absicht hatte er dem Kandidaten Winckelmann bereits 1741 eine Lehrerstelle im Städtchen Arneburg an der Elbe angeboten, doch der lehnte ab: Als Kantor hätte er neben dem Schuldienst Religion unterrichten, den Kirchenchor leiten und während der Gottesdienste Orgel spielen müssen. Auch das zweite Angebot Noltens, das Konrektorat der Lateinschule in Seehausen, war nicht in seinem Sinne.

Inzwischen war ein Jahr vergangen und die Situation eine andere. Da seine Reisepläne kläglich gescheitert waren, musste sich Winckelmann wohl oder übel in eine Anstellung begeben. Im Sommer 1742 fand er sie nicht – wie ursprünglich beabsichtigt – in der Residenzstadt Berlin, sondern zwischen Halberstadt und Magdeburg im Dorf Hadmersleben / Börde. Oberamtmann war damals Christian Lamprecht. Der älteste Sohn des Pächters, Friedrich Wilhelm Peter, war 16 Jahre alt und sollte

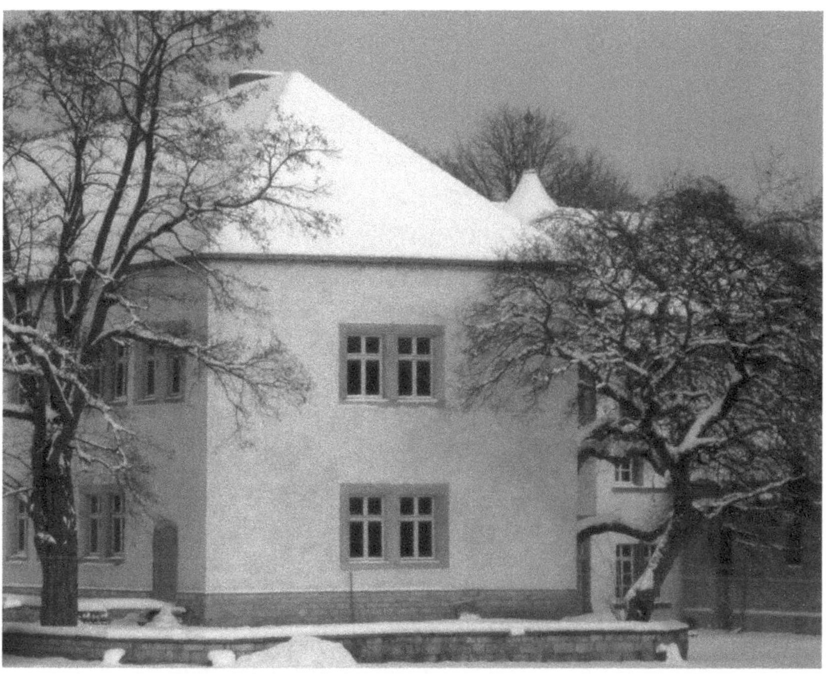

Abb. 8 Herrenhaus (Amt) in Hadmersleben heute der Sitz der Firma Urban Jülich Agrar-Energie Hadmersleben Beteiligungs GmbH

auf den Besuch der Universität vorbereitet werden. In den folgenden neun Monaten entwickelte der junge Lamprecht ein vertrauensvolles Verhältnis zu seinem ungewöhnlichen Lehrer. Wie einst der homerische Mentor fühlte Winckelmann seine Bestimmung darin, für seinen Zögling zu leben und zu leiden. Trotz aller Enttäuschungen bezeichnete er ihn noch 1765 als seine „erste Liebe und Freundschaft" (10).

Eine eher väterliche Freundschaft entwickelte sich zu dem ehemaligen dänischen Gesandtschaftssekretär in Paris, Ludwig von Hanses. Auf seinem Ritterhof (heute Telemannstraße 3) besaß Hanses eine umfangreiche Bibliothek mit vorwiegend historischen und französischsprachigen Bänden, die Winckelmann intensiv nutzte.

In seiner Bewerbung an den Grafen Bünau erwähnte er, das von Gottsched ins Deutsche übersetzte *Dictionaire historique et critique (1697)* von Pierre Bayle studiert zu haben, das als Standardwerk der frühen französischen Aufklärung galt und neue Horizonte eröffnete. Mit Quellen belegte Thesen und Gegenthesen provozieren den Leser, den eigenen Verstand zu gebrauchen. In Gottscheds Vorwort steht: „Ipse alimenta sibi" – Er ist selber seine eigene Speise.

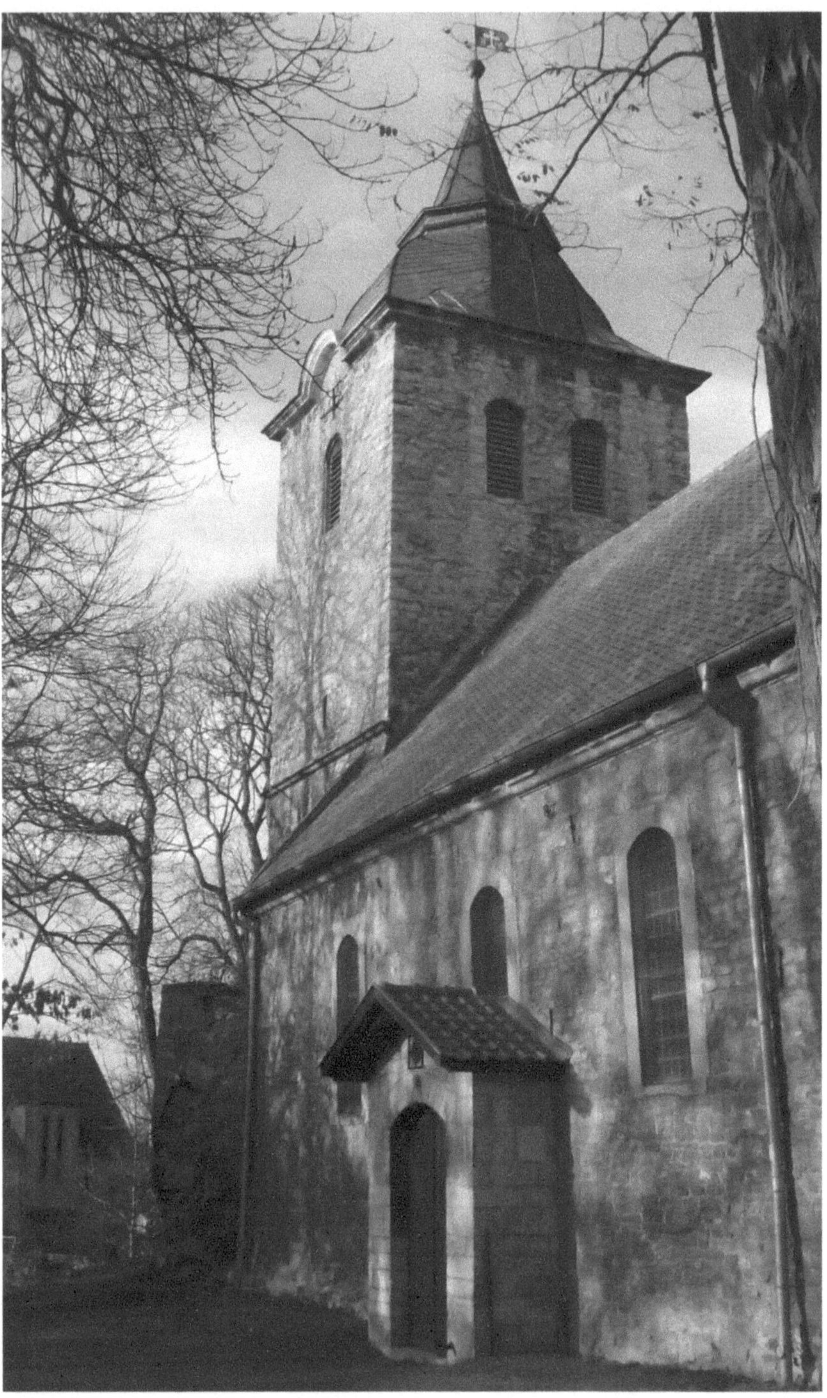

Abb. 9 Kirche Sankt Stephanus in Hadmersleben, 2013

Unter Winckelmanns Exzerpten nehmen die zu Bayle den größten Umfang ein – darunter dessen Anmerkungen zum Glauben an die „letztlich unbegreifliche christliche Religion".

Wie in Osterburg genoss Winckelmann auch in Hadmersleben freie Kost, ein eigenes Zimmer und die Gesellschaft seines Zöglings. Allerdings gelang es ihm nicht, die Sympathie von Peters Mutter zu gewinnen. Als er nach einem abendlichen Disput auf die gemeinsame Mahlzeit verzichtete, schickte Frau Oberamtmann ihm das Essen aufs Zimmer – mit einer Kanne sauren Bieres! Der Hauslehrer beschwerte sich, schlimmer als ein Dienstbote behandelt zu werden. Zur Strafe soll ihm die Prinzipalin ein paar Maulschellen verpasst haben.

Der Prediger Drake aus Hakenberg bei Fehrbellin, Stiefsohn des Gastwirtes vom Hadmerslebener „Drachenkrug", erinnerte sich noch vierzig Jahre später, Winckelmann sei nach dieser Handgreiflichkeit in das nahe Pfarrhaus geflüchtet. Dort habe er sich unter den Schutz von Michael Gottfried Schiele, des Pfarrers der benachbarten Kirche Sankt Stephanus, begeben. In jedem Falle wurde dem Hauslehrer das Dasein auf dem Amt bald unerträglich. Er hatte Angst, sein Lerneifer könnte den kalten Bördewinter nicht überdauern.

Sein Kommilitone Friedrich Eberhard Boysen hatte 1741 das Amt des Konrektors der Lateinschule in Seehausen / Altmark übernommen. Nach nur einem Jahr trat er eine Stelle als Diakon an der Magdeburger Johanniskirche an. Das Konrektorat in Seehausen war wieder neu zu besetzen. Winckelmann schöpfte Hoffnung. Im März 1743 sah er ungeduldig der Begegnung mit seinem einstigen Kommilitonen entgegen. Boysen kam aus Halberstadt und machte im Gasthof „Drachenkrug" an der Alten Heerstraße Rast. „Er war so schlecht bekleidet und von einem alten Kummer dergestalt entstellt, daß ich ihn kaum noch kannte", schilderte Boysen ihre Begegnung gegenüber dem Dichter Johann Wilhelm Ludwig Gleim. „Mit einer Wehmuth, die mein ganzes Herz durchdrang, entdeckte er sich mir, und bat mich, ihn nach Seehausen zu meiner Stelle zu empfehlen, weil man ihm geschrieben habe, daß ich mit Vollmacht, einen geschickten Nachfolger auszusuchen, wäre versehen worden. Ich nahm mich seiner, nachdem er mich durch bewundernswürdige Proben von seinem großen Talent und von seiner Stärke in der griechischen Literatur überzeugt hatte, aus allen Kräften an; und ich habe es dahin gebracht, daß er mein Nachfolger im Amt geworden ist" (11).

Dank Superintendent Noltens vortrefflichem Zeugnis wurde Boysen sein Fehlurteil verziehen. Dennoch musste er sich den Vorwurf gefallen lassen, für seinen ehemaligen Kommilitonen mehr als für das Wohl der Lateinschule getan zu haben.

Konrektor der Lateinschule von Seehausen / Altmark

Auch die Hansestadt Seehausen war im 17. Jahrhundert in den Status eines bescheidenen Ackerbürgerstädtchens zurückgefallen. Nachdem 1722 eine Feuersbrunst weite Teile der Stadt verwüstet hatte, gewann Seehausen als Garnisonsstandort wieder an Bedeutung. Den mittelalterlichen Stadtkern dominiert noch heute die spätgotische Kirche St. Petri mit den beiden 65 Meter hohen Türmen.

Die Lateinschule befand sich gegenüber der Petrikirche (heute Kirchplatz 2). Am 8. April 1743 hielt Winckelmann seine Lehrprobe. In Anwesenheit des geltungsbedürftigen Rektors Johann Gottlieb Paalzow und des strengen Kircheninspektors Valentin Schnakenburg las er *Das Dogma von der Erlösung* und gab Proben seiner Kenntnisse in den Alten Sprachen zum Besten. Eine Woche später trat er seinen Dienst an. Zu den Unterrichtsverpflichtungen des Konrektors gehörten neben Geschichte die Fächer Griechisch, Latein und Hebräisch sowie Geometrie und Logik. Dass Winckelmann die Übernahme von Aufgaben in der Pfarrkirche ablehnte, war Schnakenburg von Anfang an ein Dorn im Auge.

Das Gehalt des Konrektors betrug ungefähr 120 Taler. Ein Drittel zahlte die Kirche, ein weiteres Drittel ergab sich aus sogenannten Tischgeldern. Hinzu kamen die traditionellen Zuwendungen. Privater Unterricht ermöglichte weitere Einkünfte. Winckelmann hatte dazu einen Pensionär bei sich aufgenommen – Peter Lamprecht. Die Eltern hatten den Jungen aus dem mehr als 120 Kilometer entfernten Hadmersleben nach Seehausen geschickt, wohl wissend, dass der einstige Hauslehrer in einfachsten Verhältnissen wohnte und arbeitete. Sein Schulfreund Uden berichtete: „Winckelmann war aber den gantzen Winter hindurch mit keinem Fuße ins Bette gekommen, sondern saß in einem Lehnstuhl in einem Winkel vor einem Tisch; auf beyden Seiten stunden 2 Bücher-Repositoria [Regale]. Den Tag über brachte er mit der Information in der Schule zu, und nachher mit dem Unterricht seines Lamprechts. Um 10 Uhr ging dieser zu Bette und W. studirte für sich bis um 12 Uhr, da er seine Lampe auslöschte, und bis um 4 Uhr auf seinem Stuhle feste schlief. Um 4 Uhr wachte er wieder auf, zündete sein Licht an und studirte für sich bis um 6 Uhr; da sein Unterricht mit dem jungen Lamprecht wieder anging, bis zur Schule“ (12).

Obwohl sich Winckelmann – ganz im sokratischen Sinne – zum Pädagogen berufen fühlte, fand sein Unterricht an der Lateinschule nicht die erhoffte Resonanz. Sein Vorhaben, die Schönheit der griechischen Dichtung zu vermitteln, stieß auf den Widerstand von Schülern und Eltern.

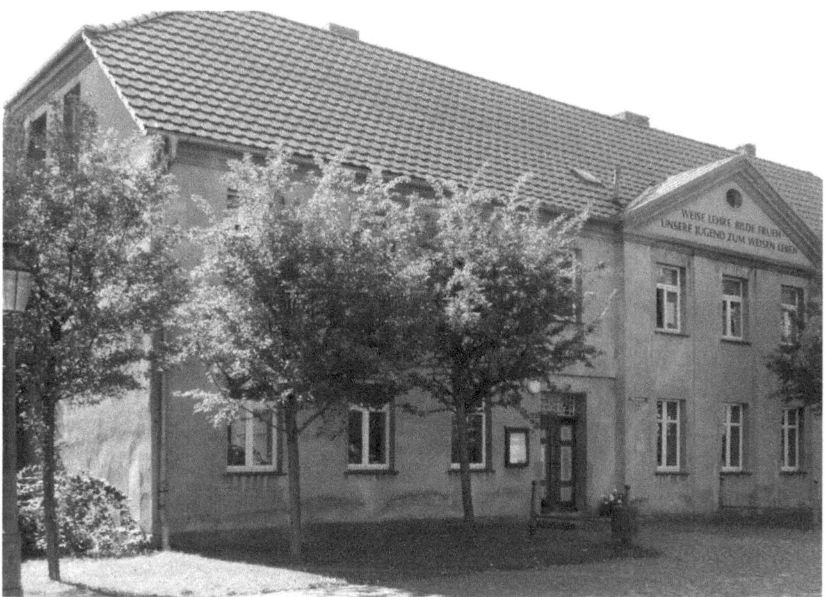

Abb. 10 Nachfolgebau der Lateinschule in Seehausen, 2013

Trotz bestandenen Lehrerexamens kam es im November zum Éclat mit dem Kircheninspektor Schnakenburg: Winckelmann hatte sich erlaubt, während dessen Sonntagspredigt heimlich im Homer zu lesen. Das sollte Konsequenzen haben! Der Kircheninspektor bezweifelte nicht nur Winckelmanns Gottesfurcht, sondern stellte auch dessen Lateinkenntnisse öffentlich in Frage. Paalzow musste seinen Konrektor in die unteren Klassen versetzen.

Rückblickend erschienen Winckelmann die fünf Jahre in Seehausen als ein Martyrium: „Wenn ich zuweilen an den Schulstand zurück dencke, so wundert mich, daß ich meinen Nacken unter der Last und dem Stolz eines vermaledeyten Pfaffen so lange habe bäugen können" (13).

Hoffnung bot Peter Lamprecht. Mit ihm wähnte er sich in heroischer Freundschaft, ihn versuchte er nach seinem Bilde zu formen. Desto größer war die Enttäuschung, als sich sein Zögling an seinen Ersparnissen vergriff. Ostern 1746 trennten sie sich. Peter wechselte zur Klosterschule Ilfeld, wo er sich auf ein Studium an der Universität Göttingen vorbereitete.

Winckelmanns Seelenzustand war fortan von der Sehnsucht nach dem verlorenen Freund bestimmt. Offenbar erkannte er nicht, dass sich der Weg des eitlen jungen Mannes grundlegend von seinen eigenen Lebensabsichten unterschied: Lamprechts Karriere begann in Potsdam als Adjutant des Obersten Wolf Friedrich von Retzow. Er diente im königlich preußischen Feldkriegskommissariat und war schließlich als Kriegs- und Domänenrat bei der Neumärkischen Kammer in Küstrin tätig.

Um auf andere Gedanken zu kommen, besuchte Winckelmann Freunde in Stendal, Salzwedel, Werben/Elbe und Havelberg. Er scheute auch nicht den Weg zu Boysen nach Magdeburg, um aus dessen Büchern zu exzerpieren, oder zu den öffentlichen Bibliotheken in Braunschweig und Halle. Private Bibliotheken befanden sich in umliegenden Pfarr- und Gutshäusern. Im nordwestlich von Seehausen gelegenen Groß-Beuster lebte der Pfarrer Christian Friedrich Papier, der seinem Namen alle Ehre machte: Weit und breit soll keine wertvollere Bibliothek existiert haben. Fünf Kilometer weiter, in Groß-Wanzer, war es Pfarrer Daniel Steinhart, den Winckelmann aufsuchte. Sieben Kilometer in östlicher Richtung interessierte ihn die Bibliothek auf dem Gut Schönberg …

Engere Kontakte pflegte Winckelmann zu der Familie des Schneidermeisters Johann Gottfried Schwechten, bei deren Tochter Sophia er Taufpate war. Die für ihn so lebenswichtigen freundschaftlichen Gefühle erwiderten Hieronymus Dietrich Berendis, der Sohn des Bürgermeisters von Seehausen, und Friedrich Ulrich Arwegh von Bühlow. Er war der älteste Sohn des 1738 verstorbenen Staatsministers und lebte mit seiner Mutter und mehreren Brüdern auf dem nahen Gut Falkenberg (heute Dorfstraße 72). Winckelmann nahm ihn als Pensionär bei sich auf.

Zahlreiche Briefe aus Winckelmanns Feder – nach Goethe die wichtigsten Denkmäler, die der einzelne Mensch hinterlassen kann – zeugen von der großen Bedeutung des Freundschaftsgedankens. Dieser muss sowohl in seinem häufigen Ortswechsel als auch in seinem Einsamkeitsgefühl begründet gewesen sein. Goethe charakterisierte ihn so: „Wie auch die Zeiten und Zustände wechseln, so bildet Winckelmann alles Würdige, was ihm naht, nach dieser Form zu seinem Freund um, und […] hat das Glück, mit den Besten seines Zeitalters und Kreises in dem schönsten Verhältnisse zu stehen“ (14).

Tatsächlich fühlte sich Winckelmann am freiesten, „wenn er, mit der Feder in der Hand, vor einem Briefblatte sich einem vertrauten Freund gegenüber wähnte“ (15). Nach Recherchen seines Biografen Carl Justi stammen neun Zehntel der Briefe aus der Zeit seines Romaufenthaltes. Winckelmann korrespondierte mit seinem Schulfreund, dem Stendaler Arzt Dr. Konrad Friedrich Uden. Mehr oder weniger regelmäßige Briefkontakte verbanden ihn mit den Hallenser Studienfreunden. Gottlob Burchard Genzmer war zunächst als Konrektor in Havelberg tätig. 1745 erfolgte seine Berufung als Informator (Erzieher) des Prinzen Georg nach Mirow im Herzogtum Mecklenburg-Strelitz, 1756 erhielt er die Stelle als Probst und Pastor in Stargard. Der Spätaufklärer Genzmer gilt als einer der bedeutendsten mecklenburgischen Naturforscher. Friedrich Eberhard Boysen wurde nach seinem Predigeramt in Magdeburg als Oberkonsistorialrat nach Quedlinburg berufen und betätigte sich als Koranübersetzer.

Unter dem Einfluss antiker Vorbilder wurde der heroische Begriff der Freundschaft zu einem der Leitgedanken der Aufklärung. Nach Immanuel Kant sollen Freunde „gleiche Principia des Verstandes und der Moralität haben", da aus dieser Übereinstimmung die einzig tiefe und erfüllende Freundschaft erwachsen kann. Legendär ist der mehr als zehnjährige Gedankenaustausch zwischen Goethe und Schiller, ohne den die Weimarer Klassik undenkbar wäre.

Alle Versuche Winckelmanns, der Intoleranz und kleinbürgerlichen Enge in Seehausen zu entkommen, scheiterten. Gern hätte er eine Stellung erlangt, die seinen persönlichen Neigungen entsprach. Noch konnte er sich ein Lehramt vorstellen. In dieser Absicht wandte er sich 1747 an den Abt Johann Adam Steinmetz in der pietistischen Internatsschule Klosterberge in Buckau bei Magdeburg – aber vergeblich. Als Winckelmann seinen Pensionär Arwegh von Bülow nach Braunschweig begleitete, wollte er persönlich bei Johann Friedrich Wilhelm Jerusalem vorsprechen. Der pietistische Abt war Begründer des Collegium Carolinum. Gefürchtet war seine Herablassung gegenüber jenen, die von ihm abhingen. Den Bittsteller Winckelmann wies er, ohne ihn angehört zu haben, ab.

25 Jahre später erlangte der Sohn des Theologen Jerusalem, Karl Wilhelm, traurige Berühmtheit. Er war vom Freundschaftsenthusiasmus besessen und litt unter übergroßer Empfindsamkeit. Hinzu kam die unglückliche Liebesbeziehung zu Elisabeth, der Frau des kurpfälzischen Geheimsekretärs Herd. 1772 erschoss sich der 25-jährige Legationssekretär in seiner Wetzlarer Wohnung (heute Jerusalemhaus, Schillerplatz 5). Der Selbstmord des Freundes diente Goethe 1774 als Vorlage zu seinem Briefroman *Die Leiden des jungen Werthers.*

Auch Winckelmann war empfindsam: Die Bewerbung als Konrektor der Lateinschule in Salzwedel zog er aufgrund der besseren Erfolgsaussichten des Mitbewerbers zurück. Und er träumte gern – von einer Stelle in Berlin, Reisen nach Ägypten, „um bey den Pyramiden die Kunst der Alten zu studieren", oder nach England, „um bei einer Buchdruckerei Corrector zu werden" (16) … Wieder auf dem Boden der Tatsachen musste er konstatieren, dass die Jahre zwischen 1742 und 1747 von Missgeschicken und Demütigungen geprägt waren; er glaubte, sich in einem Teufelskreis zu drehen.

Goethe wusste, weshalb Winckelmann nicht aufgab: „Aber nicht allein das Glück zu genießen, sondern auch das Unglück zu ertragen, waren jene Naturen höchlich geschickt: denn wie die gesunde Faser dem Übel widerstrebt und bei jedem krankhaften Anfall sich eilig wiederherstellt, so vermag der jenen eigene gesunde Sinn sich gegen innern und äußern Unfall geschwind und leicht wiederherzustellen. Eine solche antike Natur war, insofern man es nur von einem unsrer Zeitgenossen behaupten kann, in Winckelmann wiedererschienen, die gleich anfangs ihr ungeheures Probestück ablegte, daß sie durch dreißig Jahre Niedrigkeit, Unbehagen und Kummer nicht gebändigt, nicht aus dem Wege gerückt, nicht abgestumpft werden konnte. Sobald er nur zu einer ihm gemäßen Freiheit gelangte, erscheint er ganz und abgeschlossen, völlig im antiken Sinne. Angewiesen auf Tätigkeit, Genuß und Entbehrung, Freude und Leid, Besitz und Verlust, Erhebung und Erniedrigung, und in solchem seltsamen Wechsel immer mit dem schönen Boden zufrieden, auf dem uns ein so veränderliches Schicksal heimsucht. [...] So vielfach Winckelmann auch in dem Wißbaren und Wissenswerten herumschweifte, teils durch Lust und Liebe, teils durch Notwendigkeit geleitet, so kam er doch früher oder später immer zum Altertum, besonders zum griechischen, zurück, mit dem er sich so nahe verwandt fühlte und mit dem er sich in seinen besten Tagen so glücklich vereinigen sollte" (17).

Das Misslingen aller Fluchtversuche sollte sich für die „antike Natur" Winckelmann bald als Glücksfall erweisen. Im Frühjahr 1748 kam von dem jungen Theologen Wilhelm Cleinow der Hinweis auf die freie Bibliothekarsstelle auf dem Bünauischen Gut Nöthnitz. Cleinow selbst hatte seine Bewerbung auf Wunsch des Vaters zurückgezogen.

Heinrich Reichsgraf von Bünau, wusste Winckelmann, war einer der größten Historiker seiner Zeit. Von dessen Werk *Genaue und umständliche teutsche Kayser- und Reichs-Historie* befanden sich die ersten vier Bände sogar in seinem Besitz. Bünaus riesige Privatbibliothek Bunaviana und die Nähe der prunkvollen Residenzstadt Dresden lockten. In „halber Desperation" bewarb er sich Anfang Juli auf Französisch, der lingua franca des Adels und der Intellektuellen, um jene Bibliothekarsstelle: Er wünschte nichts sehnlicher, als der Wissenschaft zu dienen. Der auf Latein verfasste Lebenslauf verwies auf seine Kenntnisse in der italienischen und englischen Sprache. Schon am 25. Juli erhielt er die Zusage: Bünau wollte ihn in seine Dienste nehmen – zunächst auf ein Jahr zur Probe. Der Teufelskreis schien durchbrochen!

Dankbar versicherte er dem Grafen, in Seehausen nichts entbehrt zu haben als die Möglichkeit zu „größeren gelehrten Beschäftigungen". Am 17. August dankte Winckelmann sein Konrektorat ab. Die Stelle blieb elf Jahre unbesetzt...

Niemand bedauerte den Weggang so wie der Generalsuperintendent Nolten, hatte er doch in Winckelmann einen Gleichgesinnten gefunden. Ihm berichtete er von antiken Funden in Neapel und der Absicht, eine griechische Anthologie herausgeben zu wollen. In der Abschlussbeurteilung bedauerte Nolten, dass man ihm keinen würdigeren Lohn habe bieten können und bescheinigte dem Konrektor a.D. „in der Griechischen Literatur mehr als gemeine Kenntnisse". Ohne Zweifel sei er imstande mehr zu leisten, als das Zeugnis aussage.

Winckelmann verehrte Nolten und hatte auch die Bekanntschaft seiner Tochter gemacht. Als er sich von Sachsen aus nach ihr erkundigte, war sie bereits mit dem Pfarrer Winning in Tangermünde verheiratet.

Er verabschiedete sich von seinem Vater – die Mutter war im Jahr zuvor verstorben – und verbrachte die Zeit bis zur Abreise bei seinem Schulfreund Uden. Ihm vertraute er seine Extraits an und bat darum, seine Bücher zu verkaufen. Am 21. August 1748 rollte die Postkutsche durch das Tangermünder Tor. Auf halber Strecke – in Halle – unterbrach Winckelmann die Reise und verbrachte mehrere Tage bei Professor Siegmund Jakob Baumgarten. Am 8. September traf er auf dem bei Bannewitz / Sachsen gelegenen Schloss Nöthnitz ein.

Bibliothekar des Reichsgrafen von Bünau auf Schloss Nöthnitz

Das albertinische Sachsen erreichte zu Beginn des 18. Jahrhunderts den Höhepunkt seiner territorialen Ausdehnung. Innenpolitisch versuchte Kurfürst Friedrich August I. („der Starke") / König August II. von Polen den Einfluss der Stände zu mindern. Der unbequeme Heinrich Graf von Bünau wurde 1734 als Verwalter der Grafschaft Mansfeld ins entfernte Eisleben entsandt, ab 1740 war er als Gesandter Kursachsens in Mainz tätig. 1742 trat Bünau in den Dienst Kaiser Karl VII., der ihn in den Reichsgrafenstand erhob.

Mit seiner unvollendeten *Genauen und umständlichen Teutschen Kayser- und Reichshistorie (ab 1728)* löste sich Bünau von der barocken, nur staatsrechtlich argumentierenden Historiografie. Im Sinne der Aufklärung forderte er die rechtmäßige Freiheit des Volkes anzuerkennen und verfasste seine Reichshistorie bereits auf Deutsch. Seine mehr als 40.000 Bände umfassende Privatbibliothek Bunaviana brachte er auf Schloss Nöthnitz unter.

1745 kam Bünau nach Dresden zurück, wo er erneut für die Erhaltung der ständischen Rechte eintrat. Seine Kritik an der Finanzpolitik des Premierministers Heinrich Graf von Brühl führte zum endgültigen Bruch und 1751 folgte Bünau dem Ruf des Herzogs Friedrich III. als Statthalter nach Eisenach. Das mächtige Herzogtum Sachsen-Gotha-Altenburg galt

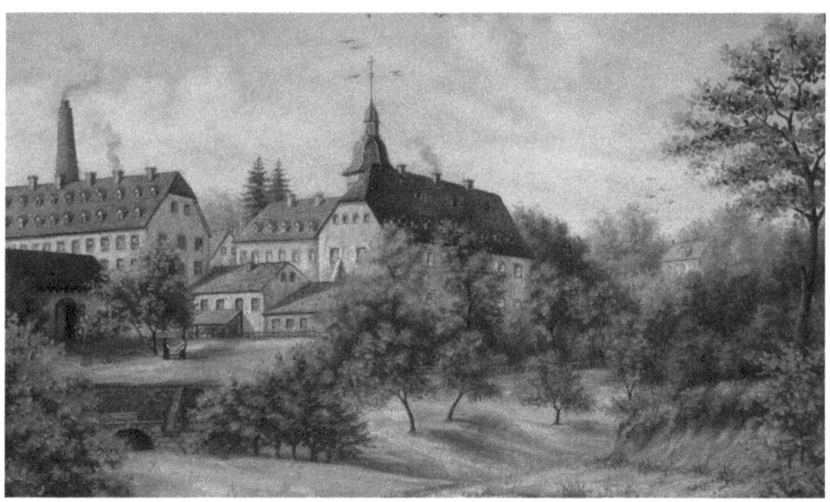

Abb. 11 Schloss Nöthnitz vor 1855, Twardon, nach Tuschezeichnung von Friedrich A. Frenzel

als Zentrum der Aufklärung. Von 1748 bis 1755 hatte der Herzog die Vormundschaft über den minderjährigen Erbprinzen Ernst August von Sachsen-Weimar-Eisenach. Mit der Volljährigkeit Ernst August II. ging Bünau als dessen Premierminister nach Weimar. Nach dem frühen Tod des Herzogs im Jahre 1758 kam es zur Entmachtung Bünaus durch die regierende Herzogin Anna Amalia. Bünau zog sich auf das wenige Kilometer von Weimar entfernte Gut Oßmannstedt zurück.

Das idyllisch gelegene Rittergut Nöthnitz mit Brauhaus, Schänke, Stallungen und Wirtschaftsgebäuden war 1732 durch Christiane Elisabeth von Arnim, die dritte Ehefrau des Grafen, wieder in den Bünauischen Familienbesitz gelangt. Zwischen 1745 und 1751 diente Nöthnitz als Hauptwohnsitz der Familie. Die Aufsicht über die große Bibliotheca Bunaviana lag bis 1742 in den Händen von Georg Lorenz Hausfritz. Seit acht Jahren arbeitete Johann Michael Francke – einst Student bei Gottsched und Gellert in Leipzig – an der Entwicklung eines neuartigen Katalogsystems.

Als leitender Bibliothekar genoss Francke eine Vertrauensstellung, wozu bei Abwesenheit des Grafen auch der Empfang von Gästen gehörte. Wenige Tage nach seiner Ankunft schwärmte Winckelmann: „Ich bin recht wohl hier aufgenommen worden. Die Bibliothek ist ganz trefflich. Es ist nicht ein einziger Saal von 40 EH., sondern noch einer darunter, doch nicht so hoch wie der untere. Die Bücher sind alle in engl. Bänden, auch die kleinsten Stücke. [...] Es sind die kostbarsten Werke ad histor. nat. der großen Beschreibung der großen Kabinette der Welt. Der besten Werke in allen Sprachen, die schönsten Edit., ja alles nur mögliche von lat. und griech. Skribenten. Alle Journale, die nur zu erdenken sind." Einige Zeilen weiter klingt sein Brief eher desillusioniert: „Meine beiden Kollegen [Francke und Dressler] haben mit Verfertigung des Katalogs zu tun. Ich arbeite bloß an der Reichsgeschichte. Aber es ist eine Arbeit wie ich mir nicht vorgestellet hätte, die mir nicht erlaubete, der schönen Gegend zu genießen. Der Herr Graf wird in etlichen Tagen wieder von hier gehen auf seine anderen Güter" (18).

Die Gliederung der Bunaviana entsprach der öffentlicher Universitätsbibliotheken: An erster Stelle standen theologische Schriften, gefolgt von Jurisprudenz, Historie, Literaturgeschichte, Philosophie und Philologie – insgesamt 40.000 in Kalbsleder gebundene Bücher. In den Gewölben des Erdgeschosses sollen sich weitere 3.000 Bände aus Neuerwerbungen befunden haben.

Die Bibliothek befand sich also im ersten Obergeschoss des Seitenflügels. Der ca. 23 Meter lange Hauptsalon war mit allegorischen Deckengemälden im Geschmack des 17. Jahrhunderts ausgemalt: Europa im Stil der Fortuna mit Zepter und Füllhorn, Asien als Osmane im exotischen Ornat, Afrika als sinnlicher Schwarzer mit Schirmhut und Pfeilen, Amerika als wachsamer Indianer mit Federhaube, Speer und Köcher...

Große Fenster – vorn zum Gutshof, rückseitig zu den Terrassen des Schlossgartens – sorgten für ausreichend Licht. Der Zugang zum zweiten Obergeschoss erfolgte durch eine von Bücherattrappen verdeckte Wendeltreppe. Im Winter, wenn die Bibliothek eiskalt war, arbeitete Winckelmann dort oben in seinem kostenfrei beheizten Eckzimmer: „Ich habe an 400 Folianten in meinem Zimmer liegen, und weiß kaum, wie ich mich wenden soll. Zu meinem eigenen Studieren wende ich die Morgenstunden an von 3 Uhr, wie es kommt, bis 7, vor und nach Tische und ein paar Stunden des Abends" (19), ist über seinen Tagesablauf zu lesen. Freie Kost und Logis entschädigten für das bescheidene Anfangsgehalt von 80 Talern.

Unter Franckes Anleitung nahm Winckelmann von 1748 bis 1750 die Materialsammlung und -auswertung für Bünaus *Reichs-Historie* vor. Die Arbeit war mühsam, aber sie verschaffte grundlegende Fertigkeiten im Umgang mit Quellen und Dokumenten. Außerdem bot die Bibliothek Gelegenheit, sich mit wertvollen antiquarischen Stichwerken zu beschäftigen. Darin abgebildete Gemmen (Abdrücke in Stein geschnittener Darstellungen) illustrierten sowohl die Schöpfungsgeschichte als auch antike Legenden und ließen Schlüsse auf Ursprung und Folge der Geschlechter zu.

Die von Winckelmann bearbeiteten Kapitel über die Ottonen konnten nicht mehr gedruckt werden, blieben aber im Manuskript erhalten. Die Verschiedenartigkeit und Unrichtigkeit der Quellen war enorm. Urkunden und Briefe waren auszuwerten und eigene Entwürfe zu verfassen – darunter zum Magdeburger Reiter, dem ältesten erhaltenen freistehenden Reiterdenkmal der Nachantike. Man war der Annahme, bei der Figurengruppe handelte sich um Kaiser Otto I. (den Großen) inmitten seiner zwei Frauen. Die Gruppe wurde als Auftragswerk von dessen Sohn Otto II. betrachtet. Winckelmann, dem das Standbild von seinen Aufenthalten in Magdeburg bestens bekannt war, recherchierte, dass „die Einfalt selbiger Zeiten keine Beyspiele aufweiset auch von großen Helden, denen man schon bey Lebzeiten Ehrensäulen aufgerichtet hätte [...]" (20). Da Adelheid von Burgund, die zweite Frau Otto I., ihren Sohn überlebte, konnte das Reiterdenkmal kein Auftragswerk von Otto II. gewesen sein. Das aus dem 13. Jahrhundert stammende Original zeigt einen jugendlichen Herrscher zu Pferde, der von zwei Frauen begleitet wird. Entsprechend mittelalterlicher Gepflogenheiten bildet das Standbild Tugenden (Macht, Frauenverehrung) und Personifikation (Krone, Schild) des Dargestellten ab. – Vermutlich hatte die Reiterfigur Einfluss auf die Gestaltung des reitenden „Haldensleber Roland (1419)".

Angesichts der angespannten Arbeit blieben gesundheitliche Probleme nicht aus. Winckelmann klagte über einen schwachen Magen und nahm täglich ab; eine Atempause war dringend nötig. Doch zuerst mussten die fertigen Manuskripte an den Grafen übergeben werden, der sich häufig auf dem 70 Kilometer entfernten Schloss Dahlen aufhielt.

Das Schloss Dahlen ließ Heinrich von Bünau zwischen 1744 und 1751 errichten. Die Deckenmalereien im Stile des Wiener Barock und Vorklassizismus gestaltete der Maler Adam Friedrich Oeser in den Jahren 1756 / 59. Historische Bedeutung erlangte das Schloss 1763, als der preußische König zur Ratifizierung des Hubertusburger Friedens in Dahlen weilte. Vom 19. Februar bis 13. März nutzte Friedrich II. das Schloss als Residenz.

Nach Übergabe der Manuskripte reiste Winckelmann in die Altmark weiter. Er folgte der Einladung seines Freundes Arwegh von Bülow zur Erholung auf dessen Gut Falkenberg / Wische. Am 24. Januar 1751 verewigte er sich in Wilhelm Cleinows Stammbuch. In der von ihm verfassten *Chronik 1775* schildert Cleinow seine Erlebnisse während der Jahre 1741 bis 1751. Er erinnert sich: „Er hat sich fast durchgehends [nur] Johann Winckelmann genannt. Seinen Geschlechtsnamen hat er zuweilen auch in griechischer Sprache *Goniander* [altgriech. *gonia* für Winkel und *aner* für Mann] geschrieben" (21). In einem Brief an den Pädagogen Johannes Gottfried Gurlitt schildert Cleinow die schreckliche Furcht des erst 33-jährigen Freundes vor dem Tod.

Winckelmann fühlte sich nicht recht wohl in seiner Haut. Nach Nöthnitz schrieb er, in der Altmark alles Gute zu genießen, doch von der übrigen Welt gleichsam abgeschnitten zu sein. Bülow, dem diese Gedanken

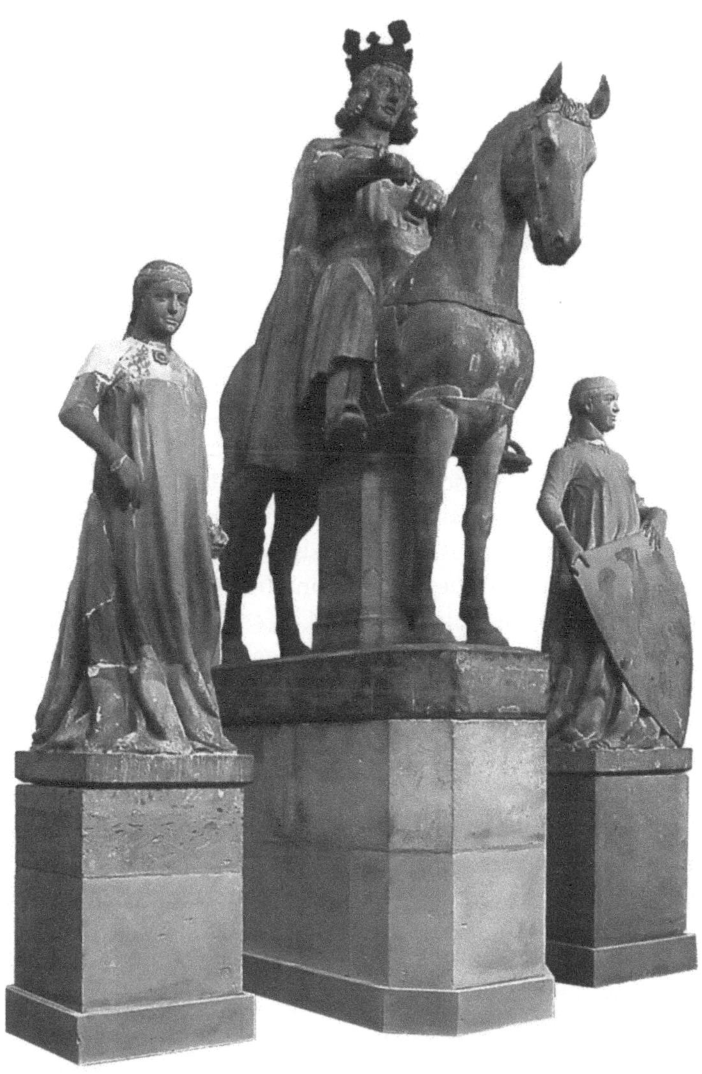

Abb. 12 Standbild des Magdeburger Reiters, Kulturhistorisches Museum, Magdeburg

nicht verborgen blieben, reagierte ungehalten. Im Februar verabschiedete sich sein Gast – auf Nimmerwiedersehen. Winckelmann reiste über Stendal nach Hadmersleben, wo er den Oberamtmann Heinrich Christian Lamprecht besuchte. Peter kam extra aus Potsdam auf Heimaturlaub. Der in seine preußischen Uniformen verliebte Geck hatte nichts mehr mit dem jungen Mann gemein, dem sich Winckelmann einst mit Hingabe gewidmet hatte. Dennoch gelang es Peter, 40 Taler von seinem großzügigen Freund zu erbetteln. Die Rückzahlung würde bei einem Gegenbesuch auf Schloss Nöthnitz erfolgen …

Eigentlich gut erholt, aber innerlich verärgert, traf Winckelmann am 14. März auf Schloss Nöthnitz ein. Auch hier lief nicht alles so, wie er es sich erhofft hatte. Graf Bünau – seit Januar 1751 Statthalter des Herzogs Friedrich III. von Sachsen-Gotha – beorderte ihn nicht zur Redaktion der *Reichsgeschichte* nach Eisenach, sondern trug ihm die routinemäßige Arbeit am *Catalogus Bibliothecae Bunavianae* auf: die Kapitel Kirchengeschichte, Leben der Heiligen und Protestantismus. Francke sah seinen Kollegen lustlos und ohne besondere Sorgfalt arbeiten.

Winckelmann erinnerte sich später sowohl der freudlosen Zeit als Lehrer, als auch der strapaziösen Arbeit als Bibliothekar: „Ich habe den Schulmeister mit großer Treue gemacht und ließ Kinder mit grindigten Köpfen das Abc lesen, wenn ich während dieses Zeitvertreibs sehnlich wünschte zur Kenntniß des Schönen zu gelangen, und ich Gleichniße aus dem Homerus betete. In Sachsen schrieb ich den ganzen Tag alte Urkunden und Chroniken aus, und laß Leben der Heiligen, und des Nachts den Sophocles und dessen Gesellen“ (22). Zu den antiken „Gesellen“ gehörte neben Sophokles der von Winckelmann zitierte griechische Philosoph und Sokrates-Schüler Platon ebenso wie Plinius der Ältere, der römische Verfasser der Enzyklopädie *Naturalis Historia (79 n. Chr.).*

Als man ihm auf Empfehlung Bünaus das „durch Tod erledigte Directorat des Fürstlichen Gymnasii Illustris zu Eisenach a 600 Rthl.“ (23) antrug, lehnte Winckelmann dankend ab. Das Gehalt lockte, aber die Freiheit war ihm lieber.

Mit jährlich 24 Talern befand sich ein einfacher Soldat an der Armutsgrenze. Ein mittlerer Beamter erhielt rund 100 Taler, ein Handwerksmeister brachte es auf 200 bis 600 Taler Jahreseinkommen. Schiller erhielt als außerordentlicher Professor in Jena zunächst 200 Taler (zuzüglich Kolleggeld á Student), während Goethe bei Amtsantritt über 1.200 Taler verfügte. Zuletzt betrug sein Jahreseinkommen 3.000 Taler. Diese Summe brachten seine Ämter dem sächsischen Premierminister Heinrich Graf von Brühl in Friedenszeiten ein – pro Monat!

Alle acht oder vierzehn Tage ging Winckelmann nach Dresden, wo Graf Brühl gegen ein Trankgeld den Besuch der Galerie Royale freigegeben hatte. Er wagte sich an die Beschreibung der Gemälde – wie immer in pädagogischer Absicht. Vielleicht könnte der junge Graf Bünau „Geschmack" darin finden …

Am 3. März erfuhr Uden von der Verschwendung am Dresdner Hof: „Die hiesigen Karnevalslustbarkeiten sind sehr prächtig gewesen. Ein einziges Ballett, welches zweimal aufgeführt wurde, soll 36.000 Rtlr. gekostet haben, einige sagen noch mehr. Die Oper Adriano war prächtig. Die Liste von Kompositeurs, Sängern, Musicis und Balettänzern und -tänzerinnen in königl. Pension und die jetzt noch agieren, ist nach dem hiesigen Adreßkalender 175 Personen. Die Solotänzerin Mad. Andrée bekommt 6.000 Rtltr. Ihr Mann bekommt nur als Mann, denn er ist weder Tänzer noch Musikus, 3.000 Rtlr." (24).

Winckelmann stellte sich vor, selbst ein Komödiant geworden zu sein – eine Profession, die er mit zunehmendem Alter verdammt hätte. Nein, eine lächerliche Person wollte er nicht spielen. Indes wurde auch aus Eisenach über Lustbarkeiten berichtet: „Unser Hauptmann Berendis steht in großem Kredit am Gothaischen Hofe. Der Graf hat in seinem Palais zu Eisenach ein Theater, worauf zuweilen gute Stücke aufgeführt werden unter der Direktion des Berendis von der Komtesse, etlichen andern Damen und Kavalieren daselbst" (25). Voltaires Tragödie *Zaïre* war mit großem Applaus aufgeführt worden. Berendis feierte Erfolge in der Rolle des Christenkönigs Lusignan. Winckelmann war sicher, der Freund würde sein Glück machen …

Sein Kummer war, nicht an einem großen Ort geboren worden zu sein, wo er hätte seinen Neigungen nachgehen können. Trotz aller Verehrung für seinen Brotherrn dachte Winckelmann zuweilen an eine Veränderung, um zu einem „ruhigen eigenen Stand" zu kommen. Alles, womit er sich hätte hervortun können, war die griechische Literatur – doch sein Griechisch galt hier nichts. Als Bibliothekar war er anerkannt und führte tagsüber selbst gelehrte Gäste durch die Salons der Bibliothek.

Auf Theobald von Oers Gemälde (Abb. 13) ist ein fiktives Zusammentreffen des Nöthnitzer Gelehrtenkreises dargestellt: v. l. n. r. der päpstliche Nuntius Archinto, daneben Graf Bünau, der Bibliothekar Francke, der Kunstkenner Algarotti, der Publizist Rabener, der Dichter Lessing, in der Mitte – den Apoll von Belvedere erläuternd – der Bibliothekar Winckelmann, rechts der Kunsttheorethiker Hagedorn, dahinter der Maler Oeser, der Altertumsforscher Heyne und der Antikenprofessor Lippert, schließlich die Hofmaler Dietrich und Bellotto (Canaletto).

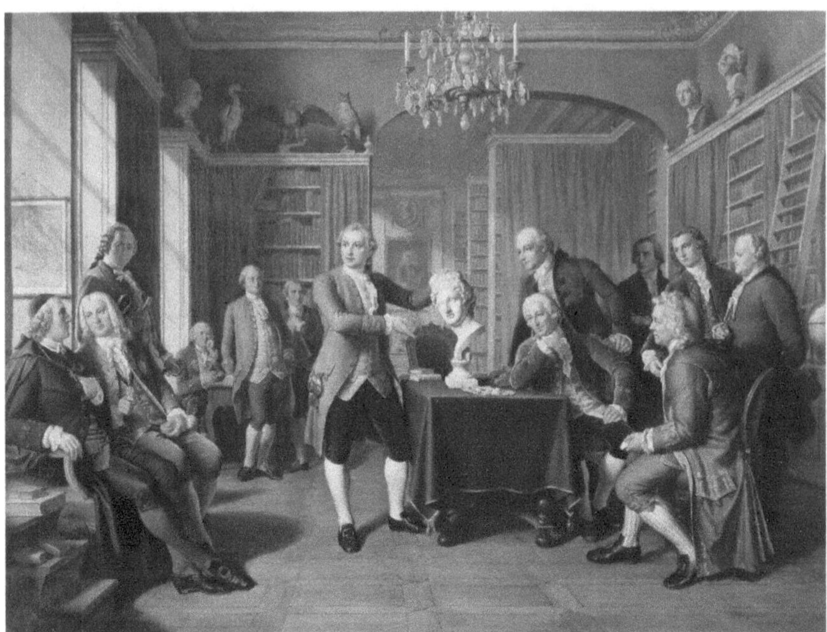

Abb. 13 „Winckelmann im Kreise der Gelehrten in der Nöthnitzer Bibliothek“, Ölgemälde von Theobald von Oer, 1874

Neben den alten faszinierten Winckelmann die modernen Autoren. Der englische Frühaufklärer Anthony Ashley-Cooper, 3. Earl of Shaftesbury, verurteilte die höfische Spiegelfechterei und Wortspielerei. Er verteidigte den „sensus communis“, den gesunden Menschenverstand, der sich auch in spottendem Scherz äußern dürfe. Mit seiner These, nur in Freiheit könnten Schriftsteller ihre Aufgaben zur Bildung einer kultivierten Gesellschaft erfüllen, sprach er Winckelmann aus der Seele. Der Wille, Architekt seines eigenen Lebens und Glücks zu werden, spornte ihn an.

Seine nächtlichen Studien galten auch den populären Franzosen. Michel de Montaigne erhob persönliche Unabhängigkeit, subjektive Erfahrung und Offenheit zum Bildungsziel. Es gelte, mit Lachen die Wahrheit zu sagen. Die ganze Welt treibe Schauspielerei, aber es reiche, sich das Gesicht zu schminken, das Herz bedürfe dessen nicht. Im Jahre 1676 wurden seine *Essais (ab 1580)* auf den Index gesetzt. Sein Landsmann Baron de Montesquieu mahnte, die Freiheit des Individuums durch eine Verteilung der Staatsgewalt auf mehrere Organe (Legislative, Exekutive und Judikative) zu sichern. 1787 wurden seine Ideen mit dem amerikanischen System of Checks and Balances verwirklicht.

Der große Voltaire war Winckelmann nicht nur durch sein Wissen und seine Sprachfertigkeiten Vorbild. Ihn beeindruckten die zwei Federn des Wegbereiters der französischen Revolution: der elegante Schreibstil im Vergleich zu der Ironie und dem Sarkasmus seiner unbequemen Wahrheiten. Voltaire korrespondierte mit dem preußischen König und lebte von 1750 bis 1753 als Kammerherr in Potsdam. Winckelmann hätte ihm 1752 begegnen können. Auf Schloss Sanssouci verfasste er sein Werk *Le siècle de Louis XIV (Das Jahrhundert Louis XIV., 1751).* Voltaire verehrte Louis XIV. als Förderer der Künste und der Wissenschaften, verurteilte jedoch die Prunksucht des „Sonnenkönigs".

Residenzstadt Potsdam

Friedrich II. (der „Philosophenkönig") – seit 1740 König in und ab 1772 von Preußen sowie Kurfürst von Brandenburg – versuchte auf seine Weise Absolutismus und Aufklärung in Einklang zu bringen. Jeder sollte nach seiner Façon selig werden; gemeint war ursprünglich die Toleranz gegenüber den Religionen. Er selbst wollte als Großer in Erinnerung bleiben.

Obwohl er selbst nie in Italien gewesen war, entwarf Friedrich II. für seine Residenzstadt Berlin ein der Antike nachempfundenes Forum. 1740 beauftragte er den Baumeister Georg Wenzelaus von Knobelsdorff Unter den Linden die Königliche Hofoper zu errichten. Das Bauwerk war der

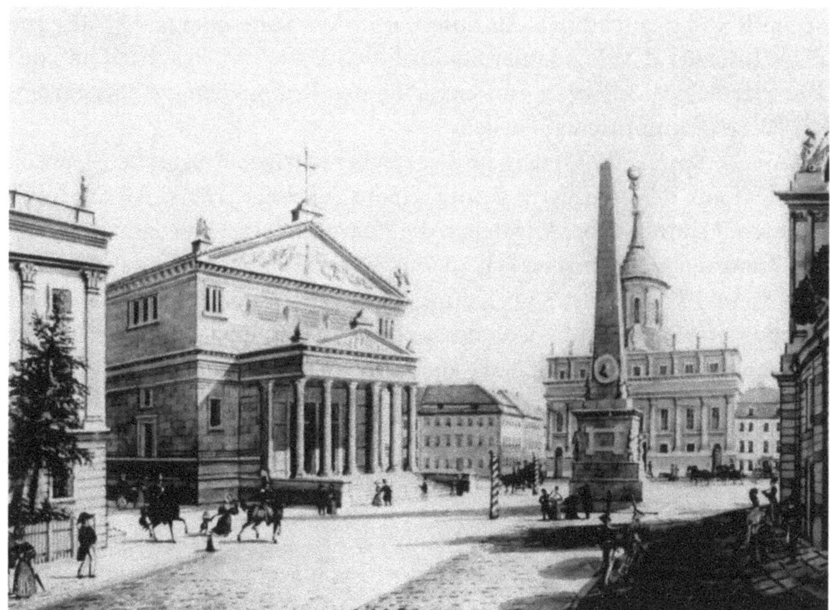

Abb. 14 Alter Markt in Potsdam

Villa Rotonda in Vicenza nachempfunden. APOLLINI ET MUSIS – den Wissenschaften und den Künsten – widmete Fridericus Rex sein um das Prinz-Heinrich-Palais (die spätere Humboldt-Universität) und die Königliche (Alte) Bibliothek erweitertes Forum Fridericianum.

1741 ließ Friedrich II. den Venezianer Francesco Algarotti kommen, der ihn in Sachen Kunst beriet und dafür mit den Titel eines Grafen geehrt wurde. Nach dem Vorbild des Pantheon in Rom entstand die katholische St. Hedwigs-Kathedrale.

Berlins Beinamen „Spree-Athen“ hatte der Dichter Erdmann Wircker bereits 1706 in seiner Huldigung an König Friedrich I. kreiert, aber erst die Errichtung der Berliner Universität durch Wilhelm von Humboldt und das Schaffen berühmter Künstler wie Langhans, Schinkel, Rauch, C. F. Tieck u. v. a. rechtfertigten die Assoziation zum einstigen Mittelpunkt der antiken Welt.

Bereits unter Friedrich Wilhelm I. war die Leibgarde von Berlin nach Potsdam verlegt und die Stadt an der Havel zu einem wichtigen Garnisonsstandort geworden. Das starke Anwachsen der Einwohnerzahl erforderte die Errichtung von Wohnquartieren und öffentlichen Gebäuden. Friedrich II. wollte seine zweite Residenzstadt aufwerten. Von Kupferstichen inspiriert ließ er den Potsdamer Alten Markt als römische Piazza gestalten und darauf einen Marmorobelisk errichten. Die Bürgerhäuser erhielten barocke Fassaden („Vorhemdchen“). Im Stil des Friderizianischen Rokoko entstanden das Sommerschloss Sanssouci (1745 / 47) und als Wintersitz das Potsdamer Stadtschloss (1744 / 51). Friedrich ließ den Exerzierplatz verkleinern und zwischen den Kollonaden des Lustgartens die Ringer-Skulpturen aufstellen.

Am 27. April 1758, auf dem Feld des Siebenjährigen Krieges bei Neustädtel, vertraute der preußische König seinem „Vorleser“ Henri Alexandre de Catt sein Heimweh an: „Mir stehen die Haare zu Berge! Potsdam, Potsdam, das brauchen wir, um glücklich zu sein. Es wird Ihnen sicher gefallen. Zur Zeit meines Vaters war es noch ein elendes Nest; käme er heute zurück, er würde seine Stadt nicht wiedererkennen, so sehr habe ich sie verschönert. Ich baue und verschönere gern, aber alles aus meinen Ersparnissen. Der Staat leidet nicht darunter, und ich gebe den Leuten Arbeit“ (26).

Auch spätere Hohenzollern erwiesen der Antike ihre Reverenz: 1823 kehrte Prinz Carl von Preußen von seiner ersten Italienreise zurück. Auf dem Landgut Glienicke an der Havel verwirklichte er seinen Traum von einer italienischen Villa in südlich anmutender Landschaft. Den Pleasureground hatte der Gartenkünstler Peter Joseph Lenné für den Vorbesitzer, den preußischen Staatskanzler Karl August Fürst von Hardenberg, geschaffen. Nach Entwürfen des Architekten Karl Friedrich Schinkel wurde

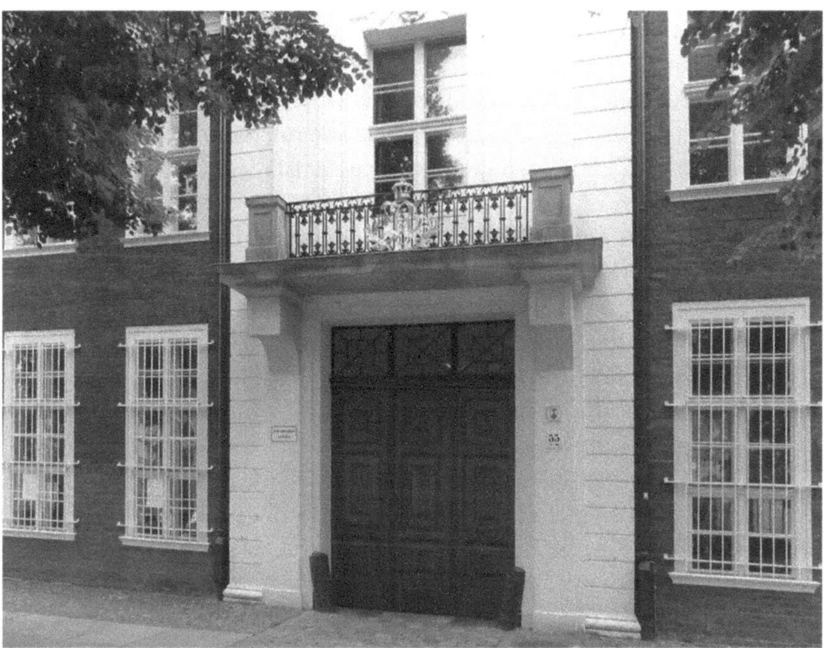

Abb. 15 Kommandantenhaus in Potsdam in der Lindenstraße 54 / 55, 2013

in Glienicke nach antikem Vorbild gebaut. Hermann Fürst von Pückler-Muskau widmete dem Prinzen seine Schrift *Andeutungen über Landschaftsgärtnerei (1834)* und beriet ihn bei der Gestaltung der Gartenanlage.

Carls älteren Bruder, König Friedrich Wilhelm IV. von Preußen, inspirierte die durch Winckelmann und Goethe entfachte Italiensehnsucht zur weiteren Vervollkommnung der Potsdamer Kulturlandschaft. Zahlreiche Bauten und Gartenanlagen lassen die Stadt als ein Stück Italien erscheinen.

In Potsdam, im sogenannten Kommandantenhaus in der Lindenstraße 54 / 55 (heute Gedenkstätte für die Opfer politischer Gewalt im 20. Jahrhundert), diente Peter Lamprecht als Adjutant des Obersten von Retzow. Der Oberst leitete den Aufbau der böhmischen Weberkolonie Nowawes (Babelsberg). Im März 1752 wollte Peter seinen Freund und Lehrer wiedersehen. Winckelmann scheute weder Kosten noch Mühe und begab sich auf die Reise. Nach seiner Rückkehr wandte er sich am 23. März umgehend an seinen vertrauten Freund Berendis. Winckelmann befürchtete wegen seines Besuches bei Lamprecht moralisiert zu werden. „Es sind mir drei Wochen weniger einen Tag darauf gegangen", schrieb er. Doch dann schwärmte er von der prunkvollen, aber militärisch strengen Residenzstadt: „Ich habe Wolllüste genossen, die ich nie wieder genießen werde; ich habe Athen und

Sparta in Potsdam gesehen und bin mit einer anbetungsvollen Verehrung gegen den göttlichen Monarchen erfüllet. Von den erstaunlichen Werken, die ich dort gesehen habe, und von denen du nichts weißt, will ich mündlich mehr berichten. Ich habe aus dieser Reise, die mir ziemlich kostbar gewesen, dennoch einigen Nutzen gezogen, und der ist dieser: Ich bin entschlossen mich auf einen gewissen Fuß in Rom zu setzen" (27).

Da Griechenland bis 1827 unter osmanischer Fremdherrschaft stand, war Italien das erklärte Reiseziel an der Antike Begeisterter. Um seinen „römischen Traum" verwirklichen zu können, hoffte Winckelmann auf sein Glück und die Gunst des Dresdner Hofes. Der dort akkreditierte Nuntius Alberico Archinto stellte ihm eine Beschäftigung bei Kardinal Passionei in Aussicht, er suche einen sachkundigen Bibliothekar zur Rezension seiner griechischen Manuskripte.

Die bildhaften Schilderungen Archintos von der Ewigen Stadt ließen Winckelmann nicht mehr los. Allerdings stellte der päpstliche Botschafter eine Bedingung: die Konversion des Protestanten zum katholischen Glauben! Lange bedachte Winckelmann das Für und Wider, dann vertraute er wiederum auf sein Glück: „Gott und die Natur haben wollen einen Maler, einen großen Maler aus mir machen, und beiden zum Trotz sollte ich Pfarrer werden. Nunmehr ist Pfarrer und Maler an mir verdorben. Allein, mein ganzes Herz hängt an der Kenntnis der Malerei und Altertümer, die ich durch fertigere Zeichnung gründlicher machen muß. Hätte ich noch das Feuer oder vielmehr die Munterkeit, die ich durch ein heftiges Studieren verloren, ich würde weiter in der Kunst gehen. Nunmehro habe ich nichts vor mir, worinnen ich mich hervortun könnte, als die griechische Literatur. Ich finde keinen Ort als Rom geschickter, dieselbe weiter, und wenn es sein könnte, aufs höchste zu treiben [...]. Man hat mir die Stelle eines Bibliothecarii bei dem Cardinal Domenico Silvio Passionei angetragen; er hat meine griechische Hand gesehen, die man vor einiger Zeit, ich wußte nicht wozu, verlangt. Sie hat ihm gefallen, und er hat dem Herrn Nuntius geschrieben. Meine Reisegelder soll ich hier erhalten" (28).

Sein Aufenthalt in Rom war für wenigstens ein Jahr gedacht. Jesuitenpater Leo Rauch, der Beichtvater des Königs, wollte sich für ein 200 Taler umfassendes Stipendium einsetzen. Er genoss das besondere Vertrauen Winckelmanns, verstand er es doch am besten, dessen Gemütsschwankungen auszugleichen. Der Beichtvater prophezeite ihm, in absehbarer Zeit der Öffentlichkeit nützlicher sein zu können. Die Tragweite dieser Worte sollte dem Stipendiaten erst später bewusst werden...

Dann erfuhr er, Kardinal Passionei würde neben freier Kost und Logis nur drei Dukaten (ca. 8 Taler) monatlich bieten. Was für ein schreibermäßiges Gehalt! Der auf Erfolg bedachte Archinto rechnete seinem Kandidaten en detail vor, wie wohlfeil man damit in Rom leben könne. Dennoch zweifelte Winckelmann an der Richtigkeit seines Vorhabens. Er fürchtete in den Verdacht der Heuchelei zu geraten und die Gunst seines Förderers Bünau zu verlieren, sei er doch all die Jahre unsträflich und treu gewesen. Im April 1753 las Berendis, sein Freund habe „den Pelz noch nicht gewendet“ (29). Da Winckelmann ahnte, dass „Se. Exzellenz der Herr Nuntius“ einen Proselyten (durch aufdringliche Werbung Bekehrten) aus ihm machen wollte, schob er den Glaubenswechsel zwei Jahre lang vor sich her.

Kurfürst August der Starke hatte im Jahre 1697 für seine Bewerbung um die polnische Krone dem Glauben seiner Vorfahren entsagt. Sein Sohn Friedrich August II. tat es ihm 1712 in Bologna heimlich nach. Über Sachsen, eines der Kernländer der lutherischen Reformation und des Protestantismus, herrschten also katholische Fürsten. Zu Ehren seines Vaters ließ Kurfürst Friedrich August II. / König August III. das Standbild des Goldenen Reiters errichten. Sich selbst setzte er mit dem repräsentativen Schloss Hubertusburg (1733/52) und der imposanten katholischen Hofkirche (Kathedrale Sanctissimae Trinitas, 1739/55) bleibende Denkmale.

Repräsentanten des Hofes und Künstler konvertierten oft aus Karrieregründen. Der Kabinettmaler Anton Raphael Mengs wechselte 1746 den Glauben und heiratete seine Muse, die Römerin Margherita Guazzi. 1751 wurde er zum sächsischen Oberhofmaler ernannt, wofür ihm ein jährliches Gehalt von 1.000 Talern gezahlt wurde. Noch im gleichen Jahr kehrte er nach Rom zurück und begann mit dem Hochaltarbild „Himmelfahrt Jesu Christi“ (Abb. 22) für die barocke Dresdner Hofkirche. Erst im Oktober 1756 wurde es vollendet und blieb acht Jahre eingerollt liegen, bevor es über Madrid und Hamburg nach Dresden gelangte.

Wie der Zufall es wollte, begegnete Winckelmann auf seinem Weg nach Dresden dem Leubnitzer Pfarrer Johann Gottfried Mehner, mit dem er gut bekannt war. Der Pfarrer sprach ihn auf die beabsichtigte Konversion an, schließlich lud er ihn zum sonntäglichen Gottesdienst ein. Winckelmann folgte der Aufforderung. Allerdings hatte er nicht erwartet, vor versammelter Gemeinde abgekanzelt zu werden: ein „verirrtes Schaf“, das zur katholischen Kirche abfallen wollte, nun aber in den Schoß der wahren Kirche zurückgekehrt wäre, um öffentlich Buße zu tun. Winckelmann stand auf und verließ die evangelisch-lutherische Kirche – für immer.

Am 11. Juni 1754 wurde in der Privatkapelle des päpstlichen Botschafters Archinto und im Beisein des Jesuitenpaters Rauch der „kühnste Schritt“, den er je in seinem Leben getan hatte vollzogen: der Übertritt in die Gemeinschaft der Heiligen Mutter Kirche. Im Gegenzug erhielt Winckelmann die Zusage für das Stipendium. Pater Briskorn erteilte Winckelmann am 8. Juli „privatim" das Sakrament, Leo Rauch als Beichtvater des Königs bereitete sich nämlich gerade auf eine Reise nach Warschau vor. Der Nuntius befand sich längst wieder in Rom und konnte für sich verbuchen, einen Protestanten in den Schoß der katholischen Kirche zurückgeholt zu haben. Der Biograf Carl Justi sah in der Konversion das „Unglück von Winckelmanns Leben" (30). Aber auf welchem Wege wäre er sonst nach Rom gekommen?

Obwohl es sich bereits bis Stendal herumgesprochen hatte, wagte es Winckelmann erst am 17. September, sich in einem langen Brief an seinen Brotherrn zu wenden. Symbolisch fiel er ihm zu Füßen und bekannte „den letzten Schritt" getan zu haben. Er begründete dies vor allem mit der „schuldigen Vorsorge" für seine Gesundheit. Graf Bünau bedauerte die Unbesonnenheit seines Bibliothekars.

Den plagten Angstträume und Nachtschweiße: Wer zahlte ihm sein Gehalt, wenn Kardinal Passionei stürbe? Er war bereits über 70 Jahre alt. – Sähe man ihm, der offenbar keinen festen christlichen Glauben hatte, in Rom besonders auf die Finger? – Warum versuchte Lamprecht nicht, „alles möglich zu machen"? Kürzlich hatte er scheinbar geläutert seinen Gegenbesuch auf Schloss Nöthnitz wahr gemacht. Winckelmann hatte allen Ernstes geglaubt, sein Freund würde ihn nach Rom begleiten. – Und natürlich bewegte ihn die Frage, ob er seinen engsten Vertrauten Berendis vor der Abreise noch einmal sprechen könnte.

„Mein Bruder, ich habe leider den unglücklichen Schritt getan, [...]. Ich habe nunmehro 6 Jahre in Sachsen gelebt und kann mich nicht erinnern, daß ich recht gelacht hätte [...]. Meiner Gesundheit ist nicht anders zu helfen als durch eine Veränderung. Hier fehlt es mir an aller Gemütsveränderung, und die Einsamkeit wird mir allein durch beständige Arbeit erträglich" (31), schrieb er.

Nach dem Studium hatte Berendis als Auditeur (Kriegsgerichtsrat) in einem Berliner Husarenregiment gedient. Im August 1748 vermittelte ihn Winckelmann als Hofmeister für den jungen Grafen Heinrich von Bünau. 1757 begleitete Berendis seinen Zögling auf das Collegium Carolinum nach Braunschweig. Heinrich von Bünau, inzwischen Premierminister in Weimar, vermittelte den Hofmeister an die regierende Herzogin Anna Amalia. Als Kriegsrat, späterer Kammerherr und Schatullier der Herzogin sowie Direktor der Jenaer Landschaftskasse wurde Hofrat Berendis zu einer wichtigen Persönlichkeit im Weimar der 1770er Jahre.

Berendis hatte zwar seine Bedenken zur Konversion geäußert, doch offenbar waren diese auf taube Ohren gestoßen. Nun, da der Glaubenswechsel vollzogen war, hielt er sich mit klugen Ratschlägen zurück. Winckelmann fühlte sich allein gelassen – auch von Berendis – und bedauerte, von der „heroischen Freundschaft“ immer hinweggerissen zu werden. Freilich, was er suchte, war ein Mythos. Eine leuchtende Ausnahme bildeten die zwei „Nobili di Venetia“ Nicolo Barbarigo und Marco Trevisani. Der göttlichen Freundschaft dieser beiden Männer sollte man an allen Toren, Tempeln und Schulen der Welt ein Denkmal setzen. Aber wie sah die Wirklichkeit aus? Die christliche Religion war auf „zeitliche und ewige Belohnungen“ ausgelegt, während die „Privat-Freundschaft“ nicht einmal dem Namen nach Erwähnung fand.

Winckelmann war sicher, ein vergnügtes Herz sei wirkungvoller als alle Arzneimittel. Zu Michaelis nahm er Abschied von seinem Herrn. Um die endlose Wartezeit zu überbrücken, siedelte er Anfang Oktober 1754 von Nöthnitz ins nahe Dresden über. Sein Nachfolger wurde der Theologe Johann Friedrich Burscher.

Kunststudien in Dresden

Während der Renaissance orientierte sich die europäische Kultur an der griechischen und römischen Antike. Im Mittelpunkt stand das schöpferische Individuum. Im Sinne der Gegenreformation versuchten sowohl die römisch-katholische Kirche als auch die absolutistischen Fürsten verlorenen Einfluss zurückzugewinnen. Sie übertrafen sich an Prachtentfaltung: Das französische Schloss Versailles wurde zum Vorbild für opulente Schlossanlagen, die römische Basilika Sankt Peter für Kirchenbauten des Abendlandes. Die Umgestaltung der sächsischen Residenzstadt erfolgte nach italienischem Vorbild. Ihre Barockbauten erhielten prächtige Ornamente, illusionistische Malereien und geschwungene Fassaden.

Kurfürst Friedrich August I. /König August II. von Polen war leidenschaftlicher Kunstsammler. Ab dem „Augusteischen Zeitalter“ konkurrierten die Dresdner Kunstsammlungen mit denen in Wien, München, Düsseldorf, Kassel, Braunschweig oder Salzdahlum. Legendär ist die „maladie de porcelaine“ (Porzellan-Krankheit) August des Starken. 1717 tauschte er 600 sächsische Dragoner gegen wertvolle Porzellane aus dem Besitz Friedrich Wilhelm I. Auch Antiken, vor allem repräsentative Büsten, waren begehrte Sammelobjekte. Das Münchner Antiquarium (1571) und das Berliner Antikenkabinett (1703) mit dem Nachlass des italienischen Kunsttheoretikers Giovanni Pietro Bellori galten als die bedeutendsten Sammlungen nördlich der Alpen. 1723 /26 erwarb August die brandenburgische Sammlung antiker Plastiken, zwei Jahre später vermehrte er sie durch mehr als 200 Antiken aus den römischen Samm-

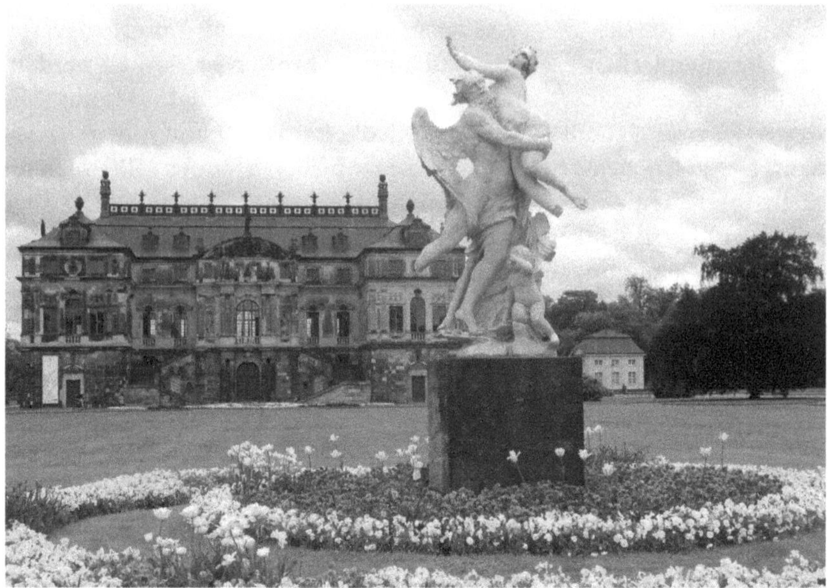

Abb. 16 Großer Garten in Dresden, 2013

lungen Chigi und Albani. Im gleichen Jahr wurde der Zwinger mit den naturhistorischen Sammlungen und der kurfürstlichen Bibliothek fertiggestellt, ab 1730 konnte das Grüne Gewölbe besichtigt werden.

Der Thronfolger, Kurfürst Friedrich August II. / König August III. von Polen, war leidenschaftlicher Sammler von Kupferstichen und Gemälden, darunter Tizians „Zinsgroschen" aus dem Besitz des Herzogs Francesco III. von Modena. 1747 kam der venezianische Maler Bernardo Bellotto, genannt Canaletto, nach Dresden und schuf die berühmten Veduten. Eine neue Künstlergeneration löste die Meister des Barock ab. In Ansehung all der Bauwerke und Kunstschätze prägte Johann Gottfried Herder 1802 den Begriff vom „Deutschen Florenz".

Dresdens Glanz zog Fremde magisch an, vor allem Polen, Italiener und Franzosen. Die Unbeschwertheit des Hofes dominierte das Dresdner Stadtbild. Die Schauspieltruppe der Friederike Caroline Neuber hatte den Harlekin (Hanswurst) von der Bühne verbannt und bespielte Dresden und Umgebung mit deutschsprachigen Stücken. Im Großen Opernhaus am Zwinger faszinierten die Sopranistin Caterina Pilaja und der Sopran-Kastrat Giovanni Belli. Der Königlich Polnische und Kurfürstlich Sächsische Hofkapellmeister Johann Adolph Hasse und seine venezianische Frau, die Mezzosopranistin Faustina Bordoni, die laut Winckelmann „mehr wegen ihrer Aktion als Stimme" bewundert wurde, genossen jede künstlerische Freiheit. Hasses Werke galten als Ausdruck des musikalischen Schönheitsideals, eine Spieldauer von vier Stunden war durchaus üblich. Winckelmann begeisterte Pietro Metastasios Oper *Regulo*. Demgegenüber kritisierte er die „Verderbtheit des Geschmacks" in der Ausstattung der italienischen Komödien.

1742 war der venezianische Aufklärer Algarotti von Preußen nach Sachsen gewechselt, um in Dresden sein Glück zu versuchen. Als Einkäufer von Kunstwerken war er sowohl für die königlichen als auch für die Brühlschen Sammlungen tätig. So gelangten weitere Kostbarkeiten in die Dresdner Galerien, darunter „La Belle Chocolatière (Das Schokoladenmädchen)" von Jean-Étienne Liotard. Nach Algarotti war es das schönste Pastell, das man je gesehen hat. Allerdings gelang es ihm auch damit nicht, die Gunst August III. zu gewinnen. Enttäuscht kehrte er 1747 nach Potsdam zurück, wo ihn der preußische König zum Kammerherrn machte.

Im 18. Jahrhundert entschied die künstlerisch interessierte Öffentlichkeit über den Wert der Sammlungen. Um auf sie aufmerksam zu machen, aber auch, um Diebstähle zu verhindern, mussten die Sammlungen katalogisiert und beschrieben werden. Neben zwei Bibliothekaren arbeitete Christian Gottlob Heyne als Kopist in der Universalbibliothek des Grafen Brühl. Im Gegensatz zu ihm war Winckelmann längst kein Unbekannter mehr. Goethe schreibt: „Schon als Winckelmann zuerst in Dresden der Kunst und den Künstlern sich näherte und in diesem Fach als Anfänger erschien, war er als Literator ein gemachter Mann. Er übersah die Vorzeit so wie die Wissenschaften in manchem Sinne. Er fühlte und kannte das Altertum so wie das Würdige der Gegenwart, des Lebens und des Charakters, selbst in seinem tiefgedrückten Zustande. Er hatte sich einen Stil gebildet. In der neuen Schule, die er betrat, horchte er nicht nur als ein gelehriger, sondern als ein gelehrter Schüler seinen Meistern zu, [...]" (32).

Im Jahre 1747 ließ August III. die Königliche Galerie der Schildereyen im ehemaligen Stallgebäude am Neumarkt unterbringen. Die Korridore hießen jetzt „Große Bildergalerie" und „Kleiner Gang mit Mahlereyen" und beherbergten mehr als 4.700 Gemälde, von denen mehr als zwei Drittel das Prädikat „wertvoll" verdienten. Die Tür des Galerieinspektors Johann Gottfried Riedel stand für Winckelmann jederzeit offen. Als Unterinspektor für die italienische Galerie fungierte der Venezianer Pietro Guarienti. 1753 beerbte ihn Matthias Österreich, ein Vetter von Carl Heinrich von Heineken.

Die Kunstgelehrten standen dem Quereinsteiger Winckelmann durchaus nicht vorbehaltlos gegenüber. So erfuhr Uden: „Wer hier in Dresden gedenket an sein Glück zu arbeiten muß wo nicht Italien, doch wenigstens Frankreich gesehen haben, präsupponiert [vorausgesetzt], daß er plaudern kann und ein Air [Ausstrahlung] hat. Das Andere hilft nichts. Die

Uebrigen, welche hier Gelehrte heißen, kennen nichts als Titel und Indexe der Bücher und das ist auch hier für einen Gelehrten genug. Ich habe also keinen Appetit Bekanntschaft mit hiesigen sogenannten Gelehrten zu machen, außer daß ich dann und wann die beiden Bibliothequen in Dresden besuche. Hingegen bin ich unter die Mahler gerathen, und dieses unter Leute, [er meint hier wohl Mengs und Dietrich], die auch sagen können: Romam vidi [Ich sah Rom]. Ein einziger Maler ist mir mehr wert als 10 Titel-Stutzer. […]" (33). Dieser anonyme Maler erwies sich im wahrsten Sinne des Wortes als wertvoll.

Hatte sich Winckelmann als Bibliothekar bisher Sprachen und Geschichte gewidmet, wandte er sich nun der Kunst zu und betätigte sich als Schriftsteller. Sein unvollendet gebliebener Essay *Beschreibung der vorzüglichen Gemälde der Dreßdner Gallerie (1752)* sollte in Form eines Sendschreibens auf die einzigartigen Dresdner Kunstwerke aufmerksam machen. Winckelmann bewertete und beschrieb insgesamt 68 Gemälde – von Correggio bis Trevisani.

Sein Sprachstil war noch vom Seicento (Elegante), der barocken italienischen Kunst des 17. Jahrhunderts, beeinflusst. Erste Hinweise auf seinen klassizistischen Geschmack geben solche Begriffe wie Kontur (Umriss, Linie) und Zeichnung. Wörter wie Geist, Reiz, Zärtlichkeit oder Leidenschaft stehen für Empfindungen, die Phrase „mit frecher Feder" bedeutet großzügig oder leidenschaftlich. Winckelmanns Charakterisierung eines Kunstwerkes als „für ein denkend Auge gemacht" findet sich in seinen Schriften häufig wieder. Damit kreierte er einen neuen Beschreibungsstil, der sowohl von Empfindungen als auch von Erkenntnis geprägt war.

Die Visualisierung abstrakter Gedanken lehnte er jedoch ab. Als Beispiel soll das Andachtsbild „St. Cecilia an der Orgel (1671)" von Carlo Dolci gelten. Winckelmann stellt es so vor: „Cecilia spielt auf einem Clavecin [dt. Cembalo]. Ihr Auge zeiget, daß sie sich vergißet in einer Entzückung über eine himmlische Music, welche sie höret. Sie soll alle Instrumente weggeworfen haben, da sie dieselbe gehöret. Ein gemeiner Künstler würde aus Besorgung, daß man weiter auf nichts als auf ein spielendes Frauenzimmer denken würde, eine Englische Music in den Lüften angebracht haben, wie in der Cecilia auf der Gallerie aus der Schule Rafaels, aber mit Recht, geschehen. Unser Künstler hat dieses in das Auge geleget und sein Stück nur für ein denkend Auge gemacht. Man muß nicht alles schreiben, was man schreiben könnte; also auch nicht alles mahlen […]" (34). Das Auge des Betrachters sieht also die sentimentale Organistin, kann die geistliche Musik aber nur erahnen. Die bloße Andeutung soll den eigenen Gedanken freien Lauf lassen …

Der Legende nach war Cecilia eine junge Adlige, die 200 bis 230 n. Chr. in Rom lebte und sich schon als Kind allein Christus versprochen fühlte. Nachdem ihre Eltern sie mit dem heidnischen Jüngling Valerianus verheiratet hatten, gelang es Cecilia ihn und seinen Bruder Tiburtius zu bekehren. Als die beiden die Leichen hingerichteter Christen beerdigten, warf man sie ins Gefängnis. Dort bekehrten sie ihren Wächter, dafür wurden alle drei enthauptet. Cecilia begrub die Männer. Zur Strafe versuchten ihre Peiniger, sie durch Verbrühen zu töten. Als dies nicht gelang, versuchte der Henker sie zu enthaupten. Cecilia lebte noch drei Tage und verteilte ihre Reichtümer unter den Armen. In der Basilica di Santa Cecilia in Trastevere (Piazza Santa Cecilia, 22) wird jährlich am 22. November ihr zu Ehren ein Fest gefeiert. Die Verbindung Cecilias mit kirchlicher Musik beruht allerdings auf einem Übersetzungsfehler.

In der Dresdner Altstadt leistete sich Winckelmann anfangs von seinem Ersparten eine Stube mit Kammer und Vorzimmer – alles tapeziert für sechs Taler monatlich. Da die Post aus Warschau ausblieb, „verkleinerte" er sich bereits nach vier Wochen auf zwei Taler, zwölf Groschen. Sein Logis war jetzt im Rietschelschen Haus in der Großen Frauengasse (heutige Frauenstraße) am Neumarkt, vier Treppen hoch bei dem Maler Adam Friedrich Oeser. Im Frühjahr 1755 wechselte er mit dessen Familie auf die rechtselbische Seite. Als Pensionär des gleichaltrigen Malers bezog er eine Stube in der heutigen Königstraße 10.

Knapp zwanzig Jahre später plante der Erfurter Hochschullehrer Friedrich Justus Riedel die Herausgabe von Winckelmanns überarbeiteter *Geschichte der Kunst des Altertums (1776).* Erfreut entsprach Oeser der Bitte Riedels um Zuarbeit: „Ich kann wohl sagen, daß ich unter den Menschenkindern seinesgleichen nicht gefunden habe, der zur Gesellschaft, wo Verstand und Einsicht erfordert wurde begabter war als er, und, wo Scherz und Freude nöthig, war er der alleruntauglichste und sich selbst zur Last. Bey seinem fürtreflichen Hertzen wußte er gar nicht, was Mißtrauen war, sich zu verstellen war ihm gantz unmöglich" (35).

Oeser erwies sich als wertvoller Freund. Bei ihm fühlte sich Winckelmann geborgen, hier konnte er seinen Tagesablauf nach eigenem Ermessen gestalten: „Den ganzen Vormittag bleibe ich zu Haus: um 11 Uhr pflege ich zuweilen auf die Königl. Bibliothec zu gehen, und suche mir Bücher, welche mir communiciret werden. Von 12 bis halb 2 speise ich, bis 2 mache ich eine Promenade über die [Augustus-] Brücke, und nach Hause, gehe auch selten vor 7 Uhr aus, und wenn es geschiehet, zu dem Italiener Sala, wo ich etwa eine halbe Kanne rothen Wein trincke. Alle Tage zeichne ich [unter Oesers Anleitung] wenigstens 2 Stunden" (36). Unter diesen Umständen hatte die Abreise nach Rom keine Eile…

Oeser, der aus der Wiener Kunstszene um den Bildhauer Georg „Raffael“ Donner kam, entwickelte eine zunehmend vorklassizistische Malweise. Er schulte die praktischen Fertigkeiten seines Mitbewohners.

1749 malte Oeser das Schloss Hubertusburg aus, ab 1756 das Schloss Dahlen. 1759 übersiedelte Oeser nach Leipzig, 1764 wurde er erster Direktor der neu errichteten Zeichenakademie. Dort erteilte er zwischen 1765 und 1768 dem Studenten Goethe Zeichenunterricht. Als Hofmaler unterrichtete Oeser gleichzeitig an der Dresdner Akademie. Von 1755 bis 1785 war er als künstlerischer Berater am Weimarer Hof tätig. Arbeiten dieser Zeit sind die Ausmalung des Bünauschen Gutes Oßmannstedt (1758), die Anlage des Tiefurter Parks (1772) und die Ausmalung des Wittumspalais (1775). Ab 1787 schuf Oeser die klassizistischen Gemälde der Leipziger Stadt- und Pfarrkirche St. Nikolai.

Dem Regenten begegnete Winckelmann wohl nie persönlich, doch verfügte er über Kontakte zu wichtigen Repräsentanten des Hofes. Die Geschicke des Landes lenkte Heinrich Graf von Brühl. Dank Fleiß und diplomatischen Geschicks war er einst unter August dem Starken vom Pagen zum Kammerpräsidenten aufgestiegen. Der Thronfolger machte ihn zum Premierminister. Als zweiter Mann im Staat hatte Brühl bald alle wichtigen Ämter inne, darunter die Aufsicht über die königlichen Sammlungen und den Ankauf von Kunstwerken. Seine nahezu uneingeschränkte Entscheidungsfreiheit ermöglichte die Anhäufung eines ansehnlichen Privatvermögens. Auf der Brühlschen Terrasse, dem „Balkon Europas“, ließ der Graf sein Palais, eine Bibliothek, Kunstsammlungen und ein Theater errichten. Den Abschluss bildete die Jungfernbastei (Bastion Venus). Zu deren Gartenensemble gehörten das Belvedere und der heute noch erhaltene Delphinbrunnen.

Für den Festsaal des Brühlschen Palais schuf der Maler Louis de Silvestre das allegorische Gemälde „Sieg des Bellerophon über die Chimäre (1742)“ nach Homers *Ilias*. In dem Deckengemälde glaubte Brühl seine Amtsführung zu spiegeln: in der Mitte der Held Bellerophon auf dem weißen Pegasus reitend, unter dessen Hufen die Chimära, die Verleumdung. Als die Laster des Neides, Spieles und Trunkes, des Geizes und der Wollust aus dem Himmelsraum hervorstürzen, kommen Cybele (die göttliche Weltordnung) auf ihrem Löwenwagen und Apollo (der Gott des Lichts) auf seinem Viergespann zu Hilfe (37).

Angesichts all der Kunstwerke liebäugelte Winckelmann mit einer „Adjunction“ (Anstellung) bei Hofe, wenn sein Stipendiat in Rom abgelaufen wäre. Doch er wollte seinem Schicksal freie Hand lassen. Zunächst ließ er sich zu der Abhandlung *Gedanken vom mündlichen Vortrag der neueren allgemeinen Geschichte (1754 / 55)* animieren, die vor einer „ge-

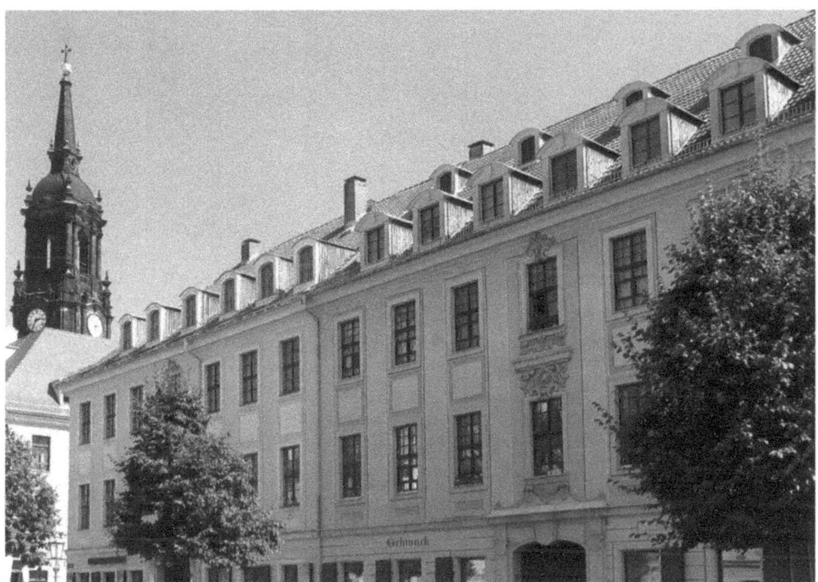

Abb. 17 Königstraße 10 in Dresden, 2013

wissen Gesellschaft" vorgetragen werden könnte. Für einen Verleger wollte man auch sorgen.

Mithilfe seiner Extraits und der bei Bünau erworbenen Erkenntnisse umriss Winckelmann den Wahrheitsbegriff und die Bedeutung originaler Quellen. Für den Umfang eines Vortrags empfahl er „eine erleuchtete Kürze". Überhaupt gestatte ein mündlicher Vortrag mehr Freiheiten als schriftliche Nachrichten, zum Beispiel „Helden [Ludwig XIV.] und Printzen die Larve abzuziehen…" Nach der Fertigstellung war niemand mehr an den Grundsätzen empirischer Arbeit und wirkungsvollen Vortragens interessiert. Mit diesen brisanten Thesen würde man nicht einmal die Geneigtheit des Kurprinzen finden…

Brühls Vertrauter und Intendant seiner Verwaltung war Carl Heinrich von Heineken. Als Nachfolger Johann Heinrich von Heuchers als Direktor des Kupferstichkabinetts vergrößerte Heineken sowohl den Bestand der Kunstsammlungen Brühls als auch des Königlichen Kupferstichkabinetts. Im Jahre 1760 war das Dresdner Kupferstichkabinett mit mehr als 130.000 Blättern die wichtigste grafische Sammlung nach der königlichen Bibliothek in Paris.

Obwohl Winckelmann ein gespaltenes Verhältnis zu Heineken – dem „Diktator des guten Geschmacks" – hatte, sandte er ihm 1758 aus Rom die für sein Künstlerlexikon *Dictionnaire des Artistes (1778/90)* erbetenen Informationen. Dankbar kündigte Heineken an, den Altertumsforscher

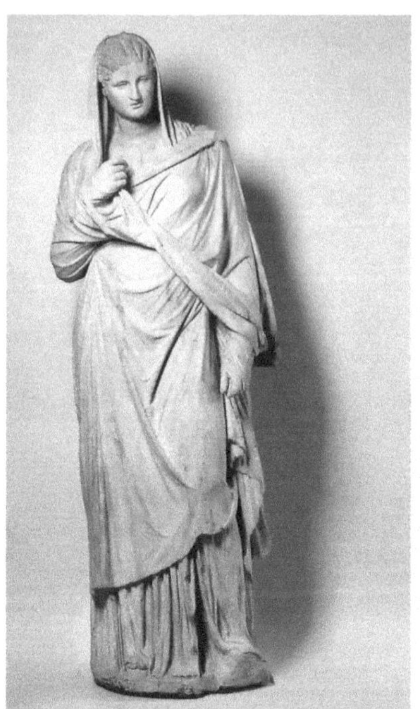
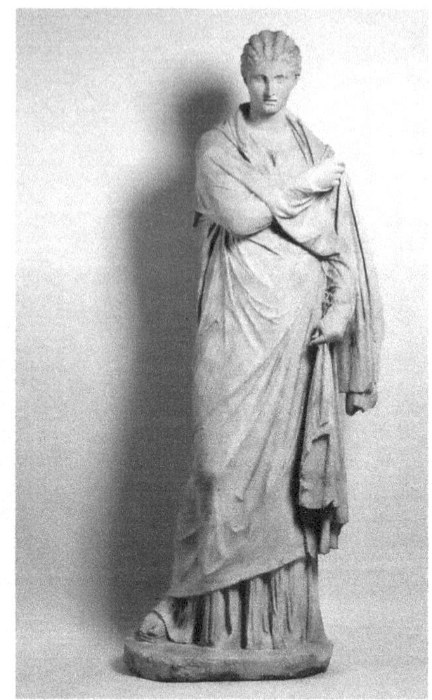

Abb. 18 Große und Kleine Herkulanerin vor 79 n. Chr., Staatliche Kunstsammlungen Dresden, Skulpturensammlung

mit dem drittgeborenen Sohn Brühls, Albert Christian Heinrich, in der Ewigen Stadt besuchen zu wollen. Der Siebenjährige Krieg machte auch diese Pläne zunichte.

Am 27. Oktober 1763 wurde der Geheime Kammerrat Heineken in seinem Haus am Dresdner Taschenberg unter Arrest gestellt. Ihm wurde vorgeworfen, die Misere der kursächsischen Finanzen mitverantwortet zu haben. Heineken wurde seiner Ämter enthoben, Nachfolger als Direktor des Kupferstichkabinetts wurde Christian Ludwig von Hagedorn. Obwohl das Verfahren in einen Freispruch mündete, wurde Heineken aus Dresden verbannt. Auf seinem Rittergut in Altdöbern / Niederlausitz förderte er Landwirtschaft und Obstanbau und betätigte sich auch weiterhin schriftstellerisch. Sein Buch *Idée générale d'une Collection complette d'Estampes (1771)* enthält die Theorie eines musterhaften, systematisch gegliederten Museums der grafischen Künste. – Aufgrund der Namensähnlichkeit mit dem Kursächsischen Konferenzminister und korrupten Handlanger Brühls, Johann Christian Graf von Hennicke, blieb Heineken trotz des von ihm 1769 geleisteten Reinigungseides geächtet.

Winckelmanns Erstlingsschrift

Der „junge Hof" des Kurprinzenpaares sah sich als Gegenpol zum Hof des jagd- und kunstbesessenen Königs. Kurprinz Friedrich Christian hatte 1738 seine Schwester nach Neapel begleitet und anschließend eine ausgedehnte Kavaliersreise durch Italien unternommen. 1743 übernahm er das väterliche Münzkabinett und ließ es im Taschenbergpalais (heute Hotel Taschenbergpalais Kempinski, Taschenberg 3) aufstellen.

Friedrich Christian und seine gebildete Gemahlin Maria Antonia Walpurga, eine Schwester des Kurfürsten Maximilian III. Joseph von Bayern, nahmen regen Anteil an den Forschungen Winckelmanns. Die Kontakte liefen über den Oberhofmeister Joseph Anton Gabaleon Graf von Wackerbarth-Salmour und Hofrat Giovanni Lodovico Bianconi. Letzterer war Leibarzt des Kurprinzen und wirkte als sächsischer Gesandter bei der Kurie. In seinem geselligen Zirkel Tarocchino (Tarock) versammelten sich die in Dresden wohnenden Italiener und sogenannten Romfahrer. Wie immer reagierte Winckelmann zuerst euphorisch: „Er ist mein Mann, er ist für mich und ich scheine für ihn gemacht zu seyn" (38). Als Bianconi ihn jedoch für die Übersetzung der antiken Arzneimittelkunde des griechischen Arztes Pedanius Dioscurides *De Materia Medica (Über Heilmittel)* einspannen wollte, ging Winckelmann auf Distanz.

Bianconi war es auch, der schließlich die Katze aus dem Sack ließ: Als Gegenleistung für das Stipendium erwartete das Kurprinzenpaar mit all den Nachrichten aus Pompeji und Herculaneum versorgt zu werden, die die neapolitanische Verwandtschaft verwehrte; aber darauf war Winckelmann ja selbst neugierig.

Noch immer stand der Termin für die Abreise nicht fest und er genoss die persönlichen Kontakte zu namhaften Gelehrten, die ihm von seiner Zeit auf Schloss Nöthnitz bereits bekannt waren. Philipp Daniel Lipperts Daktyliothek (Sammlungen geschnittener Steine) prägte Bildung und Geschmack des Zeitalters der Aufklärung. Seine Gemmen erweckten in Winckelmann die Überzeugung von der Vorbildhaftigkeit griechischer Kunst.

Der Kunsttheoretiker und -sammler Christian Ludwig von Hagedorn ließ die These von der Nachahmung der Antike nur eingeschränkt gelten. Mit zahlreichen Essays und den auf Deutsch verfassten *Betrachtungen über die Mahlerey (1762),* in denen er Gefühl statt Vernunft als Urteilskriterium ansieht, zählt Hagedorn zu einem der Wegbereiter des Sturm und Drang: Die Zeichnung in der Malerei sollte durchaus von den Vorbildern der Antike übernommen werden, das Kolorit aber von der Natur!

Winckelmann fesselte die Schrift des englischen Malers und Theoretikers Jonathan Richardson *An Essay on the Theory of Painting (1715).* Dessen Motto „la véritable grandeur et la noble simplicité" – „edle Einfalt und stille Größe" – wurde richtungsweisend für eine ganze Epoche. Zu Winckelmanns Extraits zählte die *Allgemeine Historie der Natur (dt. 1752)* des Naturforschers Georges-Louis Leclerc de Buffon. Gedanken über die förderliche Wirkung des Klimas auf die Kunst exzerpierte er aus der Schrift des französischen Ästhetikers Jean-Baptiste Dubos *Réflexions critiques sur la poésie et sur la peinture (1719).*

Bereits Ende des 17. Jahrhunderts war mit der legendären *Querelle des Anciens et des Modernes (Streit der Alten und der Neuen)* in Frankreich ein nicht enden wollender Disput entfacht worden. In seinem Gedicht *Le siècle de Louis le Grand (1687)* pries Charles Perrault das Zeitalter Ludwigs XIV. als Ideal und stellte damit die Vorbildlichkeit der Antike in Frage. Das Mäzenatentum des Sonnenkönigs hatte eine ebensolche Blütezeit hervorgebracht – „le Grand Siècle". In der Querelle stritten die Geistesgrößen um zwei künstlerische Ziele: die Nachahmung des antiken Schönheitsideals oder das moderne Schöpfertum des „Genies", das sich seine eigenen Regeln schuf. Mit einer symbolischen Umarmung in der Académie française wurde der Streit vorläufig beigelegt. Die französische Klassik – als Gegenbewegung zum Barock – schöpfte aus der antiken Literatur und zeichnete sich durch künstlerische Perfektion und Moral aus. Ziel war ein harmonisches Gleichgewicht zwischen Natur und Mensch.

In der ersten Hälfte des 18. Jahrhunderts flammte der Gelehrtenstreit erneut auf. In seinem *Discours sur Homère (1714)* behauptete der Dichter und Ästhetiker Antoine Houdar de La Motte, trotz aller Verehrung könne der antike Homer mit den neuzeitlichen Autoren nicht mehr mithalten. Die Schriftstellerin Anne Dacier verteidigte die Unantastbarkeit des antiken Dichters. Als sich die beiden 1716 persönlich kennen lernten, sollen sie mit einem Toast auf Homer ihren Streit beigelegt haben.

Auch Voltaire stellte die Vereinbarkeit von wissenschaftlichem Fortschritt und Mythologiegläubigkeit in Frage. Andererseits bewundert er die mit der Wiedergeburt der Antike erreichten Fortschritte auf dem Gebiet der Kunst. Winckelmann sah in der Mythologie den Schlüssel für das Verständnis der Antike und von Kunst überhaupt. Von der Bedeutung der antiken griechischen Dichtung überzeugt formulierte er seine These: „Der einzige Weg für uns, groß, ja – wenn es möglich ist, unnachahmlich zu werden – ist die Nachahmung der Alten, und was jemand vom Homer gesagt, daß derjenige ihn bewundern lernet, der ihn wohl verstehen gelernet, gilt auch von den *Kunstwerken* der Alten, sonderlich der Griechen. Man muß mit ihnen, wie mit einem Freunde, bekannt geworden sein, um den Laokoon ebenso unnachahmlich als den Homer zu finden."

Auch Künstler wie Michelangelo, Raffael und Poussin hätten sich ein Bild von den meisterhaften Werken der Alten gemacht, den guten Geschmack aus seiner Quelle geschöpft. „Die Kenner und Nachahmer der griechischen Werke finden in ihren Meisterstücken nicht allein die schönste Natur, sondern noch […] gewisse idealische Schönheiten derselben", die – wie Plato lehrt – bloß im Verstande entworfen sind (39). Der Einfluss des Klimas und die intensive Vorbereitung auf die Olympischen Spiele begünstigten „den großen und männlichen Kontur" der Griechen. Die Gymnasien, wo junge Leute „ganz nackend ihre Leibesübungen trieben", und Feste aller Art dienten den Künstlern zu Studien. So entwickelten sich allgemeine Begriffe von Schönheit, bis ihr Urbild, „eine bloß im Verstande entworfene geistige Natur", entstand. Die Dargestellten „ähnlich und zu gleicher Zeit schöner zu machen", war das Credo der Antike. „Die sinnliche Schönheit gab dem Künstler die schöne Natur; die idealistische Schönheit die erhabenen Züge; von jener nahm er das Menschliche, von dieser das Göttliche."

Winckelmann argumentiert: Im guten Geschmack liegt eine Quelle der Tugend. Den Griechen ist die Darstellung des Idealen in allgemeingültiger Weise gelungen. Der einzige Weg zur Verbesserung der Kultur ist also die Nachahmung der Alten. Dabei soll „Nachahmung" keinesfalls als Kopieren, sondern als Nacheifern verstanden werden. Die Kunst soll mit allen Sinnen erlebt und dieses Erleben künstlerisch umgesetzt werden. „Sehen" setzt Winckelmann mit Erkennen gleich.

Leidenschaftlich polemisiert er gegen den italienischen Bildhauer Gian Lorenzo Bernini, der den Vorzug einer idealistischen Schönheit bestritten hatte: Die Natur wisse in allen ihren Teilen das Schöne zu geben. Die Kunst bestehe darin, es zu finden. Und widersprach Bernini sich nicht selbst, als er die Schönheit der Mediceischen Venus pries? Also ist das Studium der Natur doch der längere Weg. Für Winckelmann steht fest: Die Nachahmung des Schönen kann lehren, geschwinder klug zu werden. Als Beweis führt er drei weibliche Gewandstatuen aus der Königlichen Antikensammlung an. August III. hatte sie 1736 gegen den Protest der Wiener Akademie aus dem Nachlass des Prinzen Eugen von Savoyen erworben und im Palais des Großen Gartens aufstellen lassen. Als das Palais elf Jahre später für Festlichkeiten benötigt wurde, stellte man die Statuen kurzerhand in einem „Schuppen aus Brettern" unter. Einige waren „wie die Heringe gepacket", andere bequemer gestellt, darunter die drei Herkulanerinnen.

Seine künstlerische Feder beschreibt die vermeintlichen Originale: „Die drei Vestalen [zunächst als Priesterinnen, später als Grabmonumente verstorbener Frauen erkannt und bis heute nicht eindeutig identifiziert] sind unter einem doppelten Titel verehrungwürdig. Sie sind die ersten großen Entdeckungen von Herculaneum: allein was sie noch schätzbarer macht, ist die große Manier [bzw. Draperie] in ihren Gewändern" (40).

Winckelmann erklärt: „Unter dem Begriff Draperie begreift man alles, was die Kunst von Bekleidung des Nackenden der Figuren und von gebrochenen Gewändern lehret. Diese Wissenschaft ist nach der schönen Natur, und nach dem edlen Kontur, der dritte Vorzug der Werke des Altertums. [...] Die kleinen Brüche entstehen durch einen sanften Schwung aus den größeren Partien, und verlieren sich wieder in diesen mit einer edlen Freiheit und sanften Harmonie des Ganzen, ohne die schönen Konturen des Nackenden zu verstecken. Wie wenig neuere Meister sind in diesem Teile der Kunst ohne Tadel!" (41)

„Das allgemeine vorzügliche Kennzeichen der griechischen Meisterstücke ist endlich eine edle Einfalt, und eine stille Größe, sowohl in der Stellung als auch im Ausdrucke. So wie die Tiefe des Meeres allezeit ruhig bleibt, die Oberfläche mag noch so wüten, ebenso zeiget der Ausdruck in den Figuren der Griechen bei allen Leidenschaften eine große und gesetzte Seele" (42). Diese Seele schildere sich im Laokoon.

Diese oft einseitig zitierte Formel stellt Winckelmann dem Verspielten und Überladenen des Barock entgegen. „Edle Einfalt" bedeutet Verständlichkeit, „stille Größe" die Geisteshaltung; „figure" ist auf das französische Wort für Gesicht zurückzuführen – gemeint ist hier also der Gesichtsausdruck!

Zu Beginn seiner Schrift würdigt er die sächsischen Monarchen, durch ihre Sammlungen zur Verewigung der Künste und damit zur Herausbildung des Schönheitsempfindens beizutragen. „Der gute Geschmack, welcher sich mehr und mehr durch die Welt ausbreitet, hat sich angefangen zuerst unter dem griechischen Himmel zu bilden. [...] Und man muß gestehen, daß die Regierung des großen Augusts [des Starken] der eigentliche glückliche Zeitpunkt ist, unter welchem die Künste, als eine fremde Kolonie, in Sachsen eingeführet worden. Unter seinem Nachfolger, dem deutschen Titus, sind dieselben in diesem Lande eigen geworden, und durch sie wird der gute Geschmack allgemein. [...] Die reinsten Quellen der Kunst sind geöffnet: glücklich ist, wer sie findet und schmecket. Diese Quellen suchen, heißt nach Athen reisen; und Dreßden wird nunmehro Athen für Künstler" (43).

Diese Erstlingsschrift enthält bereits jene bedeutsamen Gedanken, die Winckelmann ein knappes Jahrzehnt später in seinem zweibändigen Hauptwerk *Geschichte der Kunst des Alterthums (1764)* ausführlich darlegte.

Gotthold Ephraim Lessing

Winckelmanns emphatischer und metaphorischer Beschreibungsstil – von Goethe 1805 trotz aller Hochachtung als „barock“ und „wunderlich“ bezeichnet – entsprach durchaus noch dem damaligen Anspruch von unterhaltender und belehrender Literatur. Er überwand diesen Stil jedoch bald. Außerordentlichen Einfluss auf die bildende Kunst und Kunsttheorie des 18. Jahrhunderts erlangte seine Interpretation der Laokoongruppe.

Der römische Dichter Vergil beschreibt eine Episode aus dem trojanischen Sagenkreis: Die Griechen haben sich nach zehnjähriger Belagerung scheinbar zurückgezogen und ein hölzernes Pferd als Geschenk zurückgelassen. Der Apollonpriester Laokoon warnt die Trojaner davor, das Pferd in die Stadt zu ziehen. Damit erhebt er sich gegen den Willen der Götter, für die der Untergang Trojas bereits beschlossen ist. Als Laokoon mit dem Speer auf das Pferd einstößt, sendet die Göttin Athena zwei Riesenschlangen, die ihn und seine beiden Söhne töten sollen. Von der einen Schlange in die Hüfte gebissen, bäumt sich Laokoon im Todeskampf auf, während der jüngere Sohn sterbend in den Windungen der anderen Schlange hängt und der ältere sich zu befreien versucht. – Aeneas, der die Opferung Laokoons erlebt, flieht aus Troja, um in Italien das römische Volk zu begründen. Der Tod Laokoons gilt daher als das Gründungsopfer der Ewigen Stadt.

Im Jahre 1506 wurde die späthellenistische Laokoongruppe auf dem Esquilin in Rom gefunden und als die von Plinius dem Älteren gerühmte Marmorreplik (1. Jh. v. Chr.) der rhodischen Künstler Hagesandros, Polydoros und Athanadoros angesehen. Abgüsse und Grafiken erfolgten lange mit ausgestrecktem rechten Arm, erst 1905 fand man den originalen angewinkelten Arm.

An der expressiven Figurengruppe (Abb. 19), die Gewalt und Schönheit vereint, versucht Winckelmann die in den griechischen Kunstwerken erkannte „edle Einfalt und stille Größe“ nachzuweisen: „Die Seele schildert sich in dem Gesichte des Laokoon, und nicht nur in dem Gesichte allein, bei dem heftigsten Leiden. Der Schmerz, welcher sich aus den allen Muskeln und Sehnen des Körpers entdecket, und den man ganz allein, ohne das Gesicht und andere Teile zu betrachten, an dem schmerzlich eingezogenen Unterleibe beinahe selbst zu empfinden glaubet; dieser Schmerz, sage ich, äußert sich dennoch mit keiner Wut in dem Gesichte und in der ganzen Stellung. Er erhebet kein öffentliches Geschrei, wie Vergil von seinem Laokoon singet: Die Öffnung des Mundes gestattet es nicht; es ist vielmehr ein ängstliches und beklemmendes Seufzen [...]. Der Ausdruck einer so großen Seele gehet weit über die Bildung der schönen Natur. Der Künstler mußte die Stärke des Geistes in sich selbst fühlen, welche er sei-

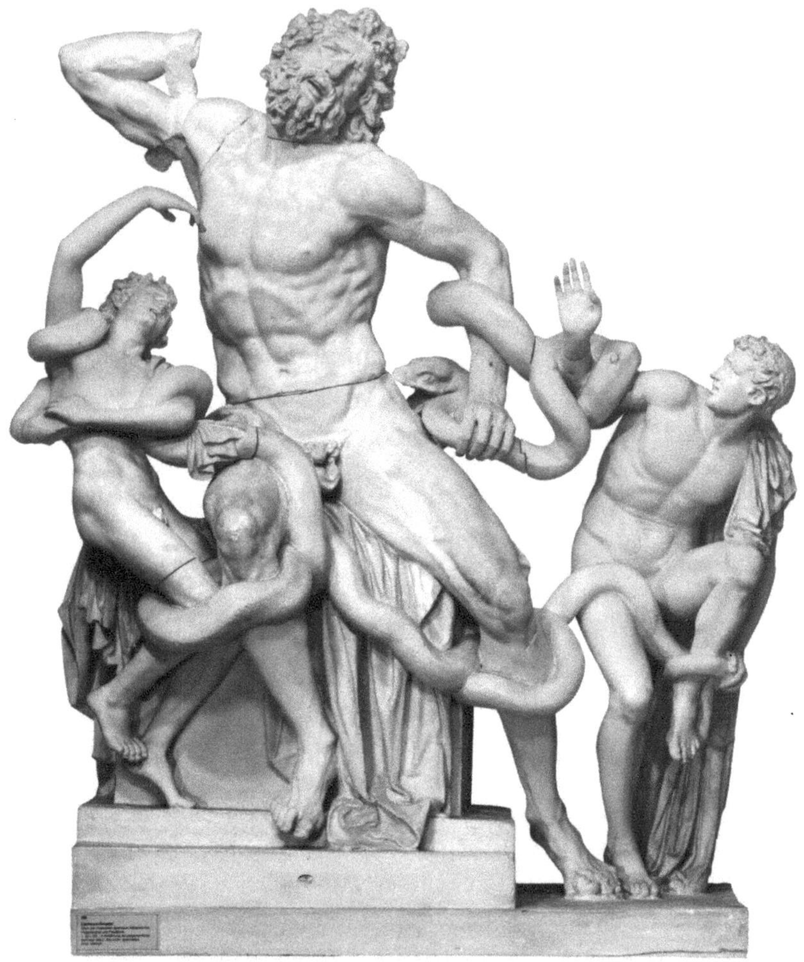

Abb. 19 Die Laokoongruppe von Hagesandros, Polydoros und Athanadoros von Rhodos ist nur in einer Marmorkopie aus der zweiten Hälfte des 1. Jahrhunderts v. Chr. oder dem Anfang des 1. Jahrhunderts n. Chr. erhalten

nem Marmor einprägte. Griechenland hatte Künstler und Weltweisen in einer Person. [...] Unter einem Gewande, welches der Künstler dem Laokoon als einem Priester hätte geben sollen, würde uns sein Schmerz nur halb so sinnlich gewesen sein. [...]" (44).

Ein Jahrzehnt später – nachdem er die Gruppe im Cortile Ottagono in Marmor gesehen hatte – fügte er in der *Geschichte der Kunst des Alterthums (1764)* hinzu: „[...] Die linke Seite, in welche die Schlange mit wütendem Bisse ihr Gift ausgießt; ist diejenige, welche durch die nächste Empfindung zum Herzen am heftigsten zu leiden scheint, und dieser Teil des Körpers kann als ein Wunder der Kunst genannt werden" (45).

Damit provozierte Winckelmann den Widerspruch von Gotthold Ephraim Lessing, einem der schärfsten Polemiker des „siècle des lumières" (Zeitalter der Aufklärung). Mit seiner berühmt gewordenen Auffassung vom „prägnanten Augenblick", dargestellt in der Abhandlung *Laokoon: oder über die Grenzen der Mahlerey und Poesie (1766),* verteidigte Lessing die Auffassung von einem schreienden Laokoon. Er bezog sich auf das Epos *Aeneis* des Dichters Vergil: „Schreien ist der natürliche Ausdruck des körperlichen Schmerzes. Homers verwundete Krieger fallen nicht selten mit Geschrei zu Boden. [...] Ich weiß es, wir feinern Europäer einer klügeren Nachwelt wissen über unseren Mund und unsere Augen besser zu herrschen. Höflichkeit und Anstand verbieten Geschrei und Tränen. Die tätige Tapferkeit des ersten rauen Weltalters hat sich bei uns in eine leidende verwandelt. [...] Alle Schmerzen verbeißen, dem Streiche des Todes mit unverwandtem Auge entgegensehen, unter den Bissen der Nattern lachend sterben, weder seine Sünde noch den Verlust seines liebsten Freundes beweinen, sind Züge des nordischen Heldenmuts" (46). Nicht so der Grieche! Auch wenn Homer die Griechen in entschlossener Stille zur Schlacht führte, schlössen Geschrei und Tapferkeit einander nicht aus. Richtig sei die Bemerkung von „Herrn Winckelmann", der Schmerz des Laokoon zeige sich nicht mit der Heftigkeit, die man vermuten sollte. Lessing polemisiert: Der Künstler könne von der immer veränderlichen Natur nur einen einzigen Augenblick wählen, der gar nicht „fruchtbar genug gewählet werden kann. Dasjenige aber allein ist fruchtbar, was der Einbildungskraft freies Spiel läßt" (47). Dichtung und bildende Kunst gehorchten unterschiedlichen Prinzipien. Die Poesie verwende „artikulierte Töne in der Zeit", wogegen Malerei / Bildhauerei sich an das Auge wende und den gegenwärtigen Zustand „in dem Raume" darstelle. Also seien Körper die eigentlichen Gegenstände der bildenden Kunst, Handlungsabläufe die der Poesie. Demnach war die Darstellung des Laokoon eine Notwendigkeit dieser Kunstgattung, nicht aber der Überlegenheit griechischer Künstler.

Im April 1767 kommentierte Winckelmann die Schrift des zwölf Jahre jüngeren Dichters ganz gelassen: „Lessings Buch habe ich gelesen; es ist schön geschrieben, obgleich nicht ohne bekannte Fehler in der Sprache. Dieser Mensch aber hat so wenig Kenntniß daß ihn keine Antwort bedeuten würde; und es würde leichter seyn, einen gesunden Verstand aus der Uckermark zu überführen, als einen Universitätswitz, welcher mit Paradoxen sich hervorthun will. Also sey ihm die Antwort geschenkt" (48). Sein Spott galt vor allem der historischen Einordnung antiker Kunstwerke.

Lessing verdankt der Antike zahlreiche Anregungen für eigene Fabeln und Dramen. Seine Schrift *Laokoon: oder über die Grenzen der Mahlerey und Poesie* rief die Gelehrten auf den Plan. Lessing wehrte sich erfolgreich. Von seiner rhetorischen Kunst zeugen die *Briefe antiquarischen Inhalts (1768)*, in denen er gegen den Philologen Christian Adolph Klotz polemisiert. Im April 1775 kam Lessing endlich in den Genuss einer Italienreise. Im Gefolge des Prinzen Leopold von Braunschweig-Wolfenbüttel bereiste Lessing von April bis Dezember 1775 Italien. Sein nur fragmentarisch geführtes Tagebuch enthält allerdings keinen Hinweis auf die ihn berühmt gemachte Laokoongruppe.

Winckelmann wusste, die „edle Einfalt und stille Größe" der Alten standen dem „frechen Feuer" des Zeitgeschmacks entgegen: Das Heftige, das Flüchtige geht allen menschlichen Handlungen voran; das Gesetzte, das Gründliche ist nur großen Meistern eigen. Mit einem Auge, welches die Schönheiten zu empfinden gelernt hat, muss man sich den Werken nähern.

Oeser illustrierte die Erstlingsschrift seines gelehrigen Schülers mit drei Kupferstichen, darunter die Titelvignette. Sie zeigt die Opferung der Iphigenie in Aulis.

Während sich die griechische Flotte in der Bucht von Aulis versammelte, vertrieb sich Agamemnon, König von Mykene, die Zeit mit der Jagd. Zur Strafe für diesen Frevel schickte Artemis, die Göttin der Jagd, tiefe Windstille. Der Wahrsager Kalchas sah als einzigen Ausweg die Opferung der Königstochter Iphigenie. Ohne den blutigen Tod der Tochter würde kein Fahrtwind Richtung Troja aufkommen. Agamemnon wusste, er durfte kein Mitleid zeigen. Als seine Tochter zum Altar geführt wurde, verbarg der Vater sein tränenüberströmtes Gesicht unter dem Gewand.

Oesers Titelvignette enthält eine Allegorie: Sie zeigt das pompejanische Fresko mit der bevorstehenden Opferung der Iphigenie. Vor der Szene sitzt der Künstler Timanthes, der den Vater malt – mit verdecktem Gesicht. In *Laokoon: oder über die Grenzen der Mahlerey und Poesie* erklärt Lessing auch diesen Kunstgriff: „[…] Timanthes kannte die Grenzen, wel-

Gedanken

über die

Nachahmung der Griechischen Werke

in der

Malerey und Bildhauerkunst.

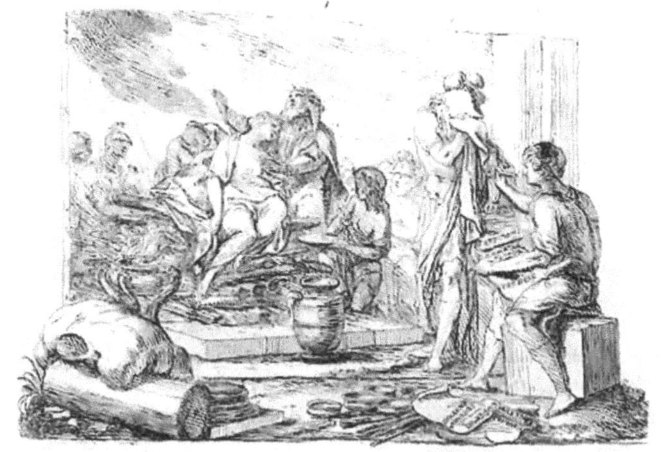

Zweyte vermehrte Auflage.

Dresden und Leipzig. 1756.

Im Verlag der Waltherischen Handlüng.

Abb. 20 Titelblatt zu „Gedanken zur Nachahmung der Griechischen Werke in der Malerey und Bildhauerkunst. Zweyte vermehrte Auflage, Dresden und Leipzig 1756"

che die Grazien seiner Kunst setzen. Er wußte, daß sich der Jammer, welcher dem Agamemnon als Vater zukam, durch Verzerrungen äußert, die allezeit häßlich sind. So weit sich Schönheit und Würde mit dem Ausdrucke verbinden ließ, so weit trieb er ihn. Das Häßliche wäre er gern übergangen, hätte er gern gelindert; aber da ihm seine Komposition beides nicht erlaubte, was blieb ihm anders übrig, als es zu verhüllen? – Was er nicht malen durfte, ließ er erraten. Kurz, diese Verhüllung ist ein Opfer, das der Künstler der Schönheit brachte. Sie ist ein Beispiel, nicht wie man den Ausdruck über die Schranken der Kunst treiben, sondern wie man ihn dem ersten Gesetze der Kunst, dem Gesetze der Schönheit, unterwerfen soll“ (49).

Die Dresdner Kunstsammlungen

1746 gelangten bedeutende Gemälde aus dem Besitz des Francesco III. d'Este, Herzog von Modena, nach Dresden: 100 Werke der italienischen Renaissance. Krönender Abschluss aller Erwerbungen war ein ungewöhnlich großes Bild, das am 1. März 1754 in Dresden eintraf – das Hauptaltarblatt der Klosterkirche San Sisto in Piacenza, einst gestiftet von Papst Julius II.

August III. soll Raffaels *Sixtinische Madonna (1512 / 13)* bereits auf seiner Kavalierstour gesehen haben. Erst Jahrzehnte später, als die Schwarzen Mönche dringend Geld brauchten, gelang der Ankauf. Man feilschte und einigte sich schließlich auf 25.000 Scudi, das zigfache des üblichen Preises. Ein weiteres Jahr sollte vergehen, bevor der Herzog von Parma die Ausfuhrgenehmigung erteilte. In Wachstuch gehüllt, in einer mit Stroh gefüllten Kiste, reiste die Madonna bei Eis und Schnee über die Alpen nach Dresden. „Platz für den großen Raffael!“, habe der König triumphierend gerufen und seinen Thron beiseite gerückt, als das langersehnte Gemälde eintraf.

Das Bild löste zunächst weniger Empfindungen aus, der Name war wichtig. Auch Winckelmanns Auge wurde wohl erst durch Oeser auf das „ausgewitterte“ Renaissancebild gelenkt. Dann war er der Erste, der sich die Beschreibung der Sixtinischen Madonna zur Aufgabe machte.

Kunst soll bekanntlich nicht nur das Natürliche darstellen, sondern das Dargestellte idealisieren. Raffaels Madonnenbilder sind von klarer symmetrischer Komposition, seine Figuren von edler Einfalt und stiller Größe. Die sachliche Einleitung macht auf das Gemälde aufmerksam: „Die Königliche Galerie der Schildereien in Dresden enthält nunmehro unter ihren Schätzen ein würdiges Werk von Raffaels Hand, und zwar

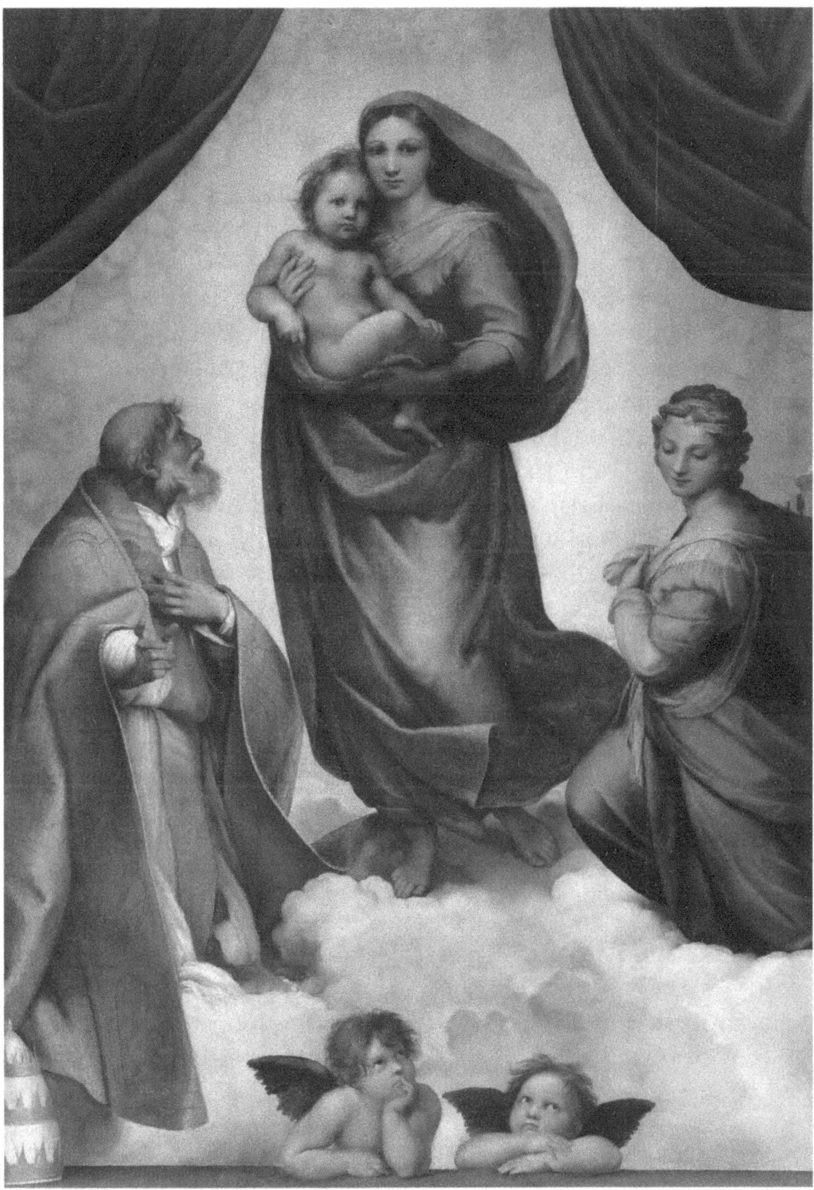

Abb. 21 Sixtinische Madonna von Raffael, 1512 – 13

von seiner besten Zeit, wie Vasari und andere bezeugen. Eine Madonna mit dem Kinde, dem hl. Sixtus und der hl. Barbara, kniend auf beiden Seiten, nebst zwei Engeln im Vordergrunde." Mit einem Gestus fordert Winckelmann sein Publikum zur Betrachtung der Mutter Jesu auf: „Sehet die Madonna mit einem Gesichte voll Unschuld und zugleich einer mehr als weiblichen Größe, in einer selig ruhigen Stellung, in derjenigen Stille, welche die Alten in den Bildern ihrer Gottheiten herrschen ließen. Wie groß und edel ist ihr ganzer Kontur!" Raffaels Meisterleistung besteht in der Schönheit und stillen Größe seiner Madonna.

Nun beschreibt Winckelmann die Komposition des Bildes: „Die Heilige [Barbara] unter ihr kniet ihr zur Seiten in einer anbetenden Stille ihrer Seelen, aber weit unter der Majestät der Hauptfigur; welche Erniedrigung der große Meister durch den sanften Reiz in ihrem Gesichte ersetzet hat. Der Heilige [Papst Sixtus] dieser Figur gegenüber ist der ehrwürdigste Alte mit Gesichtszügen, die von seiner Gott geweiheten Jugend zu zeugen scheinen." Den Jesusknaben auf dem Arm der Madonna schildert Winckelmann als „[…] ein Kind über gemeine Kinder erhaben, durch ein Gesicht, aus welchem ein Strahl der Gottheit durch die Unschuld der Kindheit hervorzuleuchten scheinet" (50). Im Gegensatz zum hintergründigen Ernst des Bildes fletzen am unteren Bildrand zwei kleine Engel, denen bald eine eigene Karriere beschieden werden sollte.

Für den Kunstschriftsteller Winckelmann war die „Sixtinische Madonna" eine vorbildliche Nachahmung der Alten, dem „Kunstdiktator" Heineken war sie die Aufnahme in sein Katalogwerk nicht wert. Der Jesusknabe erschien ihm als ein gewöhnliches Kind, nach der Natur gezeichnet; und als Raffael den Entwurf davon machte, sei es auch noch „verdrießlich" gewesen. Heineken sah keinen Grund, die *Sixtina* in sein repräsentatives Stichwerk *Recueil d'Estampes d'après les plus célèbres Tableaux de la Galerie Royale de Dresde (1757)* aufzunehmen. Für ihn waren die Gemälde Antonio da Correggios die kostbarsten Stücke. So eröffnete dessen „Heilige Magdalena (1527 /28)" den ersten Band, seine „Heilige Nacht (ca. 1750)" den zweiten.

Für Winckelmann stand fest, dass auch Correggio nicht ohne Kenntnis des Altertums zu seiner Größe gelangt sein konnte. Und für seinen Malerfreund Anton Raphael Mengs galten Correggio, Raffael und Tizian als Repräsentanten des Meisterhaften überhaupt (51).

Winckelmann gestand den Alten zwar „Zeichnung" und „Ausdruck" zu„„Perspektive, Komposition und Kolorit" bezweifelte er jedoch. Die bisher gefundenen Fragmente wären „Malereien von der Hand sehr mittelmäßiger Meister". Beispielgebende antike Fresken fehlten: Die Zeit und die Wut der Menschen hätten die Kunstwerke geraubt, anhand derer neben der Bildhauerkunst auch die Überlegenheit der Griechen in der Malerei zu beweisen wäre. Winckelmann gab zu, die Malerei sei nicht sein Métier. Aber Mythologie und Denkmale des Altertums auf Steinen, Münzen und Geräten eröffneten ein großes Feld „zur Nachahmung der Alten, und unsern Werken einen erhabenen Geschmack des Altertums zu geben" (52).

Der Erwerb der polnischen Krone beförderte den Ausbau der Residenzstadt Dresden. Nach dem Vorbild des Italieners Bernini und des Franzosen Pierre Puget schuf der Hofbildhauer Balthasar Permoser den figuralen Schmuck des Dresdner Zwingers. Winckelmann nahm die Innendekoration der höfischen Gemächer aufs Korn: Beklagenswert sei das Verderben des guten Geschmacks durch neuzeitliche Verzierungen, „in Schwang gebrachte Grotesken, Schnirkel und das allerliebste Muschelwerk, Gemälde an Decken und Türen" – mehr zur Satire, als zur Ehre gereichend…

„Die Wahl in Verzierungen der Baukunst ist zuweilen nicht gründlicher: Armaturen und Trophäen werden allemal auf ein Jagdhaus ebenso unbequem stehen, als Ganymedes und der Adler, Jupiter und Leda unter der erhobenen Arbeit der Türen von Erzt, am Eingang der St. Peterskirche in Rom" (53). Die Bezeichnung „Jagdhaus" wertet das Schloss Hubertusburg ab, seit 1753 Hof- und Jagdresidenz des Königs und Prunkstück des sächsischen Spätbarock (Rokoko). Winckelmann ahnte nicht, welches Schicksal dem Schloss keine zehn Jahre später beschieden sein würde. Im Einvernehmen mit seinem Malerfreund Oeser fordert der Autor:

> „Der Pinsel, den der Künstler führet, soll im Verstand getunkt sein […]. Er soll mehr zu denken hinterlassen, als was er dem Auge gezeiget, und dieses wird der Künstler erhalten, wenn er seine Gedanken in Allegorien nicht zu verstecken, sondern einzukleiden gelernet hat" (54).

Am Ende seiner *Gedanken über die Nachahmung der Griechischen Werke in der Malerey und Bildhauerkunst* formulierte Winckelmann optimistisch:

> „Der Kenner wird zu denken haben, und der bloße Liebhaber wird es lernen" (55).

Auf Anraten Brühls legte der Autor diese Schrift Seiner Königlichen Majestät „in tieffster Unterthänigkeit zu Füssen" und umging so die Zensur. Die ersten 50 Exemplare – mit finanzieller Hilfe Pater Rauchs in der Friedrichstadt bei Christian Heinrich Hagenmüller gedruckt – dachte Winckelmann zunächst nur für Freunde. Das große Interesse machte 1756 eine weitere Auflage notwendig, die um zwei Schriften erweitert wurde.

Ihr Druck erfolgte bei Georg Conrad Walther am Dresdner Altmarkt, einem der bedeutendsten Verleger des 18. Jahrhunderts. Neben Voltaires Werkausgabe *Ouevres 9 vols. (Dresden 1748–1754)* erzielte Walther seinen zweiten geschäftlichen Erfolg mit den Schriften Winckelmanns.

Im nachfolgenden *Sendschreiben über die Gedanken von der Nachahmung der griechischen Werke in der Malerey und Bildhauerkunst (1756)* betrachtet der Autor seine erste Schrift aus dem Blickwinkel eines fiktiven Kritikers. Er richtet sich an einen „Freund" und polemisiert gegen die Kunstauffassung seiner Zeit. Dabei spart er nicht mit verborgenen Seitenhieben, unter anderem gegenüber dem Unterinspektor Matthias Oesterreich. Der hatte 1754 selbst ein Inventarium der Galerie verfasst und empfand Winckelmanns *Sendschreiben* als Eingriff in seine Domäne. Mit Kriegsbeginn wechselte Oesterreich in preußische Dienste. 1763 veröffentlichte er den ersten Hängeplan, 1764 den ersten Katalog der Potsdamer Bildergalerie.

In der dritten Schrift *Erläuterung der Gedanken über die Nachahmung der griechischen Werke in der Malerey und Bildhauer-Kunst und Beantwortung des Sendschreibens über diese Gedanken (1756)* widerlegt Winckelmann den vermeintlichen Kritiker. Dieser oft kopierte Kunstgriff erlaubt ihm, eigene Fehler zu korrigieren und aktuelle Überlegungen einzubeziehen, so zum Vorzug von Natur, Sprache und Klima der Griechen. Schließlich gibt ein langer Exkurs über die „höhere und allgemeine Allegorie" einen Vorgeschmack auf den 1766 erschienenen *Versuch einer Allegorie.* Am Ende seiner *Erläuterung der Gedanken* würdigt er Oeser als einen wahren Nachfolger des thebanisch-attischen Malers Aristides, „der die Seele schilderte und für den Verstand malete" (56).

Der Leipziger Literaturtheoretiker Johann Christoph Gottsched bezweifelte die Vorbildlichkeit der Griechen. Aber er lobte „die schöne Gelehrsamkeit" des Verfassers, der seine Schrift „als ein Reisefertiger" aufgesetzt habe. Der Berliner Kritiker und Lessing-Freund Christoph Friedrich Nicolai bemerkte: „Wir kennen keine deutsche Schrift, die in dieser Schreibart abgefaßt wäre" (57).

Der Aufklärer Johann Georg Sulzer und der in Paris lebende Kupferstecher Johann Georg Wille übersetzten Winckelmanns *Gedanken* ins Französische. Bereits im Januar 1756 erfolgte die Veröffentlichung im *Journal Étranger.* Winckelmann konnte voller Stolz konstatieren: „Die Schrift hat einen unglaublichen Beyfall gefunden, und es haben mir große Kenner, in Absicht der großen Freiheit wider den hiesigen, ja selbst wider des Königs Geschmack, das Compliment gemacht, daß ich die Bahn gebrochen zum guten Geschmack, und daß es ein Glück sei, wenn man unter solcher Protection schreiben könne. Der Werth der Schrift besteht vornehmlich: I. In der zuerst aufs Höchste getriebenen Wahrscheinlichkeit von der Vorzüglichkeit der Natur unter den Griechen II. Die Widerlegung des Bernini III. Die zuerst ans Licht gesetzte Vorzüglichkeit der Antiken und des Raphaels [...] IV. Die Bekanntmachung unseres Schatzes von Antiken V. Der neue Weg in Marmor zu arbeiten“ (58).

Der Philosoph Johann Gottfried Herder sah in den *Gedanken* „die ganze Knospe von Winckelmanns Seele“. Sie enthalte alle Grundsätze, die zum Credo der klassizistischen Kunsttheorie würden. Das „göttliche Ideal von edler Einfalt und stiller Größe“, das viel zitierte Motto der klassizistischen Kunstlehre, diente als polemische Feder gegen den Spätbarock (59). Demgegenüber übte Friedrich Gottlieb Klopstock, Verfechter des Sturm und Drang, nur fünf Jahre nach dem Erscheinen der *Gedanken* heftige Kritik an Winckelmanns „Griechenkult“. Sein Missfallen richtete sich gegen mythologisch allegorische Darstellungen sowie seine „Kopiererei“. Eine Rückschau auf die Griechen sei durchaus zulässig; notwendig sei aber, sich in patriotischem Sinne innerhalb der eigenen, anderen Welt und Wirklichkeit zu orientieren. Klopstocks revolutionäre Vers- und Spracherneuerung inspirierte 1772 junge Poeten zur Gründung des Göttinger Hainbundes.

Alea iacta est

August III. lobte die ihm gewidmete Schrift und bestimmte: „Dieser Fisch soll in sein rechtes Wasser kommen.“ Das Stipendium für einen nunmehr zweijährigen Romaufenthalt war vorerst gesichert.

„Alea iacta est“, hatte Caesar gesagt, bevor seine Armee im Januar 49 v. Chr. den Rubikon durchschritt: Dieses Wagnis würde unwiderrufliche Folgen haben. Winckelmann verwendete Caesars Worte mehrfach in seinen Briefen und hoffte, dass Freiheit und Freundschaft ihm künftig die Hände reichten. Noch fühlte sich der „Fisch“ nicht recht wohl. In der sonntäglichen Messe merkte er, es fehlte noch einiges zu seiner Seligkeit. „Mein Vater hat, wie ich nunmehr anfange zu merken, keinen Katholiken aus mir machen wollen; er hat mir ein gar zu dünnes empfindliches Knieleder gemacht, als man haben muß, mit guter Grazie katholisch zu knien, ein Stück von seinem büffelmäßigen Knieriem hätte er dahin füttern sollen. [...] Ich merke, es fehlt mir noch sehr viel zu meiner Seligkeit. Wenn ich mit der rechten Hand die Kreuze machen soll, so meldet sich die linke, zum großen Ärger derer, die neben mir sind; [...].“ In jedem Falle bot die Messe Gelegenheit „allerhand schöne Sachen“ zu beichten, „die sich besser im Latein als in der Frau Muttersprache sagen lassen“ (60).

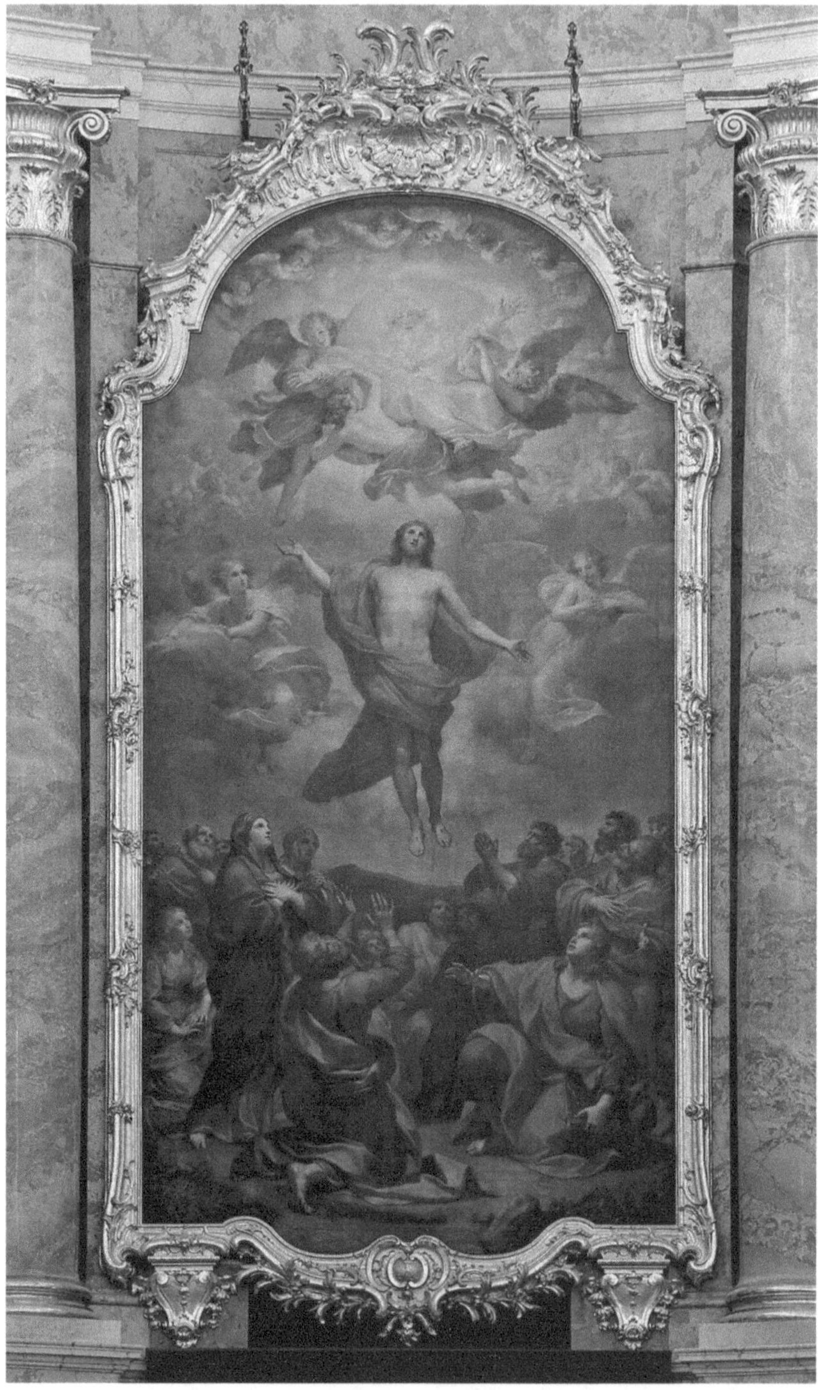

Abb. 22 Hochaltarbild „Himmelfahrt Jesu Christi“ von Anton Raphael Mengs, 1756

Drei Jahre später war er sich sicher: „In Rom, glaub' ich, ist die hohe Schule für alle Welt, und auch ich bin geläutert und geprüft" (61). Kritiker warfen Winckelmann trotz seiner protestantischer Erziehung, Mitwirkung in der Kurrende und Theologiestudium mangelnde Gottesfurcht vor; das war der schlimmste Verdacht, in den man geraten konnte. Seine Briefe und die von ihm für seine Autobiografie gesammelten *Collectanea* sprechen eine andere Sprache.

Seinem Freund Usteri schrieb Winckelmann noch elf Jahre später, jeden Morgen eine halbe Stunde über sein Glück nachzudenken und mit Vergnügen Lieder aus dem *Lutherischen Gesangbuch* zu singen.

1755 war er weniger vergnügt. Nach Ostern saß er noch immer auf gepackten Koffern. Sein Freund Peter führte ihn mit „feinen potsdamischen Kniffen" an der Nase herum und schuldete ihm noch immer 40 Taler. Der Oberamtmann Lamprecht entschuldigte das Verhalten seines Sohnes mit „schlechten Umständen". Winckelmann schwor von seiner Passion geheilt zu sein und künftig in keine „Torheit von dieser Art" zu verfallen.

Berendis hatte monatelang nicht auf seine Briefe reagiert. Winckelmann verkündete: „Ich werde von Dresden aus vermutlich zum letzten Mal schreiben und will also auf zwei Jahre von Dir, ältester und liebster Freund, Abschied nehmen. [...] Ich kann versichert sein, daß ich meine Tage künftig ruhig werde in Dresden beschließen können, wo uns das Schicksal vielleicht allen beiden einen Sitz der Ruhe zeigt. Mein Vaterland vergesse ich gerne, wo ich wenig Vergnügen gefunden habe, und da die erste schöne Hälfte meines Lebens in Kummer und Arbeit vergangen, so will ich auf den schlechteren Rest kein Absehen von Weitläufigkeit richten. Freiheit und Freundschaft sind beständig der große Endzweck gewesen, der mich in allen Sachen bestimmt hat. Die erste habe ich erjagt, und durch diese kann ich hoffen, die andere künftig in Abwechslung zu genießen. Es ist wenig Unterschied zwischen Eisenach und Rom, und da wir in einem Lande leben und einem Herrn gedient haben, so sind dennoch zwei Jahre verflossen, da wir uns nicht gesehen. Lebe wohl. Ich küsse dich tausendmal. [...]" (62).

Weitere zehn Wochen vergingen, bevor der Pensionaire du Roi am 24. September seine lang ersehnte Romreise antreten konnte. Aber er hatte Glück – wiederum entging er den Wirren eines sich ankündigenden Krieges.

Der Siebenjährige Krieg

Am 18. Oktober 1748 – nach acht Jahren Dauer – beendete der Frieden von Aachen den Österreichischen Erbfolgekrieg. Die Provinz Schlesien wurde Preußen zugesprochen, das nun zur europäischen Großmacht aufstieg. Aber die Verlierer gaben sich nicht geschlagen. Ab 1753 sammelte Friedrich II. mithilfe des Sekretärs des österreichischen Gesandten, Baron von Weingarten, und des Sekretärs bei der sächsischen Geheimen Kanzlei, Friedrich Wilhelm Menzel, geheime Informationen zur Allianz Sachsens mit Österreich, Russland und Frankreich. Preußen reagierte mit einem Überraschungsangriff: Ohne jede Kriegserklärung ließ Friedrich II. am 29. August 1756 „präventiv" 60.000 Soldaten in das Nachbarland einmarschieren. Obwohl Sachsen lediglich 17.000 Mann unter Waffen hatte, konnte das Kurfürstentum zwei Monate standhalten. Am 9. September zogen die Preußen kampflos in Dresden ein. Demonstrativ nahm Friedrich Quartier im Palais des Mannes, der sein Ansehen als „Großer" in Gefahr gebracht hatte – Brühl. König August III. von Polen und sein Premierminister flohen auf die Festung Königstein. Am 20. Oktober erhielten sie freies Geleit und reisten über die königliche Reiseroute Dresden – Königsbrück – Hoyerswerda – Spremberg – Forst – Pförten nach Warschau.

Die Stadt Forst und das Dorf Pförten (poln. Brody) hatte Graf Brühl zu einer gewinnbringenden Standesherrschaft ausbauen lassen, wo auch August III. gelegentlich übernachtete. Bis 1749 vergrößerte der Architekt Johann Christoph Knöffel das Schloss Pförten, der Hofbildhauer Johann Gottfried Knöffler schuf antikisierende Statuen für den Lustgarten. Die Bauaufsicht führte Brühls Privatsekretär Heineken. Aber die Blütezeit währte kein Jahrzehnt. Am 5. September 1758 ging Brühls Schloss in Pförten in Flammen auf, im Jahr darauf wurde sein Belvedere in Dresden „abgetragen". Die Zivilbevölkerung traf es wie immer am härtesten – am 14. Juli 1760 wurde Dresden bombardiert.

Weil feindliche Truppen sein Schloss Charlottenburg demoliert hatten, befahl Friedrich II. das sächsische Barockschloss Hubertusburg von seinen Zierraten zu entblößen. Von Januar bis April 1761 führte ein Freikommando unter Karl Theophil Guichard (Quintus Icilius) den Verheerungsbefehl mit preußischer Gründlichkeit aus. „Seine Offiziere haben wie die Raben gestollen", soll der König Guichard vorgeworfen haben. Dann ließ er das Schloss von zwei Hoffaktoren endverwerten: Dem Turm wurden Glocken und Uhr entnommen, von den Dächern die Kupfereindeckung entfernt, von den Türklinken das Blattgold geschabt. Friedrich II. selbst erlaubte sich, seine Residenz mit erbeuteten Spiegeln, Kandelabern und Meißner Porzellan auszustatten.

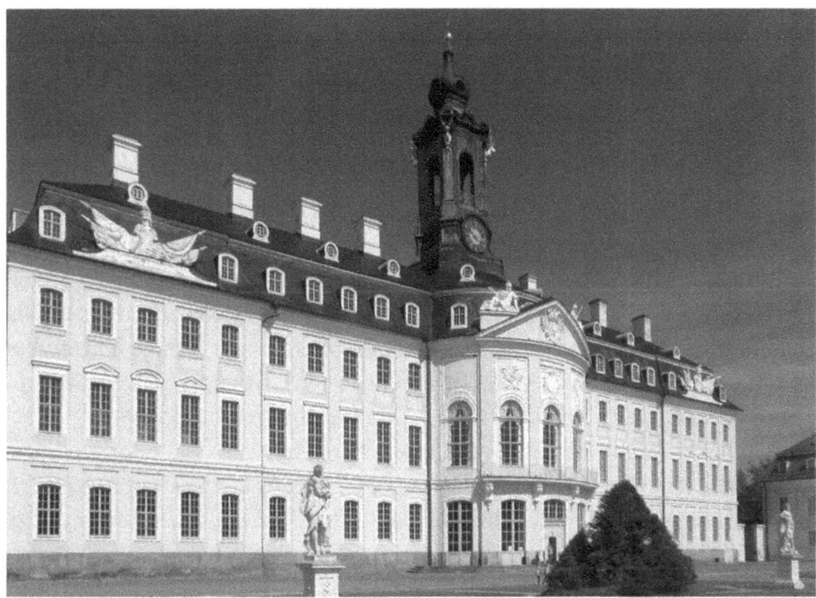

Abb. 23 Schloss Hubertusburg in Wermsdorf, 2013

Am 15. Februar 1763 wurde mit dem Hubertusburger Frieden das Ende des Krieges besiegelt und der Status Quo wiederhergestellt. Die Ratifizierung des Friedensvertrages erfolgte am 21. Februar durch Friedrich II. auf dem Schloss des Grafen Heinrich von Bünau in Dahlen, am 24. Februar durch Kaiserin Maria Theresia und Graf Kaunitz in der Hofburg zu Wien.

Heinrich von Brühl verstarb im Oktober 1763 in Dresden, die Beisetzung erfolgte in der Stadtkirche St. Nikolai zu Forst / Neiße. Obwohl Brühl dem Fiskus 4.631.456 Taler 4 Groschen und 3 Pfennige geschuldet haben soll, wurde die Sequestration seines Nachlasses aufgehoben. Sein Palais fiel dem Fiskus zu, die Bibliothek ging mit 62.000 Bänden in die kürfürstliche Bibliothek ein, wo sie ab 1764 durch den Bibliothekar Johann Michael Francke mit der Bünauschen zusammengeführt wurde – insgesamt 175.000 Bände. Brühls Gemäldesammlung erwarb die russische Zarin Katharina II. Das Majorat Pförten-Forst fiel an Aloys Friedrich, Brühls ältesten Sohn. Karl Adolph und Hans Moritz gingen in preußische Dienste. Von Albert Christian Heinrich von Brühl wird noch zu lesen sein.

Brühls Sekretär Menzel erhielt für seine Informationen 3.000 Taler. Danach hatte der preußische König keine Verwendung mehr für ihn. Er wurde in Warschau verhaftet und zunächst in Brünn festgesetzt. Im August 1763 – nach 33 Jahren Kerker – verstarb er auf der berüchtigten Festung Königstein (63).

Winckelmann als Pensionaire du Roi auf dem Weg nach Rom

Ende September 1755 reiste Winckelmann mit der Postkutsche von Dresden über Eger (tsch. Cheb) nach Amberg in der Oberpfalz. In seiner Begleitung befand sich der Sohn des königlichen Oberkellermeisters Roos, der auf dem Weg in das Jesuitenkolleg von Neuburg an der Donau war. Dank Pater Roos floss reichlich Rheinwein und auch die Bewirtung an den Jesuitenkollegien ließ keine Wünsche offen. In Regensburg fand Winckelmann Zeit, die Fürstlich Palmische Bibliothek zu besuchen. Sie war wenige Jahre zuvor durch 19.000 Bände aus der Bibliothek des Heraldikers und Universitätsprofessors Eucharius Gottlieb Rink aus Altorf vermehrt worden.

Nach einwöchigem Zwangsaufenthalt im Kolleg St. Salvator zu Augsburg – die Jesuiten hatten nämlich zur Wahl ihres Generals alle „Vetturini“ requiriert – war Winckelmann froh, seine Reise endlich fortsetzen zu können. Zur Gesellschaft der „hinten und vorn sehr beladenen Kutsche“ gehörten eine Familie mit zwei Kindern und ein Kastrat, der sich als verständiger Begleiter erwies. Beide ließen die Schönheiten südlich der Alpen auf sich wirken: den Ursprung der Etsch am Reschenpass, die hübschen Mädchen in Bozen, die „tirolischen Sachen“ überhaupt. Über Neumarkt und Salurn führte die Reise auf üblen Straßen nach Trient und Mestre. Wegen „gewisser“ ihm „anvertrauter Sachen“ verließ Winckelmann dort seinen Begleiter und fuhr mit eigener Gondola nach Venedig weiter.

Am 29. Oktober erreichte er die Serenissima. Müde von der Reise stieg er für fünf Tage im besten Wirtshause ab. Winckelmanns Interesse galt den Gemälden in den Kirchen, die – anders als die Hauptstücke in Bologna oder Rom – nicht durch einen Vorhang verdeckt wurden. Gern hätte er auch die Biblioteca San Marciana (Biblioteca Nazionale Marciana, San Marco 7), eine der wichtigsten Bibliotheken für griechische, lateinische und orientalische Handschriften, gesehen. Leider war sie geschlossen: Der Bibliotecario Antonio Maria Zanetti befand sich gerade auf Reisen durch die Campagna Romana. So nahm die „Verwunderung“ für Venedig bald ab.

Per Kurierschiff gelangte Winckelmann durch die Lagunen bis in den Po und erreichte nach drei stürmischen Tagen und Nächten die Universitätsstadt Bologna. Bei der Familie des Hofrates Bianconi konnte er sich endlich erholen. Zum Besichtigungsprogramm gehörten auch hier die berühmten Gemälde in den Kirchen, Raffaels Altarbild „Verzückung der Heiligen Cäcilia (1514)“ fand keine Erwähnung.

Stattdessen beklagte er den Bologneser Dialekt. Da die Wortendungen weggelassen werden, ließ sich das meiste nur erraten. Und ausgerechnet mit einem Bürger aus Bologna musste er weiterreisen: Zwölf Tage über Rimini, Ancona nach Loreto. Die Überquerung des Apennin auf der Via Flaminia erfolgte mit Sedien, mit Maultieren bespannten zweirädrigen Karren. Mit den primitiver werdenden Transportmitteln verschlechterten sich auch die Eindrücke: Die Campagna lag „wüst und öde", dort wuchs nicht einmal Wein. Jammer und Elend in den Wirtshäusern und „Betten, daß die Schulterblätter des Morgens schmerzen" schmälerten die Vorfreude auf die Ewige Stadt.

Der Begriff der „Ewigen Stadt" geht zurück auf Vergil (Publius Vergilius Maro). Seine im Stil homerischer Epen verfasste *Aeneis* beschreibt die Abenteuer und Irrfahrten des Helden Aeneas von der Zerstörung Trojas bis zum Sieg über den Fürsten Turnus. Sie ist eine Allegorie auf die imperiale Mission des römischen Kaisers Augustus und deshalb auch die Ewigkeit Roms.

Im Laufe der Jahrhunderte schrumpfte die Stadt auf ein Sechstel ihrer Fläche. Mehrere Stadtteile zerfielen, öffentliche Plätze überwucherte die Vegetation. Das Foro Romano, einst Zentrum des gesellschaftlichen Lebens, verkam zum Campo Vaccino (Kuhweide). Erst in der Renaissance- und Barockzeit erlebte der Kirchenstaat Rom eine neue Blütezeit. Das religiöse, künstlerische und archäologische Prestige zog Forscher und Reisende aus aller Welt an. Das Mäzenatentum der Päpste förderte die Künste, der Index erstickte allzu fortschrittliche Ideen. Der von 1740 bis 1758 amtierende Benedikt XIV. (Prospero Lorenzo Lambertini) stand für Modernisierung und Toleranz. Er hob den Bann gegen die Lehren von Kopernikus und Galiliei auf und erkannte den preußischen Königstitel an.

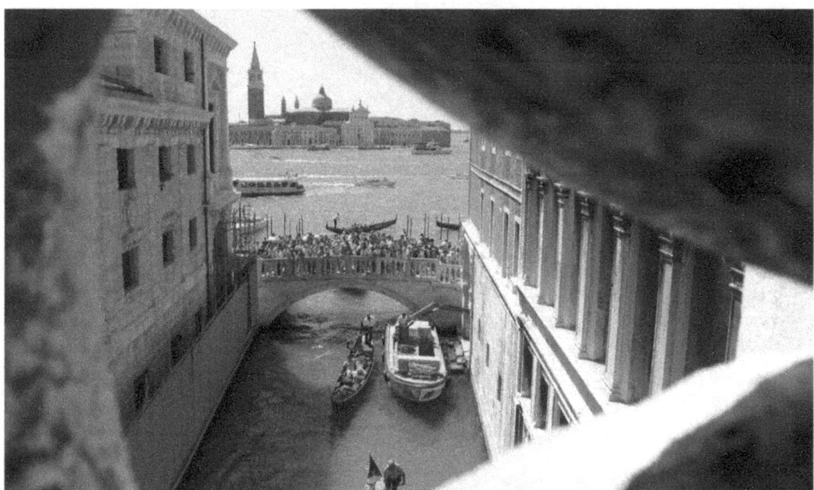

Abb. 24 Canal Grande in Venedig, 2007

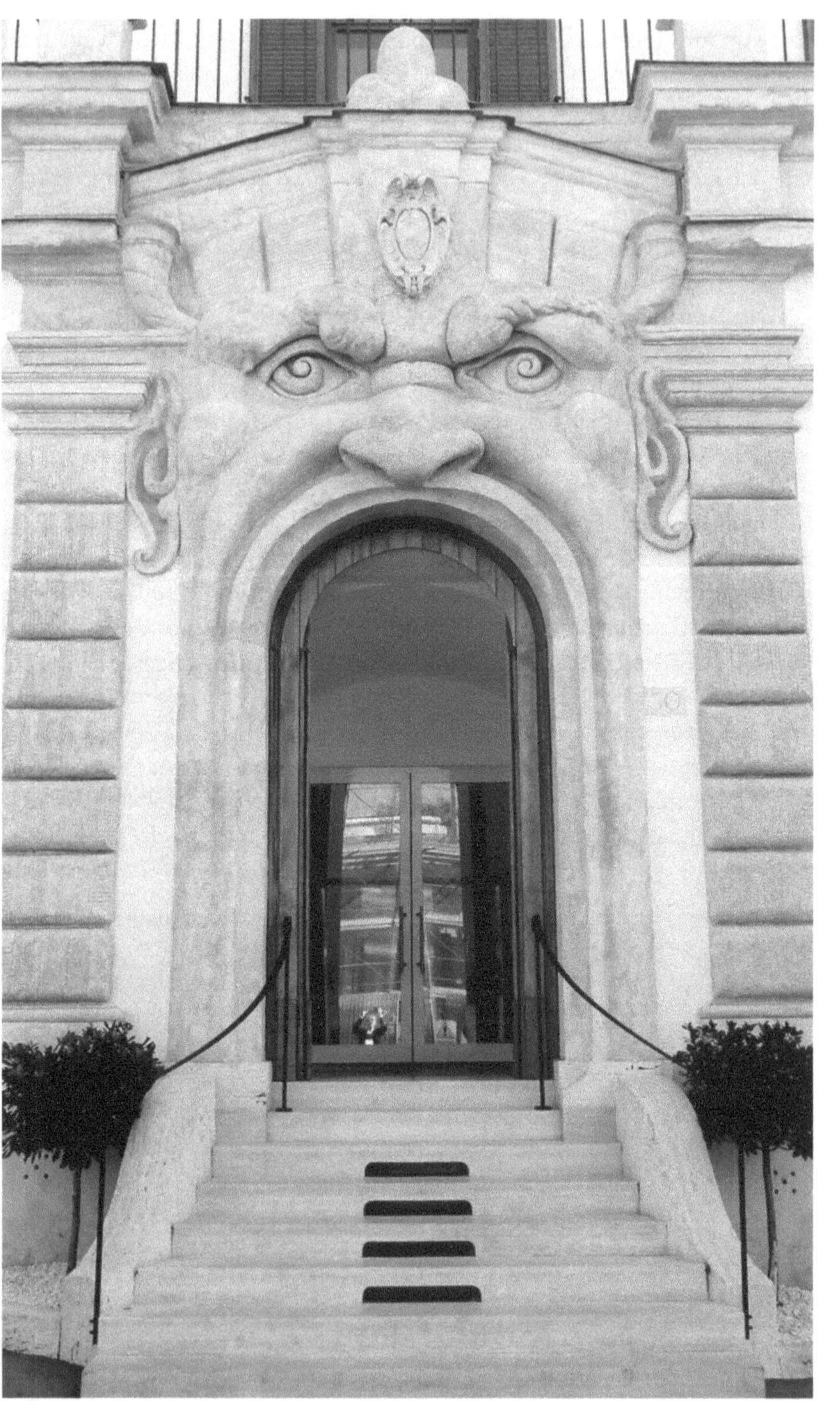

Abb. 25 Mascherone, Eingang der Bibliotheca Hertziana in Rom, 2013

Sein Nachfolger Clemens XIII. (Carlo della Torre Rezzonico) bemühte sich um Infrastruktur und Künste. Er erklärte die Reste des Kolosseums zur geweihten Märtyrerstätte und bewahrte sie damit vor Spekulanten. Dennoch gab es reichlich Grund zur Kritik.

Der Maler Anton Raphael Mengs

Am 1. November – Todos os Santos (Allerheiligen) – des Jahres 1755 erschütterte das Erdbeben von Lissabon den Kontinent. Angesichts tausender menschlicher Opfer, der Zerstörung religiöser Bauten und kultureller Schätze geriet auch das alte Weltbild ins Wanken.

Am 18. desselben Monats trat Winckelmann durch die Porta del Popolo in die Ewige Stadt. Der erste Weg führte entlang der Via del Corso zur Piazza di Pietra. In der Dogana di Terra (Zollkontrolle) wurde sein Gepäck durchsucht und die mitgeführten Œuvres de Voltaire für drei Wochen sichergestellt; so hatte er sich Rom nicht erträumt. Nachdem er sich akklimatisiert hatte, fragte er sich durch zum Palazzo della Cancellaria, der päpstlichen Kanzlei. Dort residierte Alberico Archinto, seit dem 14. September 1755 Governatore di Roma und Vizecamerlengo. Sein abweisendes Verhalten überraschte den Neuankömmling, hatte er ihn doch in seinen Plänen bestärkt. Ende Dezember war Zeit für das erste Lebenszeichen an Berendis: „Ich kann mir nicht anders helfen. Ich will als ein freier Mensch leben und sterben und will gerne alles erdulden. Das behalt bei Dir“ (64). Der Nachtschweiß stellte sich wieder ein. Winckelmann überkam Angst, die eben gewonnene Freiheit könnte ihn bald wieder verlassen.

Glücklicherweise trug er eine Empfehlung des sächsischen Hofmalers Christian Wilhelm Ernst Dietrich bei sich. Damit begab er sich zu Anton Raphael Mengs, der über der Spanischen Treppe in der Strada Felice (heute Via Sistina) wohnte.

Mithilfe des elf Jahre jüngeren Malers kam Winckelmann im benachbarten Palazzo Zuccari, einem der größten Künstlerhäuser des Fremdenviertels (Bibliotheca Hertziana, Via Gregoriana, 28) unter. Das Portal – ein Mascherone, ein von der Antike entlehntes Ungeheuer mit aufgerissenem Maul (Abb. 25) – sollte böse Geister fernhalten. Als der Maler Federico Zuccari 1609 starb, überließ er den Palazzo der von ihm gegründeten Accademia di San Luca. Als Präsidenten der einst von Papst Gregor XIII. (Ugo Boncompagni) initiierten Künstlervereinigung fungierten neben anderen Gian Lorenzo Bernini, Anton Raphael Mengs, Anton von Maron und Antonio Canova. Die Künstlerakademie

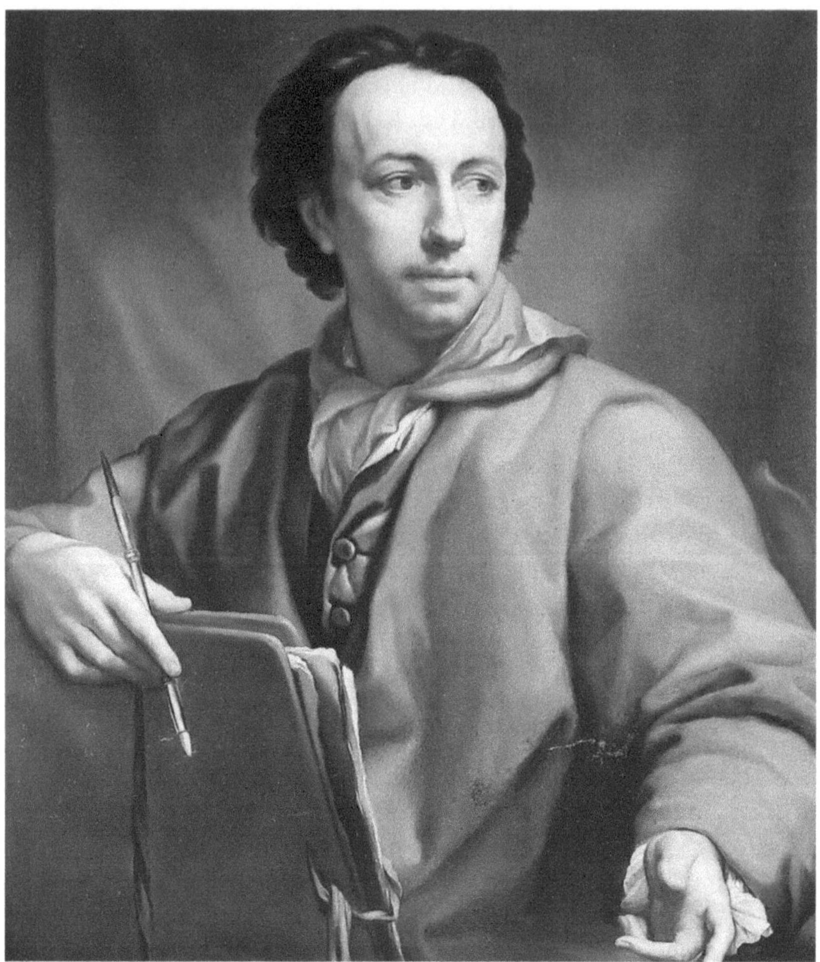

Abb. 26 Selbstporträt von Anton Raphael Mengs, um 1775

mit einer Sammlung von Gemälden und Skulpturen sowie einer historischen Bibliothek befindet sich heute im Palazzo Carpegna an der Piazza dell'Accademia di San Luca, 77.

Winckelmann lobte Mengs: „Ohne diesen Mann würde ich hier, da man mich mit keiner Adresse versehen, wie in einer Einöde gewesen sein. Ich bringe die meiste Zeit bei ihm zu, und er ist der Mann, der mir in Allem nützlich sein kann. Selbst diesen Brief schreibe ich in seinem Zimmer" (65). Gleichzeitig machte er Bekanntschaft mit Mengs' Familie und dessen Schülern Giovanni Battista Casanova und Anton Maron. 1765 heiratete Maron Theresia Concordia, die künstlerisch begabte Schwes-

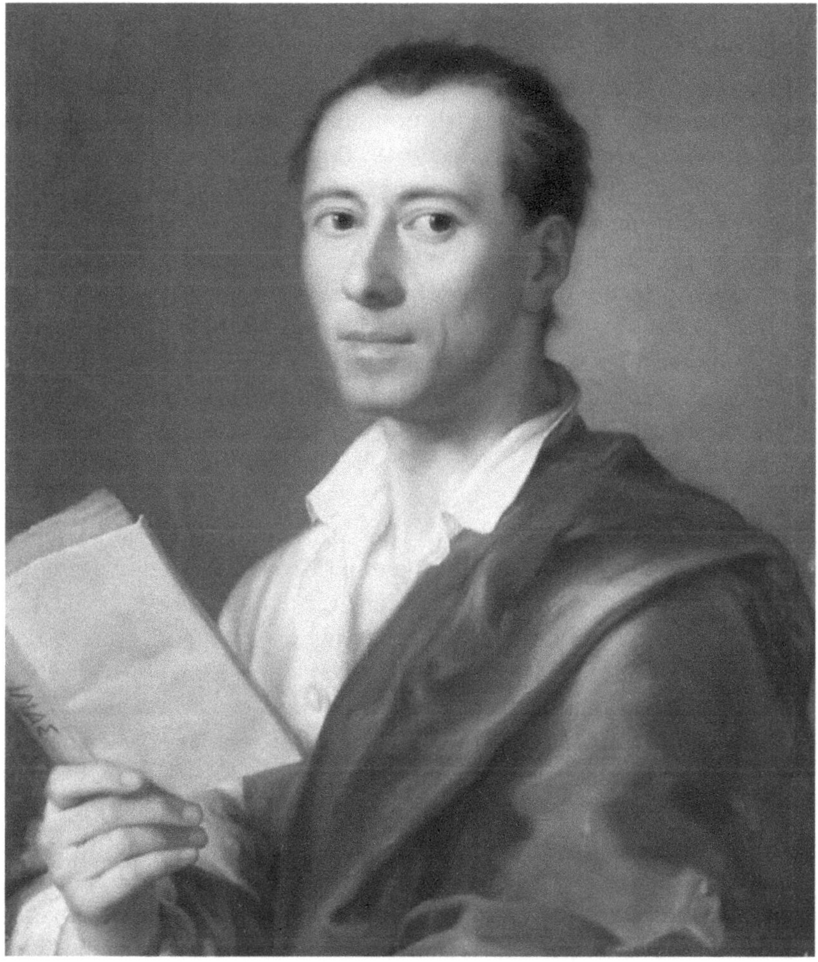

Abb. 27 Johann Joachim Winckelmann, Porträt von Anton Raphael Mengs, ca. 1777

ter von Mengs. Wie bei Oeser in Dresden hatte Winckelmann auch hier Familienanschluss.

Anton Raphael Mengs war 1751 vom Dresdner Hof ein drittes Mal nach Rom entsandt worden, wo er sich zum deutschen Raffael bilden sollte. Doch der Maler favorisierte seinen Namensvetter Antonio da Corregio. Bereits 1752 wurde er Mitglied der Accademia di San Luca, ab 1754 leitete er die von Papst Benedikt XIV. gegründete Kapitolinische Accademia del Nudo. 1755 ernannte ihn der Papst zum Cavaliere di speron d'oro (Ritter des Ordens vom Goldenen Sporn). Nachfolgend war Mengs in Neapel tätig, im Auftrag des Premierministers Brühl sollte er die königliche

Familie porträtieren. Das Bildnis des neunjährigen Thronfolgers war Anlass für Mengs' Berufung als spanischer Hofmaler. Anfang August 1761 reiste die Familie nach Neapel, um von dort ein Schiff nach Spanien zu nehmen. Vorher vollendete er für das Casino der Villa Albani das Deckenfresko „Der Parnass (1760 /61)". Es gilt als beispielhafte Umsetzung der Kunsttheorie Winckelmanns und Gründungswerk des deutschen Klassizismus.

Bei dem Antikenzeichner Giovanni Battista Casanova, der ebenfalls sächsischer Stipendiat war, setzte Winckelmann seinen Zeichenunterricht fort. Erwähnt werden muss hier bereits der Bildhauer und Restaurator Bartolomeo Cavaceppi. Dessen Atelier Ecke Via del Babuino / Vicolo Gesu è Maria entstand allerdings erst 1775. Künstlertreffpunkt war eine legendäre Caffeteria in der Strada Condotta (ab 1760 Antico Caffè Greco, Via Condotti, 86) .

Im Jahre 1760 hielt sich auch Casanovas älterer Bruder, der Abenteurer Giacomo Girolamo, im geräumigen Haus der Familie Mengs auf. Dreißig Jahre später veröffentlichte Casanova unter dem Titel *Histoire de ma vie (ab 1789)* sein Tagebuch. Mit diesen Zeilen bedankte er sich für die ihm erwiesene Gastfreundschaft: „Die Gattin von Mengs war hübsch, sittsam, pflichttreu, eine gute Mutter und ihrem Manne ergeben, obwohl sie ihn schwerlich lieben konnte; denn er war nichts weniger als liebenswürdig.

Er war eigensinnig und grausam, und wenn er zu Hause speiste, stand er immer erst betrunken vom Tisch auf. Außer Haus war er so mäßig, daß er nur Wasser trank. Seine Frau hatte sich darein gefunden, ihm für alle Akte Modell zu stehen." Es sei ihr als Verpflichtung vom Beichtvater auferlegt worden, habe sie ihm verraten. Casanova fährt mit seinen Memoiren fort: „Nach dem Abendessen schoß Winckelmann, der wie alle männlichen Gäste betrunken war, Purzelbäume mit den Kindern von Mengs. Dieser weise und gelehrte Mann hatte nichts Pedantisches an sich; er liebte Kinder und Jugend, und sein heiteres Gemüt ließ ihn die Freude an allen unschuldigen Spielen finden" (66). Casanova erinnerte sich, am nächsten Tag selbst den Heiligen Vater zum Lachen gebracht zu haben.

Winckelmann gelang dank des Dresdner Hofrates Bianconi und des päpstlichen Leibarztes Laurenti bereits ein Jahr zuvor eine Audienz beim Papst. Am 17. Januar 1756 dispensierte Benedikt XIV. ihn vom Fußkuss, einer rituellen Demutsgeste. Er respektierte Winckelmanns Leistungen und stellte ihn unter seinen Schutz. Es habe „wenigstens einen Sequin" (Zecchino) gekostet, erfuhr Graf Bünau.

Bereits in Dresden hatte man Winckelmann zugesichert, sich nicht zwangsläufig wie ein Abbé (ital. Abate) kleiden zu müssen. In seinem

Werk *Winckelmann und sein Jahrhundert (Tübingen 1805)* räumt Goethe ein, es sei nicht zu leugnen, „daß die Religionsveränderung Winckelmanns das Romantische seines Lebens und Wesens vor unserer Einbildungskraft merklich erhöht. Auch für Winckelmann selbst hatte die katholische Religion nichts Anzügliches. Er sah in ihr bloß das Maskenbild, das er umnahm und drückt sich darüber hart genug aus. Auch später scheint er an ihren Gebräuchen nicht genugsam festgehalten, ja, vielleicht gar durch lose Reden sich bei eifrigen Bekennern verdächtig gemacht zu haben, wenigstens ist hie und da eine kleine Furcht vor der Inquistion sichtbar" (67).

Winckelmann beschrieb sein Äußeres als „Artist". In seinem grauen Roquelaure (Radmantel) sei er mitunter ohne Oberhemd und Degen unterwegs gewesen. Im Getümmel des römischen Carnevals, bei dem außer Schlägen und Messerstichen fast alles erlaubt war, störte das niemanden. In Rom – so schien es jedenfalls Goethe noch dreißig Jahre nach Winckelmanns Erlebnissen – war das ganze Jahr Carneval (68).

Aber das römische Leben konnte auch weniger lustig sein. Wegen Meinungsverschiedenheiten mit dem Papst war Kardinal Angelo Maria Querini, der Leiter der Vatikanischen Apostolischen Bibliothek, 1755 aus Rom verbannt worden. In seiner Diozöse Brescia – 550 Kilometer nördlich von Rom – gründete er die Biblioteca Queriniana.

Bei Kardinal Domenico Silvio Passionei

Domenico Silvio Passionei war im Auftrag der Kurie von 1706 bis 1730 in vielen Ländern Europas unterwegs. Dies ermöglichte ihm, seine Büchersammlung zu vermehren – außer mit Büchern der Jesuiten. Ab 1730 wirkte er als Nuntius in Wien. Aufsehen erregte Passioneis Rede anlässlich des Begräbnisses seines Freundes Prinz Eugen im Jahre 1737. Im folgenden Jahr kehrte er nach Rom zurück, wo ihn Papst Clemens XII. (Lorenzo Corsini) zum Kardinal und Sekretär der Breven ernannte. Passionei war Mitglied der Königlich Preußischen Sozietät der Wissenschaften und führte eine rege Korrespondenz mit Zeitgenossen. Nach dem Vorbild Frankreichs und Hollands wollte er den Kirchenstaat für Gelehrte öffnen. Er galt als scharfzüngiger Intellektueller, den auch Voltaire gern kennen gelernt hätte.

Ab 1755 war Passionei als Cardinale archivista e bibliotecario di S.R.C., leitender Bibliothekar der Biblioteca Apostolica Vaticana, tätig. Seinen Wohnsitz hatte er im Palazzo della Consulta, dem päpstlichen Gerichtshof und Staatsrat (heute Sitz des Verfassungsgerichtes, Piazza del Qui-

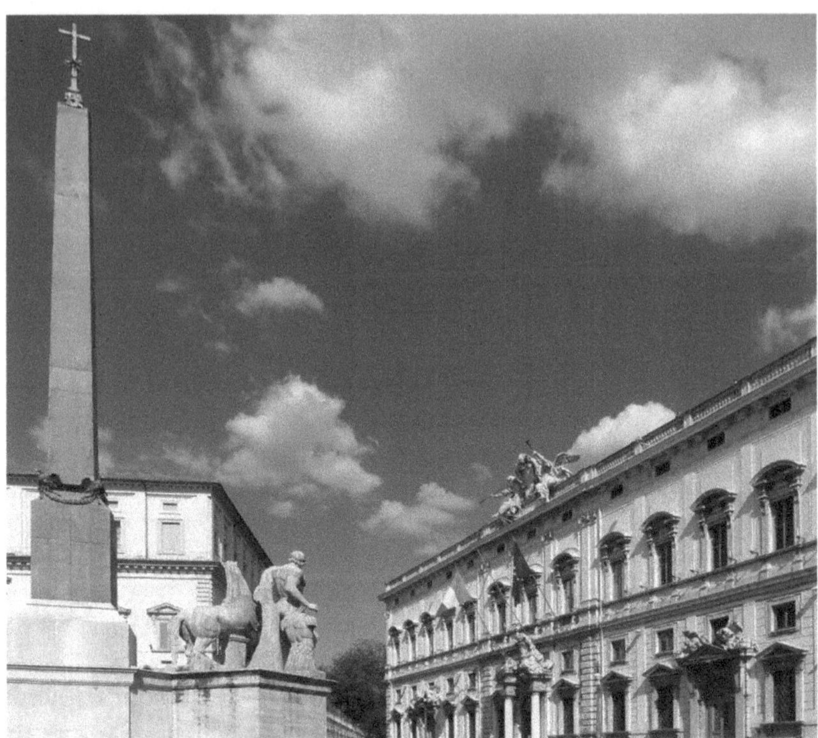

Abb. 28 Palazzo Consulta in Rom, 2013

rinale, 41). Ohne jede Förmlichkeit hieß der 73-Jährige den vielgelobten Antiquarius aus Germania willkommen und zeigte ihm seine Privatbibliothek. Sie war auf vier Säle verteilt und öffentlich zugänglich. Winckelmann war weniger beeindruckt von der Bibliothek als von Passioneis Offenheit. Ebenso hoffte er auf Zutritt zu den Schätzen der Vatikanischen Bibliothek. Aber ohne Fleiß kein Preis. Schließlich war er gekommen, um die griechischen Manuskripte des Kardinals zu rezensieren.

Passioneis Bibliothek öffnete jeden Morgen von 9 Uhr bis 12 Uhr. Glücklicherweise betrug der Fußweg vom Monte Pincio zum Quirinale nicht mehr als 15 Minuten. Der Bibliotecario, ein französischer Abbé, zeigte ihm die von seinem Vorgänger begonnenen Arbeiten. Wickelmann ahnte, was ihm hier bevorstand und ihm fiel erneut ein passendes Zitat ein:

> „Timeo Danaos et dona ferentes" –
> Ich fürchte die Danaer [Griechen], auch wenn sie Geschenke bringen.
> (Vergil, Äneis II, 49 / Laocoon)

Schon bald fühlte er sich „gleichsam angeheftet" wie in Nöthnitz (69). Wenigstens waren die Sonntage frei. Auf einen für einen Märker ungewohnt milden Winter folgte ein traumhaftes Frühjahr – die richtige Zeit, die Gärten in und um Rom zu besuchen. Obwohl die Umgebung Dresdens im Mai nicht weniger schön ist, beschrieb er Francke die schattigen Lorbeerwälder, die endlosen Alleen hoher Zypressen, die meilenlangen Gatterwerke voller Orangen… Je länger er in Rom weilte, desto besser gefiel es ihm und nach einem halben Jahr wünschte er, beständig bleiben zu können – vorausgesetzt, er fände hier sein täglich Brot. Der Kardinal ebnete ihm den freien Zutritt zur Vatikanischen Bibliothek, doch der Bibliothekar vermisste die gewohnte Vielfalt illustrierter Werke.

Auf den traumhaften Frühling folgte ein heißer Sommer. Der Scirocco machte das Leben in Rom unerträglich. Erfrischende Kühle – das wusste man bereits in der Antike – boten die nahegelegenen Albaner Berge. 1598 ließ auch Kardinal Pietro Aldobrandini dort seine Villa errichten, die er begeistert als „Theater des Weltarchitekten Gott" bezeichnete. Während in den (italienischen) Renaissancegärten Terrassen, Bosquets und Irrgärten vorherrschten, die überwiegend der Erholung dienten, wurden die (französischen) Barockgärten nun zu Repräsentationszwecken angelegt. Das Ensemble von Architektur und gestalteter Natur symbolisierte Wohlstand und Macht. – Nach seinem Cousin, dem Kardinal Cinzio Passeri Aldobrandini, wurde übrigens ein berühmtes antikes römisches Fresko, Die Aldobrandinische Hochzeit, benannt.

Nahe Frascati befand sich auch die Villeggiatura (Sommerfrische) Kardinal Passioneis, die Eremitage Camaldoli. Hier bewahrte er seine Sammlungen antiker Inschriften, Skulpturen, Gemälde und Antiquitäten auf – auch einen Teil seiner Bibliothek. Hier schlüpfte er auch in die Rolle eines Priors und gab vor, den Musen und den Tugenden zu frönen. Im Sommer 1756 genoss auch Winckelmann die Ungezwungenheit des Landlebens, wo man mit Seiner Hochwürdigsten Eminenz „im völligen Nachtzeuge" zu Abend speiste. Da der Kardinal ein erklärter Gegner des Papstes war, tat er gut daran, seinen Kontakt auf gelegentliche Ausflüge zu beschränken.

Fünf Jahre später erlitt Passionei ein ähnliches Schicksal wie sein Vorgänger Querini. Papst Clemens XIII. wollte ihn zwingen, ein Breve gegen den antirömischen Katechismus des Franzosen Mésenguy zu unterzeichnen. Diese Aufregung überlebte der 79-Jährige nicht. Am 5. Juli 1761 verstarb er. Seine mehr als 40.000 Bände umfassende Privatbibliothek gelangte in die Biblioteca Angelica (Piazza di Sant'Agostino, 8) nahe der Piazza Navona.

Archäologische Studien

Winckelmann verlebte seine freien Sonntage in Gesellschaft von Künstlern. Mit dem dänischen Bildhauer Johannes Wiedewelt und dem Berliner Landschaftsmaler Adolf Friedrich Harper erkundete er die zahlreichen Kunstsammlungen Roms – darunter die renommierten Sammlungen Giustiniani, Medici und Mattei. Nicht Gemälde, sondern Antiken standen nun im Mittelpunkt des Interesses. Diese archäologischen Studien waren allerdings „etwas kostbar": Eine Villa oder einen Palazzo sehen zu dürfen, konnte bis zu einem halben Taler kosten. Und ein einziger Besuch genügte Winckelmanns Ansprüchen nicht. Gründlicher als einst Jonathan Richardson wollte er recherchieren, um die *Ville e Palazzi di Roma (Gärten und Galerien in Rom)* zu beschreiben. Seine in der Bibliothèque nationale de France aufbewahrten Manuskripte verdeutlichen, wie viel ihm das Studium historischer Quellen, das Prüfen der Antiken auf originale und ergänzte Teile sowie die Beurteilung von deren künstlerischer Qualität bedeutete.

Attraktion der Villa Ludovisi war der Kolossalkopf der Juno (griech. Hera, heute im Palazzo Altemps, Piazza di Sant'Apollinare. „[...] Juno zeigt sich als Frau und Göttin über andere erhaben, im Gewächse sowohl als königlichem Stolze. Die Schönheit in dem Blicke der großen rundgewölbten Augen der Juno ist gebieterisch wie in einer Königin, die herrschen will, verehrt sein und Liebe erwecken muß: der schönste Kopf derselben ist kolossalisch, in der Villa Ludovisi" (70), schrieb Winckelmann damals. Heute wird der Marmorkopf als Antonia Augusta, die Mutter des Kaisers Claudius (41–54 n. Chr.), angesehen.

In der Villa Borghese begeisterte der geflügelte Genius (heute noch immer im Pariser Louvre), und sogar Berninis sinnliche Gruppe Apoll und Daphne fand seine Anerkennung. Insgesamt beschrieb er mehr als dreißig der besuchten Sammlungen, veröffentlichte aber zunächst nur die Interpretation des Torso im Belvedere (Abb. 29). Er wollte keinen Schlusspunkt setzen, ohne Neapel gesehen zu haben. Die übrigen Manuskripte sammelte er für die spätere Beschreibung der Kunststile, mit denen er seine These vom griechischen Ursprung der Kunstwerke beweisen wollte. Alle sollten auf die antiken Schönheiten aufmerksam gemacht werden, fast alle...

Winckelmann schränkte ein: „[...] Ich rede nur von Künstlern, denn alle Kavaliere kommen als Narren her und gehen als Esel wieder weg, dieses Geschlecht der Menschen verdient nicht, daß man sie unterrichte und lehre. Einer gewissen Nation ist Rom gar unerträglich. Ein Franzose ist unverbesserlich, das Altertum und er widersprechen einander. Es ärgert mich, daß ich aus Gefälligkeit einigen neueren Künstlern gewisse Vorzüge

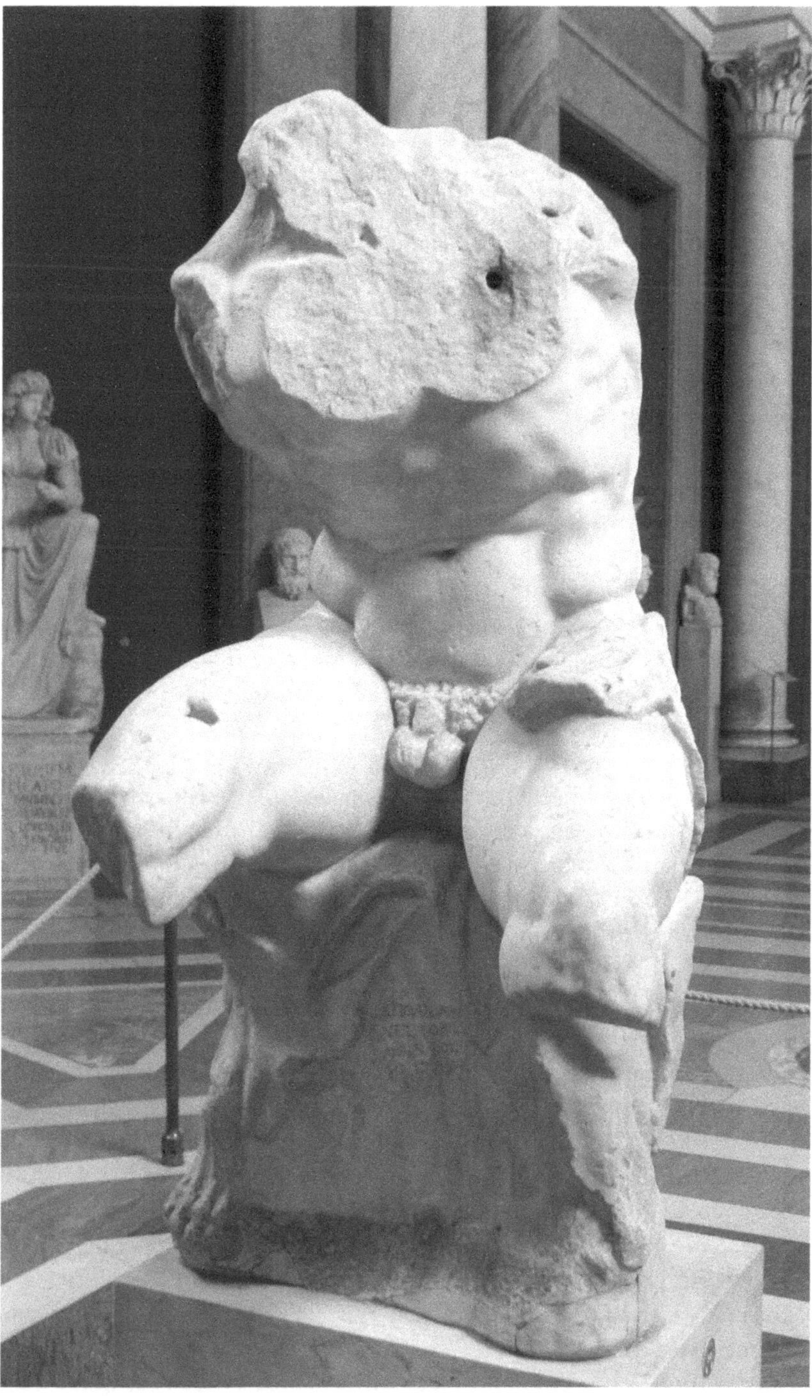

Abb. 29 Torso im Belvedere. Museo Pio Clementino, Sala delle Muse, Rom, 2012

eingeräumt. Die Neuern sind Esel gegen die Alten, von denen wir gleichwohl das Allerschönste nicht haben, und Bernini ist der größte Esel unter den Neuern, die Franzosen ausgenommen, denen man die Ehre unter dieser Art lassen muß."

Berendis riet er: „Ich sage dir eine Regel: Bewundere niemals die Arbeit eines neueren Bildhauers. Du würdest staunen, wenn du das Beste der Modernité welches gewiß in Rom ist, gegen das Mittelmäßige von den Alten hältst. Ich merke, ich gerate ins Schmähen hinein, das soll nicht sein. [...] Meine erste Schrift in Rom, von Restauration oder Ergänzung der alten Statuen, hat ihre erste Form erhalten. Der Titel scheint nicht viel zu versprechen: ich wünsche, dass es die Schrift selbst scheine. Es sind Bemerkungen, welche von wenigen gemacht und von niemanden geschrieben sind" (71).

Gian Lorenzo Bernini gilt als einer der bedeutendsten Künstler des Barock. Charakteristisch für seine Werke sind die Mischung aus Skulptur und Architektur, ihre außergewöhnliche Dynamik sowie überraschende Licht-Schatten-Effekte, die den Betrachter zur Auseinandersetzung zwingen. Ein Kuriosum ist der nach Berninis Entwurf geschaffene Obeliskenträger vor der Basilika Santa Maria sopra Minerva (Piazza della Minerva, 42) nahe dem Pantheon: der kleine Elefant, der volkstümlich „il pulcino", das Küken, genannt wird.

Dass Bernini die Vorbildhaftigkeit der griechischen Kunstwerke bestritt, hatte Winckelmann schon in seinen *Gedanken* kritisiert. Als er dessen Werke nun mit eigenen Augen sah, nannte er ihn einen „Kunstverderber von großem Talent und Geist", dem allerdings die Grazie nicht einmal im Traum erschienen ist (72). Diese offensive Polemik schockierte, aber als Kunstkritiker musste er sich in der „Gelehrtenrepublik" behaupten. Nach Lessing ist der grobe Ton Indikator für den Wahrheitsanspruch, während „gothische Höflichkeit" – „der schleichende, süße Complimentirton" – sich weder zum Vorwurf noch zur Einkleidung eignet.

Winckelmann, dem durchaus cholerische Veranlagung nachgesagt wird, machte keinen Unterschied zwischen persönlichem Schlagabtausch und Federkrieg. Charakteristisch ist seine lustvolle Metaphorik wie „ich warte nicht, bis es ans Fell kommt" oder die „Unfähigkeit der neapolitanischen Ausgräber". Den voluminösen *Katalog der antiken Denkmäler von Herculaneum (1755)* des Bischofs Bayardi kommentierte er lakonisch: „Schade, um das schöne Papier". Seiner provokanten Feder entflossen auch belustigende Vergleiche aus dem Tierreich wie „Alle Scribenten sind Ochsen und Esel."

Im Jahre 1759 ließ der Papst-Nachfolger Clemens XIII. bestimmte Teile der nackten Statuen mit Feigenblättern verdecken. Winckelmann schrieb im pointiert-zugespitzten Stil: „Diese Woche wird man dem Apollo, dem Laocoon und den übrigen Statuen im Belvedere ein Blech vor den Schwanz hängen, vermittelst eines Drats um die Hüften: vermuthlich wird es auch an die Statuen im Campidoglio [Kapitolinische Museen] kommen. Eine Eselsmäßigere Regierung ist kaum in Rom gewesen, wie die itzige ist“ (73).

Winckelmanns sprichwörtlicher Hass galt dem Französischen als der Sprache der Höfe. Seinem Unmut darüber machte er mit eifernder Feder Luft: „Ein Franzose, so wie die Nation itzo ist, ist ungeschickt ein großer Künstler, ein gründlicher Gelehrter zu werden, ja kein Franzose kann eine andere Sprache ohne Lachen zu erwecken, reden lernen. Keiner kann ein ehrlicher Mann sein“ (74). Sicher steht dies im Gegensatz zu der Losung von edler Einfalt und stiller Größe, aber Winckelmann hatte nicht mehr nötig, um Geneigtheit zu bitten. „Mit seinem Genius hängt auch die ausgeprägte Selbstsicherheit zusammen, die sich in schonungsloser Polemik, aber auch im Verzicht darauf zeigen konnte“, charakterisiert ihn der Archäologe Hellmut Sichtermann (75). In jedem Falle erreichte Winckelmann sein Ziel: Mit der Kombination aus Geschichte, Mythologie und Dichtkunst prägte er die Erwartungshaltung der Romreisenden. Gestern wie heute zählen die Laokoon-Gruppe und der Apoll (im Cortile Ottagono) sowie der Torso (im Sala delle Muse) zu den meistbesuchten Antiken des Museo Pio-Clementino.

Winckelmanns „Lehrgebäude“ half, die antike Kunst zu betrachten und zu verstehen. Das Wesen eines Kunstwerkes zu erkennen, setzte aber die Fähigkeit das Schöne zu empfinden voraus. Auszüge aus der poetischen Feder Winckelmanns sollen veranschaulichen, mit welcher Euphorie er sich mitzuteilen versuchte. Die frühe Beschreibung beginnt mit einer Aufmerksamkeit heischenden Einleitung: „Ich theile hier eine Beschreibung des berühmten Torso im Belvedere mit, welcher insgemein der Torso vom Michel Angelo genennet wird, weil dieser Künstler dieses Stück besonders hochgeschätzet, und viel nach demselben studiret hat. Es ist eine verstümmelte Statue eines sitzenden Herkules, wie bekannt ist, und der Meister desselben ist Apollonius, des Nestors Sohn von Athen. […] Wie werde ich dir denselben beschreiben, da er der zierlichsten und der bedeutendsten Theile der Natur beraubet ist! So wie von einer prächtigen Eiche, welche umgehauen und von Zweigen und Aesten entblößet worden, nur der Stamm allein übriggeblieben ist, so gemißhandelt und verstümmelt sitzt das Bild des Helden; Kopf, Brust, Arme und Beine fehlen. […] Dort, wo die Dichter aufgehöret haben, hat der Künstler angefangen: Jene schweigen, so bald der Held unter die Götter aufgenommen, und mit der Göttin der ewigen Jugend ist vermählet worden;

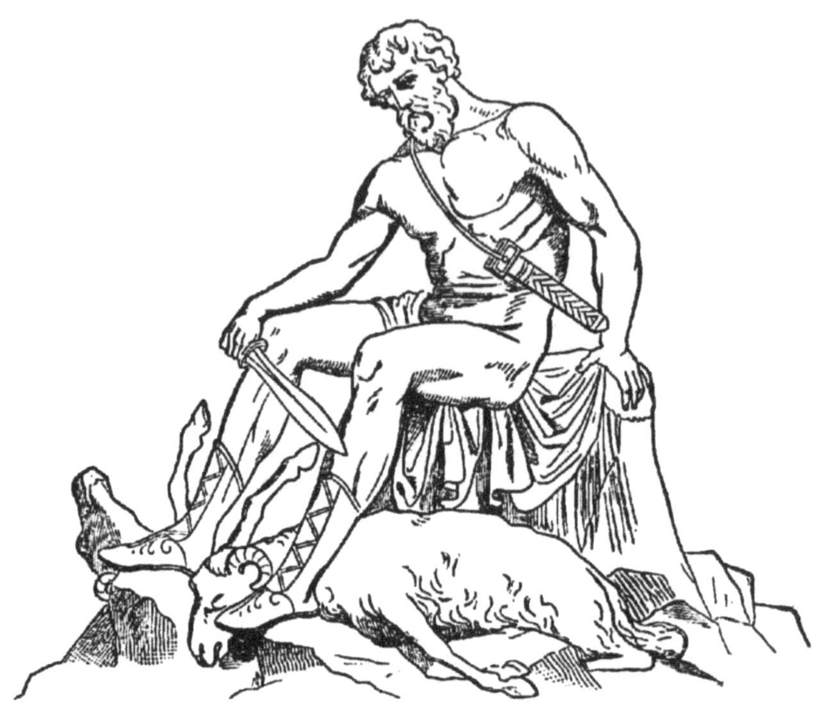

Abb. 30 „Ajax tötet einen Widder", historische Illustration zu den Griechischen Heldensagen, 1902

dieser aber zeiget uns denselben in einer vergötterten Gestalt, und mit gleichsam unsterblichem Leibe, welcher dennoch Stärke und Leichtigkeit zu den großen Unternehmungen, die er vollbracht, behalten hat.[...] Ich kann das wenige, was von der Schulter noch zu sehen ist, nicht betrachten, ohne mich zu erinnern, daß auf ihrer ausgebreiteten Stärke, wie auf zwey Gebirgen, die ganze Last der himmlischen Kreise geruhet. Mit was für einer Großheit wächst die Brust an, und wie prächtig ist die anhebende Rundung ihres Gewölbes! Eine solche Brust muß diejenige gewesen seyn, auf welcher der Riese Antäus und der dreyleibichte Geryon erdrücket worden. Keine Brust eines drey- und viermal gekrönten olympischen Ueberwinders, keine Brust eines spartanischen Siegers von Helden gebohren, muß sich so prächtig und erhöhet gezeiget haben. [...]" (76).

Winckelmann will sein Publikum aufmerksam machen. Interjektionen simulieren eine Gesprächssituation und teilen Gefühle mit. Die Ich-Form bewirkt Authenzität. Metaphern wie „Gewölbe" oder poetische Adjektive wie „prächtig" und „himmlisch" lassen den Torso als vorbildlich erscheinen. Seine Datierung bleibt hingegen umstritten. Für Winckelmann war es eines der letzten vollkommenen Werke, welches die Griechen vor der dauerhaften Umwandlung in eine römische Provinz (146 v. Chr.) hervorgebracht hatten. Daher steht der Torso als ein Beispiel für den erhabenen hohen Stil. Ist er auch nur eine Kopie?

Der mit „Apollonios Sohn des Nestor, der Athener, machte es" signierte Torso wurde erstmals in der Sammlung des Kardinals Prospero Colonna erwähnt. Seitdem wurde das Kunstwerk als Studienobjekt für Bewegung und Anatomie genutzt und nachgeahmt.

Winckelmann hatte das Fell unter dem Torso für das eines Löwen gehalten und daraus auf Herkules (griech. Herakles) geschlossen. Ende des 19. Jahrhunderts erkannte der Breslauer Anatom Carl Hasse, dass es sich aufgrund fehlender Schwanzquaste um das Fell eines Panthers handelt. 1992 identifizierte der Münchner Archäologe Raimund Wünsche den Torso als Aias (Ajax), einen der Helden von Troja: Nach einem Streit wollte er Odysseus in Stücke hauen. Von der Göttin Athene geblendet, richtete er stattdessen ein Blutbad unter den Schafherden der Danaer an. Beschämt von der unbesonnenen Raserei stürzte er sich anschließend in sein Schwert. – Inzwischen schließen die Wissenschaftler nicht aus, dass es sich auch bei der Marmorstatue um eine Kopie handelt.

Johann Winckelmann

Im April 1756 war Alberico Archinto, der engste Vertraute des Papstes, zum Kardinal ernannt worden. Im September ernannte man ihn zum Kardinalstaatssekretär, zehn Tage darauf erfolgte seine Erhebung zum Vizekanzler der Heiligen Römischen Kirche. Im gleichen Jahr ließ er sich in einem Porträt von Mengs für die Nachwelt verewigen.

Mit dem Beginn des Siebenjährigen Krieges verlängerte sich Winckelmanns Romaufenthalt auf unbestimmte Zeit. Weniger erfreulich war die Halbierung seiner sächsischen Pension. Um seinen Unterhalt zu sichern, musste er sich wohl oder übel um eine Anstellung bemühen. Obwohl er Archinto eigentlich hatte meiden wollen, bewarb sich Winckelmann auf Griechisch um die Verwaltung von dessen Bibliothek. Der Kanzler-Kardinal reagierte diesmal wohlwollend. Neben der Arbeit in der Bibliothek bot er ihm eine Wohnung im Palazzo della Cancellaria Apostolica an. Der Bibliotecario erlaubte sich „keck" abzulehnen. Er wusste, es fehlte an Gelehrten seiner Art. Da der Maler Harper in württembergische Dienste gewechselt war, zog Winckelmann statt in sein kostenfreies Quartier bei dem jungen dänischen Bildhauer Wiedewelt ein. Ab Juni wohnte er am lebhaften Campo d'Fiori. Noch im April 1767 erinnerte er Wiedewelt an

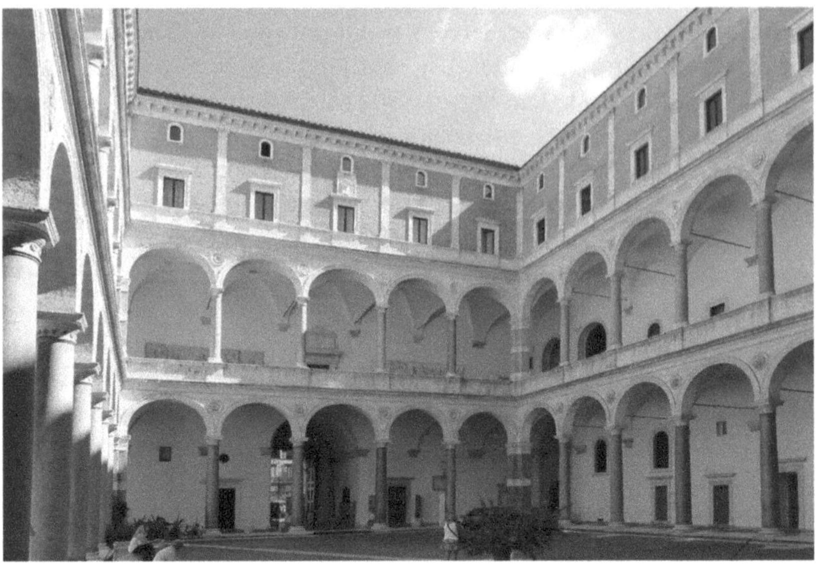

Abb. 31 Palazzo Cancellaria Apostolica in Rom, 2013

ihr freundschaftliches und fröhliches Zusammenleben. Jeder war um gegenseitige Gefälligkeiten bemüht – sei es das Zubereiten des Tees – und nach ernsthafter Beschäftigung fehlte es nicht an kleinen „Polissonnerien" (Frechheiten).

Johannes Wiedewelt war 1754 mit einem Stipendium der Königlich Dänischen Akademie der Schönen Künste nach Rom gekommen. Durch den ideellen Einfluss Winckelmanns löste er sich vom Stil des Barock. Als erster Bildhauer setzte er die Gedanken zur Nachahmung der Griechen künstlerisch um. Zurück in Kopenhagen machte Wiedewelt als Direktor der Kunstakademie und klassizistischer Hofbildhauer Karriere.

Der Campo d'Fiori, im Mittelalter ein freies Feld mit vielen Blumen, befindet sich mitten im belebten Stadtteil Parione. „Bei Tage ist es ruhig in Rom, aber des Nachts ist der Teufel los. In der großen Freiheit und Impunité [Straffreiheit], die hier herrscht, und bei der Nachlässigkeit aller Polizei, währt das Schreien, Schießen, Schwärmerwerfen und die Lustfeuer auf allen Gassen die ganze Nacht hindurch bis an den hellen Morgen. Der Pöbel ist ungezähmt, und der Gouverneur ist müde worden, verweisen und hängen zu lassen. Wenn ich schlafen will, ist es nötig, mich beinahe zu besaufen, aber auch dieses Mittel ist in der unerträglichen Hitze nicht das beste", klagte Winckelmann. „In entlegenen Gegenden aber, wo es etwas stiller ist, kann ich nicht wohnen, weil Rom ungeheuer groß ist" (77). Sollte einmal ein Papst kommen, der mehr Geschmack und mehr Liebe zum Altertum hat, als dieser Bouffon (Possenreißer) – es würden Schätze ans Licht kommen können, die alles bisher Gefundene in den Schatten stellten. Ganz Rom seufzte nach einem neuen Papst…

Nach etlichen Monaten kam Winckelmann auf Archintos Angebot zurück und zog zu Beginn des Jahres 1757 in die Wohnung in der Cancellaria Apostolica.

An der Gartenseite des großen Renaissancepalastes befanden sich die Wohn- und Arbeitsräume des Kardinals. Dort katalogisierte er dessen Bibliothek. Zwar war er wieder in materielle Abhängigkeit geraten, aber man wusste sich mit den römischen Verhältnissen zu arrangieren. Als Gegenleistung erhielt der Bibliotecario gelegentliche Geldgeschenke und freie Unterkunft im dritten Stock der päpstlichen Kanzlei: ein großes Wohnzimmer, Kammern und Küche. Als Selbstversorger erübrigte sich jede Diät. Als eine seiner „Kuren“ bezeichnete er die Gewohnheit, sich einmal des Monats mit guten Bekannten über den Durst zum Wein einzuladen – womöglich mit dem Vedutenstecher Guiseppe Vasi, der mit seiner Familie im Palazzo Farnese wohnte. Dessen Schüler Giovanni Battista Piranesi wohnte in der Via del Corso gegenüber dem Palazzo Mancini, wo sich damals die Académie de France à Rome befand.

Wie in Dresden legte Winckelmann auch in Rom Wert auf den Umgang mit gleichgesinnten Persönlichkeiten: mit dem Prälaten und Kenner des Griechischen Michelangelo Giacomelli, dem Prälaten Antonio Baldani, Kanoniker am Pantheon und Vorleser bei Kardinal Albani, oder dem päpstlichen Antiquarius Ridolfino Venuti. Zum Kreis der Gelehrten zählte auch der Archäologe Contuccio Contucci, der das Collegio Romano der Jesuiten als archäologisches Studienzentrum gestaltete.

Winckelmann war begeistert: „Alles ist nichts gegen Rom; ich glaubte, ich hätte Alles schon vorher studirt, und siehe, da ich hierher kam, sah ich, daß ich Nichts wußte. Hier bin ich kleiner geworden, als da ich aus der Schule in die bünau'sche Bibliothek kam. Köpfe von unendlichen Talenten, Menschen von hohen Gaben, Schönheiten von dem hohen Charakter, wie sie die Griechen gebildet haben […]“ (78).

Die glücklichen Umstände nutzend entwickelte er sich zum Avantgardisten auf dem Gebiet der antiken Kunst. Dabei war ihm durchaus nichts in den Schoß gefallen. „Durch Mangel und Armut, durch Mühe und Not habe ich mir müssen Bahn machen. Fast in allem bin ich mein eigner Führer gewesen“ (79). Die Liebe zu den Wissenschaften spornte ihn an. Gern hätte Winckelmann gewusst, was man in der „alten Mark“ über in redete, sonderlich in Seehausen. Er war neugierig auf alles, „sollten es auch Mädchenhistorien seyn“.

Das *Journal de Trévoux* der Jesuiten lobte den Abbé Jean Winckelmann dafür, dass er in aller Freiheit seine Ansichten über jedes von ihm beschriebene Monument äußerte und sich mutig gegen Erklärungen erhob, die ihm falsch oder nicht fundiert genug erschienen (80). Im Jahre 1757 ernannte die Kaiserliche Akademie der Künste zu Augsburg Mengs und Winckelmann zu ihren Mitgliedern. Im gleichen Jahr wurde Winckelmann Mitglied der Königlichen Gesellschaft der Wissenschaften zu Göttingen. Die Accademia Etrusca di Cortona würdigte ihn 1760 dafür, dass er mehr Professionalität in die umstrittene Etruskologie brachte. Im gleichen Jahr erfolgte seine Aufnahme in die Accademia di San Luca di Roma und 1761 in die Society of Antiquaries of London.

Dem Reichsgrafen von Bünau versicherte Winckelmann, sein Vaterland sei Sachsen, es sei kein Tropfen preußisches Blut mehr in ihm. Gleichzeitig empfahl er sich als Cicerone (Fremdenführer) für den jungen Grafen. Die Entfernungen in Rom machten zwar eine Mietkutsche notwendig, doch ein Studienaufenthalt hier sei allemal billiger als der Besuch einer Akademie in Deutschland. Hieronymus Berendis begleitete den jungen Bünau ans Braunschweiger Collegium Carolinum. Ihm trug Winckelmann Grüße an Abt Jerusalem auf. Er solle ihm sagen, dass derjenige, den er abgewiesen, „daß dieser Mensch in Rom ist und daß der größte Kardinal in Rom [Archinto], gegen den er ein Esel ist, ein bescheidener Bürger scheint gegen seinen phantastischen Stolz". Und er sei „im Geschrei" nebst dem florentinischen Prälaten Giacomelli „der größte Grieche in Rom" zu sein (81).

„Sume superbiam quaesitam meritis…" (82)
(Horaz: Nimm den stolzen Ruhm, der verdient erworben ist…)

Neben Griechisch verfügte Winckelmann über umfangreiche Kenntnisse in Hebräisch und Latein. Er sprach Französisch und Englisch und lernte Arabisch. Mit seinen italienischen Sprachfertigkeiten ging es langsamer voran. „Diese Sprache ist schwerer, als man sichs aus Büchern einbildet", erklärte er Berendis. „Sie ist so reich als die griechische, und die römische Aussprache ist schwer zu erreichen. Unterdessen, da ich mit Prinzen und Kardinälen rede, so kannst Du leicht glauben, daß ich das Notwendigste weiß." Als der Bibliothekar seiner Eminenz des Kardinalstaatssekretärs erlangte er auch die Aufmerksamkeit vom „Haupt von allen Altertumsverständigen" Kardinal Alessandro Albani. Sein Wunsch nach Ebenbürtigkeit hatte sich erfüllt.

Ab Herbst trug Winckelmann das Abatenkleid, natürlich die edlere Variante. Dann kam der Winter. Schrecken der Ausländer waren die oft schlecht zu beheizenden Wohnungen. Am 19. Januar 1758 erlebte er in Rom den ersten Schnee. Der mit Holz sparende Abate vertrug die feuchte

Kälte schlechter als in der rauen deutschen Heimat. „Die Kleidung, die mir in Deutschland genugsam war, ist es nicht in Rom, und ich trage zwei Brusttücher von wollenem Zeuge und gehe im Zimmer in Pelzstiefeln. Der Kopf sonderlich verlangt viel Wärme, und ich stecke drei Mützen eine in die andere“ (83).

Glücklicherweise erlaubte die Stille der weitläufigen Cancellaria täglich bis zu neun Stunden Schlaf. Der Vizekanzler wohnte weit entfernt im Quirinalspalast auf dem Monte Cavallo. Als sich Mitte Februar die Mandelblüte ankündigte, fühlte sich der Abate vergnügter und gesünder als jemals zuvor. „Ohngeachtet der schrecklichen Wege“ stand die Reise zu den Grabungsstätten am Vesuv bevor. Dass jeder erfuhr, dass er sich dafür ein Campagne-Kleid, einen kaffeebraunen Drap d'Abbeville-Rock mit güldenen Brandenbourgs (Litzen) und ein Reisekleid von englischem Molton machen ließ, belustigte ein halbes Jahrhundert später den Literaturhistoriker August Wilhelm Schlegel. Er fragte sich, wieviel Diskretion man wohl von der Korrespondenz mit Freunden erwarten dürfe (84). Tatsächlich war die Grenze zwischen privaten und offiziellen Briefen zu Winckelmanns Zeiten fließend. Jede Nachricht war willkommen und wurde umgehend weiterverbreitet.

Der Golf von Neapel

Winckelmann hatte zuerst durch den Superintendenten Nolten von der Wiederentdeckung der Antike gehört. Nun würde er die Grabungsstätten endlich mit eigenen Augen sehen können! „Auf diese Reise ist ein Teil meines Glücks gebaut, und diese Reise ist das allerwichtigste, was ich in meinem Leben unternommen habe. Ich komme mit einem großen Ruf nach Neapel, an alle großen Häuser als ein Freund empfohlen, und was das Vornehmste ist, ich gehe mit der Absicht hin, vielleicht ein Mitglied der Gesellschaft [Accademia Ercolanese] zu werden, die über die Altertümer schreibt“, hieß es. Und:

> „Ich muß bekennen, ich habe mehr Glück als Witz, aber:
> Wer sein Glück erkennt und nutzt, der ist es wert !“ (85)

Die erste Reise nach Neapel war ursprünglich mit dem Malerfreund Mengs geplant. Doch Mengs litt unter Geldsorgen, bereits das dritte Jahr verweigerte ihm Graf Brühl das Gehalt – erst wollte er das Altarbild für die Dresdner Hofkirche sehen. Bevor Mengs damit fertig wurde, kam der Krieg. Die von Winckelmann zurückgelegten 100 Taler reichten natürlich

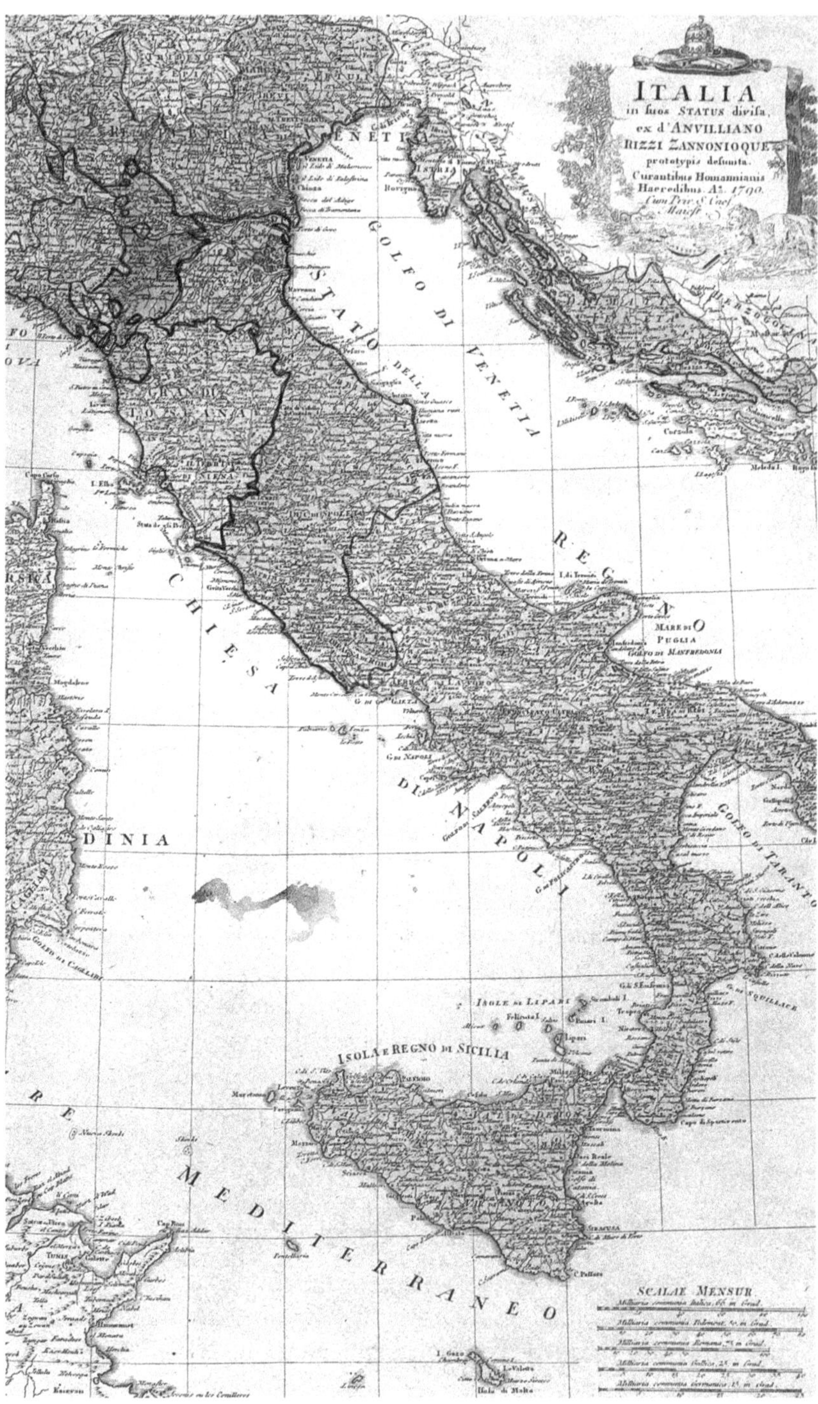

Abb. 32 Italienkarte von 1790. Kupferstich, erschienen in Nürnberg im Maßstab ca. 1:2.100.000

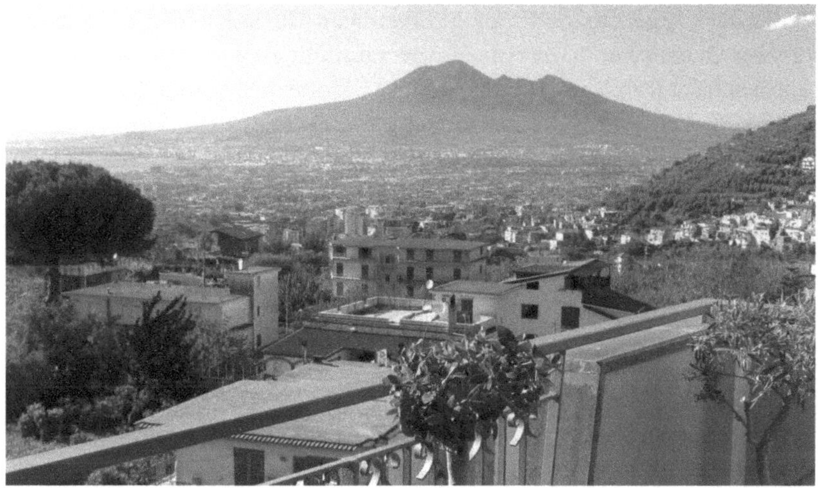

Abb. 33 Blick auf den Vesuv, 2012

nicht, um die Reise allein anzutreten. Dank der Künstlerkollegen Johann Georg Wille (Frankreich) und Johann Caspar Füssli (Schweiz) konnte er die Reise von Februar bis Mai 1758 realisieren.

Die 240 Kilometer lange Wegstrecke von Rom nach Neapel führte teils auf der Via Appia durch wenig besiedeltes Land und war nicht ungefährlich. Von Pomezia bis Terracina erstreckten sich die Paludi Pontine – seinerzeit noch immer ein unbeherrschbares Sumpfgebiet. Nur wenige landschaftliche Besonderheiten entschädigten für ausgefahrene Wege und erbärmliche Herbergen. Vorbei an Capua – in der Antike die luxuriöseste Stadt Kampaniens – und Caserta – seit 1751 Bauplatz für eines des größten Königsschlösser Europas – erreichte man nach fünf Reisetagen den Golf von Neapel. Wie ein riesiges Amphitheater breitete sich die von Bergen umgebene sorrentinische Halbinsel vor dem Auge des Betrachters aus. Neapel hielt viele Vergnügungen bereit. Winckelmann bewunderte den neapolitanischen Menschenschlag, vermisste jedoch bald die Beschaulichkeit Roms, vor allem das schattige Grün der Parkanlagen.

In Sachen Quartier hatte er dieses Mal mehr Glück als damals auf seiner Reise nach Paris. Er kam in einem Augustinerkloster unter: „Der Ort liegt eine halbe deutsche Meile von Neapel am Gestade des neapolitanischen Meerbusens, ich wohnte bei einem Geistlichen [Antonio Piaggio], einem Genueser von Geburt, bei welchem ich sehr gut gegessen und noch besser getrunken habe, nämlich die allerbeste Lacrima [Lacrima Christi del Vesuvio]. In meinem Zimmer konnte ich im Bette die Wellen an dem Ufer spielen hören“ (86). Dolce vita – er fühlte sich freier denn je!

Trotz der mitgeführten Empfehlungen war Maria Amalia, die Schwester des sächsischen Kurprinzen, vorerst nicht zu sprechen. Stattdessen schmeichelte ihm Karl III. mit „Signore Barone di Sassonia" (87). Obwohl man Winckelmann für einen Maler hielt, der die antiken Funde kopieren wollte, gab der König Befehl, dem Gast die Türen zum Museo des Palazzo Reale zu öffnen. Dessen Kurator war Camillo Paderni, ein Vertrauter der Königin und in Winckelmanns Augen „ein großer Betrüger und Erzignorant". Er hatte vorher bereits mit Paderni korrespondiert und spielte auch jetzt den Einfältigen. Nur auf diesem Wege konnte er zu den antiken Schätzen gelangen – von Goethe als „das A und O aller Antiquitätensammlungen" bezeichnet (88). Schließlich riskierte er noch einen Blick in das Gabinetto segreto (Geheimes Kabinett) mit den geheimnisumwitterten erotischen Darstellungen. Er wusste, die anstößige Marmorgruppe Pan und Ziege befand sich im Hause des Bildhauers und Restaurators Joseph Canart. Sie zu sehen hätte ausdrücklicher Genehmigung des Königs bedurft, aber Winckelmann wollte nicht als neugierig gelten…

Die Antike war eine freizügige Welt. Villen und Paläste waren häufig mit erotischen Szenen geschmückt, der Phallus galt als Glücksbringer. Entsprechend dekorierte Fresken, Vasen, Plastiken oder Haushaltsgegenstände gehörten zum Alltag. Was den Moralvorstellungen des 18. Jahrhunderts nicht entsprach, wurde vom Königshaus unter Verschluss gebracht. Das Gabinetto Segreto des Archäologischen Nationalmuseums von Neapel beinhaltet solche antiken Fundstücke, darunter die aus dem Museum Herculanense in Portici.

Winckelmann hielt sich fünf Wochen in Portici auf. Schließlich gelang es ihm mithilfe des Ministers Bernardo Tanucci, auch einen Blick auf die Ausgrabungsstätten zu werfen und den respektlosen Umgang mit den Antiken aus nächster Nähe mitzuerleben. Nach Meinung Winckelmanns hatte der Grabungsleiter Alcubierre mit den Altertümern so wenig zu tun „als der Mond mit den Krebsen". Das würde der ihm so schnell nicht verzeihen… Ganz anders sein Stellvertreter, der Schweizer Militäringenieur und Archäologe Karl Jacob Weber. Er führte die Grabungen auf wissenschaftlicher Basis durch. Winckelmann lobte Webers Umsicht und Verständigkeit, auch wenn das Werk nur „sehr schläfrig" vorangetrieben wurde.

Johann Caspar Goethe, der 1740 in Herculaneum weilte, schildert das Erlebnis in *Viaggio per l'Italia (Reise durch Italien im Jahre 1740)* so: „Der Eingang zur Stadt Herkulaneum, die während der Regierungszeit des Kaisers Trajan [es war Titus] durch eine Ausbruch des Vesuvs verschüttet worden ist, liegt am Stadtrand von Resina, aber das Hinabsteigen ist sehr mühsam. Vor dem Eingang stand eine Wache, und in einiger Entfernung befand sich eine Wachstube, so daß wir uns leicht denken konn-

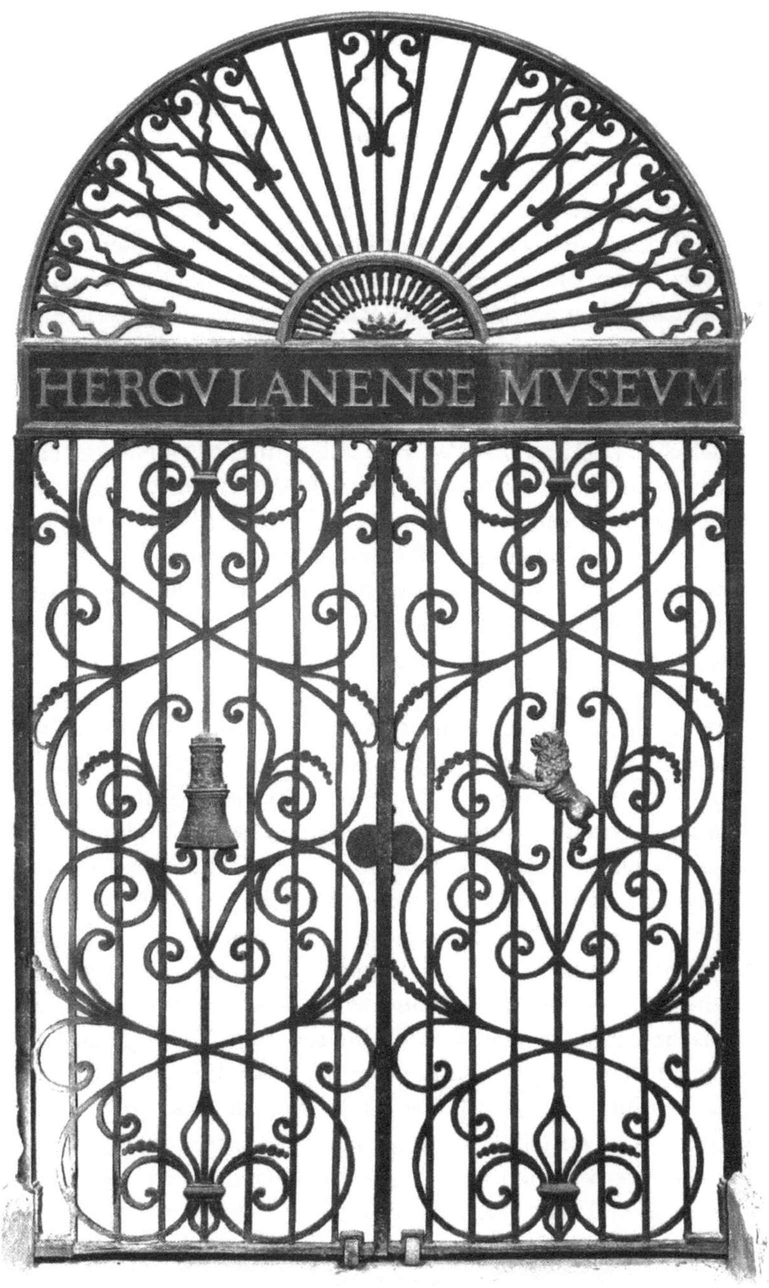

Abb. 34 Zeitgenössisches schmiedeeisernes Tor zum Eingang des historischen Museo Erculanese im Schloss in Portici. Das Schloss wurde von 1738 bis 1752 von dem römischen Architekten Antonio Canevari für den König Karl III. erbaut Das Tor trennte Vestibül und Innenhof des königlichen Antikenmuseums.

ten, daß an diesem Ort Besonderes zu finden sein würde. Wir mußten uns zunächst ausweisen, wer wir waren, und wurden anschließend von einer Wache begleitet. Mit brennenden Fackeln kamen uns dann Arbeiter entgegen, die immer höchst beflissen sind, wenn sie ein Trinkgeld wittern. [...] Wir begegneten dann noch manch anderen Leuten, die alle damit beschäftigt waren, Erde und Steine abzutragen und nach draußen zu schaffen, um auf diese Weise die Häuser, Zimmer, Straßen und Tempel etc. freizulegen, die im heidnischen und phantastischen Geschmack in den beiden Farben Aschgrau und Rot auf ungeschickte Weise bemalt sind. Diese Figuren stellen Götzen und scheußliche, abstoßende Gestalten dar, wie sie uns gewöhnlich auch jene Bücher im Druck zeigen, die sich mit derlei Dingen aus dem Altertum befassen" (89).

Zwischen 1752 und 1754 stand die unterirdische Erforschung einer 260 Meter langen Villenanlage im Mittelpunkt des Interesses. Sie befand sich einst direkt am Meer. In dem Anwesen, das vermutlich einem römischen Konsul gehörte, fanden sich auffallend viele Skulpturen aus Marmor und Bronze sowie architektonische Kostbarkeiten. Nach den Resten ihrer einzigartigen antiken Bibliothek – mehr als 1.800 durch die Hitze karbonisierte Papyrusrollen – erhielt die Anlage den Namen „Villa dei Papiri". Über den Inhalt der Papyri spekulierten Gelehrte in ganz Europa.

Padre Antonio Piaggio, Piaristenmönch an der Vatikanischen Bibliothek, versuchte die verkohlten Schriften zu entrollen. Dazu hatte er eine komplizierte Maschine entwickelt, mit der er in vier Stunden gerade mal einen Finger breit vorankam. Der Altphilologe Alessio Simmaco Mazzoccchi bemühte sich, die geheim gehaltenen Dokumente zu entschlüsseln. Wie das „eines schleichenden Diebes" richtete Winckelmann sein Auge auf die ersten Ergebnisse. Heute weiß man, dass die in griechischer und lateinischer Sprache beschriebenen Papyri Abhandlungen des griechischen Philosophen Epikur und seiner Schüler, darunter Philodemus von Gadara, enthalten. Literarisch-philosophische Werke gehörten zur bibliophilen Grundausstattung der römischen Aristokratie.

Karl Philipp Moritz verfasste die *Reisen eines Deutschen in Italien in den Jahren 1786 bis 1788*. Über die im Herculanense Museum von Portici gesehenen „verbrannten Volumina" schreibt er: „ Man muß den menschlichen Fleiß und Erfindsamkeit bewundern, wenn man die Maschine betrachtet, wo diese verbrannten Rollen aufgewickelt und aus der Asche die Buchstaben wieder ans Licht gebracht werden. Zwischen einer Maschine, die einer Buchbinderpresse gleicht, werden die Rollen aufgehängt, und die abgelösten Blätter werden auf ein Stäbchen oder Rolle gewickelt, welche man vermittelst Wirbel und Bänder sanft wälzen und drehen und ihr alle möglichen Wendungen geben kann. Um die zusammengeklebten Blätter

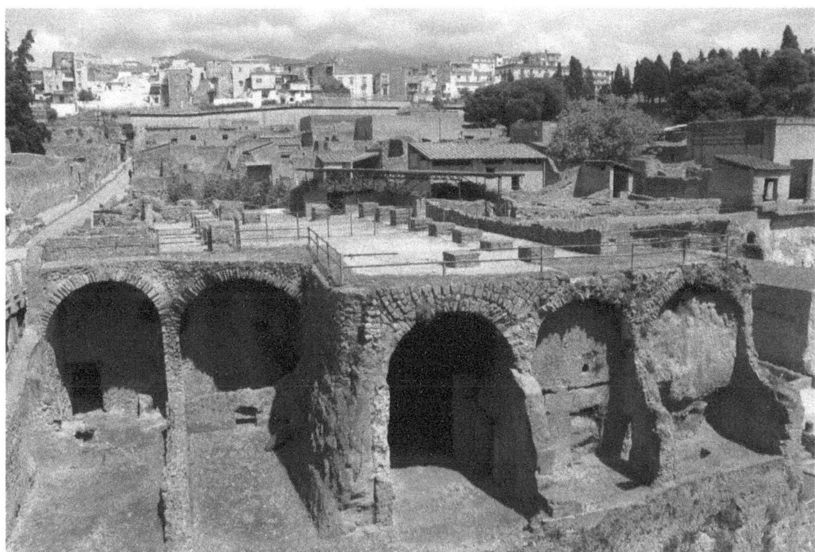

Abb. 35 Herculaneum, 2012

voneinander zu lösen, bestreicht man immer einen Teil derselben auf der leeren Seite des Papiers mit leichtem Gummi; und um dem abgelösten Blatte wieder Festigkeit zu geben, wird ein Stück von einer dünnen Blase daraufgelegt. Ein ganzer Monat gehört dazu, um eine Spanne lang, so breit, als die Rolle ist, abzulösen […]" (90).

Auf die Herculanischen Entdeckungen folgten die leichter zugänglichen Orte (Castellammare di Stabiae) und ab 1748 Pompeji. In einem Grabungstagebuch hielt Weber die Grundrisse der sensationellen Fundstellen fest und inventarisierte alle Artefakte. Neben Skulpturen und Schmuck, kostbaren Gefäßen und Dingen des täglichen Bedarfs sorgten hier besonders die prachtvollen Paläste mit ihren antiken Wandgemälden für Aufsehen.

Goethe war am 11. März 1787, einem Sonntag, mit dem Maler Tischbein dort: „Pompeji setzt jedermann wegen seiner Enge und Kleinheit in Verwunderung. Schmale Straßen, obgleich gerade und an der Seite mit Schrittplatten versehen, kleine Häuser ohne Fenster, aus den Höfen und offenen Galerien die Zimmer nur durch die Türen erleuchtet. Selbst öffentliche Werke, die Bank am Tor, der Tempel, sodann auch eine Villa in der Nähe, mehr Modell und Puppenschrank als Gebäude. Diese Zimmer, Gänge und Galerien aber aufs heiterste gemalt, die Wandflächen einförmig, in der Mitte ein öffentliches Gemälde, jetzt meist ausgebrochen, an Kanten und Ecken leichte und geschmackvolle Arabesken, […]. Und so deutet der jetzige ganz wüste Zustand einer erst durch Stein- und Aschen-

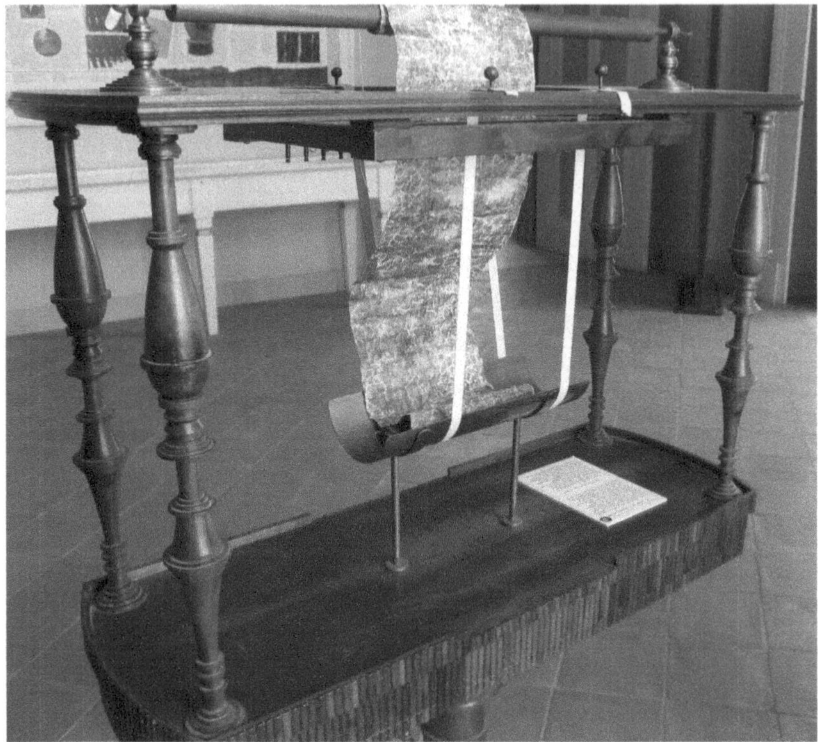

Abb. 36 Abrollmaschine des Paters Piaggio im Herculanense Museum in Portici

regen bedeckten, dann durch die Ausgrabenden geplünderten Stadt auf eine Kunst- und Bilderlust eines ganzen Volkes, von der jetzo der eifrigste Liebhaber weder Begriff, noch Gefühl, noch ein Bedürfnis hat." Am Dienstag fügte er hinzu: „Es ist viel Unheil in der Welt geschehen, aber wenig das den Nachkommen so viel Freude gemacht hätte. Ich weiß nicht leicht etwas Interessanteres" (91).

In der Vorstadt befand sich die Gräberstraße. Mit der Freilegung des Grabes der Venuspriesterin Mamia und des Grabes der Istacidier avancierte Weber zu einem der Begründer der klassischen Archäologie. Nach seinem Tod, Weber wurde nur 52 Jahre alt, setzte der spanische Offizier Francesco La Vega die Grabungen fort. Für die innerstädtischen Straßenzüge wurde ein Plan erstellt und der Ort für jedermann zugänglich gemacht.

Da er sich mit den spanischen Augustinern „nicht stallen" konnte, wechselte Winckelmann das Kloster. Am 31. März 1758 verfasste er die ersten antiquarischen Relationen, adressiert an Pater Rauch und den Leibarzt des Kurprinzen Bianconi. Andere Berichte adressierte er an Bianconi bzw. an den Oberhofmeister Wackerbarth. Davon gelangten einige in den

Besitz des Münchner Hofbibliothekars Andreas Felix von Oefele, der seit 1750 mit Bianconi freundschaftlich verbunden war. Oefeles Nachlass mit originalen Handschriften Winckelmanns befindet sich heute in der Bayerischen Staatsbibliothek.

In Neapel begegnete Winckelmann dem österreichischen Gesandten Karl Gotthard Graf von Firmian, dem Nuntius im Königreich Neapel Lazarro Opizio Pallavicini und dem Vitruv-Übersetzer Marchese Galliani. Bewunderung errang der Palazzo Reale di Capodimonte, „wo der ganze Schatz von Büchern, von Gemälden, von Münzen aus Parma, unter dem Namen der farnesischen Galerie bekannt, steht" (92). In der einstigen Sommerresidenz hatte Karl III. die berühmte Kunstsammlung seiner Mutter Elisabetta Farnese unterbringen lassen.

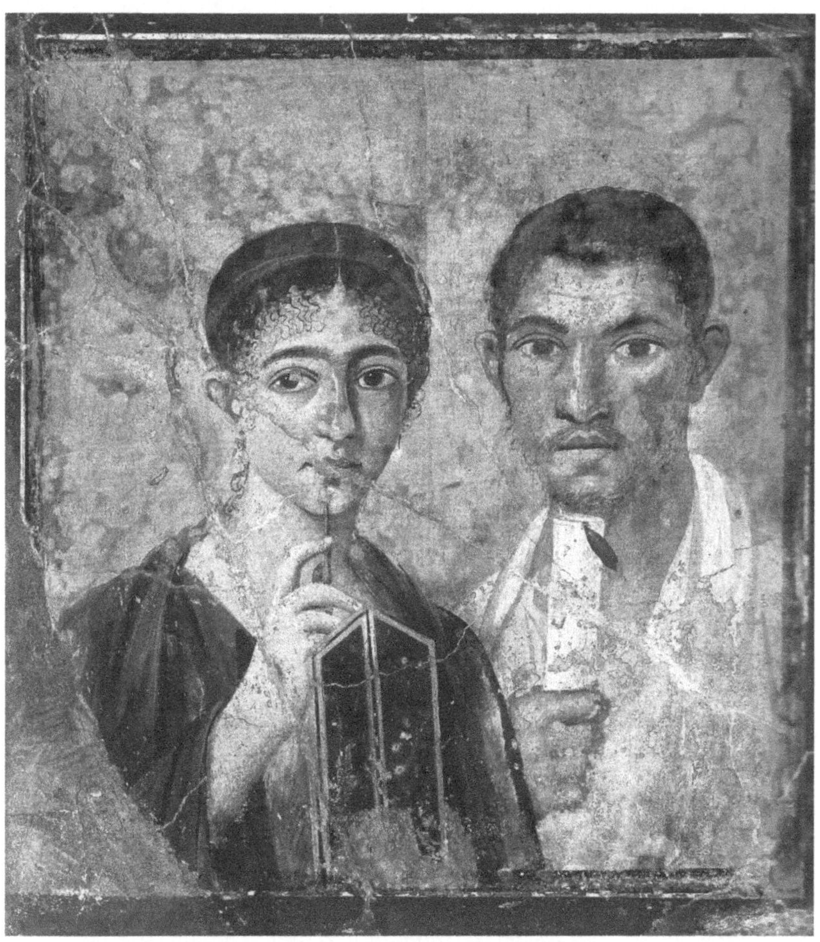

Abb. 37 Wandmalerei mit dem Bildnis des „Terentius Neo und seiner Frau", 1. Jh.

Tempelruinen von Paestum

Von Neapel aus unternahm Winckelmann mehrere Ausflüge: in westlicher Richtung zu den römischen Kaiserthermen Misenum, Baiae, Poteoli und Cumae, in nördlicher Richtung zum Palazzo Reale von Caserta.

Der Hamburger Schriftsteller Johann Jacob Volkmann weilte im Jahre 1758 für einige Monate in Italien. Mit ihm, zwei Kammerherren aus dem Kurfürstentum Köln und einem französischen Architekten führte ein weiterer Ausflug zu den Tempelruinen von Paestum.

Die 40 Kilometer südlich von Salerno und mehrere Kilometer landeinwärts gelegene Stadt wurde in der ersten Hälfte des 7. Jhs. v. Chr. gegründet. Zu Ehren des Meeresgottes Poseidon (röm. Neptun) nannten die griechischen Siedler ihre Stadt Poseidonia. 273 v. Chr. geriet die Kolonie unter römische Herrschaft und erhielt den Namen Paestum. Die Versumpfung und damit verbundene Malariagefahr führte um 500 n. Chr. zum Niedergang. Beim Bau der Küstenstraße wurde im Jahre 1752 die antike Siedlung zufällig wiederentdeckt. An den gut erhaltenen Tempeln – Poseidon, Hera und Athena gewidmet – lässt sich die Entwicklung der dorischen Säulenformen anschaulich nachvollziehen.

Winckelmann fertigte Skizzen der Bauten und stumpfen Säulen an und verglich diese mit den Beschreibungen von Architekten und Theoretikern. 1759 veröffentlichte er seinen auf Exzerpten beruhenden Aufsatz über die *Baukunst der alten Tempel zu Girgenti in Sicilien.* Darin setzt er sich kritisch mit Traktaten des römischen Architekturtheoretikers Vitruv auseinander. Augenfälligstes Merkmal der Tempelbauten ist die Säule, anhand derer sich drei Epochen nachweisen lassen: die dorische, die ionische und die korinthische Ordnung. An den Tempelbauten ließ sich eine Streckung der Proportionen nachweisen. Die einst gedrungenen Säulen unter mächtigen Gebälken waren schlank emporstrebenden Ausführungen gewichen, das Verhältnis von Säulenhöhe zu unterem Säulendurchmesser hatte sich drastisch verschoben. Mit der Betonung ihrer erhabenen Schlichtheit gab Winckelmann einen entscheidenden Impuls für die Beschäftigung mit der griechisch-dorischen Architektur.

1762 erschienen die dem sächsischen Kurprinzen Friedrich Christian gewidmeten *Anmerkungen über die Baukunst der Alten.* In dieser Schrift machte Winckelmann auf die Unterschiede zwischen der griechischen und der römischen Tempelbaukunst aufmerksam. Seine Erkenntnisse fanden Eingang in Volkmanns *Historisch-kritische Nachrichten von Italien, welche eine Beschreibung des Landes, der Sitten, Regierungsform, Handlung, des Zustandes der Wissenschaften und besonders der Werke der Kunst enthalten (1770 / 71).*

Im Jahre 1758 lernte Johann Jakob Volkmann in Rom Mengs und Winckelmann kennen. Mit seinem Bruder Peter Diedrich bereiste Volkmann weitere europäische Länder, bevor er sich in Leipzig schriftstellerisch betätigte. Seine *Historisch-kritischen Nachrichten von Italien* erlebten 1777 / 78 eine zweite Ausgabe, mit der auch Johann Wolfgang von Goethe, Wilhelm Heinse, Karl Philipp Moritz, Johann Gottfried Seume und Gotthold Ephraim Lessing reisten. Es war eines der einflussreichsten deutschen Kunstbücher des 18. Jahrhunderts.

Der Archäologe, Architekt und Kupferstecher Giovanni Battista Piranesi lehnte die schmucklose griechische Bauornamentik ab. Rom oder Athen? Diesen Gelehrtenstreit beantwortete Piranesi eindeutig zugunsten der Römer. Dazu bediente er sich eines besonderen Kunstgriffs – der Scena per Angolo des toskanischen Szenografen Ferdinando Galli da Bibienas – um seinen Zeichnungen den Eindruck von Dreidimensionalität zu geben (93). Seine 1779 veröffentlichten Radierungen dienten Künstlern als Vorlage für eigene Arbeiten und weckten das Verlangen, die Bauwerke im Original zu erleben.

Der italienische Archäologe Carlo Fea gab ab 1783 die dreibändige *Storia dell'arte dell'antichità,* eine illustrierte Ausgabe von Winckelmanns Kunstgeschichte, heraus.

Goethe, der Paestum am 23. März 1787 besuchte, fühlte sich in einer fremden Welt. Die „stumpfen, kegelförmigen, eng gedrängten Säulenmassen" empfand sein Auge zunächst als furchtbar. Dann erinnerte er sich

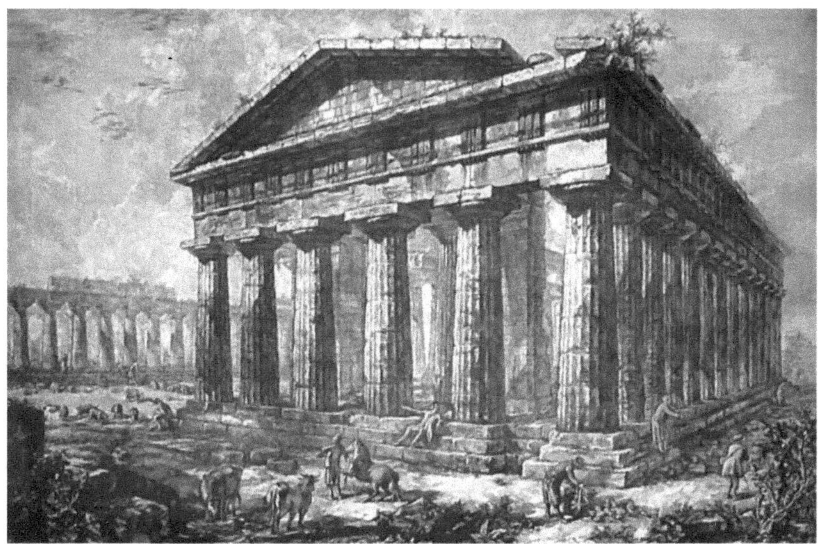

Abb. 38 Giovanni Battista Piranesi, Neptun-Tempel in Paestum, 1778

der Kunstgeschichte, und pries den Genius, dass er ihn diese so wohl erhaltenen Reste mit Augen sehen ließ. Indessen versäumte sein Begleiter Kniep nicht, die Umrisse abzuzeichnen.

Auch Carl Gotthard Langhans begann als Autodidakt. Inspiriert durch die Schriften Vitruvs und Winckelmanns unternahm er 1768 / 69 eine Reise durch Italien. Gegenüber dem barocken Prunk setzte sich eine klare, aber dennoch repräsentative Architektur durch. Mit dem den Propyläen der Akropolis nachempfundenen Brandenburger Tor (1791) erhielt der Architekt Langhans zu Lebzeiten wenig Anerkennung. Dagegen wurde Karl Friedrich Schinkel mit dem Berliner Schauspielhaus und der Neuen Wache gleich berühmt. Die Architekten Leo von Klenze und Friedrich von Gärtner gelangten mit der klassizistischen Umgestaltung der bayerischen Landeshauptstadt München zu Ruhm und Ehre. Angeregt durch seine Italienaufenthalte ließ König Ludwig I. von Bayern von 1840 bis 1848 in Aschaffenburg, am Hochufer des Mains, durch Friedrich von Gärtner das Ideal eines römischen Wohnhauses in einem südländisch anmutenden Garten nachbilden, das Pompejanum.

Der Anwalt Thomas Jefferson, von 1801 bis 1809 der dritte Präsident der Vereinigten Staaten von Amerika, zeichnete sich auch durch Talent auf dem Gebiet der Architektur aus. Zu seiner Bibliothek zählte die oben erwähnte italienische Ausgabe von Winckelmanns Kunstgeschichte. Als 26-Jähriger entwarf er nach dem Vorbild der palladianischen Villa La Rotonda von Vicenza und des römischen Pantheon den neoklassizistischen Familiensitz der Jeffersons auf Monticello / Virginia.

Die Stosch'sche Gemmensammlung in Florenz

Im Mai 1758 kehrte Winckelmann nach Rom zurück. Bald darauf folgte er einer Einladung in das habsburgische Florenz. Baron Philipp von Stosch, Freund Alessandro Albanis und Kunstkenner von europäischem Rang, hatte Winckelmann testamentarisch um die Katalogisierung seiner Gemmensammlung gebeten. Da am 3. Mai Papst Benedikt XIV. verstorben war, wartete Winckelmann das Ende des Konklaves ab. Überraschenderweise wurde am 6. Juli der venezianische Kardinal Carlo Rezzonico zum Papst Clemens XIII. gewählt. Vorsicht war vor dessen Kardinalstaatssekretär Ludovico Maria Torregiani geboten. 1760 geriet der mit Winckelmann befreundete Buchdrucker Marco Pagliarini in die Fänge der Inquisition. Er hatte ein Pasquill (Schmähschrift) wider die Jesuiten gedruckt. Nur dank der Fürsprache des aufgeklärten neapolitanischen Staatsmannes Bernardo Tanucci wurde Pagliarini begnadigt.

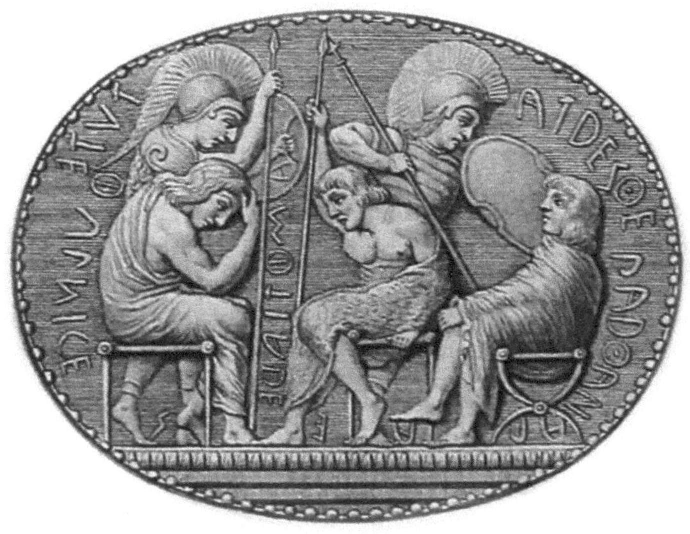

Abb. 39 Stosch´scher Skarabäus mit fünf der sieben gegen Theben

Nach abgebrochenem Theologiestudium reiste der aus Küstrin / Neumark stammende Baron Philipp von Stosch durch Europa. In Rom wurde er mit Alessandro Albani, dem Neffen des Papstes Clemens XI., bekannt. 1715 / 17 unternahmen beide archäologische Ausgrabungen. Anschließend wurde Stosch sächsischer Gesandter in Den Haag. Zumindest nominell hatte er von 1719 bis 1727 auch das Amt des königlichen Antiquars inne. 1721 reiste Stosch zurück nach Rom, wo er als englischer Geheimagent den Thronprätendenten der Stuarts, James Francis Edward, beobachtete. Aus Sicherheitsgründen wich er 1731 in das damals noch mediceische Großherzogtum Toskana aus. In Florenz entstand die erste wissenschaftliche Gemmensammlung (Abdrücke in Schwefel, Gips, Porzellan u.ä.).

Stosch kannte Winckelmanns Erstlingsschrift. Vor seinem Tode im Jahre 1757 bat er seinen „geistigen Erben", dem er nie persönlich begegnet war, um die Veröffentlichung der 3.444 Intaglien (Schmucksteinschnitte) und 28.000 Abdrücke umfassenden Sammlung. Stoschs Neffe und körperlicher Erbe Heinrich Wilhelm Muzel-Stosch wollte die Sammlung verkaufen und wünschte den Katalog in französischer Sprache. Winckelmann hatte den Diplomaten Muzel-Stosch – im Folgenden nur Stosch genannt – im Frühjahr 1757 in Rom kennen gelernt. Seither verband ihn und „einen seiner vertrautesten Freunde" nicht nur eine rege Korrespondenz. Von seinen Reisen sandte Stosch Geld und allerlei nützliche Präsente: einen Strohhut, eine Brille, Wein, den begehrten Kaffee…

Von September 1758 bis Mai 1759 wohnte Winckelmann in Stoschs Palazzo Ramirez-Montalvo (Hotel Bavaria, Borgo degli Albizi, 26). Seinem antiken Freundschaftsideal gemäß bezeichnete er ihn als „das höchste und würdigste unter allen Menschen-Kindern" (94). Obwohl der verstorbene Baron bereits Vorarbeit geleistet hatte, waren tausende Gemmen und Abdrücke exakt zu bestimmen.

Die Einordnung und Interpretation der Darstellungen aus Winckelmanns Feder setzte neue Maßstäbe. Im Vorwort der 1760 in Florenz erschienenen und „Seiner Eminenz, dem Herrn Cardinal Alexander Albani" geweihten *Description des Pierres gravées du feu Baron de Stosch (Beschreibung geschnittener Steine des Baron von Stosch)* heißt es, sie umfasse beinahe die ganze Mythologie der Ägypter, Hetrurier, Griechen und Römer [...] und die Darstellung vieler merkwürdiger Taten der alten Welt sowie der berühmtesten Personen des Altertums. Das älteste zu beschreibende Stück war der „Stosch'sche Skarabäus mit fünf der sieben Helden gegen Theben (500 v. Chr.)" (Abb. 39). Winckelmann bildete ihn später auf dem Titelblatt seiner *Geschichte der Kunst des Alterthums (1764)* ab (Abb. 54).

Zug der Sieben gegen Theben bzw. Erster Thebanischer Krieg heißt der letzte Teil der Ödipus-Trilogie. Die zur Zeit der 78. Olympiade in den Jahren 467 / 468 v. Chr. aufgeführte Tragödie des Aischylos erzählt von der Schlacht zwischen Eteokles und der Armee Thebens gegen seinen Bruder Polyneikes. In der Mitte der fünf Feldherren sitzt mit Pantherfell und Lanze der Seher Amphiaraos, ihm links gegenüber der Anführer Polyneikes, ältester Sohn des Ödipus, außen rechts in seinen Mantel gehüllt der lakonische Parthenopaius. Links hinter Polyneikes steht mit Schild, Lanze und Harnisch der sagenumwobene Tydeus, hinter Amphiaraos sich abwendend der Veranlasser des Zuges und einzige Überlebende Adrastos.

Skarabäen (Glückskäfer), oft in Stein oder als Schmuck nachgebildet, galten im Alten Ägypten als Sinnbild der Auferstehung und des Sonnengottes Re. In späteren Zeiten nahm man an, dass die Heiligen Pillendreher das Nilhochwasser spürten, wenn sie sich in die Häuser zurückzogen.

Winckelmann ahnte nicht, welche „eselsmäßige Arbeit" noch hinterher auf ihn zukommen würde. Von Rom aus versuchte er auf sprachliche Korrektheit und Druckqualität des 700 Seiten umfassenden Kataloges Einfluss zu nehmen. Hinsichtlich zu erwartender Kritiken schrieb er präventiv an Stosch: „Der erste Punct ist der Federkrieg, welchen ich gerne entübriget seyn wollte: in die alte Feindschaft menge ich mich nicht, kommt es mir aber näher an das Hemde, so wache ich auf: ich warte nicht bis es ans Fell kommt. In Sachen des Catalogi, worüber man mich angreifen kann, sind die Waffen ungleich; das würde man alsdenn erfahren, und ich würde in Lateinischer Sprache antworten, wo man den Antichambrestyl [unterwürfigen Vorzimmerstil] nicht nöthig hat, sondern man nennet die Sache mit ihrem Namen. Es sollte wohl einmahl die Zeit kommen, die Charlatanerie unserer Zeit zu entlarven!" (95). Seine Gesundheit litt wieder, doch die Vorbehalte waren unbegründet. Seine französischen Fachkollegen Abbé Barthélemy und Comte de Caylus lobten seine Arbeit. Es war ein weiterer Baustein zu seiner Kunstgeschichte.

Obwohl sich der Vertrieb des Katalogs als schwierig erwies, drang die Kunde von Winckelmanns zweiter großer Schrift bald nach Deutschland. 1761 übertrug der preußische König dem Erben Stosch die Aufsicht über seine Kunst- und Naturalienkammer. Am 7. Dezember 1763 schrieb Winckelmann, er wünsche, dass der König wahrhaftig Lust auf die Gemmensammlung bekomme. Es täte ihm weh, sie zerrissen zu sehen (96). Spekulierte er auf eine Adjunktion an der Seite des Freundes?

1764 sorgte Friedrich II. europaweit für Aufsehen: Nur ein Jahr nach Kriegsende erwarb er die einzigartige Sammlung des Barons Stosch – für die immense Summe von 30.000 Talern! Vom Verkaufserlös leistete sich der Erbe eine Reise in den Orient. Nach seiner Rückkehr im Jahre 1765 wurde Stosch sowohl Kurator der Königlichen Bibliothek als auch des Kabinetts der Altertümer und Medaillen. Die Gemmensammlung erhielt ihren Platz in der Antikenabteilung der heutigen Stiftung Preußischer Kulturbesitz zu Berlin.

Auch wenn die historische Einordnung vieler Gemmen durch immer neue Erkenntnisse korrigiert werden musste, bleibt Winckelmanns wissenschaftliche Herangehensweise vorbildlich. Der von Philipp von Stosch beabsichtigte pädagogische Nutzen wurde durch Gipsabdrücke verwirklicht, die große Daktyliotheken zur Verfügung stellten. So entstanden historisch oder thematisch konzipierte Abdruckreihen, die fortan zur Grundausstattung von Bildungseinrichtungen oder privaten Sammlungen zählten. Ganze Generationen bezogen ihre Kenntnisse zu Mythologie und Altertum aus Daktyliotheken, die sich auch zur Illustration antiker Texte eigneten.

Philipp von Stoschs illustriertes Buch *Gemmae antiquae caelatae, scalptorum nominibus insignitae (1724)* inspirierte auch die fürstlichen Sammler in Rudolstadt. Auf der Heidecksburg, in der Historischen Bibliothek des Fürsten Ludwig Friedrich II., befinden sich zahlreiche Daktyliotheken, die nicht zuletzt den Gestaltern und Malern der Aeltesten Volkstedter Porzellanmanufaktur zur Motivfindung dienten.

Die Lippertsche Daktytliotheca Universalis wurde 1825 durch den Weimarer Großherzog Carl August erworben. Zusammen mit Goethes Sammlung zählt sie heute zum Bestand der Klassik Stiftung Weimar.

Bibliothekar bei Kardinal Alessandro Albani

Im September 1758 – noch in Florenz – überraschte Winckelmann die Nachricht vom Tod des Vizekanzlers Archinto. Mit ihm verlor er nicht nur einen großzügigen Gönner, sondern auch das Wohnrecht in der Cancellaria. Doch er hatte wiederum „mehr Glück als Witz“: Dank der einst von Philipp von Stosch gegebenen und von Michelangelo Giacomelli erneuerten Empfehlung erhielt Winckelmann die Stelle des Bibliothekars bei Kardinal Alessandro Albani. Zu der halben sächsischen Pension kamen nun monatlich 10 Taler bei freier Kost und Logis. Der Lebensunterhalt war wieder einmal gesichert.

Alessandro Albani, Neffe des Papstes Clemens XI. (Giovanni Francesco Albani), hatte mit 29 Jahren wegen zunehmender Sehschwäche seine militärische Karriere abgebrochen und war in den Dienst des Vatikans getreten. Wie sein antikenbegeisterter Onkel sammelte er Kunstwerke des Altertums. Seine Kenntnisse verdankte er dem päpstlichen Antiquar Marcantonio Sabatini. Im Jahre 1761 trat Albani die Nachfolge Kardinal Passioneis als Leiter der Vatikanischen Bibliothek an. Ab 1765 war er auch Kardinalprotektor für die deutsche Nation (lat. nationis germanicæ). Albani galt als der kompetenteste Altertumskenner und bedeutender Förderer der Künste.

Im Sommer 1759 bezog der an Luxus gewöhnte Abate vier der schönsten Zimmer in Albanis Stadtpalast (Palazzo Albani del Drago, Via dei Coronari, 33–34). Vom Turm des Palastes konnte Winckelmann den Blick schweifen lassen: vom Petersdom im Westen über den Palazzo del Quirinale, Sommersitz des Papstes (heute Amtssitz des Präsidenten der Republik Italien), vorbei an den Castor- und Pollux-Statuen bis hin nach Frascati und Castel Gandolfo im Südosten; mehr als tausend Kilometer weiter befand sich Griechenland. Winckelmann schwankte zwischen dem Gelehrtenleben in Rom und der Verwirklichung einer Reise zu den antiken Stätten. Was ihm fehlte, war ein Reisegefährte nach seinem Sinne.

Sein Arbeitsrhythmus hatte sich nicht verändert: Tagsüber widmete er sich Albanis „großer und gewählter“ Bibliothek bzw. beaufsichtigte dessen Kabinett wertvoller Handzeichnungen und Kupferstiche. Darüber hinaus stand er seinem hilfsbedürftigen Mäzen als Begleiter zur Verfügung. Selbst nachts leistete er Albani, der sich im „fröhlichen Alter von 69 Jahren“ befand, Gesellschaft. Nach kurzem Schlaf widmete er sich ab vier Uhr morgens seiner Kunstgeschichte.

Im Auftrag des Kardinals wurden Schriften, Bücher und Briefe portofrei durch das Heilige Römische Reich befördert. Aber gern wäre Winckelmann seinen deutschsprachigen Freunden wieder einmal persönlich

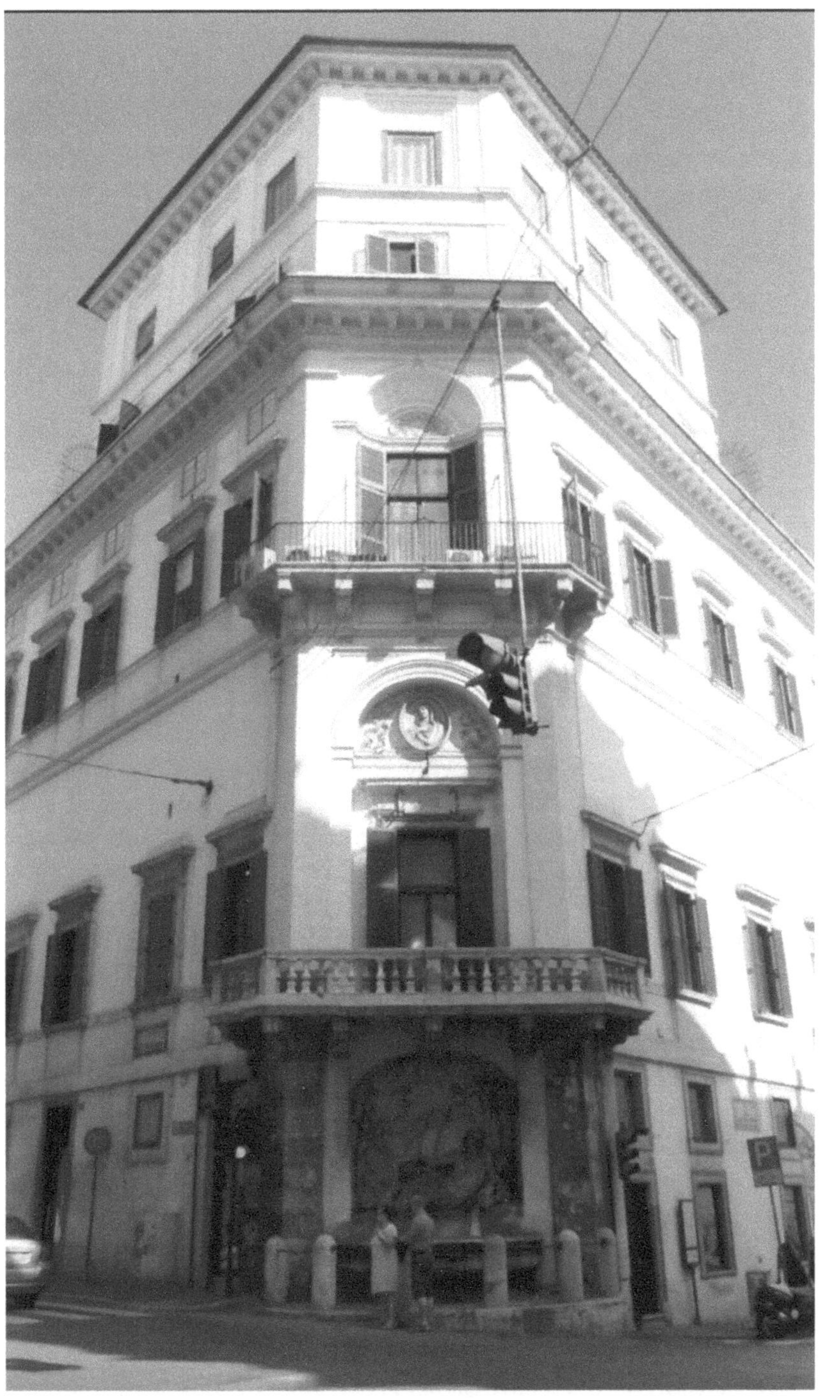

Abb. 40 Palazzo Albani del Drago alle Quattro Fontane in Rom

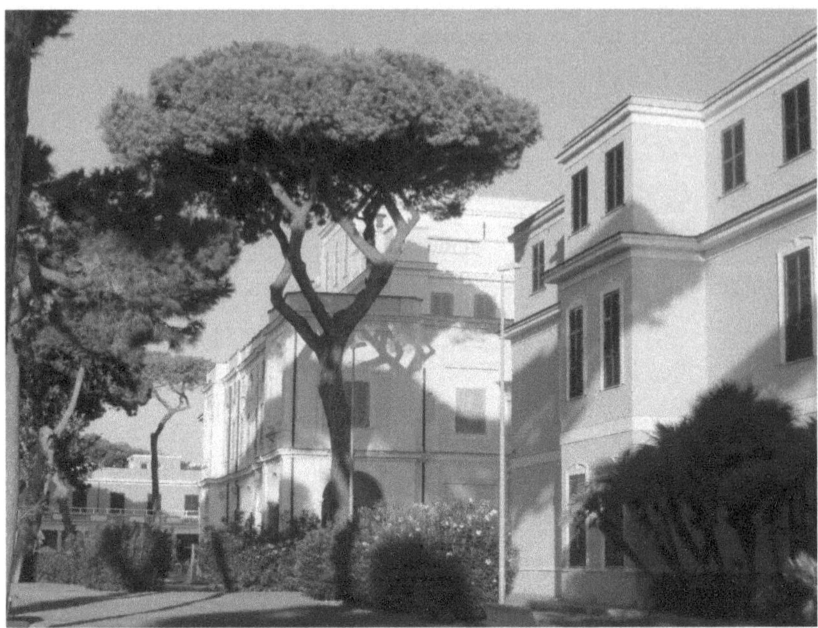

Abb. 41 Villa Albani in Anzio, 2013

begegnet. Als Berendis in Weimar heiratete, freute er sich mit ihm: „Wie glücklich bist Du, glücklicher in diesem Stücke, als Du es verdienst. Ich wünsche Zeuge davon zu sein und einen Zeugen von diesem Glück zu sehen, und dieses, sobald der Friede vom Himmel zu uns auf Erden gekommen sein wird“ (97). Er gestand dem Freund trotz aller Erfolge nicht glücklich zu sein, nicht nach dem allgemeinen Begriff. Doch er fühlte sich glücklich in sich selbst. Und sein Herr tat alles, um ihn vergnügt zu sehen. Zweimal die Woche besuchten sie die Accademia di Santa Cecilia (seit 1685 in der Kirche San Carlo ai Catinari, Piazza Benedetto Cairoli, 117), wo die besten Musiker und Sänger zu erleben waren.

Neben dem Palazzo in Rom und einer Villa in Castel Gandolfo bewohnte Albani seit 1726 eine Villa in Anzio (Ospedale Via Pietro Aldobrandini, 32, Abb. 41) am Tyrrhenischen Meer. In der Antike war Antium bei der römischen Oberschicht beliebt, um dort Villeggiatur zu halten. Ende des 17. Jahrhunderts sorgte Papst Innozenz XII. für die Verbesserung der Infrastruktur. Nun erholten sich die päpstlichen Würdenträger in Anzio, bevor im Sommer mit den Mücken die Malaria kam. Es ist nicht auszuschließen, dass sich Winckelmann hier mit Malaria infizierte, klagte er doch häufig über Fieber, Schwindelanfälle und Magenprobleme.

Der Historiker und Schriftsteller Ferdinand Gregorovius schildert in seinen *Wanderjahren in Italien (1856 / 77)* die ansehnliche Villa des Kardinals Albani, „wo Winckelmann manchen Tag in seiner und der Prinzessin Albani [Fürstin Therese, die Witwe Carlo Albanis und Mutter des Kardinals Gian Francesco Albani] Gesellschaft zubrachte. Mit den Ausgrabungen, die der Kardinal hier veranstalten ließ, trieb er nicht allein überhaupt ein ansehnliches Geschäft, sondern er versorgte auch seine eigene Villa in Rom mit Statuen auf das reichste" (98).

Ab 1747 ließ Albani von dem päpstlichen Architekten Carlo Marchionni eine neoklassizistische Villa vor der Porta Salaria (Abb. 42) errichten – knapp drei Kilometer vom Stadtpalast entfernt. Die damals öffentlich zugängliche Villa (heute Villa Torlonia, Via Salaria, 92) sollte der Antikensammlung des Kardinals – der repräsentativsten des Jahrhunderts – einen würdigen Rahmen geben. Winckelmann, der die Nachfolge des Archäologen Ridolfino Venuti angetreten hatte, betreute die Sammlung. Er schwärmte: „[…] das schönste Gebäude unserer Zeiten, ist die Villa des Herrn Cardinals Alex. Albani, und der Saal in derselben kann der schönste und prächtigste in der Welt heißen" (99).

Der Winckelmann-Kritiker Wilhelm Heinse setzte 1783 dagegen: „[…] wo ohngeachtet des antiken Geschmacks doch immer die moderne Art und Natur hervorragt. Es fehlt überall der Nerv darin, und das Ganze sieht mehr einer Rarität und Fragmenten Sammlung, als dem Lustsitz gleich eines erhabenen Philosophen… Die ganze Villa Albani, ohngeachtet einiger geschnittnen Gänge, sieht so trocken und baumlos aus, gerad als ob ein Blinder und ein Bibliothekar hier gewohnt hätten und immer wohnten" (100).

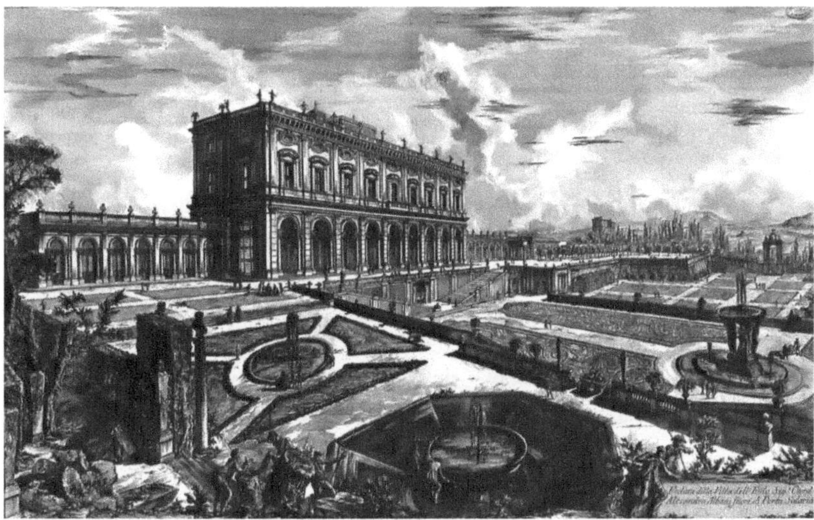

Abb. 42 Palazzo Albani, Zeichnung von Giovanni Battista Piranesi, 1769

Ab 1804 befand sich der Schriftsteller August von Kotzebue auf Hochzeitsreise in Italien. Sein Reisebericht spottet über die „göthesche Schule", würdigt jedoch das Wirken Winckelmanns: „Von Erinnerungen begleitet erreicht der Fremdling die nahe Villa Albani, und auch hier erwartet ihn eine Erinnerung, die, wenn er ein Deutscher ist, ihn mehr interessieren wird als jene; denn Winckelmann hat die Kunstschätze dieser Villa geordnet; fünf Jahre hat er damit zugebracht; sehr oft wohnte und schlief er hier; der alte Mann, der die Fremden herumführt, hat ihn noch gekannt, und versichert, er sey ein galant'uomo [Ehrenmann] gewesen. Daß hier eine sehr verständige Hand gearbeitet, würde man errathen, wenn man es nicht erführe, denn jedem anderen als Winckelmann möchte es schwer geworden seyn, einen solchen Reichthum von vortrefflichen Kunstwerken so zu ordnen, daß sie eine einfach große Wirkung hervorbringen [...]" (101).

Das allgemeine Interesse veranlasste Winckelmann auf Italienisch eine *Descrizione della Villa dell'Em. Alessandro Albani (1761)* zu verfassen. Sie stellt einen weiteren Baustein für seine Kunstgeschichte dar und ist in drei „Stücken" konzipiert: Im ersten werden „die vornehmsten Theile der Villa" beschrieben, das zweite enthält „Anmerkungen über die Kunst bey den drey alten Völkern", das dritte „andere Werke der alten Kunst". Das in deutscher Sprache an Stosch gerichtete Sendschreiben vom 10. April 1761 beschränkt sich auf das zweite Stück. Am Schluss des Sendschreibens wird Stosch aufgefordert: „Komm und siehe! denn es ist schwer, Ihnen einen deutlichen Begriff von der albanischen Villa, welche Sie vor fünf Jahren noch sehr unvollkommen gesehen, zu geben" (102).

Obwohl die Villa erst im Juni 1763 eingeweiht wurde, fanden sich bereits zwei Jahre zuvor die ersten Neugierigen ein, darunter Leonhard Usteri, der Herausgeber von *Winckelmanns Briefe an seine Freunde in der Schweiz (1778)*. Im Jahre 1762 hielten sich Kardinal Albani und seine Mätresse Marchesa Francesca Cheroffini bereits häufiger in der Villa auf. Um die Mitgift für deren Tochter aufzubringen, verkaufte der Kardinal im gleichen Jahr wertvolle antiquarische Sammlungen an König Georg III. von England. Winckelmanns Einspruch war vergebens.

Ab 1763 wurde die Villa als Villeggiatura genutzt. Sie gliedert sich in den tiefer gelegenen italienischen Garten, den Palast („Casino") im Norden und einen halbrunden Portikus mit sich anschließendem „Kaffeehaus" im Süden. Auf dem Hauptweg empfängt den Besucher ein Obelisk, dessen fünfstrahliger Stern die Rolle Albanis im ewigen Rom symbolisiert. Über eine großzügige Terrasse gelangt man in das Casino. Eine Treppe höher, im Piano Nobile, befindet sich Mengs' berühmtes Deckengemälde „Der Parnass (1760 / 1761)" (Abb. 43).

Schauplatz ist der Parnass, die Heimat der Musen. Im Zentrum steht Apoll mit einer Lyra in der Hand. Der Lorbeerkranz steht für den triumphierenden Sol invictus (den unbesiegbaren Sonnengott). Er ist umgeben von den neun Musen. Wie Apoll nehmen auch sie den Stand antiker Skulpturen ein. Die Erweiterung ihrer Zahl auf zehn – mit der Mutter der Musen Mnemosyne, links neben Apoll – ermöglichte dem Künstler eine strenge symmetrische Anordnung. Rechts neben Apoll – als Klio (Muse der Geschichtsschreibung) mit einer Papyrusrolle in der Hand – verewigte Mengs seine Gattin Margherita.

Als Vorbild diente Raffaels „Parnassus“ (1510) in der Stanza della Segnatura im Vatikanpalast. Im Gegensatz zu Raffaels sitzendem und fiedelndem Musenführer stellte Mengs den Apoll in erhabenem Stand dar: die Lyra ruhig im linken Arm, in der rechten Hand der Lorbeerkranz – eine Verherrlichung des Auftraggebers als Mäzen der Künste. Mit dem Fresko war die griechisch-antike Malerei wiedererstanden. Winckelmann lobte seinen Freund als den „deutschen Raphael“ in Rom.

Auch innerhalb des Gartens waren Antiken aufgestellt, mit denen der Kardinal das Ewige Rom inszenierte. Winckelmann nutzte die Kunstwerke für wissenschaftliche Zwecke. Seit der Renaissance waren unter dem Begriff „Antiken“ nur römische Kunstwerke verstanden worden. Nun erbrachte er den Nachweis, dass die römische Kultur ihren Ursprung in der griechischen hatte. Die Antike rechnete er von Alexander dem Großen (336 bis 323 v. Chr. König von Makedonien und Hegemon des Korinthischen Bundes) bis zu Konstantin (römischer Kaiser von 306 bis 337 n. Chr). Während der tatsächliche Ursprung der Antike noch unbekannt ist, wird ihr Ende heute auf das Jahr 476 n. Chr., das Jahr der Absetzung des Usurpators Romulus Augustus durch Odoaker („Rex Italiae“), datiert.

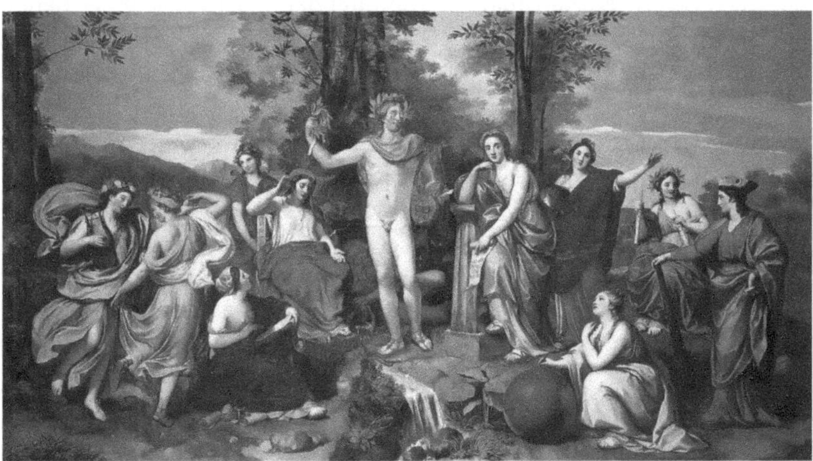

Abb. 43 „Der Parnass“ von Anton Raphael Mengs, 1760 / 61

Allgegenwärtig sind die Büsten des hellenophilen Kaisers Hadrian, dessen Griechenbart („Bildungsbart") und gekräuselte Frisur kulturelle Akzente setzten. Winckelmanns Bewunderung galt aber mehr dem griechischen Profil des Busto d'Antinoo – der „sanftgesenkten Linie von der Stirn bis auf die Nase". „Die schönsten Werke von Hadrians Zeiten sind das erhaben gearbeitete Brustbild des Antinuos, welches ehemals dessen Figur, in mehr als Lebensgröße, war, in der Villa Albani, und dessen Brustbild, welches [...] jetzt zu St. Ildefonse in Spanien steht" (103), heißt es in der *Geschichte der Kunst des Alterthums.* Im Jahre 1734 wurde in der Nähe der Villa Adriana bei Tibur (Tivoli) ein Kunstwerk entdeckt, das als „Relief Villa Albani" (Abb. 44) in die Geschichte einging.

Zum griechischen Ideal gehörte die Rolle erfahrener Männer als Mentor für Knaben, in christlicher Überlieferung und neuzeitlicher Rezeption immer nur auf die sexuelle Komponente reduziert. Der Günstling – vermutlich auch Geliebter – des römischen Kaisers Hadrian war Antinuos (griech. Antinoos). Er ertrank vor den Augen seines väterlichen Freundes im Nil. Nach einigen Berichten war der Tod des Antinuos ein Unfall, der Legende nach opferte er sich für den Kaiser, um diesem ein langes und glückliches Leben zu sichern. Er wurde zum Gott erklärt und in Kunstwerken verehrt.

Dass in der Villa an der Via Salaria nicht nur „gearbeitet, gegessen, getrunken, gespielt und gesungen" wurde, ist aus einem Brief an Stosch vom 18. Juli 1767 zu erfahren: „Ich habe mit dem Kardinal auf dessen Villa 40 Tage einen ruhigen aber verdrießlichen Aufenthalt gehabt, an welchem dessen Hure [Gräfin Checca Cheroffini] die vornehmste und einzige Ursache war; als welche, da sie etwa glaubt, ich stehe ihr im Wege, Lügen wider mich gegen den Kardinal ausgesprengt hat in der Absicht der Religion. Der Kardinal, welcher höchst fanatisch und bigott geworden, aber sich gleichwohl nicht unterstehet, mich selbst hierüber zu sprechen, hat mich durch eine zweite Person warnen lassen. Dieser Verdruß hat gleichwohl verursacht, daß ich mich gänzlich alles Umgangs entzogen, welches ohne das für mich etwas sehr Leichtes, und zugleich sehr vorteilhaft ist. In der Wahrheit gebe ich niemandem Anlaß, ungeneigt über diesen Punkt von mir zu denken; der geringste Anfall aber, den ich aus falschen Anzeigen bei dem fürchterlichen Gerichte haben würde, wird das Felleisen schnüren heißen" (104).

Wahrheit und Freiheit der Bürger – betont Winckelmann in seiner Kunstgeschichte häufig – bedingten die vorbildlichen Kunstwerke der Griechen. Nur sie ermöglichten künstlerische und wissenschaftliche Höchstleistungen. Durch die Freiheit erhob sich das Denken des ganzen Volkes. Die Weisheit – nicht Schmeichelei und Knechtschaft – urteilte über die Künstler und belohnte sie. Sehr gute Redner wurden Dichter. Maler waren zugleich Bildhauer. Nur auf solchem Boden konnten solch herrliche Früchte gedeihen. Auch Winckelmann konnte nur in persönlicher Freiheit arbeiten. Da seine Schriften vor allem im aufgeklärten Frankreich schnelle Verbreitung fanden, relativierte sich seine Abneigung gegen alles Französische. Glücklicherweise erlebte er nicht mehr, was dreißig Jahre später geschah.

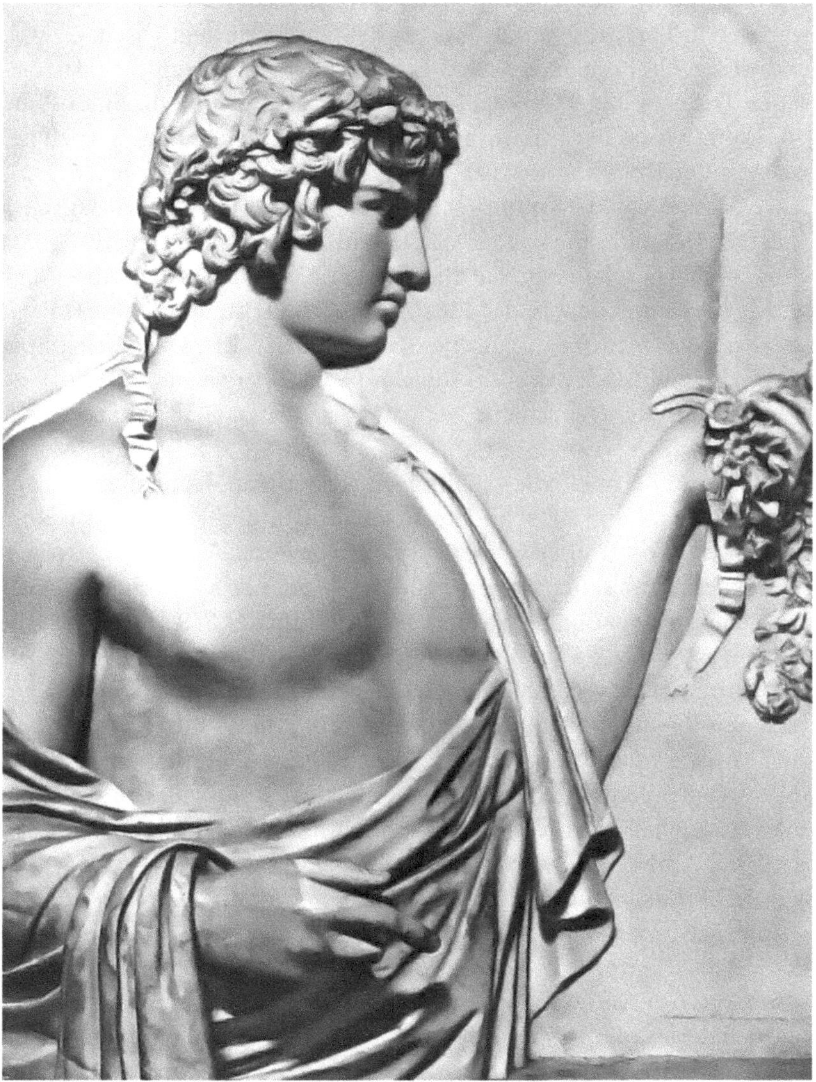

Abb. 44 Späthadrianisches Relief um 130 n. Chr. mit Darstellung des Antinous in der Villa Albani, heute Torlonia

Die Kaiserliche Bibliothek in Paris

Da der Kirchenstaat ein Refugium für französische Emigranten und Gegner der Revolution war, führte Napoleon ab Februar 1797 einen Straffeldzug gegen den Kirchenstaat. Am 19. Februar 1798 unterzeichneten die Erste Französische Republik (1792–1804) und die Römische Kurie den Vertrag von Tolentino. Darin wurde dem Kirchenstaat eine „Buße“ von mehr als 30 Millionen Livres auferlegt. Da die Kassen leer waren, wurden Kunstwerke konfisziert: Statuen, Büsten, Vasen, Gemälde, Altäre, Grabreliefs... Am 10. Februar 1798 erreichten die französischen Truppen unter General Louis Alexandre Berthier die Stadt Rom, die Kommission begann unverzüglich mit der Arbeit. Am 7. April berichtete der Kunsttheoretiker Carl Ludwig Fernow dem *Neuen Teutschen Merkur* von dem traurigen Anblick, den das leere Museo Clementino bot. Der dänische Archäologe Johann Georg Zoëga schrieb seinem Bruder von Gipsabgüssen, die die Lücken füllen sollten (105). Ab 9. April wurde die Beutekunst in das Musée Napoléon (Palais de Louvre) Paris – das neue Zentrum europäischer Kunst – überführt. Der Titel „Caput mundi“ (Hauptstadt der Welt) sollte auf Paris übergehen.

Der österreichfreundliche Neffe des Kardinals, Gian Francesco Albani, floh nach Neapel. Fürst Camillo Borghese trat in französische Dienste und heiratete die Lieblingsschwester Napoleons, Pauline Bonaparte. Graf Luigi Braschi Onesti wurde als Bürgermeister von Rom eingesetzt. Von ihm erwarb der spätere bayerische König Ludwig I. Kunstwerke für seine Glyptothek am Münchner Königsplatz. Dorthin gelangte auch die 1808 von dem Hofbildhauer Salvatore de Carlis angefertigte Büste Winckelmanns. In die Walhalla, den Tempel für die „rühmlich ausgezeichneten Teutschen“, kam die 1814 von dem römischen Residenten Rudolf Schadow geschaffene Büste. Ein drittes Auftragswerk des Königs ist die 1857 von Emil Wolff, einem seit 1822 in Rom lebenden Neffen Schadows, gefertigte Kolossalbüste Winckelmanns, die heute im (der Öffentlichkeit nicht zugänglichen) Garten der Villa Albani in Rom steht (Abb. 45).

Die Bibliothek aus Albanis römischem Palazzo wurde beschlagnahmt, darunter Winckelmanns Handschriften. Die Museumsvilla in der Via Salaria wurde von der Revolutionsarmee geplündert und 518 von insgesamt 677 Antiken für den Abtransport vorbereitet. Im Jahre 1799 wurden davon ca. 132 Stücke über Neapel und Lyon nach Paris geschafft. Der überwiegende Teil befand sich im Jahre 1800 noch immer im Hafen von Civitavecchia und kehrte 1803 wieder in die Villa Albani zurück. (106) Nach dem Zusammenbruch des Ersten Kaiserreichs 1815 hätten

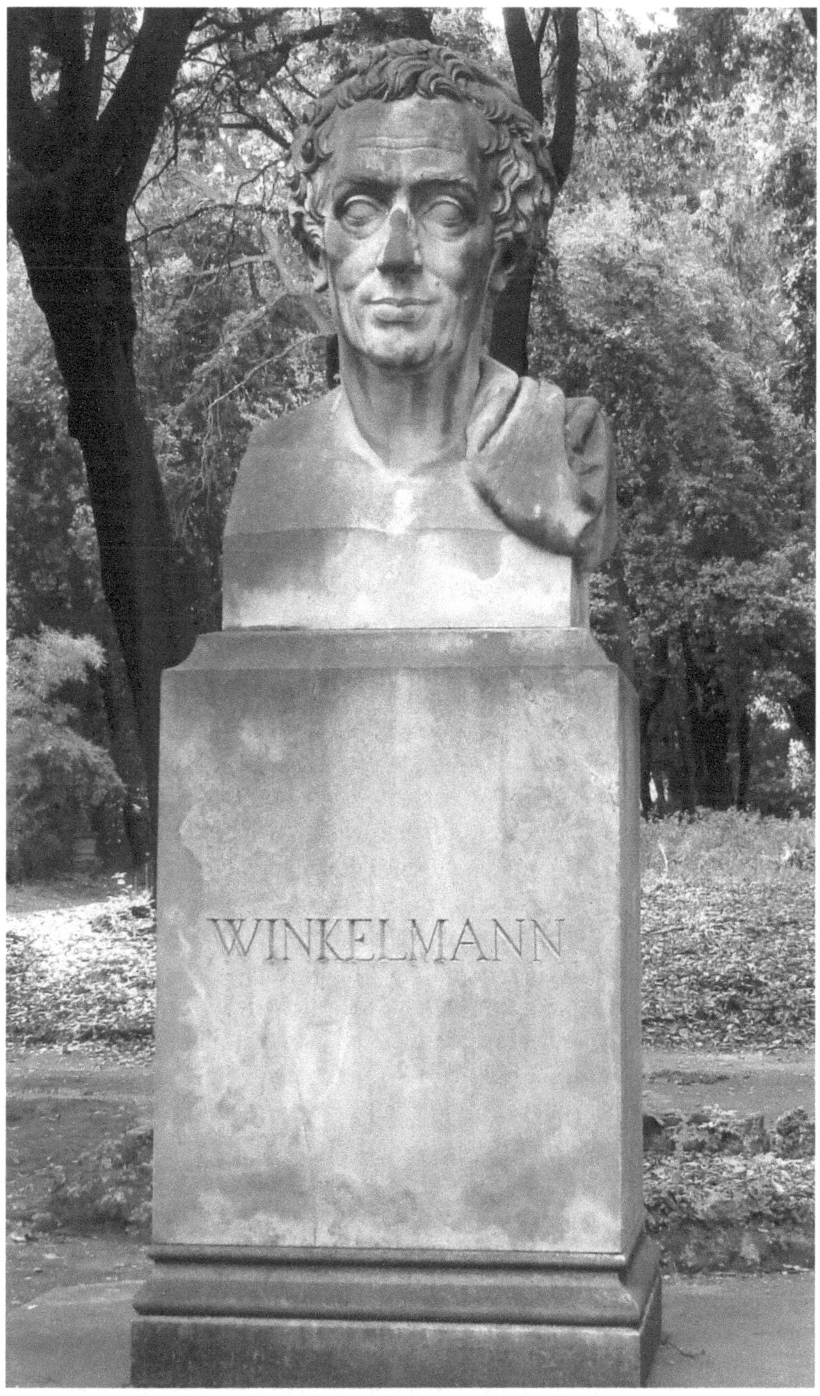

Abb. 45 Winckelmann-Büste von Emil Wolff in der Villa Albani-Torlonia, 1857

die Kunstwerke zurückgeholt werden können, doch der Nachfolger der Familie Albani verzichtete aufgrund hoher Transportkosten – mit Ausnahme des Antinuos-Reliefs. Seit 1866 befindet sich die Villa im Besitz der Familie Torlonia.

Im Sommer 1810 weilte Karl August Varnhagen als Adjutant des Obersten Wilhelm von Bentheim in Paris. Sein besonderes Interesse galt den „wie in einem römischen Triumph hier abgelagerten“ Kunstsammlungen des Louvre. Er schreibt: „Diese Empfindung der Profanation drängte sich mir fast noch stärker bei den Werken antiker Skulptur auf, die das untere Geschoß des Museums füllen. Vielleicht ist unter allen Gegenständen, die man lieber nicht in Paris sähe, keiner, der durch diesen Aufenthalt mehr gedemütigt, ja, ich möchte sagen, vernichtet wird als diese höchsten Bildwerke der Alten. [...] Auch sind mir die Antiken nie so fremd gewesen als gerade in Paris. Ich erinnerte mich lebhaft der mächtigen Wirkung, mit der vor zwei Jahren in Dresden die erste Anschauung dieser Art mich aufregte, wie die Malerei mir gegen die Skulptur zurückstand und wie besonders der Marmor als solcher mir so lieb wurde. Solche Wirkung erneuerte sich mir jetzt durchaus nicht! Vor dieser Fülle göttlichen Lebens, dessen bloße Ahndung in ungenügenden Beschreibungen und Abbildern mich oft in lichte Sehnsucht und unruhiges Entzücken aufgeregt hatte, vor diesem Apollo von Belvedere, der Venus von Medici, dem Laokoon und andern weltberühmten Statuen, deren bloßer Name schon die Brust in Schwingung setzt, mußte ich hier so unfreudig, leidend, sinnarm und nüchtern dastehen, mit der strafenden Mahnung, daß es nicht an den Götterbildern, sondern nur an mir liege, wenn sie mich nicht begeistern. Ich kam mir selbst wie einer der Barbaren vor, die mich so sehr empörten“ (107).

Der junge Hamburger Jurist Karl Sieveking hatte den Literaten Varnhagen auf einen Schatz in der Kaiserlichen Bibliothek aufmerksam gemacht, dem er fortan manche Stunde widmete. „Es sind etwa sechzehn Bände handschriftlicher Kollektaneen von Winkelmann, die von Rom hieher gebracht worden sind. Eine wunderliche Heimlichkeit ergreift einen, wenn man so mit den Augen über den geheimen Gängen weilt, die der theure Mann angelegt hat, um sein lauters Erz zu Tage zu fördern [...] Die meisten dieser Bände bestehen aus weitläufigen Auszügen [...] immer in der Sprache des Buches, woraus sie genommen, griechisch, lateinisch, deutsch, französisch, englisch und italienisch.

Ein anderer Band, vielleicht der an eigenem Werthe bedeutendste enthält ein kurzes, doch oft mit wenigen kräftigen Zügen beurtheilendes Verzeichnis aller Alterthümer, besonders Statuen, die in Rom, in verschiedenen Museen, Villen u. s. w. zerstreut sind. Am merkwürdigsten unter allen für diejenigen, denen Winkelmanns innere Arbeit, Wahl und Stellung des Einzelnen in seiner Geschichte der Kunst des Alterthums zu erforschen Vergnügen machen dürfte, ist ein Band, der gleichsam das erste Konzept dazu enthält, mit unzähligen Abänderungen und Herumwerfungen; so ist z.B. mehrmals zu der Beschreibung des Apollo von Belvedere angesezt, und die endlich erfolgte und gedruckte ist wahrscheinlich von allen diesen Anfängen verschieden. Für das Studium der Sprache, des Stils und der schriftstellerischen Komposizion könnte man keine belehrendere Vergleichung anstellen, sie könnte auch dürftige Menschen in Erstaunen sezen, wie sehr die Begeisterung des wirklichen Enddarstellens über solche verarbeitende Entwürfe und Proben erhaben ist, die der Geist gleichsam wie eine menschliche Hülle unter feuriger Entwicklung ablegt“ (108).

Geburtsstunde der Archäologie als Wissenschaft

Von Januar bis Februar 1762 fand Winckelmanns zweite Reise zu den Ausgrabungsstätten statt. Diesmal befand er sich in Gesellschaft von Albert Christian Heinrich von Brühl, einem Sohn des Premierministers. Auf seiner Grand Tour wurde der 19-Jährige von dem sächsischen Gesandten in Den Haag Johann Heinrich Kauderbach und dessen Sohn begleitet. Kauderbach stand in Korrespondenz mit dem Grafen Bünau.

1759 hatte Karl III. die Herrschaft in Spanien übernommen, bis 1764 residierte die königliche Familie im Palacio del Buen Retiro bei Madrid. 1760 porträtierte Mengs die Königin Maria Amalia. Kurz darauf starb sie an Tuberkulose. Sie hatte ihrem König 13 Kinder geschenkt. Thronfolger als König von Neapel und Sizilien war nun der neunjährige Ferdinand IV. Bis zu dessen Mündigkeitserklärung amtierte ein Regentschaftsrat unter Bernardo Tanucci. Dass sich der Marchese Winckelmanns Wünschen gegenüber diesmal ablehnend verhielt, darf nicht verwundern: Die Situation um die Freilegung der Altertümer von Herculaneum hatte sich nicht verbessert. Wertvoll erscheinende Funde wurden noch immer willkürlich restauriert, als minderwertig angesehene zerstört.

Für Aufsehen sorgte eine in der Villa dei Papiri gefundene frühaugusteische Bronzebüste. Wegen ihres Griechenbartes war sie zunächst als Platon gedeutet worden. Tatsächlich handelte es sich aber um die Kopie einer Dionysos-Büste (1. Jh. v. Chr.). 1760 entdeckte man in Pompeji eine schreitende Artemis (röm. Diana) – Göttin der Jagd, des Waldes und Hüterin der Frauen und Kinder. Im Herculanense Museum von Portici untersuchte Winckelmann die Marmorstatue und sah in ihrem „archaischen“ (unbestimmten) Lächeln ein Merkmal der estruskischen Kunst.

Johann Winckelmanns

Sendschreiben

von den

Herculanischen Entdeckungen.

An den

Hochgebohrnen Herrn,

Herrn

Heinrich Reichsgrafen von Brühl,

Starosten von Bolynow, Rittern des hierosolymitanischen Ordens von Maltha,

Sr. Königl. Majest. in Pohlen und Churfürstl. Durchl. zu Sachsen hochbestallten Cammerherrn ꝛc. ꝛc.

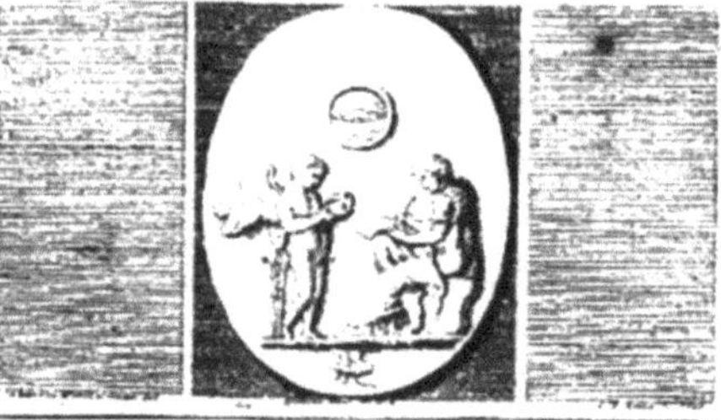

Dreßden 1762,

Verlegts George Conrad Walther,

Königlicher Hof-Buchhändler.

Abb. 46 Titelblatt: „Sendschreiben von den Herculanischen Entdeckungen"

Spätere Überlegungen führten ihn zu der Überzeugung, dass dieser archaische Charakter der Kopie einer nachträglich erfolgten Stilisierung (1. Jh. v. Chr.) zuzuschreiben war. Winckelmann kommentierte die nicht zu übersehenen Farbreste der Kopie: „Den Haaren gab man vielmals eine Hyazinthenfarbe; an vielen Statuen sind dieselben rot gefärbt, wie an der angeführten Etruskischen Diana zu Portici [...]. An der Mediceischen Venus waren die Haare vergoldet wie an dem Kopfe eines Apollo im Campidoglio [...]" (109). Obwohl sich der Altertumsforscher auch in nachfolgenden Schriften mit der Polychromie antiker Kunstwerke auseinandersetzte, wurde lange am Cliché von Winckelmanns weißer Antike festgehalten.

Vier Jahre nach dem ersten Besuch am Golf von Neapel brachte er die Ergebnisse seiner Forschungen zu Papier. Auf Castel Gandolfo verfasste er sein *Sendschreiben von den Herculanischen Entdeckungen (1762),* dem jungen Reichsgrafen von Brühl gewidmet. Winckelmann konkretisiert die geografische Lage der verschütteten Orte und widerlegt die willkürliche Herleitung ihrer Namen durch Abate Giacomo Orazio Martorelli, Professor der griechischen Sprache und erster Ausgräber Pompejis. Er beschreibt Gebäude, Kunstwerke sowie antike Gerätschaften und schildert schließlich die Entrollung der geheimnisvollen Papyri.

Anstelle von Illustrationen schildert der Altertumsforscher den Umgang mit Funden besonders detailliert. Die Bronzeskulpturen wurden oft nachlässig repariert, von ihrer „ehrwürdigen Patina" befreit und mit Farbe kaschiert. Die auf dem Theater von Herculaneum gefundene Quadriga hatte Mazzocchi einschmelzen lassen, um daraus ein neues Kunstwerk – das Cavallo Mazzocchi – entstehen zu lassen. Und so sah das Ergebnis aus: „Dieses Pferd, gut oder übel zusammengesetzt, schien wie aus einem Stücke zu seyn, bis nach und nach die übel vereinigten und verschmierten Fugen sich von der Hitze öffneten: denn es ist schwer, einen neuen Guß an den Bruch eines alten Stückes von Erzt zu verbinden, und da im März 1759, bey meinem Daseyn, ein großer Regen einfiel, lief das Wasser in die Fugen, und das Pferd bekam die Wassersucht" (110).

Im Herculanense Museum fanden sich unversehrte Wandmalereien „a tempera" und „a fresco". Die „allerschönsten Figuren der Tänzerinnen und Centauren" ließen ihn auf die „Vollkommenheit großer und berühmter griechischer Maler" schließen. Winckelmann räumt allerdings ein, dass schon mehrere gelehrte Persönlichkeiten auf Fälschungen hereingefallen seien – nicht ahnend, dass auch er bereits zu den Opfern einer solchen Eulenspiegelei gehörte.

Seine Kritik gilt der Geheimnistuerei und spekulativen Bewertung der ausgegrabenen Kunstwerke. Er gibt bereits zu bedenken, ob man alles ausgraben und dem Wetter preisgeben wolle, nur um die Neugier zu befriedigen.

Seine Befürchtung traf ein: Mehr als 75 Prozent der Fresken gelten – nicht zuletzt wegen der Einwirkung von Taubendreck – für immer verloren! Die Lage in Pompeji ist dramatisch.

Das *Sendschreiben von den Herculanischen Entdeckungen* gilt als erste archäologische Schrift der Moderne und Grundstein für die Archäologie als Wissenschaft. Christian Gottlob Heyne, ab 1763 Professor für Eloquenz und Direktor des philologischen Seminars in Göttingen, nutzte es in seinen Lehrveranstaltungen. Demgegenüber verstand es der Kunsttheoretiker Anne-Claude-Philipp, Comte de Caylus die neapolitanischen Gelehrten gegen seinen hitzigen Konkurrenten aufzubringen. Er überredete seinen Freund, den Kunstkritiker Pierre-Jean Mariette, das *Sendschreiben* ins Französische zu übertragen. Die erwünschte Wirkung ließ nicht lange auf sich warten. Statt der begehrten Mitgliedschaft in der Accademia Ercolanese beschämte Winckelmann nun ein Pasquill aus Neapel: Er habe die ihm erwiesenen Gefälligkeiten genutzt, um das allein der Akademie vorbehaltene Veröffentlichungsprivileg zu umgehen.

Aber die Übersetzung bewirkte das Gegenteil: Die Zahl der Neugierigen stieg. Mit Fackeln ausgerüstet stiegen sie in die dunklen Tuffsteinstollen von Herculaneum hinab, um die antiken Kostbarkeiten zu bewundern. Und Winckelmann? Nach dem Ruf des Landgrafen Friedrich II. von Hessen-Kassel aus dem Jahre 1761 erreichten ihn weitere fürstliche Angebote: ein Wink aus Kopenhagen, ein Anerbieten aus Wien, Versprechungen aus Dresden…

Die neuesten Herculanischen Entdeckungen

Auf seiner dritten Reise an den Vesuv begleitete Winckelmann im Februar 1764 den Hamburger Schriftsteller Peter Diedrich Volkmann, den Bruder von Johann Jacob Volkmann, und den schweizerisch-englischen Forscher Hans (Johann) Heinrich Füssli. Kurz nach dessen Ankunft in Rom soll Winckelmann Füssli als einen „Mann von vielen Wissenschaften, von unvergleichlicher Erziehung, und von angenehmem Wesen“ bezeichnet haben, aus welchem er den größten Altertumsverständigen jenseits der Alpen zu machen gedenke. Grund genug, seine *Nachrichten von den neuesten Herculanischen Entdeckungen (1764)* an den hoffnungsvollen Freund zu richten.

Sein ausdrücklicher Dank gilt diesmal dem Vitruv-Übersetzer Bernardo Galiani für die nicht ungefährliche Führung durch das herkulanische Theater. Mit viel Fantasie bemüht sich Winckelmann, die antike

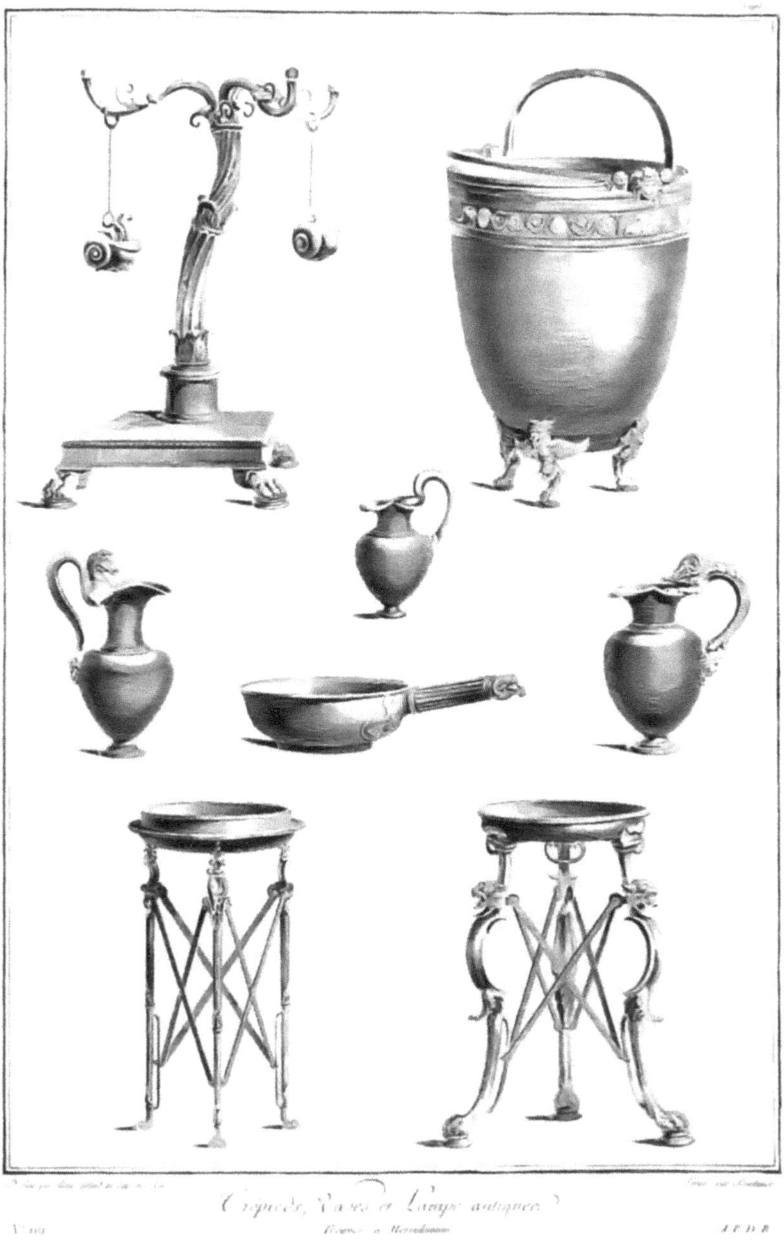

Abb. 47 Antike Gebrauchsgegenstände

Szenerie nachzuempfinden und den Lesern zu schildern. Dann beschreibt er das Grabmal der pompejanischen Priesterin Mamia. Nicht weniger als die großzügigen Lusthäuser findet die Bauart der fensterlosen Wohnungen Interesse. Wandgemälde wurden auf trockene Gründe gesetzt. Wenn sie nicht für das königliche Museum in Portici geborgen wurden, ließ man sie zerstören, damit sie nicht in fremde Hände gerieten. Schließlich erwähnt Winckelmann eine Vielzahl antiker Gefäße und Gerätschaften, medizinischer Instrumente und Schreibutensilien, deren Studium der Beförderung des guten Geschmacks dienen könne. Wie das *Sendschreiben* bilden auch *die Nachrichten von den neuesten Herculanischen Entdeckungen* einen großartigen Einblick in das Alltagsleben der Antike.

In Gesellschaft der Schweizer Malerin Angelika Kauffmann, deren Vater und des Antiquars Johann Friedrich Reiffenstein erfolgte im April 1764 die Rückreise nach Rom. Füssli erinnerte sich, Winckelmann habe mit väterlicher Sorgfalt die Begriffe des Schönen wie des Guten, des Geschmacks wie der Tugend in seiner jungen Seele festgesetzt. Die Art, wie er die Kunst lehre, sei ein fruchtbarer Quell: Der Altertumsforscher schließe immer von den Werken der Kunst auf die Menschen und umgekehrt.

Der Namensvetter Johann Heinrich Füssli, ein Sohn des Malers und Schriftstellers Johann Caspar Füssli, war durch seinen Vater mit den epochalen Gedanken Winckelmanns vertraut geworden. 1764 siedelte er von Berlin nach London über. Die Übersetzung von Schriften Winckelmanns ins Englische brachte ihm zwar finanziellen Erfolg, doch der Maler Joshua Reynolds riet, die Feder lieber mit dem Pinsel zu vertauschen. Von 1770 bis 1778 hielt sich Füssli (Henry Fuseli) zu Studienzwecken in Rom und Neapel auf. Als Maler orientierte er sich an der Antike und der Renaissancekunst Michelangelos. Seine Motive basieren auf literarischen Vorlagen. Nach der Jahrhundertwende setzte er sich mit Winckelmanns Schriften kritisch auseinander. Dessen Sprache empfand er nun als „schwerfällige und schwülstige Wortschwälle“ (111).

Präsident aller Altertümer in und um Rom

Nach mehreren Jahren bekundete Winckelmann Römer geworden zu sein: Er kleidete sich römisch, verständigte sich italienisch, hatte schwimmen gelernt und genoss das angenehme Leben. Er ließ sich neue Kleider schneidern und konnte sich vorstellen, in päpstlichem Auftrag Reisen zu unternehmen. Mit seiner Ankunft 1755 in der Capitale del Mondo hatte wahrhaftig eine neue Zeitrechnung begonnen.

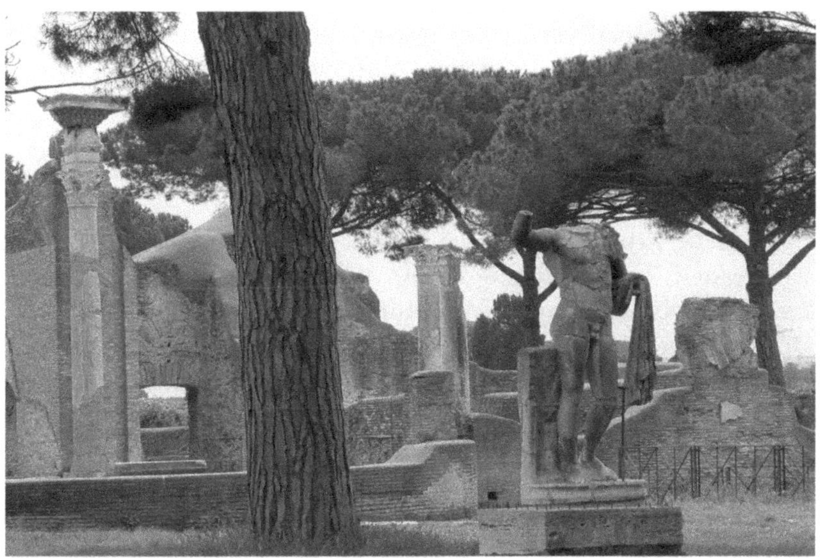

Abb. 48 Ostia Antica, Foro della Statua Eroica, 4. Jh.

Nach langer Pause wandte er sich wieder einmal an Berendis: „Ich bin allezeit den geraden Weg gegangen, durch alle Feinheit der Römer mitten durch, und bin dahin gelangt, wohin ich nicht gedachte. Ich kenne die Nation und weiß, wie man sie nehmen muß. Ich bin durch viele Proben gegangen, aber ich habe mich nichts irren lassen. Nunmehro ist der Weg zu allen, was man hier hoffen kann, offen. Die Demut, Bescheidenheit und wenig reden ist meine Regel gewesen und noch, aber wo es unumgänglich nötig war, auch mit Ungestüm zu reden. Ich hätte sehr viel zu schreiben, aber es würde ein Buch werden…" (112).

Am 8. Dezember 1762, dem Vorabend seines 45. Geburtstages, schaute Winckelmann zurück. Unter dem Titel *Dieses ist das Leben und die Wunder Johann Joachim Winckelmanns, zu Stendal in der Altmark, zu Anfang des 1718. Jahrs gebohren!* schrieb er einen vertrauensvollen Brief an Friedrich Wilhelm Marpurg, einen Jugendfreund aus Wendemark / Altmark: „Ich stelle mir, wie in einem Bilde unsere ganze jugendliche Geschichte vor. […] Ich würde sagen: Ich habe bis an das achte Jahr gelebet; dieses ist die Zeit meines Aufenthalts in Rom und in anderen Städten von Italien. Hier habe ich meine Jugend, die ich theils in der Wildheit, theils in Arbeit und Kummer verlohren, zurück zu rufen gesuchet, und ich sterbe wenigstens zufriedener; denn ich habe alles was ich wünschte erlanget, je mehr als ich denken, hoffen und verdienen konnte. […] Es kann keine Freundschaft genauer seyn, als das Verhältniß worin ich mit demselben [Kardinal Albani] stehe, welches auch kein Neid, und nur Tod allein trennen kann. Ihm offenbare ich die geheimsten Winkel meines Herzens, und ich genieße von seiner Seiten eben diese Vertraulichkeit" (113).

Ahnte der Verfasser, dass Marpurg, inzwischen anerkannter Musiktheoretiker und designierter königlicher Lotteriedirektor in Berlin, dieses sehr persönliche Dokument öffentlich machen würde? Es wurde Winckelmanns erste Biografie, wenn auch aus eigener Hand.

Im neuen Lebensjahr überschlugen sich die Ereignisse. Am 30. März 1763 verstarb Abate Ridolfino Venuti, Antiquar der apostolischen Kammer sowie Oberaufseher aller Altertümer in und um Rom. Am 12. April 1763 verschied der einflussreiche Guiseppe Kardinal Spinelli, Bischof von Ostia. Mit ihm hatte Winckelmann noch im Februar in Ostia Grabungen durchgeführt und dabei das Basrelief des Theseus für die Villa Albani zu Tage befördert. Noch auf Spinellis Vorschlag war Winckelmann am 9. April zum Commissario delle Antichità della Camera Apostolica ernannt worden. Der Schustersohn aus Stendal, der nicht mehr werden sollte als sein Vater, hatte es als erster Ausländer zum „Präsidenten der Alterthümer zu Rom" gebracht!

Seit dem 16. Jahrhundert war es Aufgabe des Camerlengo (Kardinalkämmerers), die Altertümer vor weiterem Verfall zu bewahren. Innerhalb seiner Behörde erteilte der Prefetto delle Antichità (ab 1646 Commissario delle Antichità della Camera Apostolica) Lizenzen für Ausgrabungen und Verkäufe. Als sich der Kulturtourismus zu einem einträglichen Wirtschaftsfaktor entwickelte, erließ der Camerlengo Annibale Albani weitere Edikte. Ab 1750 wurde zwischen „cose moderne" und „cose antiche" unterschieden. Die Ausfuhr von Antiken bedurfte der ausdrücklichen Genehmigung des Papstes.

Winckelmanns Sachkenntnis und seine Sprachfertigkeiten verliehen dem Amt die ihm gebührende Würde. Da der Kunst- und Antikenhandel eine wichtige Einnahmequelle des Kirchenstaates darstellte, hielt sich sein Einfluss in Grenzen. Auch gegen die unliebsame Führung hochrangiger Gäste, die obendrein zum Kauf von Kunstwerken animiert werden sollten, konnte er sich nicht wehren. Da die Anstellung – gemessen an der Vielfalt der Aufgaben – unzureichend bezahlt war, verhalf Kardinal Albani seinem Günstling Anfang Mai zum Scrittore della lingua teutonica – eines für den deutschsprachigen Bestand verantwortlichen Schreibers. Von November bis Juni betrug die Arbeitszeit vier Stunden täglich, Donnerstag und Sonntag ausgenommen. Während der Sommerferien blieb die Vatikanische Bibliothek geschlossen.

Winckelmann hatte sich diese Tätigkeit so nicht erträumt, außerdem raubte der vier Kilometer lange Fußweg vom Quirinale zur Vaticana wertvolle Zeit. Zur Betreuung ausländischer Gäste wurde der Scrittore bald von der persönlichen Anwesenheitspflicht entbunden. Anfang 1764 sicherte ein Breve Papst Clemens XIII. auch die bezahlte Anwartschaft Winckelmanns auf das griechische Lektorat. Alles in allem kam er so auf ein jährliches Einkommen von 320 Scudi (rund 500 Taler) – genug für einen Mann, der „Magd, Diener und Herr in einer Person“ war…

Berendis ließ er wissen: „Ich bin nunmehro auf mein Alter gesichert, ich bin fröhlich, weil ich es zu sein suche, geehrt und geliebt und glaube zwar Neider, aber wenig Feinde zu haben, hingegen viele und große Freunde, unter welchen der größte nach meinem Herrn der große Kardinal Spinelli war, dessen Tod der größte Verlust für mich in Italien gewesen.“ Er war im Begriff, mit der schönen Ehegenossin seines Freundes Mengs für einige Zeit aufs Land zu gehen. Nein, er musste keinen Höfling beneiden. „Herzlich würdest Du lachen, wenn ich dir einige von meinen Abenteuern unter der Sonne zu Weimar erzählen könnte, welches mündlich künftig geschehen soll“ (114), schloss er diesen Brief.

Friedrich II. und die Causa Winckelmann

Trotz aller Abenteuer wurden die Ereignisse im nördlichen Europa in Rom stets aufmerksam verfolgt. Winckelmanns sächsische Gönner, der Kurprinz Friedrich Christian und seine Frau Maria Antonia, hatten drei schreckliche Kriegsjahre lang in Dresden ausgeharrt. 1759 begleitete der Oberhofmeister von Wackerbarth-Salmour beide ins Münchner Exil. Von Schloss Nymphenburg aus unterstützte das Kurprinzenpaar seinen Pensionaire du Roi – zumindest moralisch: Im Juni 1761 ernannten sie ihn prévoyant zum „Antiquaire de Sa Majesté le Roi de Pologne“, zum Aufseher ihres in Dresden zurückgelassenen Medaillenkabinetts.

An eine Rückkehr nach Deutschland war vorläufig nicht zu denken. Angesichts der Verheerungen des fast sieben Jahre währenden Krieges schrieb Winckelmann am 15. Januar 1763 an den Schweizer Freund Leonhard Usteri: „Es schaudert mich die Haut vom Wirbel bis zur Zehe, wenn ich an den preußischen Despotismus und den Schinder der Völker denke, welcher das von Natur selbst vermaledeite und mit libyschem Sande bedeckte Land zum Abscheu der Menschen machen und mit ewigem Fluche belegen wird. Lieber ein beschnittener Türke als ein Preuße!“ (115)

Einen Monat später, am 15. Februar, stellte der Friedensvertrag von Hubertusburg den Status quo wieder her: Schlesien blieb in preußischem Besitz, dafür gab Friedrich II. seine brandenburgische Kurstimme für die Wahl Joseph II., Sohn Maria Theresias, zum römisch-deutschen König. Friedrich der Große selbst wurde zum deutschen Nationalhelden stilisiert.

Seine vergleichsweise gemäßigte Prunksucht und das Bekenntnis zu religiöser Toleranz verliehen seinen Aufklärungsgedanken Glaubwürdigkeit. Der König besaß mehrere große Bibliotheken: in Berlin im Schloss Charlottenburg, in Potsdam in Schloss Sanssouci und im Neuen Palais sowie im Palais Spaetgen zu Breslau (poln. Wrocław).

Wie viele seiner Zeitgenossen empfand Winckelmann einerseits Abscheu, andererseits Bewunderung für die Persönlichkeit Friedrichs. Am 30. November berichtete er nicht ohne Stolz von dem Gerücht, der König von Preußen ließe ihn für seine Akademie kommen und er wäre bereits auf der Reise.

Am 17. Dezember war der Ton bereits gedämpfter. In Berlin gaben Franzosen wie der gleichaltrige Aufklärer Jean-Baptiste le Rond, genannt D' Alembert, den Ton an. Winckelmann wollte nicht unzufrieden sein und hoffte, seine „Tage sehr nothdürftig, wenn der Kardinal sterben sollte, aber ruhig in Rom zu endigen".

Anderthalb Jahre später – am 21. Juli 1765 – verstarb in Berlin der Aufseher der Bibliothek und der Altertümer, Gaultier de la Croze. Am 24. Juli übertrug der König das Kabinett der Altertümer und Medaillen dem an der Königlichen Bibliothek arbeitenden Hofrat Stosch. In der Absicht, diese Ämter zu trennen, erließ er Befehl, „einen gelehrten und zur Aufsicht und Unterhaltung einer öffentlichen Bibliothek recht sehr capablen und in den Wissenschaften geübten Mann in Vorschlag zu bringen und allenfalls in Holland aufzusuchen" (116). Der Obrist Karl Theophil Guichard – von seinem König Quintus Icilius nobilitiert – schlug Lessing als Nachfolger vor. Friedrich II. lehnte ab.

Vier Jahre später schrieb der Aufklärer Lessing seinem Freund Nicolai, die „Berlinische Freiheit" reduziere sich einzig und allein auf die Freiheit, gegen die Religion. Ließe man aber jemanden in Berlin für die Rechte der Untertanen, gegen Aussaugung und Despotismus seine Stimme erheben, würde man bald in Erfahrung haben, „welches Land bis auf den heutigen Tag das sklavischste Land von Europa ist". Ende 1769 akzeptierte er die vom Erbprinzen Karl Wilhelm Ferdinand von Braunschweig, Bruder der Weimarer Herzogin Anna Amalia, angebotene Stelle als Bibliothekar in Wolfenbüttel. Neben freier Unterkunft und einem Jahresgehalt von 600 Talern bestand zumindest Aussicht auf eine Reise nach Italien.

Die Wahl des Königs war bereits auf den in Rom lebenden Winckelmann gefallen. Guichard, sein ehemaliger Kommilitone aus Halle, beauftragte den Schriftsteller und Verleger Friedrich Nicolai ein Angebot zu unterbreiten, gedacht war an 1.500 bis 2.000 Taler jährlich. Damit durch „Hin- und Wiederschreiben" keine Zeit verloren gehe, zögerte Winckelmann nicht, gleich 2.000 Taler – das übliche Honorar ausländischer

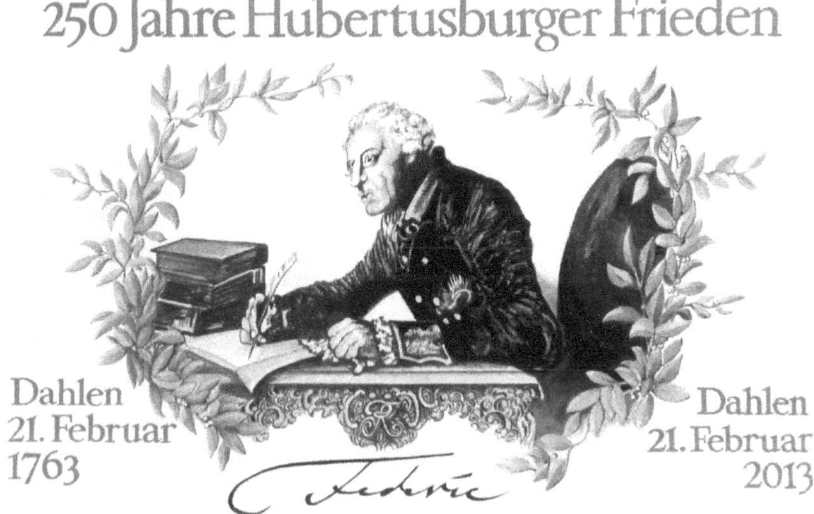

Abb. 49 Friedrich der Große am Schreibtisch

Gelehrter bei Hofe – zu fordern. Am 18. Oktober wies der König diese überzogene Gehaltsvorstellung barsch zurück: 1.000 Taler wären genug für einen deutschen Gelehrten! Winckelmann wusste, dem Italiener Algarotti hatte er einst großzügig den Grafentitel verliehen. Nach Algarottis Rückkehr aus Sachsen ernannte ihn der König zum Kammerherrn und gewährte ihm eine jährliche Pension von 3.000 Talern. Obendrein belohnte er Algarotti mit dem zweithöchsten preußischen Verdienstorden „Pour le Mérite".

Am 8. Februar 1766 wandte sich Winckelmann an Stosch: „Es sind nicht die 1.000 Rthlr. die mir zu wenig scheinen möchten; sie bezahlen nicht genug was ich hier verlaße, und was ich dort in unserem Vaterland für Nutzen bringen könnte. [...] Denn es werden sich nicht leicht, wie in mir geschehen, alle Umstände vereinigen, einen Deutschen in Rom zu bilden und dieses kann mit allen Schätzen der Welt nicht bewirket werden. [...] Hätte man mir wenigstens 1.500 Rthlr. geboten, da man größere Pensionen an nichtswürdige Leute giebt. [...]" (117). Und am gleichen Tag erfuhr Freiherr Friedrich Wilhelm von Schlabbrendorf: „An meine Abreise aus Rom wird nicht weiter gedacht; ich werde hier meine Knochen, aber vielleicht in der Ruhe und Zufriedenheit, die ich bisher genoßen habe laßen. Kein Monarch in der Welt kann mir wider geben, was ich hier laße, und die Zufriedenheit mißet sich nach unseren Bedürfnißen, die hier weniger sind" (118).

In Rom fand seine Arbeit Anerkennung, in Berlin müsste er sich aufs Neue behaupten. Winckelmann erinnerte sich noch gut des preußischen

Kadavergehorsams, dem er sich als Bibliothekar wieder hätte unterordnen müssen. Am 12. April ersuchte er bei Stosch um Verständnis: „Man muß zugleich in Betracht ziehen, daß ich in Rom lebe, und daß ich, wenn es mir einfällt, nach Frascati, Tivoli, Castello, Nettuno u. s. w. gehen kann und in Berlin bleibet etwa Schönhausen übrig und neuer geschwefelter Franz-Wein: denn wer daselbst kann guten Wein bezahlen [...]“ (119).

Finalement wurde am 1. Juli 1767 der Benediktiner Anton Joseph Pernetty in das Amt des Bibliothekars eingeführt, wofür der preußische König die 1.000 Taler jährlich bewilligte. Stosch klagte mehrfach über die Nichteignung seines Kollegen...

Das Schloss Schönhausen schenkte Friedrich II. im Jahre 1740 seiner literaturbegeisterten Frau Elisabeth Christine, die es bis zu ihrem Tode 1797 bewohnte. Der König selbst stand auf Kriegsfuß mit seiner Muttersprache, er war umnebelt von der französischen Poesie.

In seinem 1780 zunächst anonym veröffentlichten Pamphlet „De la littérature allemande“ bezeichnete Friedrich II. sogar Goethes Drama *Götz von Berlichingen (1773)* als scheußliche Nachahmung der schlechten englischen Stücke eines Shakespeare und Beispiel des Mangels an Geschmack. Eine schöne deutsche Literatur wäre aufgrund der rohen Sprache und des Fehlens bildlicher Ausdrücke (noch) nicht existent. Diesen Affront gegen den Weimarer Dichterhof konnte Friedrichs Nichte, die Weimarer Herzogin Anna Amalia, nicht unerwidert lassen – doch war diplomatisches Geschick geboten. Am 15. August 1781 erschien das anonyme handschriftliche „Journal von Tiefurth“. Es proklamierte die gleichberechtigte Autorenschaft beider Geschlechter, das Miteinander von Adligen und Bürgerlichen und die Entscheidung für die deutsche Sprache.

In der Oktoberausgabe des *Teutschen Merkur* rezensierte Christoph Martin Wieland – ebenfalls anonym – Herders Preisschrift *Denkmahl Winckelmanns (1778)*. Beide bedauerten, dass der preußische König von diesem großen Schriftsteller nichts wahrgenommen habe (120).

Die antiken Sammlungen des preußischen Königs

Wie die sächsischen Regenten war auch der preußische König Liebhaber der Künste. Er musizierte, skizzierte und sammelte. 1742 erwarb er für 30.000 Livres (ca. 6.900 Taler) die Antikensammlung des verstorbenen Kardinals Melchior de Polignac – 300 Kunstwerke auf einen Streich. 1759 erbte er die Sammlung seiner Schwester Wilhelmine, Markgräfin von Bayreuth. Eine Antikenauswahl gelangte 1764 in die Bildergalerie am Schloss Sanssouci. „Der König liebt jetzt die Mahlerey sehr und

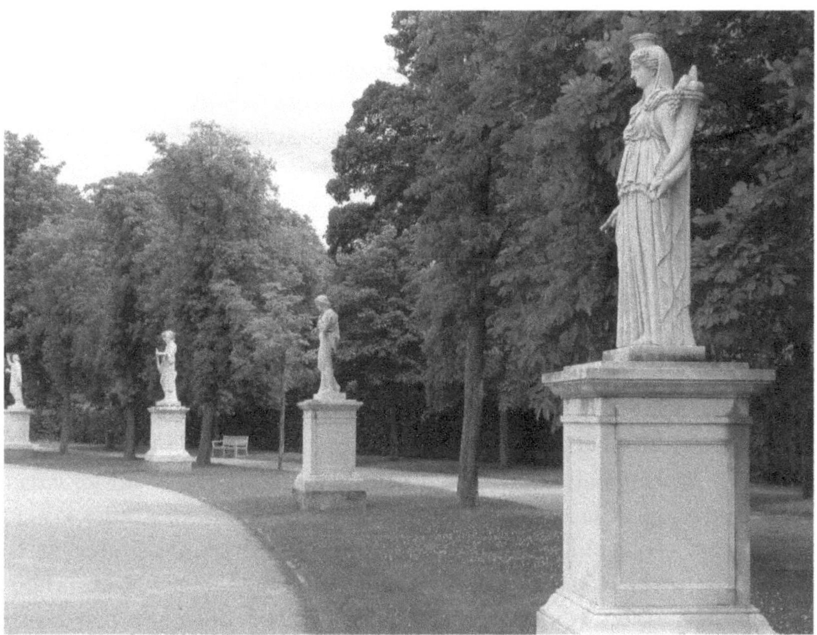

Abb. 50 Halbrondell am Neuen Palais in Potsdam, 2012

bringt täglich wenigstens vier Stunden in seiner neuen Gallerie zu. Unter uns; er hat aus Dresden den Geschmack an Correggio und Rubens mitgebracht, [...]" (121), schrieb Friedrich Nicolai an den Dresdner Gelehrten Hagedorn. Im gleichen Jahr erfolgte auch der Ankauf der erwähnten Stosch'schen Sammlung.

Friedrichs letzte größere Erwerbungen dienten der Ausstattung des Neuen Palais in Potsdam. Für das gartenseitige Halbrondell seines Gästeschlosses wurden vierzehn Statuen benötigt. Diese und weitere Antiken wurden in Rom beschafft. Winckelmann, der für die Ausfuhr verantwortlich zeichnete, schrieb am 25. Juli 1767 an Stosch: „Unser König läßt Statuen in Rom aufkaufen, und man hat die Commißion dem sächsischen Residenten Bianconi gegeben. Es sind 27 Stücke, theils Statuen, theils Brustbilder. Wegen der Assecuration wird es besser seyn, daß Sie, mein Freund, dieselben in Berlin oder Hamburg nehmen. Denn da Barazzi [Bankier und Postadresse für Besucher in Rom], welcher mir in dergleichen Dingen räth, nach Engeland gegangen ist, will ich nichts auf mich nehmen, was ich nicht verstehe" (122).

Am 14. Mai 1768, bereits auf seinem Rückweg nach Rom, wandte sich Winckelmann nochmals an Stosch: „Können Sie ihm [dem Bildhauer Cavaceppi] Zutritt zum Könige verschaffen, würde dieses dem Könige mehr als vortheilhaft seyn, da alle Statuen, die neulich abgegangen sind, von ihm erkauft worden, aber durch der Makler Hände gegangen, so daß vermuthlich der König dieselben doppelt so theuer bezahlen müssen. Es ist derselbe im Stande mit alten Werken, deren Besitzer er selbst ist, den ganzen Pallast des Königs zu besetzen. Ich werde denselben mit einem Italiänischen Schreiben an Sie begleiten“ (123).

Alexander Trippel als Wegbereiter des Klassizismus

Alexander Trippel absolvierte die Kunstakademie in Kopenhagen, wo er durch den Bildhauer Wiedewelt mit der Antikenrezeption Winckelmanns bekannt gemacht wurde. Nach Aufenthalten in London, Paris, Rom und der heimatlichen Schweiz richtete er 1778 sein Atelier erneut in Rom ein. Versuche, eine feste Anstellung zu erhalten, scheiterten. In Berlin wurde statt seiner Johann Gottfried Schadow als Hofbildhauer angestellt. Die Ehrenmitgliedschaft in der Preußischen Akademie wirkte sich negativ auf seine Bewerbung in Dresden aus. Auch die Vermittlung des Mengs'schen Nachlasses fand dort nicht die erhoffte Anerkennung. Beim Kopieren antiker Kunstwerke war Trippel bestrebt, die Kunstfertigkeit der Alten zu übertreffen. Seine ausdrucksstarken Figuren machten ihn zu einem der Wegbereiter des Klassizismus.

Wie das Bereisen fremder Länder gehörte die griechisch-römische Antike zum Bildungsideal des ausgehenden 18. Jahrhunderts. Antikisierende Büsten und Skulpturen – Sinnbilder für Mut und Tapferkeit, Klugheit und Stärke – schmückten Salons und Paläste. Im Januar 1787 begegneten sich der kunstsinnige Prinz Christian August von Waldeck und Johann Wolfgang von Goethe in Rom. Der Prinz, der Goethe die „Theilnahme an manchem Guten verschaffte“, lud das Dichtergenie zu einer Reise nach Griechenland und Dalmatien ein. Daraus wurde bekanntlich nichts.

Goethe widerfuhr etwas Besseres: Der Prinz von Waldeck setzte ihm mit einer Büste aus den Händen des Bildhauers Alexander Trippel ein ewiges Denkmal. Die erste Sitzung des Dichtergenies war am 20. August, bereits am Monatsende sah sich Goethe in Ton modelliert – im schönen und erhabenen Stil eines Apollo. Zur Ikonografie der göttlichen Büste gehören die Draperie des Gewandes und eine tragische Theatermaske als Gewandfibel, die auf das dramatische Schaffen des Abgebildeten verweist. In seiner *Italienischen Reise (1816 / 17)* heißt es am 12. September, jedermann sei zufrieden und er habe nichts dagegen, die

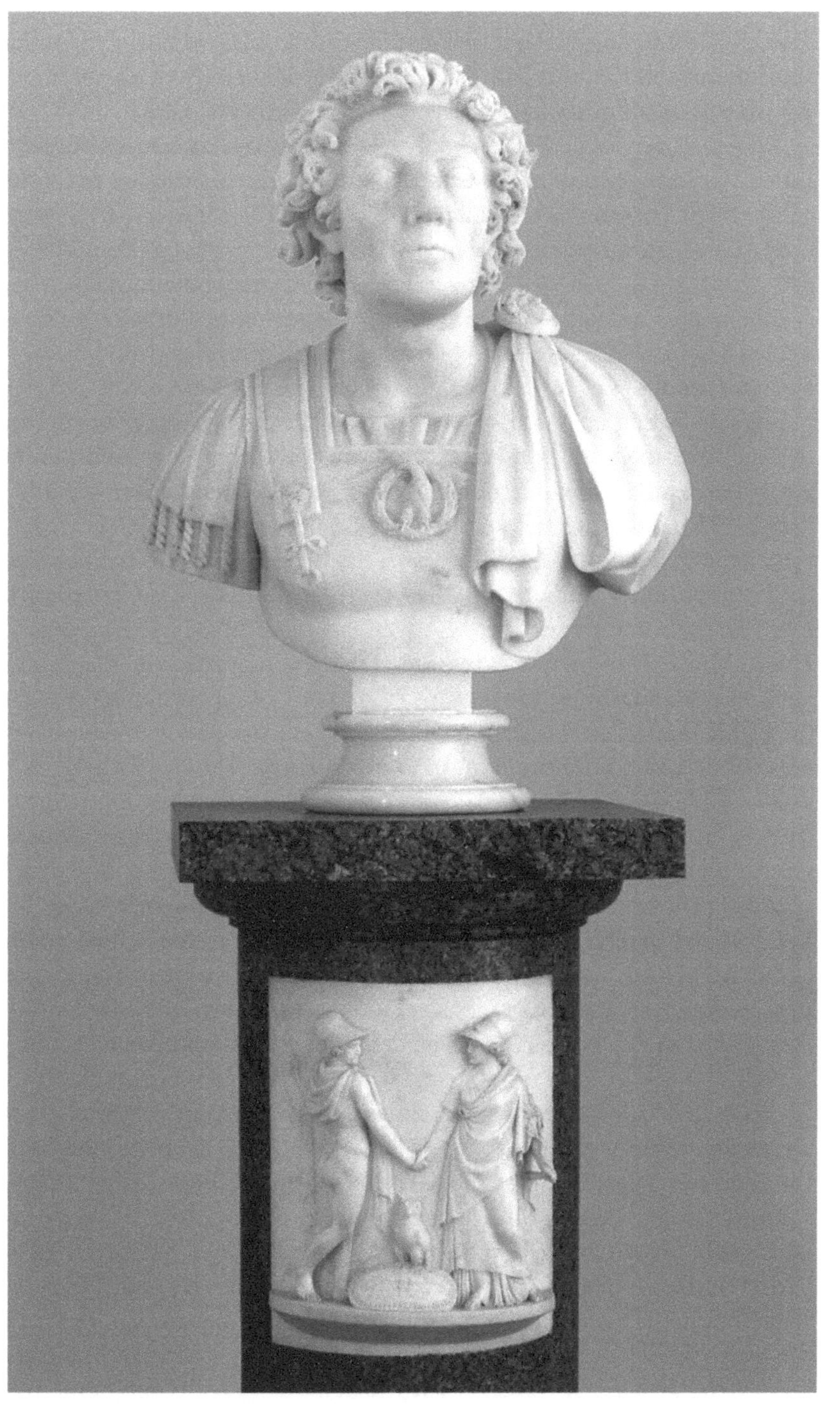

Abb. 51 Friedrich II. König von Preußen, Marmor-Büste von Alexander Trippel, 1789 in Schloß Arolsen

Idee, er hätte so ausgesehen, bleibe in der Welt. – Die Malerin Angelika Kauffmann soll Ende 1787 in Trippels Atelier über eine halbe Stunde vor der Marmorbüste gestanden und einen Abguss erbeten haben…

Eine fast identische Büste Goethes (Abb. 76) und eine bescheidenere Büste Johann Gottfried Herders (Abb. 73) – „im schönsten Marmor gehauen bei Trippeln" – entstanden 1789 / 90 auf Rechnung des Herzogs Carl August. Sie fanden ihren Platz in der Weimarer Herzoglichen Bibliothek (heute im Rokokosaal der Herzogin Anna Amalia Bibliothek).

Ein zweiter Auftrag des Prinzen von Waldeck – eine Büste des Kriegshelden Friedrich des Großen – beruhte auf seiner eigenen militärischen Karriere, in der er es bis zum Feldmarschall-Lieutenant brachte. Da der preußische König im Vorjahr verstorben war, musste Trippel aus Berlin dessen Totenmaske kommen lassen. Dem Ideal von philosophischem Anspruch und militärischem Heldentum entsprechend schuf der Bildhauer 1789 die berühmte Marmorbüste des Königs (Abb. 51): Der römische Brustpanzer gibt dem Brustkorb Kraft und Fülle, die Drapierung trägt zusätzlich Volumen auf. Die Frisur ist pathetisch aufgebauscht. Der Blick aus den ungebohrten Augen richtet sich auf höhere Fernen. Die Gesamthaltung wirkt ruhig und gelassen, aufmerksam. Der leicht geöffnete Mund nimmt die Strenge (124). Die Ikonografie unterstreicht die Heldenhaftigkeit des Dargestellten: Anstelle des üblichen Gorgoneions [Schreckbild] schmückt ein Adler den Brustpanzer. Der Adler gilt als siegverheißendes Zeichen und genoss bei den römischen Legionen göttliche Verehrung. Das Medusenhaupt auf der Gewandfibel verheißt Schutz vor Feinden.

Am Postament der Büste Friedrichs befindet sich zusätzlich ein Relief. Es zeigt den Kriegsgott Mars (griech. Ares) und die Schutzgöttin Minerva (griech. Athena, Göttin der Weisheit). Über einen Schild, auf dessen Rand die symbolträchtige Eule sitzt, reichen sich die beiden Antagonisten die Hände: Die Weisheit hat schließlich über den Krieg gesiegt.

Trippels Idealbüsten machten sowohl den aufgeklärten Monarchen als auch das Dichtergenie zu unsterblichen Helden. Dankbar setzte Goethe seinerseits dem Prinzen Christian ein Denkmal in seiner *Italienischen Reise*. Die beiden Bildnisbüsten fanden ihren Platz im Treppenhaus des barocken Residenzschlosses von Arolsen. Dort erweckten sie in Christian Daniel Rauch, dem Sohn des Kammerdieners, den Wunsch, selbst Bildhauer zu werden. Im Alter von 13 Jahren begab sich Rauch in die Lehre des waldeckischen Hofbildhauers Johann Friedrich Valentin. Das Christian-Daniel-Rauch-Museum, Schloßstraße 30, zeigt eine reiche Auswahl der Kunstszene Werke der Goethezeit.

Antike Ikonografie

Für Winckelmann setzte die Beschäftigung mit der Kunst gewisse Bedingungen voraus: Intelligenz und Belesenheit – aber nicht zwingend Gelehrtheit, sondern die Fähigkeit, das Schöne zu empfinden. Das Forschen hielt er für wichtiger als das Finden. *Versuch einer Allegorie, besonders für die Kunst (1766, Göttingen)* heißt daher ein Essay, mit dem Winckelmann Künstlern eine Anleitung geben wollte, aus alten und neuen Bildern Anregungen zu gewinnen.

In der Antike verstand man unter Ikonografie nichts anderes als Porträtkunde. Ein verständliches Beispiel ist die Iustitia (dt. Justitia), die römische Göttin der Gerechtigkeit. Sie wird häufig als Jungfrau mit unverkennbarer Symbolik dargestellt: verbundene Augen (ohne Ansehen der Person), in der einen Hand die Waage (genau abwägend) und in der anderen Hand das Schwert (urteilend). Eine Herausforderung stellen die absichtlich verrätselten Allegorien und nur Gelehrten verständlichen Embleme der Renaissance und des Barock dar.

Nach Winckelmanns Auffassung war die Allegorie eine Andeutung von Begriffen durch Bilder. Ähnlich einem Symbol (Sinnbild) sollte sie ohne Erklärungen verständlich sein, keine „Beyschrift vonnöthen haben". Er folgte damit der Auffassung des italienischen Kunsttheoretikers Giovanni Pietro Bellori, wonach die Betrachtung eines Kunstwerkes eine Leistung des Verstandes darstellt. Nicht das Erscheinende, sondern das Bedeutende stand im Vordergrund: wie die Rose, die Amor dem Sonnen- und Fruchtbarkeitsgott Bacchus gab, damit der die Ausschweifungen der Aphrodite [röm. Venus] verschweige...

Die Aphrodite geweihte Rose wurde zum Symbol des Eros und der tiefen Zuneigung, in römischer Zeit zum Zeichen des Sieges und der Lebensfreude. Rosen standen aber auch für Verschwiegenheit: Was „sub rosa" gesprochen wurde, durfte nicht an fremde Ohren dringen. Ab dem 18. Jahrhundert avancierte die Rose zur Lieblingsblume und -metapher in der Literatur.

Im Vorwort zu seinem *Versuch einer Allegorie* – der königlich großbritannischen Gesellschaft der Wissenschaften und der berühmten Universität zu Göttingen zugeeignet – äußerte Winckelmann, mit keiner Schrift furchtsamer hervorgetreten zu sein; seine Absicht könnte womöglich nicht erreicht werden. Aufgrund ihrer Lückenhaftigkeit fand diese nicht mehr zeitgemäße Anleitung tatsächlich den wenigsten Beifall (125). Im späten 18. Jahrhundert ging es um die Abgrenzung von Symbol (auf konkrete Dinge und Handlungen Verweisendes) und Allegorie (indirekte Aussage). Da Lessing strikt zwischen Dichtung und bildender Kunst unterschied, war der Gelehrtenstreit um Begriffe wie Symbol und Allegorie, Gleichnis und Meta-

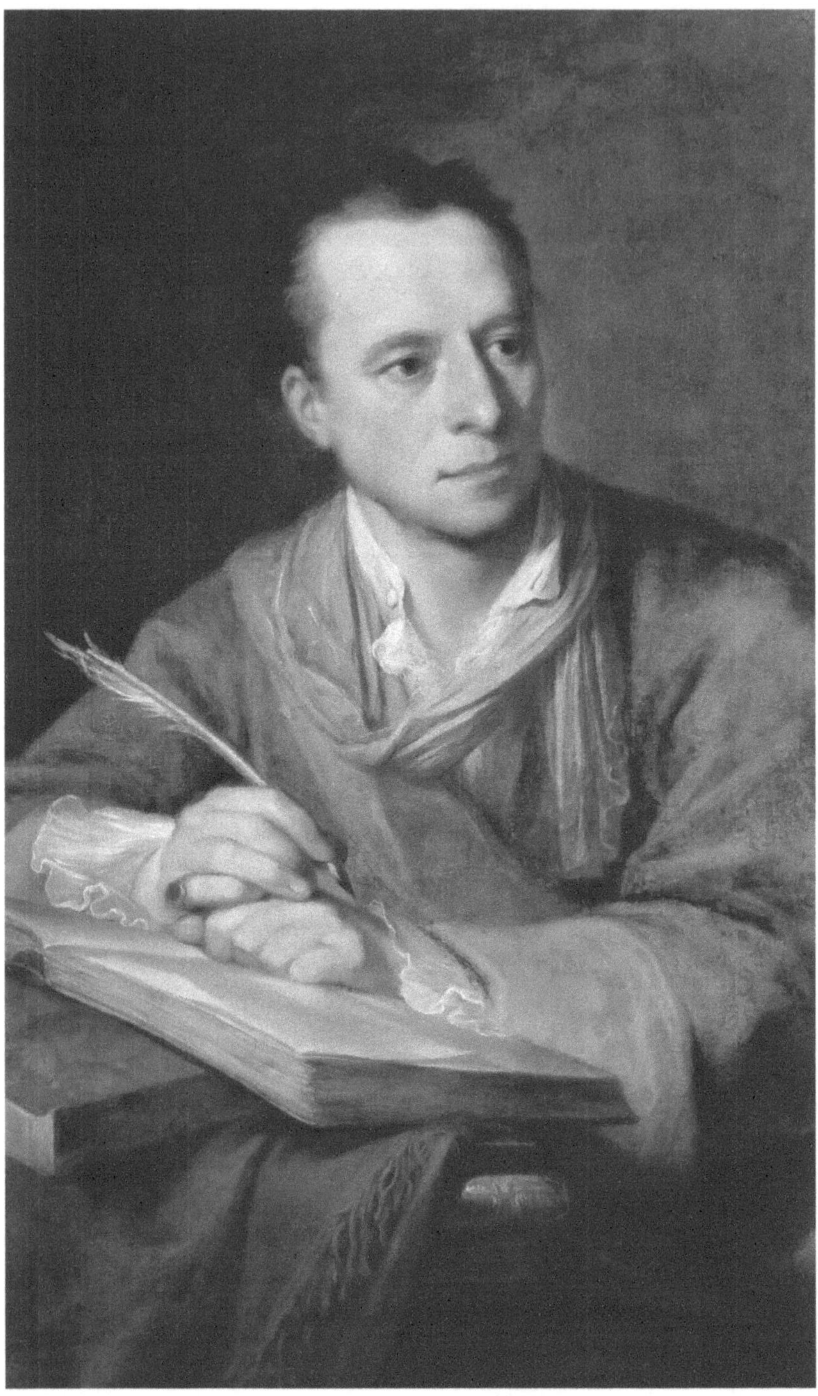

Abb. 52 Johann Joachim Winckelmann, Porträt von Angelika Kauffmann, 1764

pher unabwendbar. Der Allegorieschrift vorangestellt dachte sich Winckelmann sein von Angelika Kauffmann geschaffenes Bildnis.

Seine Vorstellungen von einer an den Werken der Antike orientierten Ikonografie – auch im 18. Jahrhundert noch immer als Porträtkunde bezeichnet – fand Eingang in das Schaffen des Tiroler Malers Martin Knoller, der sich zwischen 1755 und 1765 überwiegend in Rom aufhielt und in Mengs und Winckelmann Freunde und Lehrer fand.

Nach seiner Berufung als Professor an die Mailänder Akademie der Künste setzte Knoller den Gedankenaustausch mit dem Altertumsforscher schriftlich fort. Knollers Klarheit in der Farbe und im Figürlichen sowie die Meisterschaft seiner perspektivischen Darstellung machten ihn im süddeutschen und österreichischen Raum zu einem begehrten Freskomaler.

Angelika Kauffmann

Angelika Kauffmann, die mit 21 Jahren bereits zum Ehrenmitglied der Kunstakademien zu Bologna und Florenz ernannt worden war, weilte von 1763 bis 1766 zu Studienzwecken in Rom. Wie Martin Knoller wurde auch sie auf Empfehlung des Grafen Firmian, Kunstsammler und Generalgouverneur der Lombardei, mit Winckelmann bekannt. Aber nicht mit ihm, sondern mit dem Maler Johann Friedrich Reiffenstein als Cicerone reisten Angelika Kauffmann und ihr Vater vom 6. Juli 1763 bis 12. April 1764 nach Ischia und Neapel. Im Palazzo Capodimonte fertigte Angelika Kauffmann mit königlicher Erlaubnis Kopien an. Ebenfalls in Neapel entstand das Bildnis des Shakespeare-Darstellers David Garrick, mit dem die Malerin auf der Ausstellung der Londoner Society of Artists 1765 zu internationalem Durchbruch gelangte.

Nach ihrem Studienaufenthalt am Golf von Neapel reiste Angelika Kauffmann im Frühjahr 1764 mit Winckelmann und mehreren Begleitern nach Rom zurück. Dort entstanden weitere Gemälde prominenter Italienreisender.

Winckelmann lobte Sprachgewandtheit, Musikalität und Porträtkunst der „deutschen schönen Mademoiselle“. Im Auftrag seines Schweizer Brieffreundes Johann Caspar Füssli – Herausgeber des *Verzeichnisses der vornehmsten Kupferstecher und ihrer Werke (1771)* und der *Briefe Winckelmanns an dessen Freunde in der Schweiz (1778)* – entstand für dessen Neffen Hans Heinrich das Gemälde, mit dem Angelika Kauffmann zu Weltruhm gelangte (Abb. 52): Es zeigt den Antiquar in edler, aber legerer Hauskleidung hinter einem Schreibpult sitzend. Das aufgeschlagene Buch liegt auf

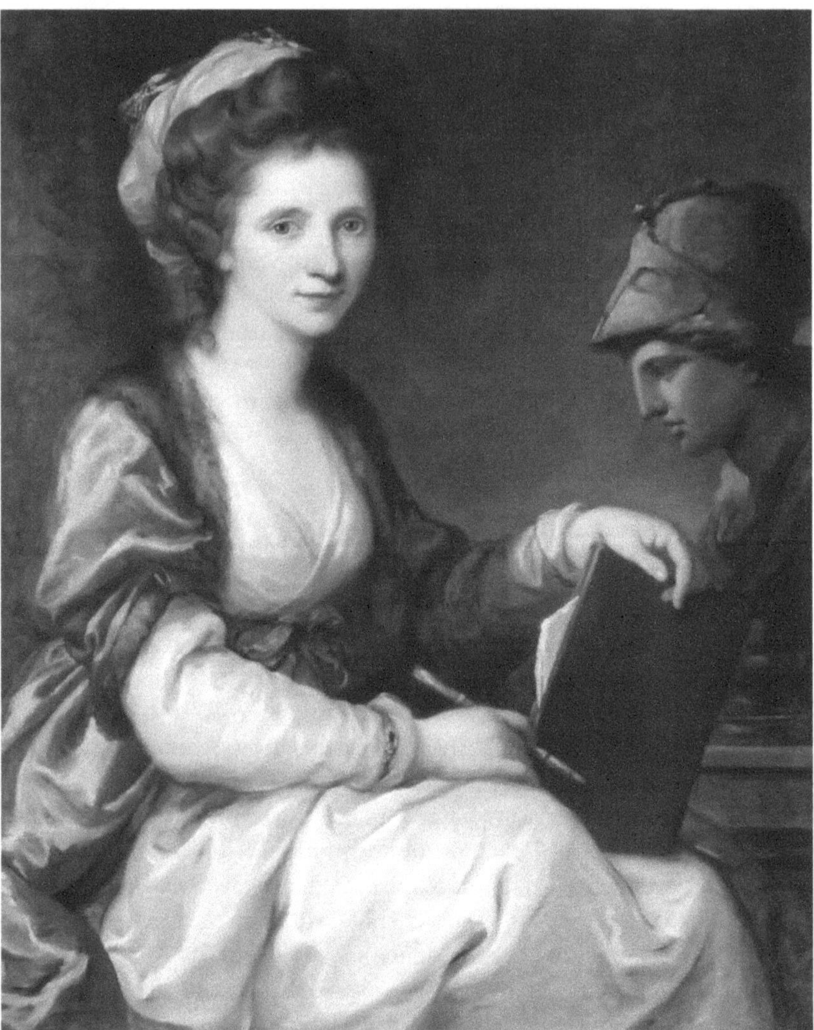

Abb. 53 Selbstbildnis mit Büste der Minerva von Angelika Kauffmann, 1780

dem antiken Relief der drei Grazien – ein allegorischer Verweis auf die von Winckelmann verfasste Abhandlung *Von der Grazie in Werken der Kunst (1759)*. Die rechte Hand, deren kleiner Finger eine repräsentative Kamee (aus einem Schmuckstein gearbeitetes erhabenes Relief) schmückt, hält elegant die Feder. Sie ruht auf der Linken, noch ist sein Blick abgewendet…

Im Jahre 1794 schuf der Maler Christian Ferdinand Hartmann eine porträthafte Replik des Winckelmann-Bildes, Friedrich von Matthisson sandte es nach Halberstadt. Es war für den „Freundschaftstempel" des Dichterkollegen Johann Wilhelm Ludwig Gleim gedacht. Am 7. November 1794 bestätigte jener überglücklich den Empfang: „Vor ein paar Tagen empfing ich Winckelmanns Porträt, ohne Brief! Ohne Zweifel ists von Ihnen für mich besorgt! Was bin ich schuldig? was für Ihr eignes Porträt? Meine Freunde sollen und müssen ihre Porträts von mir bezahlen laßen. Das ist Bedingung! … Winckelmanns und Ihr Porträt hängen unten im Hüttchen noch dem Hüttner beständig vor Augen; er kann sie sich nicht müde sehn, sie sind vortreflich, wie heißen die Mahler …" (126). Neben den Porträts Matthissons, Lessings und anderer Berühmtheiten ist auch das von Winckelmann im Literaturmuseum Gleimhaus, dem ehemaligen Wohnhaus des Dichters am Halberstädter Dom, zu besichtigen.

Im Mai 1765 ernannte die Accademia di San Luca Angelika Kauffmann zu ihrem Mitglied. Im Frühjahr 1766 ging die Malerin nach London, wo der berühmte Porträtmaler Sir Joshua Reynolds ihre Karriere förderte. Mit ihren nach mythologischen Sujets geschaffenen Bildern begeisterte sie ein breites Publikum. Als Gründungsmitglied der Royal Academy of Arts gestaltete Angelika Kauffmann mehrere allegorische Deckengemälde in der Royal Academy of Arts (Burlington House / Picadilly).

1781 kehrte sie mit ihrem zweiten Ehemann, dem venezianischen Maler Antonio Zucchi, nach Rom zurück. Ihr Atelier richtete sie in der Strada Felice, im früheren Haus des Malers Mengs, ein. Zu ihren prominenten Gästen zählten Johann Wolfgang von Goethe, die Herzogin Anna Amalia, Fürstin Louise von Anhalt-Dessau, Friedrich von Matthisson sowie der bayerische Kronprinz Ludwig. Johann Gottfried Herder rühmte Angelika Kauffmann als „die vielleicht cultivierteste Frau der Welt".

1795 / 96 weilte Louise von Anhalt-Dessau in Begleitung ihres Vorlesers Friedrich von Matthisson in Rom. Von Angelika Kauffmann erwarb die Herzogin für das Luisium, ihr privates Refugium, das Historienbild „Amor trocknet Psyches Tränen (1792)". Das Bild nimmt Bezug auf Matthissons Gedicht *Elysium (1787)*: Psyche (schöner als die Göttin Venus) muss sich noch irdischer Erinnerung entledigen, bevor sie ins Elysium (die Insel der Seligen) eintritt. Amor trocknet ihr die Tränen. Das Gemälde zählt zu den berühmtesten der Amor-und-Psyche-Ikonografie.

Um 1780 schuf Angelika Kauffmann ihr berühmtes Selbstporträt (Abb. 53): Es zeigt eine selbstbewusste Künstlerin auf dem Höhepunkt ihrer Karriere. Der kostbar glänzende und pelzbesetzte Mantel deutet auf ihren Erfolg hin. Offenbar hat sie gerade eben ihre Skizzenmappe geschlossen, um den Blick dem Betrachter zuzuwenden. Die auf ihrem Oberschenkel ruhende rechte Hand hält noch den Zeichenstift. Von rechts ist ihr die Büste der Schutzgöttin Athene (röm. Minerva) zugeneigt. Diese Ikonografie ist Ausdruck des Bekenntnisses der Künstlerin Angelika Kauffmann zur klassizistischen Kunst.

Winckelmann als Literator

Der Maler Anton Raphael Mengs stellte seinen *Gedanken über die Schönheit und den guten Geschmack in der Mahlerey (1762)* eine Widmung für den Freund voran. Darin dankt er ihm für die feinere Empfindung des Guten und Schönen. In Übereinstimmung mit den Auffassungen Winckelmanns enthält die Schrift eine theoretische Begründung der modernen Malerei. Kunst in ihrer höchsten Form sei die Verwirklichung des Schönen, dessen Anblick die menschliche Seele nähre und erhebe. Als Vorbilder gelten die Werke der Renaissance. Mengs schließt mit „Probiersteinen", an denen junge Künstler ihren eigenen Geschmack messen sollten: an der Schönheit der Antiken, denn „die Griechen hatten aus der Natur das Notwendigste und Schönste gewählt und alles Überflüssige und Unnütze hinweggelassen" (127), am Ausdruck des Raffael, an der Harmonie des Correggio und an den Farben des Tizian.

Winckelmanns *Geschichte der Kunst des Alterthums (1764)* entstand in mehreren Etappen: 1756 verfasste er den ersten Entwurf, 1761 verwarf er die bestehende Fassung und überarbeitete sie, bevor er sich bereits im Juli 1763 mit seinen „reiferen Früchten der Kunst" dem hoffnungsvollen neuen sächsischen Kurfürsten Friedrich Christian empfahl. Am 17. Dezember – nur 74 Tage nach Amtsübernahme – verstarb der Kurfürst an Pocken. Das ihm gewidmete Werk hatte er nicht mehr lesen können.

„Die Geschichte der Kunst soll den Ursprung, das Wachstum, die Veränderung und den Fall derselben nebst dem verschiedenen Stile der Völker, Zeiten und Künstler lehren, und dieses aus den übriggebliebenen Werken des Altertums – soviel möglich ist – beweisen." Nachdrücklich geweiht hat Winckelmann die *Geschichte der Kunst des Alterthums* der Kunst, der Zeit und seinem Freund Mengs, denn: „Der Inbegriff aller beschriebenen Schönheiten in den Figuren der Alten findet sich in den unsterblichen Werken Herrn Anton Raphael Mengs, ersten Hofmalers der Könige von Spanien und von Polen, des größten Künstlers seiner und vielleicht auch der folgenden Zeit. Er ist als ein Phönix gleichsam aus der Asche des ersten Raffaels erweckt worden, um der Welt in der Kunst die Schönheit zu lehren und den höchsten Flug menschlicher Kräfte in derselben zu erreichen" (128).

In der ägyptischen Antike galt der mythische Vogel Phönix als Symbol der Unsterblichkeit, denn er besaß die Fähigkeit, sich zu regenerieren, wenn Feinde ihn verwundeten. Mengs schätzte Winckelmann und wusste diese pathetische Widmung gegenüber kritischen Zeitgenossen zu verteidigen.

Johann Winckelmanns,
Präsidentens der Alterthümer zu Rom, und Scrittore der Vaticanischen Bibliothek,
Mitglieds der Königl. Englischen Societät der Alterthümer zu London, der Maleracademie
von St. Luca zu Rom, und der Hetrurischen zu Cortona,

Geschichte der Kunst des Alterthums.

Erster Theil.

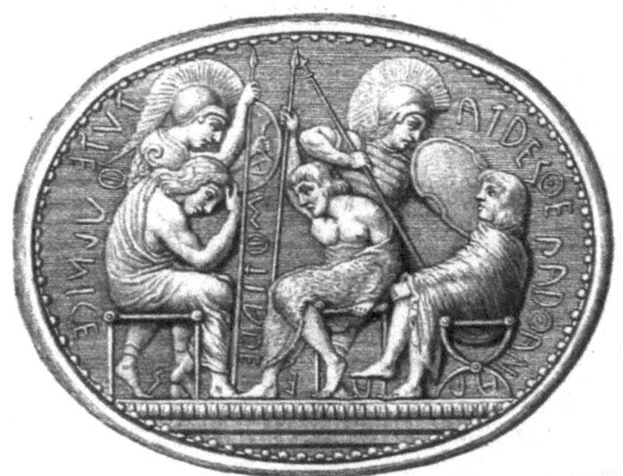

Mit Königl. Pohlnisch- und Churfürstl. Sächs. allergnädigsten Privilegio.

Dresden, 1764.
In der Waltherischen Hof-Buchhandlung.

Abb. 54 Titelblatt: „Geschichte der Kunst des Alterthums. Dresden, 1764"

Die Kunst der Ägypter ist laut Winckelmann nach Art ihres Landes „wie eine große verödete Ebene, welche man aber von zwei oder hohen Türmen übersehen kann“ (129). Die unübersehbaren Zeugnisse ägyptischer Kunst und Kultur erfreuten sich sowohl bei Griechen als auch bei Römern einer hohen Wertschätzung. Im antiken Rom wurden die erbeuteten Obelisken – Stein gewordene Strahlen des Sonnengottes Re – aufgestellt. Zwischenzeitlich vergessen, erfreuten sich ägyptische Kunstwerke im 13. und 14. Jahrhundert erneuter Beliebtheit, zum Beispiel als Säulenträger im Kreuzgang der römischen Bischofskirche Basilica di San Giovanni in Laterano. 1584 wurde der mit 31 Metern höchste und älteste Obelisk auf der gleichnamigen Piazza aufgestellt.

Zu Beginn des 17. Jahrhunderts unternahm der römische Forscher Pietro della Valle (genannt Il Pellegrino) eine Wallfahrt durch den Orient. An einen Freund richtete er seine Briefe *Viaggi descritti in lettere familiari ecc. (1650 ff.)*. Ganz Europa las die Beschreibung der Mumien, die der Forscher in der ägyptischen Nekropole Sakkara erworben hatte.

Etwa einhundert Jahre später sah Winckelmann in Sachsen vier Mumien und berichtete darüber in seiner *Nachricht von einer Mumie in dem Königlichen Cabinet der Alterthümer in Dreßden (1756):* „Alle vier Mumien des Königl. Cabinets sind in Rom, wie man weiß, erhandelt, und diese Nachricht bewog mich zu untersuchen, ob die [männliche] Mumie mit der Schrift nicht etwa eben diejenige sey, welche della Valle besessen. Ich fand, daß die umständliche Beschreibung seiner zwo Mumien mit den beyden unversehrten Königl. Mumien vollkommen auch in den kleinsten Verzierungen übereinstimmete.“

Die erwähnte männliche Mumie trug auf ihrem Gürtel die Schriftzeichen EY†YXI – den altgriechischen Nachruf „Lebe wohl“. Winckelmann überzeugte sich von der Originalität der Aufschrift: „Ich habe dieselbe mit aller nur möglichen Aufmerksamkeit untersucht, um versichert zu seyn, daß dieselbe nicht etwa von einer neuen Hand […] nach der von della Valle angegebenen Schrift, auf dieser nachgemacht worden. Es findet sich aber ganz deutlich, daß die Buchstaben mit eben der schwärzlichen Farbe gezogen worden, mit welcher das Gesicht, die Hände und Füsse gemalet sind“ (130).

Er identifizierte die Dresdner Mumie tatsächlich als die von della Valle beschriebene. Seine Feststellung, „daß die Egypter nicht allein bis auf Augustus Zeiten, sondern vielleicht auch nachher fortgefahren, ihre Körper zu balsamiren“, kommt der heutigen Datierung (3. Jh. n. Chr.) sehr nahe. Die aus Buffons Werk *Histoire naturelle générale et particulière (ab 1749)* übernommene These „Erfahrung ist die Grundlage jeder Erkenntnis“ half Kunstwerke zu beschreiben und zeitlich einzuordnen:

„Erkennen, heißt mit den Augen essen“ (131).

Das Vorurteil von einem den Römern eigenen und von dem griechischen verschiedenen Stil erklärt Winckelmann aus zwei Ursachen: Die eine ist die Deutung der aus der griechischen Fabel entnommen Bilder als römische Geschichte und also römische Kunst. Die andere Ursache liegt darin, dass es einfacher scheint, „den Römern als den Griechen einen Tadel anzuhängen. Man begreift daher alles, was schlecht scheint, unter dem Namen römischer Arbeiten aber ohne das geringste Kennzeichen davon anzugeben. Aus solchen ungegründeten und willkürlich angenommenen Meinungen glaube ich berechtigt zu sein, den Begriff eines römischen Stils in der Kunst, insoweit unsere jetzigen Kenntnisse gehen, für Einbildung zu halten“ (132). Mit der Menge erbeuteter Statuen wuchs die Anzahl der von griechischen oder römischen Künstlern neu gearbeiteten.

In dem *Von der Kunst der Griechen* überschriebenen Kapitel nennt Winckelmann die Ursachen für die Vorbildlichkeit der Griechen. Diese sei „teils dem Einfluss des Himmels [Klima], teils der Verfassung und Regierung und der dadurch gebildeten Denkungsart, wie nicht weniger der Achtung der Künstler“ zuzuschreiben. Er erklärt die Freiheit zur vornehmsten Ursache der Kunst und die Schönheit zu deren höchstem Zweck. „Die Farbe trägt zur Schönheit bei, aber sie ist nicht die Schönheit selbst, sondern sie erhebt dieselbe überhaupt und ihre Formen. Da nun die weiße Farbe diejenige ist, welche die mehrsten Lichtstrahlen zurückschickt, folglich sich empfindlicher macht, so wird auch ein schöner Körper desto schöner sein, je weißer er ist, ja er wird nackend dadurch größer, als er in der Tat ist [...]“ (133).

Weiter heißt es: „Die höchste Schönheit idealistischer männlicher Jugend ist sonderlich im Apollo gebildet, in welchem sich die Stärke vollkommener Jahre mit den sanften Formen des schönsten Frühlings der Jugend vereinigt findet. [...] Unter den weiblichen Gottheiten sind wie in den männlichen verschiedene Alter und auch verschiedene Begriffe der Schönheit wenigstens in den Köpfen zu bemerken, weil nur allein die Venus ganz unbekleidet ist: diese findet sich häufiger als andere Göttinnen vorgestellt und in verschiedenem Alter. Die Mediceische Venus zu Florenz ist einer Rose gleich, die nach einer schönen Morgenröte beim Aufgang der Sonne aufbricht, und die aus dem Alter tritt, welches wie Früchte vor der völligen Reife hart und herblich ist, wie selbst ihr Busen meldet, welcher schon ausgebreiteter ist als an zarten Mädchen. [...] Pallas [Athene] ist hingegen allezeit Jungfrau von vollendetem Wachstume und in reifem Alter; und Juno [griech. Hera] zeigt sich als Frau und Göttin über andere erhaben, im Gewächse sowohl als königlichem Stolze. [...]“ (134).

Dann definiert Winckelmann das Wesen des Ausdrucks: „Der Ausdruck ist eine Nachahmung des wirkenden und leidenden Zustandes unserer Seele und unseres Körpers und der Leidenschaft sowohl als der Handlungen. In beiden Zuständen verändern sich die Züge des Gesichts und die Haltung des Körpers, folglich die Formen, welche die Schönheit bilden, und je größer diese Veränderung ist, desto nachteiliger ist dieselbe der Schönheit. Die Stille ist derjenige Zustand, welcher der Schönheit sowie dem Meere der eigentlichste ist, und die Erfahrung zeigt, daß die schönsten Menschen von stillem, gesittetem Wesen sind. Es kann auch der Begriff einer hohen Schönheit nicht anders erzeugt werden als in einer stillen und von allen einzelnen Bildungen abgerufenen Betrachtung der Seele“ (135).

Bezüglich der Stilabfolge griff Winckelmann die Zyklustheorie des Humanisten und Philologen Julius Caesar Scaliger auf. In seinen Büchern *Poetices libri septem (1561)* nennt Scaliger fünf Stufen. Gleich ihm unterscheidet auch Winckelmann für die Zeitfolge der griechischen Kunst – ähnlich einem antiken Drama – den Anfang (Exposition), den Fortgang (steigende Handlung), den Stand (Klimax), die Abnahme (fallende Handlung) und das Ende.

Der ältere Stil dauerte nach Winckelmanns Auffassung bis auf den Phidias (5. Jh. v. Chr.). Er war gekennzeichnet durch eine nachdrückliche und kräftige Zeichnung, aber ohne Grazie. Die Kunst entwickelte sich weiter, man kann diesen Stil den großen und hohen nennen. Außer der Schönheit war die Großheit die vornehmste Absicht der Künstler. Ihre Kunst erlangte mehr Gefälligkeit. Diesen Stil nennt Winckelmann den schönen.

Die vornehmste Eigenschaft der Kunstwerke von Praxiteles über Lysippos und Apelles (4. Jh. v. Chr.) – ein Zeitraum von etwa 120 Jahren – sei die Grazie, „denn die schönste Natur war der Lehrer gewesen“. Nach dem Tod Alexander des Großen 323 v. Chr. begann sich die Herrlichkeit der Kunst zu neigen, von Winckelmann als Stil der Nachahmer bezeichnet (136). Das Ende gehe außerhalb der Grenzen der Kunst… Seit dem 19. Jahrhundert sind die Bezeichnungen Archaik, Klassik und Hellenismus gebräuchlich.

Nachhaltige Berühmtheit erlangte Winckelmanns Interpretation des Apoll – hier dargestellt als Bogenschütze (Abb. 56). Die im 16. Jahrhundert restaurierte Statue zählt zu den berühmtesten Zeugnissen der Antike überhaupt. Seit ihrer Aufstellung 1523 im Statuenhof des Vatikans ist sie als „Apoll vom Belvedere“ bekannt. Der ruhige Stand und die Proportionen des Apoll machten ihn zum Idealbild göttlicher Schönheit.

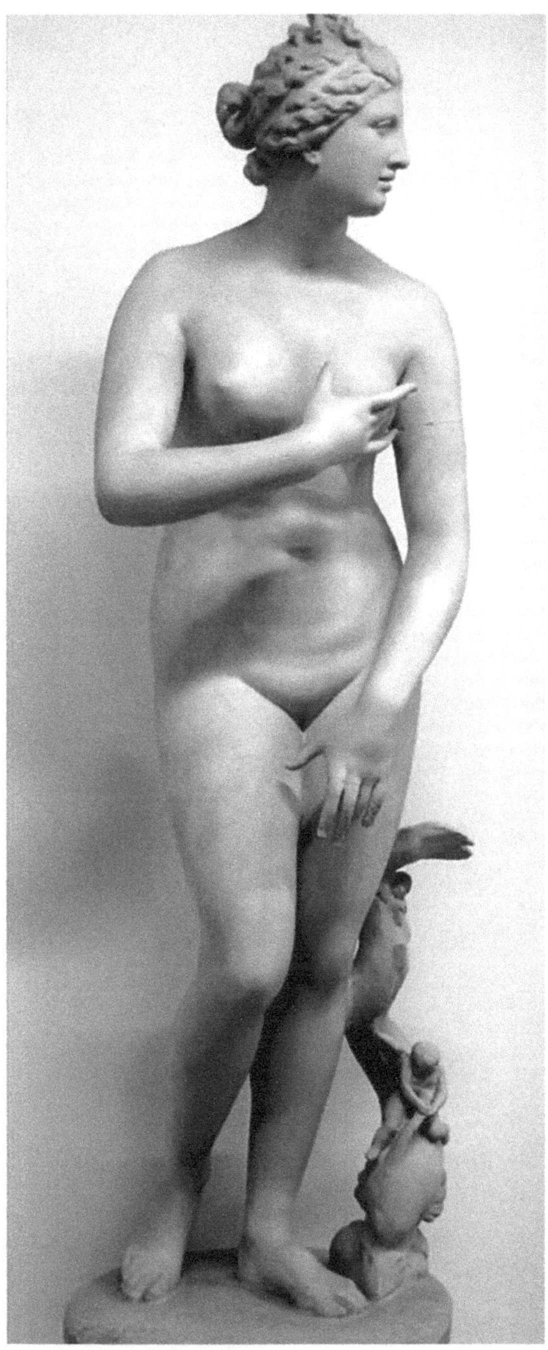

Abb. 55 Praxiteles, Mediceische Venus, 1. Jh. v. Chr., Galleria degli Uffizi di Firenze

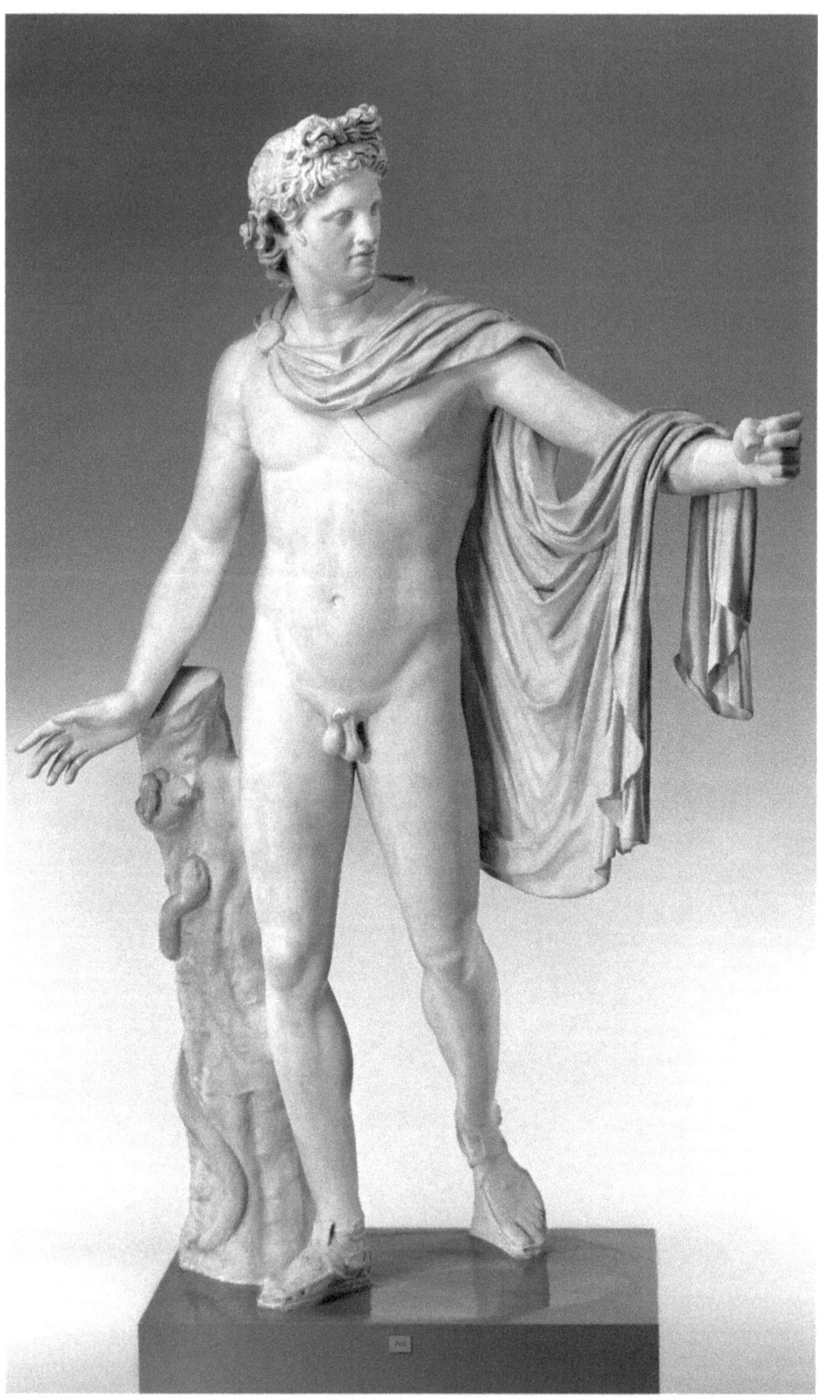

Abb. 56 Apollo von Belvedere, 4. Jh. v. Chr.

Wie von Aphrodite (röm. Venus) existieren auch von Apollon (röm. Apollo, dt. Apoll) unzählige künstlerische Darstellungen. Seine Geburt, seine Macht und seine Taten wurden zuerst im *Homerischen Hymnus (7. Jh. v. Chr.)* gepriesen. Nach dem Tempelbau am Parnass tötet der rachsüchtige Apollon „mit tausend Pfeilen" einen weiblichen Drachen, der später Python genannt wurde. Mit dem Blut übertrugen sich dessen hellseherische Fähigkeiten auf den Ort Pytho (Delphi).

Keine andere männliche Statue beschäftigte Winckelmann wie diese. Ihre Beschreibung sollte selbst zum Kunstwerk werden. Aber wie konnte er seine Leidenschaft bremsen? Ein Entwurf nach dem anderen wurde verworfen... Weshalb Winckelmann sowohl bei der Beschreibung als auch bei der stilistischen Einordnung des Apoll verunsichert war, wird sich dem Leser bald erschließen: „Dieser Apollo übertrifft alle andere Bilder desselben [...]. Über die Menschheit erhaben ist sein Gewächs, und sein Stand zeugt von der ihn erfüllenden Größe. Ein ewiger Frühling, wie in dem glücklichen Elysien, bekleidet die reizende Männlichkeit vollkommener Jahre mit gefälliger Jugend und spielt mit sanften Zärtlichkeiten auf dem stolzen Gebäude seiner Glieder. Gehe mit deinem Geiste in das Reich unkörperlicher Schönheiten und versuche ein Schöpfer einer himmlischen Natur zu werden, um den Geist mit Schönheiten, die sich über die Natur erheben, zu erfüllen; denn hier ist nichts Sterbliches, noch was die menschliche Dürftigkeit erfordert" (137). Mit der im 18. Jahrhundert beliebten Pflanzenmetaphorik – „Gewächs" steht hier für Körpergröße und Wuchs – wird die Natürlichkeit der Statue unterstrichen. Der „erhabene Stand" bezeichnet den Seelenzustand, „ewiger Frühling" und „reizende Männlichkeit" stehen für Unsterblichkeit und Jugend. Enthält dieser Apoll wirklich nichts Sterbliches?

„Keine Adern noch Sehnen erhitzen und regen diesen Körper, sondern ein himmlischer Geist, der sich wie ein sanfter Strom ergossen, hat gleichsam die ganze Umschreibung dieser Figur erfüllt. Er hat den Python [Schlange, die das Orakel von Delphi am Hang des Parnass bewacht], wider welchen er zuerst seinen Bogen gebraucht, verfolgt, und sein mächtiger Schritt hat ihn erreicht und erlegt. Von der Höhe seiner Genugsamkeit geht sein erhabener Blick, wie ins Unendliche, weit über seinen Sieg hinaus: Verachtung sitzt auf seinen Lippen, und der Unmut, welchen er in sich zieht, bläht sich in den Nüstern seiner Nase und tritt bis in die stolze Stirn hinauf. Aber der Friede, welcher in seiner seligen Stille auf derselben schwebt, bleibt ungestört, und sein Auge ist voll Süßigkeit, wie unter den Musen, die ihn zu umarmen suchen." Winckelmann verbindet nun mythologische Kenntnisse mit erotischen Vorstellungen: „Eine Stirn des Jupiter, die mit der Göttin der Weisheit schwanger ist, und Augenbrauen, die durch ihr Winken ihren Willen erklären: Augen der Königin der Göttinnen mit Großheit gewölbt, und ein Mund, welcher denjenigen bildet, der dem geliebten Branchus [Wahrsager, Liebling und möglicherweise Sohn Apollos] die Wollüste eingeflößt. Sein weiches Haar spielt, wie die zarten und flüssigen Schlingel edler Weinreben, gleichsam von einer sanften Luft bewegt, um dieses göttliche Haupt: Es scheint gesalbt mit dem Öl der Götter und von den Grazien mit holder Pracht auf seinem Scheitel gebunden. Ich vergesse alles andere über dem Anblicke dieses Wunderwerks der Kunst, und ich nehme selbst einen erhabenen Stand an, um mit Würdigkeit anzuschauen. Mit Verehrung scheint sich meine Brust zu erweitern und zu erheben wie diejenige, die ich wie vom Geiste der Weissagung aufgeschwellet sehe, und ich fühle mich weggerückt nach Delos [Apollos Geburtsort] und in die lycischen Haine, Orte, welche mein Apollo mit seiner Gegenwart beehrte: denn mein Bild scheint Leben und Bewegung zu bekommen, wie des Pygmalions Schönheit [zum Leben erweckte weibliche Statue]. Wie ist es möglich, es zu malen und zu beschreiben. Die Kunst selbst müßte mir raten und die Hand leiten, die ersten Züge, welche ich hier entworfen habe, künftig ausführen" (138).

Dem Betrachter war zunächst die Statik der Skulptur – dem hohen Stil eigen – aufgefallen. Dann erkannte er in dem Marmor auch „Verachtung auf den Lippen", „Unmut", der sich in den blähenden Nüstern und auf der stolzen Stirn zeigt – Charakteristika des menschlicheren und damit schönen Stils. Schließlich verzichtete er auf die Datierung und bezeichnete die Statue als das höchste Ideal aller Kunstwerke des Altertums, welche der Zerstörung entgangen sind! Man kann Winckelmann vorwerfen, dass es sich auch bei dem Apoll „nur" um eine römische Kopie handelt – das Original wird dem athenischen Bronzegießer und Bildhauer Leochares zugeschrieben – doch seine Begeisterung steckte an. Der französische Schriftsteller und Aufklärer Denis Diderot gab zu: „Ich liebe die Fanatiker, solche, die von ihrem persönlichen, naiven Geschmack so stark eingenommen sind, daß sie nichts anderes mehr sehen, was ihm vergleichbar wäre, und ihn mit aller Kraft verteidigen" (139). Winckelmanns leidenschaftlicher Stil erinnerte ihn an seinen Landsmann Jean-Jaques Rousseau.

Die Wertung Diderots und die französische Übersetzung *Apollon, dieu du soleil, des arts, de la musique et de la poésie (Mythologhie classique)* begünstigten die schnelle Verbreitung der Schrift und bekräftigte erneut den Mythos vom antiken Griechenland als Pendant zum ruhmreichen Frankreich. Der Pariser Architekt, Autor und Kunstsammler Athanasius Détournelle wünschte (140):

„Oh Winckelmann, leih mir deine Feder, deinen Geist.
Nicht alle sind würdig, eine so vollkommene Schönheit zu beschreiben."

Winckelmanns Beschreibung des Apoll von Belvedere prägte die Ästhetik des Klassizismus. Da er das hohe Niveau der griechischen Kunst mit der durch Klima und „die Süßigkeit einer völligen Freiheit" begünstigten Kultur der Nacktheit erklärte, stellten Generationen von Künstlern den menschlichen Körper in den Mittelpunkt ihrer Studien. Im Herbst 1771 skizzierte Goethe den Gipsabguss in Mannheim. Ergriffen gestand er Herder: „Mein ganzes Ich ist erschüttert, das können Sie denken, Mann, und es fibrirt noch viel zu sehr, als daß meine Feder stet zeichnen könnte. Apollo von Belvedere, warum zeigst du dich in deiner Nacktheit, daß wir uns der unsrigen schämen müssen?" (141) Als er am 9. November 1786 in Rom endlich die Marmorstatue sah, fühlte er sich förmlich aus der Wirklichkeit hinausgerückt...

Erlittener Schiffbruch

Als Altertumsforscher fühlte sich Winckelmann stets wie jemand, der „nach einem erlittenen Schiffbruch einzelne Bretter zusammensuchte". Dass er neben den Werken antiker Bildhauerkunst auch die Vorbildhaftigkeit der Alten in der Malerei beweisen wollte, beflügelte die Fantasie seiner neuzeitlichen Malerfreunde. Im September 1760 tauchte ein Fresko auf, das alle bisherigen Funde in den Schatten stellte (Abb. 57): „Es ist ein sitzender Jupiter [Optimus Maximus, Gottvater der römischen Mythologie], mit Lorbeer gekrönt [...] im Begriffe, den Ganymedes [Schönster aller Sterblichen] zu küssen, welcher ihm mit der rechten Hand eine Schale, mit erhobener Arbeit geziert, vorhält, und in der linken ein Gefäß, woraus er den Göttern Ambrosia [Unsterblichkeit verleihende Götterspeise] reichte. [...] Der Liebling des Jupiters ist ohne Zweifel eine der allerschönsten Figuren, die aus dem Altertume übrig sind, und mit dem Gesichte desselben finde ich nichts zu vergleichen; es blüht soviel Wollust auf demselben, daß dessen ganzes Leben nichts als ein Kuß zu sein scheint" (142).

In Ermangelung einer Abbildung versuchte Winckelmann, in seiner *Geschichte der Kunst des Alterthums* die Authenzität seiner Beschreibung zu unterstreichen, indem er obendrein einen fiktiven Finder nannte und die aufwendige Bergung des Freskos erläuterte. Der Urheber dieser Eulenspiegelei, Anton Raphael Mengs, verschwand im Herbst 1761 mit seiner Familie nach Madrid, wo er während der nächsten fünf Jahre Aufträge als

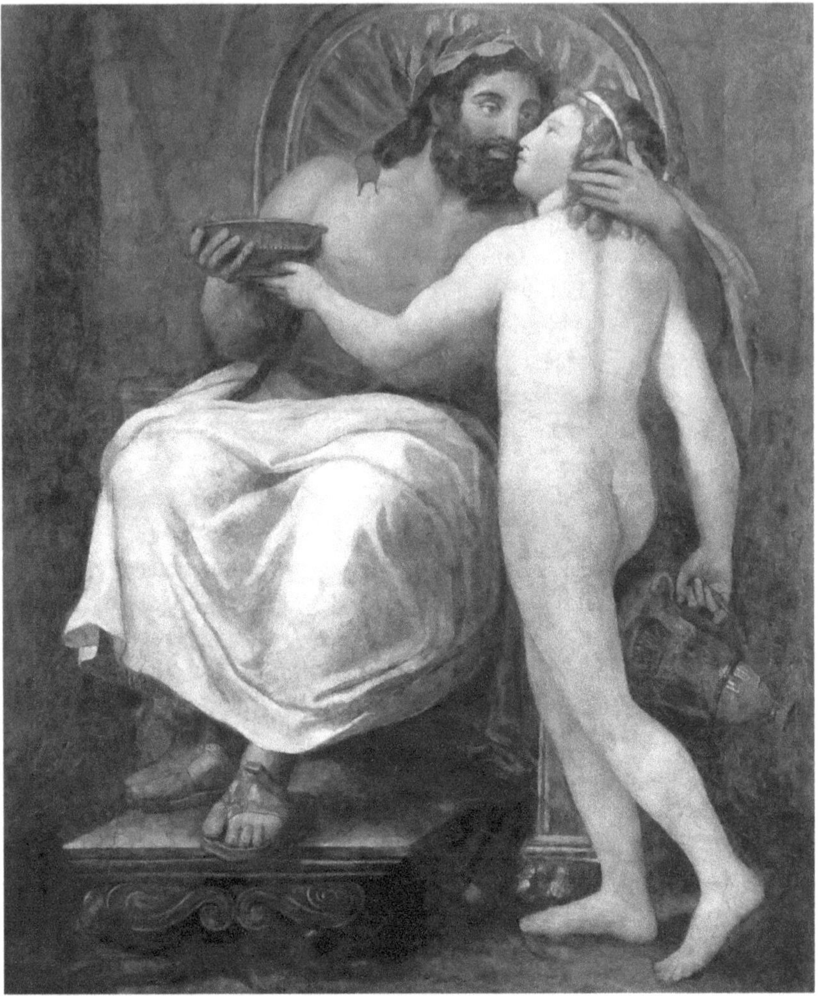

Abb. 57 „Jupiter und Ganymedes" von Anton Raphael Mengs, 1758 – 59, Palazzo Barberini, Rom

Hofmaler des spanischen Thronfolgers Carlos III. (bis 1759 Karl III. von Sizilien und Neapel) ausführte. Winckelmanns Kunstgeschichte befand sich bereits im Druck.

Mit dem Griff nach der ihm gereichten Schale Ambrosia zieht Jupiter auch den entführten Knaben an sich. Diese Szene widersprach der geltenden christlichen Vorstellung vom Verhältnis Gottes zu den Menschen. Künftig verband sich mit dem Begriff „Antike" – vor allem für junge Stürmer und Dränger wie Johann Wolfgang Goethe – etwas Heidnisches und die bisher unterdrückte Bejahung der Leidenschaft. In Goethes pantheistischem *Hymnus Ganymed (1774)* vereint sich das lyrische Ich mit der göttlichen Natur. Als bedeutendste Werke des Sturm und Drang gelten die Homer-Übersetzungen von Johann Heinrich Voß sowie Goethes *Prometheus (1774).*

Obwohl Mengs seine Fälschung 15 Jahre später auf dem Todbette zugegeben haben soll, besichtigte Goethe das Fresko während seines Romaufenthaltes. Heute befindet es sich in der Galleria Nazionale d'Arte Antica di Palazzo Barberini (Via delle Quattro Fontane, Sala 29).

Am 18. November 1786 schrieb er an Charlotte von Stein die folgende Anekdote: „Schon vor mehreren Jahren hielt sich hier ein Franzoß auf, der als Liebhaber der Kunst und Sammler bekannt war. Er kommt zum Besitz eines *anticken* Gemäldes auf Kalck, niemand weiß woher. Er läßt das Bild durch Mengs restauriren und hat es als ein geschätztes Werck in seiner Sammlung. Winckelmann spricht irgendwo mit Enthusiasmus davon, es stellt den Ganymed vor, der dem Jupiter eine Schaale Wein reicht und dagegen einen Kuß empfängt. Der Franzoße stirbt und hinterläßt das Bild seiner Wirthinn als *antick*. Mengs stirbt und sagt auf seinem Todbette: *es sey nicht antick, er habe es gemahlt.* Und nun streitet alles gegen einander. Der eine Theil behauptet es sey von Mengs, zum Scherz, nur so leicht hingemacht, der andere Theil sagt Mengs habe nie so etwas machen können, ja es sey beynahe für Raphael zu schön. Ich hab es gestern gesehn und muß sagen daß ich auch nichts schöners kenne als die Figur Ganymeds, Kopf und Rücken, das andre ist viel restaurirt. Indessen ist das Bild diskreditirt und die arme Frau will niemand von dem Schatz erlösen. Ich habe eine Hypothese wie das Bild entstanden, davon nächstens. Wäre es auf Holz wie auf Kalck ich sucht es zu kaufen, denn ich erlebe doch noch daß es ums dreyfache verkauft wird, wofür man es ietzt haben kann" (143).

In seiner *Italienischen Reise* ließ Goethe die beiden letzten Bemerkungen natürlich weg (144). Tatsache ist, dass das Bild in einer Pfandleihe gelandet war.

Im November 1766 kam es im Zusammenhang mit einem Fauxpas Casanovas zum Zerwürfnis unter den „Freunden". Um seinerseits den Altertumskenner Winckelmann bloßzustellen, hatte ihm Casanova im Winter 1760 / 61 Rötelzeichnungen (Umrisszeichnungen) antiker Wandgemälde untergeschoben; die Originale wären längst nach England verkauft worden. In Kenntnis der üblichen Geschäftspraktiken ließ sich Winckelmann erneut täuschen. Auf den angesehenen Künstler vertrauend nahm er auch die Abbildungen in seine Kunstgeschichte auf. Winckelmann konnte sich diesen Schiffbruch nur so erklären: „[...] unser Verstand hat die Unart, nur auf dasjenige aufmerksam zu sein, was ihm nicht der erste Blick entdeckt, und nachlässig zu übergehen, was ihm klar wie die Sonne ist" (145).

In jedem Falle hatte er gegen sein Prinzip – die Begutachtung von Kunstwerken mit eigenen Augen – verstoßen. Als Mitglied der Königlichen Societät der Wissenschaften zu Göttingen wandte er sich an Professor Christian Gottlob Heyne und bat um Veröffentlichung seiner Stellungnahme. Doch Winckelmann musste das Echo seiner „Freunde" einkalkulieren. Stosch vertraute er an: „[...] es sey genug zu sagen, daß er [Casanova] und Mengs sich vereiniget haben, wie ich nicht zweifle, mich vor der Welt lächerlich zu machen, und dieser Argwohn auf den letzten ist die Ursach eines ewigen Bruchs" (146).

Casanova, der inzwischen auf Winckelmanns Empfehlung eine Professur an der Dresdner Allgemeinen Kunstakademie angetreten hatte, konterte im Oktober 1766 mit einem Artikel in den *Neuen Halleschen Gelehrten Anzeigen*. Deren Herausgeber war Christian Adolph Klotz, seit 1765 Professor für Philosophie und Beredsamkeit an der Universität Halle. Casanova gab die Fälschungen unverblümt zu und kritisierte das Kunstverständnis des „korrupten Antikenaufsehers in Rom", dessen Beschreibungen kein Maß kennen würden (147). Gefordert sei aber nicht mehr gelehrter Enthusiasmus, sondern künstlerische Ergriffenheit – eine Maxime des Sturm und Drang. Als Ideal galt nicht mehr der Gelehrte, der moralische Grundsätze zum Ausdruck brachte; gepriesen wurde vielmehr das Genie , das sich seine Regeln selbst schuf. Alle Versuche Casanovas, Winckelmanns *Geschichte der Kunst des Althertums* zu diffamieren, blieben wirkungslos. Längst hatten sich die Wogen über dem Streit der Gelehrten um den Vorrang ägyptischer, griechischer oder römischer Kultur geglättet.

Obwohl Casanova bereits wegen angeblicher Wechselfälschung im Zwielicht stand, sah Winckelmann von einer Anzeige wegen Betrugs ab. In Dresden fühlte sich Casanova sicher. Christian Ludwig Hagedorn, seit 1764 Generaldirektor der Sächsischen Kunstsammlungen und der Kunstakademie in Dresden, lobte sowohl sein künstlerisches Talent als auch seine Lehrfähigkeit. Da sich Philipp Daniel Lippert, der Aufseher der Antikensammlung, bereits im fortgeschrittenen Alter befand, übernahm Casanova auch den Unterricht in Antikenkunde. Dass Winckelmann im Frühjahr 1768 wenig Interesse verspürte, seinen ehemaligen Dresdner Freunden zu begegnen, ist verständlich.

Die Universität Göttingen

In Göttingen hielt Heyne ab 1767 vermehrt Vorlesungen zur Archäologie. 1772 verfasste er das Vorlesungsverzeichnis *Einleitung in das Studium der Antike, oder Grundriß einer Anführung zur Kenntnis der alten Kunstwerke. Zum Gebrauch bey seinen Vorlesungen.*

Christian Gottlob Heyne war ab 1763 in Göttingen als Professor der Beredsamkeit und Dichtkunst sowie Leiter der Universitätsbibliothek tätig. Als Nachfolger Gesners legte er den Grundstein für die Altertumswissenschaft, in der Philologie, Geschichte und Archäologie unter einem Dach zusammengefasst wurden. 1767 begründete er die erste Abgusssammlung Europas.

Die ersten Abgüsse berühmter antiker Statuen wurden in den Sälen der Göttinger Universitätsbibliothek aufgestellt. Dort wurden sie von Wilhelm von Humboldt studiert, den Heyne 1788 als „trefflichen Philologen" entließ. Ein Jahr später sah sich der Student Alexander von Humboldt an gleicher Stelle von Abgüssen und Kupferwerken umringt.

Goethe setzte Heyne in seinem Briefroman *Die Leiden des jungen Werthers (1774)* ein Denkmal. Darin schildert er die Begegnung seines Helden mit dem Absolventen einer Akademie: „Da er hörte, daß ich viel zeichnete und Griechisch könnte (zwei Meteore hierzulande), wandte er sich an mich und kramte viel Wissens aus, von Batteux bis zu Wood, von de Piles zu Winckelmann, und versicherte mich, er habe Sulzers Theorie, den ersten Teil, ganz durchgelesen und besitze ein Manuskript von Heynen über das Studium der Antike" (148).

Obwohl sie unterschiedlichen Zugang zu Winckelmann hatten, setzten sich Heyne und Goethe jahrzehntelang mit seiner Kunsttheorie auseinander: Goethe mit Auge und Gefühl, Heyne mit seiner Ratio (149). Im Jahre 1801 begegneten sich beide in Göttingen persönlich und blieben in Briefkontakt. Am 2. Juli 1805 schrieb Goethe: „Der Antheil, den Ew. Wohlgeb. an Winckelmanns Briefen [an Berendis] genommen, ist mir höchst erfreulich und einnert mich an die schönen Stunden, in denen ich unter mancherley heitern Gesprächen auch dieser Überbleibsel gegenwärtig gedachte" (150).

Heynes Interesse galt vor allem der Systematisierung und Vertiefung mythologischer Forschungen. Seine Kritik galt der im zweiten Teil der Kunstgeschichte enthaltenen Epocheneinteilung, die er als „gemeiniglich etwas sehr willkürliches" bezeichnete. Unverdrossen veröffentlichte er eine *Berichtigung und Ergänzung der Winckelmannischen Geschichte der Kunst des Altertums (1771).*

Wenige Jahre später nahm Heyne den Freund in seiner *Lobschrift auf Winkelmann (1778)* als einen „Mann von Genie" in Schutz: seine klassische Gelehrsamkeit, die ansteckende Begeisterung für die Schönheit antiker Kunstwerke, das umfangreiche Studium von Quellen, das ihm zu entdecken ermöglichte, was anderen Augen versagt blieb. In Italien erlaubten Muße und Unabhängigkeit – „die beste Pflegerin des Genies" – Winckelmann den Umgang mit Künstlern und Kunstverständigen. Als Antiquar habe er jede Gelegenheit zum Schreiben genutzt. Allerdings begünstigte seine brennende Ehrbegierde fehlerhafte Verallgemeinerungen.

Winckelmann wusste selbst um die Schwierigkeiten bei der Suche nach dem Verlorenen: „Man stelle sich allezeit vor, viel zu finden, damit man viel suche, um etwas zu erblicken. [...] wir sind [...] wie schlecht abgefundene Erben; aber wir kehren jeden Stein um, und durch Schlüsse von vielen einzelnen gelangen wir wenigstens zu einer mutmaßlichen Versicherung, die lehrreicher werden kann als die uns von den Alten hinterlassenen Nachrichten, die, außer einigen Anzeichen von Einsicht, bloß historisch sind. Man muß sich nicht scheuen, die Wahrheit auch zum Nachteile seiner Achtung zu suchen, und einige müssen irren, damit viele richtig gehen" (151). Gewohnt metaphorisch heißt es: Es sei wie mit einer Liebsten, die am Ufer des Meeres dem abfahrenden Liebhaber nachtrauert und in dem entfernten Segel einen Schatten zu erkennen glaubt:

> „Je größer die Sehnsucht nach dem Verlorenen, desto aufmerksamer die Betrachtung der Kopien unserer Urbilder."

In Dresden fertigte der Bibliothekar Francke das Register seiner Kunstgeschichte an und übersandte ein Avertissement an den mittlerweile in Nürnberg lebenden Syndicus Hausfritz, der es im Mai 1764 veröffentlichte. Im gleichen Jahr wurden in der Waltherischen Verlagsbuchhandlung zu Dresden die ersten 1.200 Exemplare gedruckt.

Drei Jahre später erschienen die *Anmerkungen über die Geschichte der Kunst des Alterthums (1767)* als Handbuch für Romreisende verfasst und Heinrich Wilhelm Muzel-Stosch als öffentliches Zeugnis der Freundschaft zugeeignet. Im Vorwort kritisiert Winckelmann die willkürliche Zergliederung seiner Kunstgeschichte in Abschnitte und Paragraphen und die in der französischen Ausgabe *Histoire de l' art chez les anciens (1766)* misshandelte Sprache. Sein Vorhaben, eine zweite, verbesserte Auflage gleich in französischer Sprache herauszubringen, scheiterte.

Da die beschriebenen Sammlungen bald aufgelöst wurden, fehlte es nicht an Versuchen, Winckelmanns Lehrgebäude als theoretisches Sammelsurium abzuwerten. Unbestritten bleibt die universale Bedeutung der *Geschichte der Kunst des Alterthums* für die Kunstwissenschaften. 1776 erschien postum *Johann Winckelmanns Geschichte der Kunst des Alterthums*, deren Redaktion der Erfurter Hochschullehrer Riedel besorgte.

1783 veröffentlichte Carlo Fea mit seiner *Storia dell'arte dell'antichità* eine kommentierte italienische Ausgabe von Winckelmanns Kunstgeschichte. 1789 erschien bei Bossange & Messon die französische Ausgabe *Histoire de l'art dans l'Antiquité*, 1815 die erweiterte polnische Übersetzung aus der Feder des „polnischen Winckelmann" Stanisław Kostka Potocki *O sztuce u dawnych.*

Henry Fuseli's *Reflections on the Painting and Sculpture of the Greeks (1765)* erhielten bekanntlich nicht die erhoffte Resonanz. Erst 1850 erschien in London die erste vollständige englische Ausgabe *The History of Ancient Art* von Giles Henry Lodge, 1890 die russische Ausgabe.

Unveröffentlichte altertümliche Denkmäler, erklärt und bebildert

Sein zweites Hauptwerk verfasste Winckelmann in italienischer Sprache. Der dem Kardinal Alessandro Albani gewidmete Katalog *Monumenti antichi inediti, spiegati ed illustrati* stellt mehr als 200 bis dahin kaum bekannte Antiken vor. Weil er auf die finanzielle Hilfe von Gönnern angewiesen war und Casanova die Illustrationen verzögerte, konnte das zweibändige „italienische Werk" erst im April 1767 der Öffentlichkeit vorgestellt werden. Vier Jahre zuvor hatte Winckelmann den preußischen König beeindrucken wollen, nun fand sein Werk sowohl die Anerkennung des Papstes Clemens XIII. als auch internationaler Gelehrter.

Mithilfe der griechischen Mythologie schloss der Philologe Winckelmann sowohl auf die Bedeutung von Kunstwerken als auch auf die sachliche Richtigkeit der antiken Schriften. Das machte ihn zu einem Wegbereiter der archäologischen Hermeneutik. Seine Texte und Erläuterungen behandeln 1. die Mythologie der Götter, 2. die historische Mythologie in Abfolge des trojanischen Krieges, 3. Denkmale der griechischen und römischen Geschichte, 4. Gebräuche, Sitten und Künste.

Der nicht im Quartformat („Winckelmann-Format") veröffentlichte Katalog enthält kaum bekannte Denkmäler. Objekte aus Privatsammlungen wie der Villa Albani erhöhten die Exklusivität. Durch die von Winckelmann gebrauchte Anrede wird der Leser in die wissenschaftliche Untersuchung einbezogen. Zu jedem Abbild werden Textstellen antiker Autoren zitiert. Damit soll bewiesen werden, dass die Szenen römischer Geschichte häufig auf griechischen Sagen beruhen. Seit Kaiser Augustus (30 v. Chr. bis 14 n. Chr.) erfolgte die Rückbesinnung römischer Kunst auf die griechische Klassik. Da Ausnahmen die Regel bestätigen, schlichen sich Fehlinterpretationen ein. Die Reliefs zahlreicher Sarkophage stellen Themen wie Liebe und Tod in Bezug auf die Verstorbenen dar, weniger literarische Überlieferungen. Der in der Villa Borghese entdeckte und dank der Beschreibung Winckelmanns in Wörlitz nachgebildete Rundaltar für Selene (Luna) – nahe dem Sommersaal – zeigt solch ein mythologisches Relief.

MONUMENTI
ANTICHI INEDITI
SPIEGATI ED ILLUSTRATI
DA
GIOVANNI WINCKELMANN
PREFETTO DELLE ANTICHITÀ DI ROMA

VOLUME PRIMO

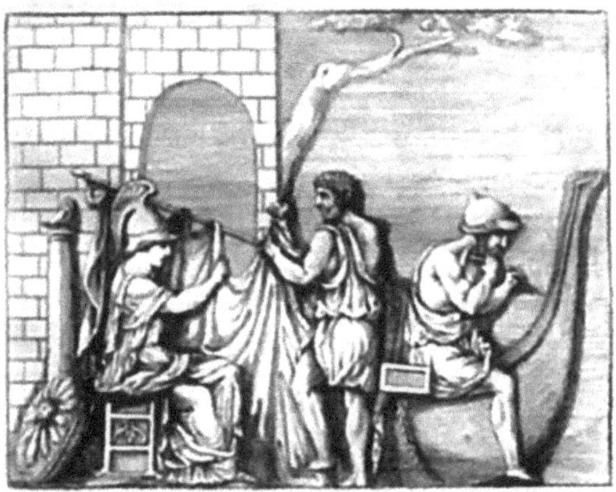

ROMA MDCCLXVII.
A SPESE DELL' AUTORE

Abb. 58 Titelblatt „Monumenti antichi inediti, spiegati ed illustrati“

Von herausragender Qualität ist der aufwendige Antinous-Stich des Zeichners und Stechers Nicolo Mogalli – eben der Stich, mit dem sich Winckelmann auf dem Gemälde Marons (Abb. 65) verewigen ließ. Von ähnlicher Qualität ist der auf dem Titelbild der *Geschichte des Kunst des Alterthums* abgebildete Skarabäus mit fünf der Helden gegen Theben.

Obwohl das kostspielige Werk mit Interesse und Wohlwollen erwartet worden war, blieben die *Monumenti* weniger begehrt als die *Geschichte der Kunst des Alterthums.* Von den 630 Exemplaren wurden zu Lebzeiten 200 verkauft und 30 repräsentative Exemplare verschenkt. Erst Winckelmanns Tod beförderte das Interesse an den *Monumenti.* Für die verbliebenen 400 Exemplare versuchte Reiffenstein im Auftrag Albanis Käufer zu finden (152).

Die zahlreichen Illustrationen wurden als Ersatz für fehlende Abbildungen in der *Geschichte der Kunst des Alterthums* gesehen. Dennoch sah auch Lessing seine Erwartungen nicht erfüllt. Winckelmanns wollte aber nicht die schönsten, sondern die unbekanntesten Antiken vorstellen. Für den „Augenmenschen" Goethe, der die *Monumenti* aus dem Nachlass Herders übernahm, war Winckelmanns Präsentation vor dem Papst ein Beweis der höchsten Ehre, die einem Schriftsteller zuteil werden konnte. Die erste deutsche Übersetzung erschien 1792, die erste französische 1809. Ab 1820 galt das Werk als überholt. Bis heute führen die *Monumenti antichi inediti* ein Schattendasein – zu Unrecht.

Collectanea zu einem bewegten Leben

Im September 1761 siedelte die Familie Mengs nach Madrid über. Margherita, die Tochter des Müllkehrers Michelangelo Guazzi, fand sich am spanischen Königshof nicht zurecht und verfiel in Depression. Nach zweieinhalb Jahren – im November 1763 – reiste sie zu Erholungszwecken nach Rom. Im Gegensatz zum kontinentalen Klima von Madrid (667 msnm) waren die Winter am Mittelmeer deutlich milder. Mengs vertraute seine Frau der Fürsorge Winckelmanns an, der sich über ihre einfache Herkunft hinwegsetzte und sie wie eine feine Dame behandelte. Während ihrer Rekonvaleszens, unter anderem in Albanis Lusthaus zu Castel Gandolfo, verlebte Winckelmann mit Margherita „sechs verliebte Monate".

Seine Emotionen versuchte er mit mehreren Korrespondenzpartnern zu teilen. Im Februar 1765 versicherte er dem in Konstantinopel weilenden Stosch, im Geiste immer mit dem Bilde des Freundes beschäftigt zu sein, obwohl das Bild der Liebsten gegenwärtiger sein müsste. Dann schilderte er ihm seine Empfindungen: „[…] Nach diesem wahrhaftigen Berichte

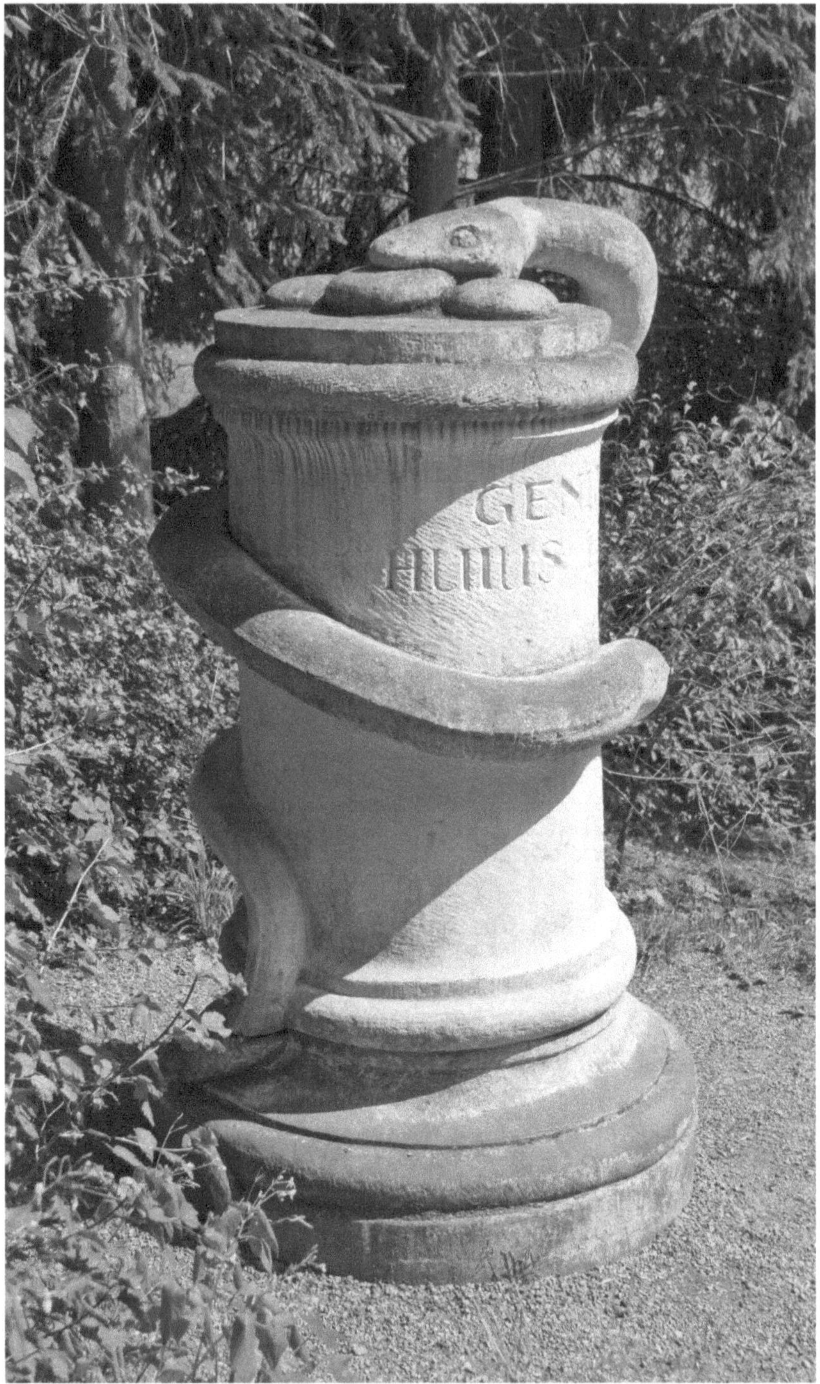

Abb. 59 Rundaltar GENIO HUIUS LOCI (Schlangenstein) von Martin Gottlieb Klauer, 1787, im Park an der Ilm in Weimar

wird es Ihnen nicht unangenehm seyn, von meiner Liebe zu hören. Diese ist endlich auf ein Weib, und auf eines Freundes Ehegenossin, nämlich auf des Herrn Mengs Frau gefallen. Diese kam vor einem Jahre aus Spanien nach Rom, ihre Gesundheit wiederherzustellen, die sie wieder erlangte, und im September erneut nach Madrid abreiste. So schön sie ist, habe ich dieselbe vorher sehr gleichgültig angesehen, bis ihr Umgang, welcher durch den Freund selbst auf mich allein eingeschränkt war, Vertraulichkeit erweckte, die den letzten Genuß ausgenommen, nicht größer sein kann; so daß wir außer Rom mehr als einmal auf eben diesem Bette Mittagsruhe hielten. Diese Frau wurde endlich unsinnig aus Mangel des Besten; und ihr Mann, der von einer Unpäßlichkeit wußte, aber vermuthen konnte, daß bei erlangter Gesundheit dies wollüstige Blut übermächtig werden würde, und trat mir alle seine Rechte auf dieselbe ab, mit dem Verlangen, die Keuschheit dem Leben nachzusetzen. In diesen Umständen unterstützte mich meine Tugend. Die Frau kam nach ein paar Monaten wieder zu sich selbst, und konnte ihre Rückreise antreten. Diese mir gegebene Vollmacht wird ihn notwendig gereuet haben, und es ist der Verdacht auf eine Person gefallen, die hier dem Manne ein Mißtrauen erwecken können, so daß ich eine große Kaltsinnigkeit in dessen folgenden Briefen an mich merkte."

Winckelmann setzte fort: „Endlich aber, da ihm ein Brief von mir an die Frau auf der Reise geschrieben, in die Hände gefallen, und dieser sich auf acht andere bezog, welche alle wie an eine Liebste geschrieben waren. So haben ihn diese Briefe überführet, daß ich derjenige sey, welcher ich verlange zu scheinen. Nunmehro will er, daß die Frau an mich, wie an einen Liebsten schreibe, und er selbst wünschet, daß er mit mir theilen könne, worin die Frau ihm selbst ein heiliges Versprechen thun müssen; und dieses soll geschehen, wenn er zurück nach Rom gehen wird" (153).

Berendis gestand er: „Ich wurde damals zuallererst in das weibliche Geschlecht verliebt, und wie hätte ich einer so hohen Schönheit, wie meine Freundin ist, und die mir allein auf meine Seele anbefohlen war, widerstehen können? Sie ging in vergangenen Herbste nach Spanien zurück, und von dieser Zeit an begegnet sich alle Posttage ein Brief mit dem ihrigen an mich, in welchem ihr geliebter Mann den Schluß schreibt. Ich hoffe sie beide im Oktober zurück in Rom zu sehen, ohne dieses unser Vaterland zu verlassen. Es hat die Freundin voraus gewisse Artikel, die eine hohe und vielleicht nicht bekannte und niemals geübte Freundschaft betreffen, unterschreiben müssen, und ich habe mich verpflichtet, nicht aus Rom zu gehen, was mir auch vor Erbietungen gemacht werden. Ich hoffe aber, wir werden uns, wenn Gott will, nach ein paar Jahren sehen" (154).

„Mit meinem Mengs ist die alte Vertraulichkeit durch dessen Frau nicht allein wieder hergestellet, sondern scheinet den höchsten Grad der Vertraulichkeit erreichet zu haben, so daß er wünschte, das Liebste, was er hat, den Genuß seiner Freundin mit mir theilen zu können: ich schreibe daher alle Posttage und erhalte eben so oft Antwort." Winckelmann selbst äußerte, damals zuallererst in das weibliche Geschlecht verliebt gewesen zu sein: „[…] wie hätte ich einer so hohen Schönheit, wie meine Freundin ist, und die mir allein auf meine Seele befohlen war, widerstehen können? […] So schön sie ist, habe ich dieselbe vorher oft sehr gleichgültig angesehen, bis ihr Umgang, welcher durch den Freund selbst auf mich eingeschränkt war, Vertraulichkeit erweckte, die, den letzten Genuß ausgenommen, nicht größer sein kann; so daß wir außer Rom mehr als einmal auf dem Bette Mittagsruhe hielten" (155), erfuhr Johann Heinrich Füssli im Juni 1765.

Der Schriftsteller Gerhart Hauptmann kommentierte diese ménage à trois 1939 in seinem Winckelmann-Roman: „Eine natürliche Liebe zur Kunst verband sich in Margareta mit einem gusto delicato e raffinato, und dieser verfeinerte und übersteigerte Sinn für das Ungewöhnliche machte sie zum dritten Partner von gleichem Wert in dieser Verbindung. Schicksale zerrissen das Kleeblatt. Raphael Mengs fand in Madrid eine fürstliche Wirksamkeit, Margareta wurde von Rom nach Madrid und von Madrid nach Rom hin und her gezerrt" (156).

Wie immer liegen auch hier Fiktion und Wahrheit dicht beieinander. Da sich Winckelmann nicht mehr selbst erklären kann, müssen wir mit seinen Briefen vorliebnehmen. „Ich bin niemals ein Feind des anderen Geschlechts gewesen, wie ich ausgeschrieen werde; aber meine Lebensart hat mich von allem Umgange mit demselben entfernet", schrieb er an Francke. „Ich hätte mich verehelichen können, und vielleicht wäre es geschehen, wenn ich mein Vaterland hätte wieder sehen können; wozu nunmehr alle Hoffnung verschwunden ist; aber vereheligt würde ich niemals soweit gekommen seyn. Doch jetzt fällt es mir kaum ein, und diese Enthaltsamkeit macht es, daß ich der vielen Arbeit und dem emsigen Fleiße gewachsen seyn kann; ich bin nur unmäßig im Essen, sonderlich aber im Trinken, das ist: ich trinke Wein ohne Wasser, welches den Römern fremde scheint; im übrigen bin ich gesünder als jemals, und ich laufe und ich klettere mit allen jungen Leuten um die Wette" (157).

Wo immer das Interesse an der Person Winckelmanns höher angesetzt wird als an seinem Lebenswerk, steht seine Homosexualität im Mittelpunkt. Dafür werden vor allem drei Indizien angeführt: Die Liebe zu dem jungen Lamprecht, die Sehnsucht nach dem livländischen Baron von Berg und die Anekdote des Abenteurers Giacomo Girolamo Casanova, über eine „verfängliche Situation“ mit einem Bathyllos (Liebling des Anakreon). Casanova hielt sich 1760 in Rom auf. Dreißig Jahre später – im siebenten Buch der *Histoire de ma vie* – erinnerte er sich noch genau, wie er ohne anzuklopfen in Winckelmanns Arbeitszimmer im Palazzo Albani getreten war. Dabei hatte er gesehen, wie sich Winckelmann rasch von einem jungen Burschen löste, der hastig seine Hosen in Ordnung brachte. Winckelmann habe sein Verhalten mit seinen langjährigen Forschungen begründet, durch die er zum Verehrer der Alten geworden sei…

In der zweiten Auflage seiner Biografie *Winckelmann und seine Zeitgenossen* greift Carl Justi den Gedanken von der „angeblichen Homosexualität“ (158) auf und schildert „die alte Sitte, bei berühmten Hetären Konversation zu machen“. Gemeint ist die schöne Viscioletta, von der Winckelmann schreibt, sie „öfters, aber in allen Züchten“ besucht zu haben.

Der Literaturvoyeurismus giert nach Intimitäten. Woher rührte Winckelmanns Interesse an männlichen Statuen, besonders dem Apollo? Wer einen schönen Körper hymnisch besang, der begehrte ihn. Wer sich für antike Gewohnheiten interessierte, handelte auch danach. Weil Zeugenaussagen fehlen, wird der Sprachgebrauch des 18. Jahrhunderts nach Doppeldeutigkeiten abgeklopft, besonders die persönliche Korrespondenz betreffend. Den jungen Kaufmann Paul Usteri redete Winckelmann mit „Milchlamm“ an. Ihm schrieb er: „Über die Schönheit beider Geschlechter wäre besser zu reden als zu schreiben: Mich deucht aber, mein Satz sollte in allen Ländern statt finden können. Denn der Beweis kann von den Thieren anheben, unter welchen, ohne Wiederspruch, das männliche schöner als das weibliche ist; und in Absicht auf uns hat die Erfahrung gelehret, daß in jeder Stadt mehr schöne junge Leute als schöne Weiber sind, und ich habe niemals so hohe Schönheiten in den schwachen Geschlechte als in dem unsrigen gesehen. Was hat denn das Weib schönes, was wir nicht auch haben? denn eine schöne Brust ist von kurzer Dauer, und die Natur hat dieses Theil nicht zur Schönheit, sondern zur Erziehung der Kinder gemacht, und in dieser Absicht kann es nicht schön bleiben. Die Schönheit ist so gar den Männern noch im Alter eigen, und man kann von vielen alten Männern sagen, daß sie schön sind; aber niemand hat eben dieses von einer alten Frau gesaget“ (159). Auch Goethe war „aus der Welt hinausgerückt“, als er den Apoll in Marmor sah.

In jedem Falle stieg das Verlangen nach einer Biografie Winckelmanns. Johann Gottfried Paalzow, der geltungsbedürftige Rektor aus Seehausen, nutzte die Gunst der Stunde und veröffentlichte sein Elaborat *Kurzgefaßte Lebensgeschichte und Character des Herrn Präsidenten und Abt Winkelmanns in Rom (1764).* Seinem ehemaligen Kollegen tat er damit keinen Gefallen. Paalzow behauptete, das Lesen heidnischer Schriften hätte Abscheu gegen die Wahrheit und Gleichgültigkeit in der Religion bewirkt. Zwar wäre Winckelmann friedfertig und leutselig gegen jedermann gewesen, aber ein Feind des anderen Geschlechts.

Eine von Paalzows Geschichtchen schildert das Durchwühlen der Sandberge vor den Toren Stendals, um Scherben von zerbrochenen Urnentöpfen zu finden und diese als Heiligtum zu verwahren. Entrüstet konterte sein Landsmann: „Ich hatte geglaubt, mich um unsere Nation verdienter gemacht zu haben, als ich sie besorgen dürfe, ins Lächerliche gekehrt zu werden. Vielleicht ist meine Offenherzigkeit gegen deutsche Reisende hieran Schuld; denn ich suche nicht den Weisen zu machen, und ich habe mich zuweilen über meine Zufälle selbst lustig gemacht; demohngeachtet ist nichts Lächerliches in meinem Leben. Dieses wird den schon gefaßten Entschluß bei mir bestärken, mich allen Deutschen in Rom zu entziehen, und ich ersuche meine Freunde, mich mit Niemand fernerhin zu belästigen“ (160). Unter dem Titel *Collectanea zu meinem Leben* sammelte Winckelmann 67 antike Zitate und kurze Tagebuchaufzeichnungen, um einmal sein wirkliches Leben beschreiben zu können, darunter (161)

> „Man muß mit Feuer entwerfen und mit Phlegma [Sorgfalt] ausführen.“
> (To write with fury, but correct with phlegm. An essay on translated verse 1884
> by Wentworth Dillon, 4th Earl of Roscommon, 1630–1685)

Der Aufklärer Winckelmann, der zu den Klassikern der Briefkultur des 18. Jahrhunderts zählt, pflegte eine internationale Korrespondenz. Goethe bezeichnete ihn als Literator – einen Vermittler zwischen den Kulturen. Winckelmann erkärte den „Litterator“ wie so oft mit einem Gleichnis: „Eine denkende Seele kann am Strande des weiten Meeres sich nicht mit niedrigen Ideen beschäftigen; der unermeßliche Blick erweitert auch die Schranken des Geistes, welcher sich anfänglich zu verlieren scheinet, aber grösser wiederum in uns zurück kommt. – Nachdem ich ferner bald einsahe, daß sehr viele Werke alter Kunst entweder nicht bekannt, oder nicht verstanden noch erkläret worden, so suchte ich die Gelehrsamkeit mit der Kunst zu verbinden“ (162).

Aufgrund unzähliger Bitten um die Beschreibung von Kunstwerken kam er sich jedoch oft „wie ein gequälter Wurm“ vor und befürchtete, „es werde am Ende gar noch eine römische Kehrbürste und eine Nasenhaarschere verlangt werden“ (163).

Winckelmann als Kunstpädagoge

Winckelmann sah seine Kunstgeschichte als Lehrbuch, sich selbst als den sprachlichen Mittler, insbesondere für deutsche Reisende. „Es kann auch alles, was ich angemerkt habe, obgleich mit dem Buche in der Hand, in einem Monate [die gewöhnliche Zeit des Aufenthalts der deutschen Reisenden in Rom] nicht durchgesehen und gefunden werden. Aber so wie das wenige mehr oder weniger den Unterschied zwischen Künstlern macht, ebenso zeigen die vermeintlichen Kleinigkeiten den aufmerksamen Beobachter, und das Kleine führt zum Großen“ (164).

Mit Grand Tour (auch Kavalierstour oder Junkerfahrt) bezeichnete man die Bildungsreisen der Söhne des europäischen Adels und des gehobenen Bürgertums. Die jungen Kavaliere reisten in Suiten (Gefolgen), zu denen ein Hofmeister und Diener gehörten. Unterwegs bildeten sich oft zufällige Reisekompanien aus Kaufleuten und Reisenden unterschiedlichen Standes. Ein engmaschiges familiäres Netzwerk, das von Generation zu Generation weitergenutzt wurde, sicherte das Vorankommen (165). Literarische Zeugnisse ihrer Zeit wurden die Reiseberichte von Rochus Friedrich zu Lynar aus Lübbenau / Spreewald und seinem Schwager Heinrich VI. Reuß zu Köstritz / Thüringen. Beide hinterließen Tagebuchaufzeichnungen ihrer Tour durch Westeuropa (um 1731) – gemeinsam verfasst mit ihrem Hofmeister und Begleiter Anton von Geusau.

Dreißig Jahre nach seinem Vater reiste der junge Graf Friedrich Ulrich zu Lynar von Oldenburg nach Göttingen, wo er seinen ehemaligen Hofmeister besuchte. Dort traf er auf die livländischen Adligen Johann Gottlieb Graf von Münnich und Friedrich Reinhold Freiherr von Berg. In Begleitung ihres Präzeptors Johann Friedrich Reiffenstein reisten die drei weiter nach Rom. Im Frühjahr 1762 gehörten sie zu den von Winckelmann geführten Gästen.

Winckelmann, der sich unsterblich in den jungen Reinhold von Berg verliebte, schrieb diesem am 9. Juni 1762: „Freundschaft ohne Liebe ist nur Bekanntschaft. [...] Die christliche Moral lehret dieselbe nicht; aber die Heiden beteten dieselbe an, und die größten Taten des Altertums sind durch dieselbe vollbracht“ (166). Obwohl sich der 26-jährige Freiherr von Berg nur zwei Monate in Rom aufgehalten hatte, setzte sich das Verhältnis als Brieffreundschaft fort.

Winckelmann widmete ihm seine vergleichsweise kurze Schrift *Abhandlung von der Fähigkeit der Empfindung des Schönen in der Kunst und dem Unterrichte in derselben (1763)*. Darin konstatiert er: „Die Fähigkeit, das Schöne in der Kunst zu empfinden, ist ein Begriff, welcher zugleich die Person und Sache, das Enthaltende und das Enthaltene in

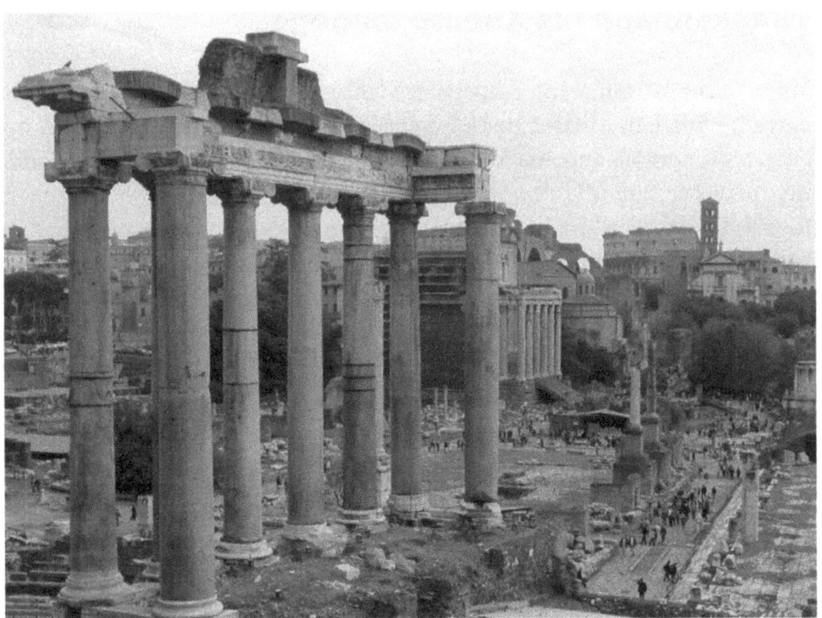

Abb. 60 Tempel des Saturn 498 v. Chr. in Rom, 2004

sich fasset, welches ich aber in eins schließe, so daß ich hier vornehmlich auf das erstere mein Absehen richte, und vorläufig bemerke, daß das Schöne von weiterem Umfange als die Schönheit ist." Im Sinne des pädagogischen Eros' des Philosophen Plato setzt er fort: „Diese geht eigentlich die Bildung an und ist die höchste Absicht der Kunst; jenes erstrecket sich auf alles, was gedacht, entworfen und ausgearbeitet wird. Es ist mit dieser Fähigkeit wie mit dem gemeinen gesunden Verstande; ein jeder glaubet, denselben zu besitzen, welcher gleichwohl seltener als der Witz ist: weil man Augen hat wie ein anderer, so will man so gut als ein anderer sehen können."

Die Fähigkeit, das Schöne zu entdecken, werde durch gute Erziehung geweckt. Doch zuerst sollten Herz und Empfindung durch Erklärung der schönsten Stellen alter und neuer Werke, „sonderlich der Dichter, rührend erwecket und zu eigener Betrachtung des Schönen in aller Art zubereitet werden, weil dieser Weg zur Vollkommenheit führet. Zu gleicher Zeit sollte dessen Auge [das des Knaben] an Beobachtung des Schönen in der Kunst gewöhnet werden, [...]" (167).

Winckelmann wünschte dem jungen Freund, sein Leben abseits der „Thorheit der Höfe" zu genießen und erinnerte an das Versprechen, sich wiederzusehen. Dabei blieb es. Man ist wohl nur im reifen Alter der Freundschaft fähig...

Im April 1763 entdeckte Winckelmann in der Werkstatt des renommierten Bildhauers und Restaurators Cavaceppi den antiken Kopf eines Knaben. Ergriffen schwärmte er: „Nachdem ich zu der Abhandlung über die Schönheit in der Geschichte der Kunst alles, was in Italien aus dem Altertume von Schönheit übrig ist, untersucht hatte, glaubte ich nimmermehr einen schöneren Kopf männlicher Jugend als den Apollo, den Borghesischen Genius und den Mediceischen Bacchus in Rom zu finden, und ich wurde außer mich gesetzt, da mir eine fast noch höhere Schönheit in dem Gesichte eines jungen F a u n [griech. Pan] mit zwei kleinen Hörnern auf der Stirne zu Gesichte kam [...]" (168). Er erwarb die Büste und ließ die Zerstörungen an Nase und Lippe ergänzen. Selbstverständlich fand der Faun (2. Jh. n. Ch.), sein „Ganymed", Eingang in seine private Sammlung und nachfolgende Publikationen – entsprach er doch Winckelmanns Vorstellung von mustergültiger Schönheit.

Leopold III. Friedrich Franz von Anhalt-Dessau

Die Zahl bildungshungriger Besucher war so zahlreich, dass hier nur einige genannt werden können. Im Dezember 1763 kam Friedrich Ludwig Graf von Moltke von Leipzig nach Rom. 1764 vermittelte Gian Lodovico Bianconi – inzwischen kursächsischer Gesandter in Rom – die Begegnung mit dem jungen Grafen Hermann von Callenberg aus der Oberlausitzer Standesherrschaft Muskau.

Bis Mitte 1766 konnte sich Winckelmann des Ansturms prominenter Kavaliere kaum erwehren, darunter Karl Theodor Freiherr von Dalberg, Louis-Alexandre de La Rochefoucauld duc d'Enville, Georg zu Mecklenburg und Karl Wilhelm Ferdinand von Braunschweig-Wolfenbüttel sowie Johann Ludwig Graf von Wallmoden. Kost und Logis fanden sie in der zentral gelegenen Strada (Via) della Croce.

Fürst Leopold III. Friedrich Franz von Anhalt-Dessau und seine Entourage (Suite, Gefolge) hielten sich im Winter 1765 / 66 in Rom auf. Zweck der Studienreise war die Modernisierung und Verschönerung ihres durch den Krieg gebeutelten Fürstentums. Der Fürst befand sich in Begleitung des Architekten Friedrich Wilhelm von Erdmannsdorff. Sein jüngerer Bruder Johann Georg („Hans Jürge") reiste unter der Obhut des Militärschriftstellers Georg Heinrich von Berenhorst. Als Cicerone erschloss Winckelmann seinen Gästen vier Monate lang die kulturhistorischen Sehenswürdigkeiten der Ewigen Stadt. Die Natürlichkeit des jungen Regenten aus Anhalt-Dessau hob sich wohltuend von anderen Romreisenden ab. Aus dessen Feder ist die erste Begegnung so überlie-

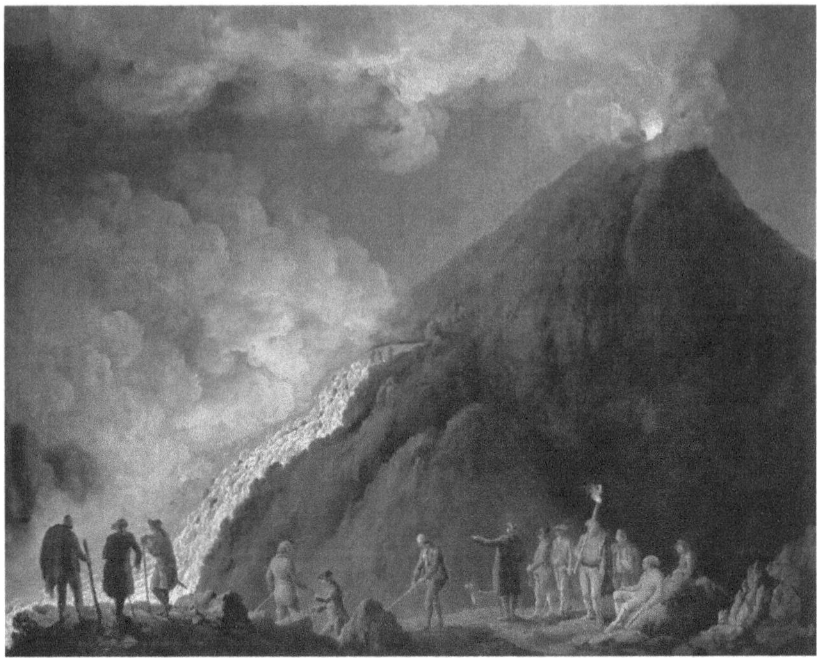

Abb. 61 Ausbruch des Vesuv am 12. Januar von Jacob Philipp Hackert, 1774

fert: „Ich bin Dessau, lieber Winckelmann, komme nach Rom um zu lernen, ich habe Ihres Beistands nöthig." Der Cicerone gab zu, Freudentränen vergossen zu haben über ein so „würdiges Menschenkind deutscher Nation".

Wie alle „Helden" vor ihm maß Winckelmann den 26-Jährigen an seinem Ideal von edler Einfalt und stiller Größe: „Der Fürst von Dessau ist von der Natur geschaffen, ein würdiger Bürger und Freund zu sein, und erhöhet ihn durch seine Geburt, durch seine Gestalt und durch seine einnehmende Herablassung. Er ist nicht im Stande lasterhaft zu seyn. Er kam zu mir, um unerkannt zu seyn, allein, mit einem Stabe in der Hand, und wartete in des Kardinals Vorkammmer, bis ich mich vom Kardinal losgemacht hatte. Ich bin Dessau, sagte er, und habe Ihres Beistandes nöthig, lieber Winckelmann, hundertmal küßte ich ihm die Hände auf dieses Wort, denn ich erkannte ihn aus dem Bilde seines Vaters. Dem ärmsten Maler, welcher nach Rom kömmt, kann derselbe ein Beyspiel sein, jeden Augenblicke zu nützen. Er ging in die geringsten Mythologischen Kleinigkeiten hinein, und erhob sich bis zum Erhabenen, der Kunst hinauf" (169). Winckelmanns Empfehlung lautete: „Ein Prinz, der ein Kayser seyn sollte, so wie er ein Menschenfreund ist“ und „[der] erste Prinz, der ein Weiser ist, und welcher nach Art der alten Weisen reiset.“ Im Überschwang seiner Gefühle lobte er die inneren Werte des Fürsten: „Ich kann ihn den aus Gott Geborenen nennen: denn alle menschliche Tugenden sind im höchsten Grade in dessen edler Seele vereinigt und jedermann wünschte einen solchen Freund. Daher wird hier, und wo er gewesen ist, sein Andenken ewig erneuert werden“ (170).

Nach acht Wochen reiste die Entourage in Begleitung Reiffensteins weiter und traf am 26. Februar 1766 in Neapel ein. Auf dem Pizzofalcone residierte Sir William Douglas Hamilton, von 1764 bis 1798 britischer Botschafter im Königreich Neapel und Sizilien. Dort betrieb der Lord einen schwunghaften Handel mit Gemälden, Antiken und Mineralien. Im Casino di Mappinola („Villa Emma“) bei Posillipo genoss er die Sommerfrische und empfing seine illustren Gäste.

Eine dritte Villa – die „Villa Angelica“ nahe Torre del Greco – nutzte Hamilton als vulkanologisches Observatorium. Der Vesuv war seit Mitte des 17. Jahrhunderts fast ununterbrochen tätig und ein Muss für Besucher der Region. So bestieg Hamilton den Vulkan ungezählte Male, am 28. Februar mit Fürst Franz und dessen Begleitern. Der Aufstieg zu dem in 1.200 Höhe gelegenen Krater erfolgte in mehreren Etappen. Gewöhnlich wurden zwei Drittel des Weges zu Pferde zurückgelegt. Auf dem Colle San Salvatore, wo sich eine malerische Eremitage befand, konnte man „die Augen an der Aussicht und Brust aber am Weine“ (171) laben. Von dort erklomm man mit einem Wanderstock den Kraterrand – oder ließ sich von Bauern hinaufziehen. Die empirischen Untersuchungen des Forschers interessierten den Fürsten brennend. Hamilton vertrat die optimistische Naturauffassung der Aufklärung: „Je mehr ich Gelegenheit habe dieses vulkanische Land zu untersuchen, desto mehr werde ich von der Wahrheit dessen überzeugt, was ich bereits zu äußern gewagt habe, nämlich daß die Vulkane mehr erschaffend als zerstörerisch betrachtet werden müssen.“

Mit seinen Beobachtungen zum Phasenverlauf eruptiver Prozesse zählt Hamilton zu den Begründern der modernen Vulkanologie (172), nicht zuletzt mit der Absicht, Eruptionen vorherzusagen und die Bevölkerung rechtzeitig warnen zu können. Goethe als Neptunist sah sich im Widerspruch zu Plutonisten wie Hamilton und Alexander von Humboldt. Noch immer fasziniert unternahm die Entourage eine Schiffsreise zu den Kaiserthermen.

Der Maler Jacob Philipp Hackert galt als der angesehenste Landschaftsmaler des frühen Klassizismus. Er verband ideale Landschaften mit detailgetreuer Wirklichkeit. Die nächtliche Szene am Vesuv erlaubte es Hackert, sich auf die Farbspiele der glühenden Eruptionen zu konzentrieren. Von den zahlreichen Schaulustigen heben sich drei dunkle Figuren gegen die leuchtende Palette aus orangefarbener Lava, rotem Feuer und graubläulichem Rauch ab. Sie verkörpern die dem Naturschauspiel angemessene Haltung, wie sie in der zeitgenössischen Ästhetik beschrieben wurde: die Suche nach dem wohligen Schauer. (Museumslandschaft Hessen-Kassel, Abb. 61 und Tafel 15)

Am 4. März standen Herculaneum und Pompeji auf dem Besichtigungsprogramm. Die Ausgrabungsstätten, vor allem aber die Motive der archäologischen Dokumentation *Le antichità di Ercolano esposte (Band 1–4, Pitture antiche d'Ercolano)* boten dem Architekten Erdmannsdorff vielfältige Inspiration für die Gestaltung des Wörlitzer Gartenreiches. Fürst Franz von Anhalt-Dessau fasste seine Reiseerfahrungen so zusammen: „In England kann man ein ordentlicher Mensch werden [die dortige Niederlassung als Privatmann mit einer bürgerlichen Frau war von Friedrich II. verhindert worden], in Frankreich geht man unter und in Italien sind es Natur und Kunst, das Alterthum mit seinen herrlichen Gebilden, die Ruinen einer untergegangenen Welt, was den Geist ernährt und erhebt, wenn auch daß Herz bricht" (173). Seine Kavalierstour zählt zu den beispielhaften Reisen aufgeklärter Regenten des 18. Jahrhunderts.

C'est tout Herculanum!

Nach der Rückkehr ließ der junge Fürst zunächst zwei Räume im Residenzschloss Dessau klassizistisch umgestalten. Erdmannsdorff konzipierte Wandmalereien für die sogenannte Rotunde, der Hofmaler Christoph Friedrich Lisiewski führte die Arbeiten aus. Dieser Teil des Schlosses ist heute leider nicht mehr erhalten.

Ausdruck fortschrittlichen Denkens war auch der Wandel in der Gartenkunst. Lagen im Barock noch streng formale Gestaltungsprinzipien zugrunde, sollte der Landschaftsgarten nun ein idealisiertes Abbild der Natur bieten. Als Orientierung galten Gemälde bedeutender Landschaftsmaler wie Claude Lorrain, Nicolas Poussin, Jacob von Rysdael und Salvator Rosa. Der englische Maler, Architekt und Landschaftsgärtner William Kent schuf seine Gärten nach diesen Vorbildern. Im Sinne der Aufklärung breitete sich der Landschaftsgarten sehr bald auch auf dem europäischen Kontinent aus. In der zweiten Hälfte des 18. Jahrhunderts wurden in Deutschland die ersten Anlagen nach englischem Vorbild geschaffen.

Baubeginn für die Wörlitzer Anlagen war 1764. Fast zeitgleich entstand in der Residenz des Fürsten Ernst II. Ludwig von Sachsen-Gotha-Altenburg ein englischer Garten. Dessen Pläne stammten von dem

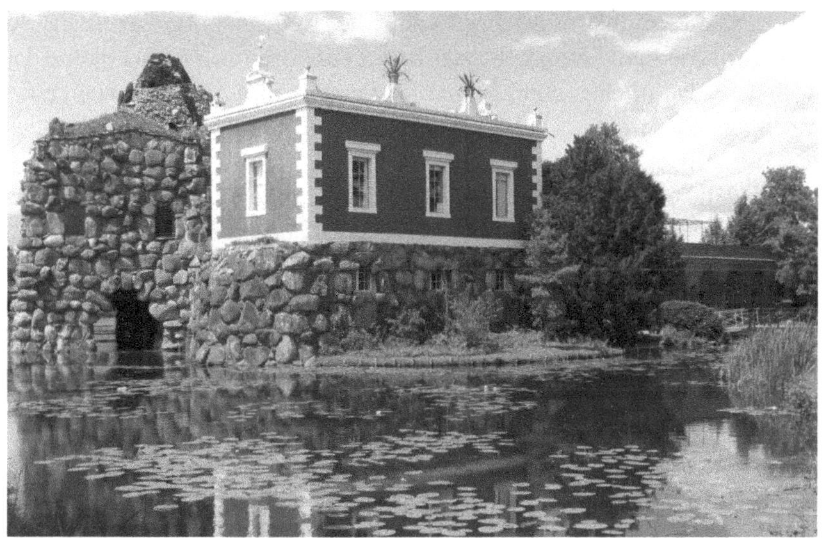

Abb. 62 Insel Stein mit Vesuv und Villa Hamilton in Wörlitz, 2012

Landschaftsarchitekten Lancelot „Capability" Brown und wurden von John Haverfield jun. sowie dem Hofgärtner Christian Heinrich Wehmeyer umgesetzt. In Braunschweig entwarf Brown 1768 den Garten für das Schloss Richmond der Prinzessin Augusta von Hannover. Ab 1776 gestaltete Friedrich Ludwig Sckell den Barockgarten von Schwetzingen im englischen Stil, ab 1785 den Park Schönbusch bei Aschaffenburg. In München entstanden der Englische Garten, der erste Volkspark Europas, und der Schlosspark Nymphenburg. Von Sckell, 1808 geadelt, gilt als der bedeutendste Landschaftsgestalter der Goethezeit.

Die Erbfolge des Fürstentums Anhalt-Dessau ging 1751 an den elfjährigen Leopold III. Friedrich Franz über. Als Minderjähriger machte er Karriere in der preußischen Armee. Für die Neutralität im Siebenjährigen Krieg wurden seinem Fürstentum Kontributionen von 180.000 Talern auferlegt. Der preußische König verheiratete im Jahre 1767 Leopold III. mit seiner Cousine Luise Prinzessin von Brandenburg-Schwedt.

1764 brachten Fürst Franz und sein Berater Erdmannsdorff aus England die Idee zu einem Landschaftgarten mit. Noch vor der Romreise des Fürsten Franz entstand 1765 nach dem Vorbild des Portals von Stourhead House / Wiltshire der sogenannte Englische Sitz. Das kleine Gebäude wurde antik ausgestattet, zwei kreisrunde Öffnungen schmücken Büsten des Apoll vom Belvedere und eine weibliche Büste der augusteischen Zeit. In Sichtbeziehung zum Englischen Sitz befindet sich auf der gegenüberliegenden Seeseite das 1767 / 68 errichtete Nymphäum. Vorbild war das antike Nymphäum der Egeria nahe der römischen Porta Capena. In der Antike waren dies Quell- oder Brunnenhäuser. In Wörlitz diente das Gebäude als Eiskeller, denn bei der Jagdleidenschaft des Schlossherrn fiel reichlich Wildbret an. Die Teilnahme an Wörlitzer „Sauhatzen" war auch bei Herzog Carl August beliebt.

Anstelle eines kleinen Jagdschlosses entstand von 1769 bis 1773 nach dem Vorbild des südenglischen Landsitzes Claremont House ein dreigeschossiges „Landhaus". Bei seinem Entwurf orientierte sich der Baumeister Erdmannsdorff an weiteren im palladianischen Stil errichteten Landhäusern Englands. Das Wörlitzer Schloss gilt als Gründungswerk des Frühklassizismus in Deutschland, seine Ausstattung als Inbegriff des guten Geschmacks und Winckelmannscher Kunstanschauung.

Die Wörlitzer Anlagen inspirierten zeitgenössische Besucher wie Karl Friedrich Markgraf von Baden, Herzog Carl August von Sachsen-Weimar-Eisenach, Johann Wolfgang von Goethe und auch Hermann Fürst von Pückler-Muskau. Die pädagogische Absicht des Fürsten „Vater" Franz resultierte aus der Philosophie Jean-Jacques Rousseaus, der Ästhetik Johann Georg Sulzers und der Kunsttheorie Johann Joachim Winckelmanns. Das gesamte Gartenreich Dessau-Wörlitz – als herausragendes Beispiel für die Umsetzung philosophischer Prinzipien der Aufklärung in einer Landschaftsgestaltung, die Kunst, Erziehung und Wirtschaft harmonisch miteinander verbindet – gehört seit dem Jahr 2000 zum Weltkulturerbe der UNESCO.

Am 14. Mai 1778 schrieb der den jungen Herzog Carl August begleitende Goethe an die von ihm verehrte Hofdame Charlotte von Stein nach Weimar: „Hier ists ietzt unendlich schön. Mich hats gestern Abend, wie wir durch die Seen, Kanäle und Wäldchen schlichen, sehr gerührt, wie die Götter dem Fürsten erlaubt haben, einen Traum um sich herum zu schaffen. Es ist, wenn man so durchzieht, wie ein Märchen, das einem vorgetragen wird, und hat ganz den Charakter der elysischen Felder; in der sachtesten Mannigfaltigkeit fließt eins in das andre; keine Höhe zieht das Auge und das Verlangen auf einen einzigen Punkt; man streicht herum ohne zu fragen, wo man ausgegangen ist und hinkommt" (174).

1794 war auch die Felseninsel Stein fertiggestellt (Abb. 62) – eine Reminiszenz an den Aufenthalt des Fürsten am Golf von Neapel mit Grotten, einem antiken Theater und der aufwändigen Nachbildung der „Villa Emma" des englischen Gesandten Lord Hamilton. Ende Juli des gleichen Jahres konnte Goethe sogar den Ausbruch des 17 Meter hohen „Vesuv" miterleben. Bei seinem Besuch in Wörlitz im Jahre 1799 rief der wallonische Kunstkenner und Gartenkritiker Charles Joseph Fürst de Ligne betört aus: „Gärtner, Maler, Philosophen, Dichter, gehet nach Wörlitz! C'est tout Herculanum!"

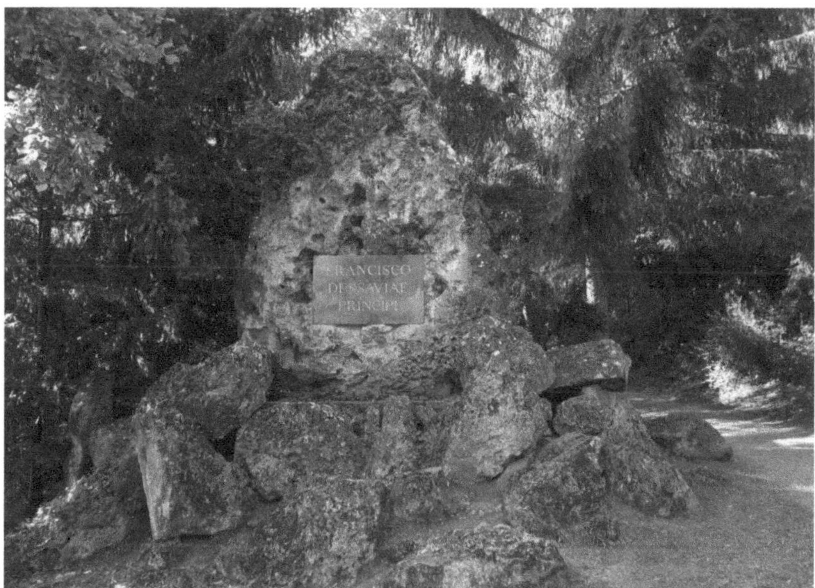

Abb. 63 Dessauer Stein „Francisco Dessaviae Principi", 1787, im Park an der Ilm in Weimar von Adam Friedrich Oeser

Ab 1778 entstand zwischen Weimar und Oberweimar ein Park entlang der Ilm. Als Symbol seiner Freundschaft mit dem Fürsten von Anhalt-Dessau ließ Herzog Carl August 1782 über seinem Westufer den sogenannten Dessauer Stein aufstellen und mit der goldenen Inschrift „Francisco Dessaviae Principi" versehen (Abb. 63). Der Entwurf für das nicht allegorische Denkmal stammt von niemand anderem als Adam Friedrich Oeser. Wie in den Wörlitzer Anlagen flossen antike Elemente wie der „Dem Genius dieses Ortes" gewidmete Rundaltar (auch „Schlangenstein"), die Sphinxgrotte, die Pompejanische Bank oder der Brunnen mit der Ildefonso-Gruppe (heute vor dem Roten Schloss) in die Gestaltung des Parks an der Ilm ein. Für sich selbst ließ der Herzog auf Anregung Goethes zwischen 1791 und 1798 das Römische Haus errichten.

Die Aufzählung der Arbeiten weiterer Gartenkünstler muss hier auf die Goethezeit beschränkt bleiben: Peter Joseph Lenné gestaltete den Neuen Garten in Potsdam, den Schlosspark Glienicke, den Park Sanssouci, die Parkanlagen von Schloss Lübbenau oder den Volksgarten Klosterberge in Magdeburg. Gemeinsam mit Hermann von Pückler-Muskau arbeitete er an der Umgestaltung des Parks von Schloss Quilitz (später Neu-Hardenberg). Pückler setzte die von Lenné begonnene Arbeit am Park Babelsberg fort. Im 5. Kapitel seiner dem Prinzen Carl von Preußen gewidmeten Schrift *Andeutungen über Landschaftsgärtnerei [...] (1834)* betonte er: „[...]

ein Garten im großen Stil ist eben nur eine Bildergalerie, und Bilder verlangen ihren Rahmen."

Während seiner Reisen hielt sich Pückler mehrfach in Weimar auf. Am 14. September 1826 schrieb er seiner geschiedenen Frau Lucie: „Diesen Abend stattete ich Goethe meinen Besuch ab. Er empfing mich in einer dämmernd erleuchteten Stube, deren *clair-obscur* nicht ohne einige künstlerische Koketterie arrangiert war. Auch nahm sich der schöne Greis mit seinem Jupiters-Antlitz gar sittlich darin aus. [...] Er sagte mir dann auch viel Gütiges über Muskau und mein dortiges Streben, mild äußernd, wie verdienstlich er es finde, den Schönheitssinn zu wecken – es sei auf welche Art es wolle – wie aus dem Schönen dann immer auch das Gute und alles Edle sich mannigfach von selbst entwickele" (175). Pückler wusste: Die Leidenschaft ist der Schlüssel zur Welt. Heute zählt auch der Muskauer Park zum UNESCO-Weltkulturerbe, aber als Pücklers Meisterstück gilt der Park in Branitz.

In Ettersburg gestaltete sein Schüler Carl Eduard von Petzold ab 1842 den zum Schloss gehörenden Landschaftspark um, bevor 1845 unter Anleitung des Fürsten die Ausweitung einer Schneise des alten Jagdsterns erfolgte. Der „Pücklerschlag" ist heute Teil des Welterbeensembles Klassik Stiftung Weimar. Zu den bedeutenden Pückler-Anlagen in Thüringen gehören auf jeden Fall die Landschaftsparks von Schloss Altenstein bei Bad Liebenstein und Wilhelmsthal bei Eisenach.

Bewunderte Goethe erst die Verbindung von Kunst und Natur, die Nachahmung von Natur und Architektur im „englisch-sentimentalischen" Garten, bezeichnete er dies bald als Zeichen schlechten Geschmacks. Spätestens nach seiner dritten Reise in die Schweiz im Jahre 1797 pries er die unverfälschte Natur als Ideal. 1825 erklärte er gegenüber dem Publizisten Karl August Varnhagen von Ense, Parkanlagen seien völlig aus der Mode, „man höre und lese nirgends mehr, daß jemand noch einen krummen Weg anlege, eine Tränenweide pflanze; bald werde man die vorhandenen Prachtgärten wieder zu Kartoffelfeldern umreißen" (176).

Antiquités étrusques, grecques et romain

Doch zurück zu Winckelmann: Am 19. September 1767 unternahm er seine vierte und längste Reise nach Neapel. Von dem britischen Botschafter Lord Hamilton, dem Graveur Pierre-François Hugues Baron d'Hancarville, Johann Hermann Freiherr von Riedesel und der extravaganten Lady Margaret Orford wurde er bereits erwartet. Der im Palazzo Sessa residierende Lord Hamilton war Besitzer einer mehr als 700 Stücke umfassenden Sammlung schwarz- und rotfiguriger Vasen. Der selbsternannte Baron d'Hancarville, bei dem Winckelmann wohnte, sollte sie publizieren. Obwohl Winckelmann die „Etruscheria" ablehnte, stand er ihm bei der kunsthistorischen Einordnung der Vasen zur Seite.

Bisher wurde alles, was aus den Gräbern in der Toskana ans Tageslicht kam, als rein etruskisch angesehen. Gleiches galt für die in Kampanien und Unteritalien gefundenen Vasen. Winckelmann war einer der ersten, der sich um die objektive Beschreibung dieser Kultur bemühte. Er dokumentierte die Entwicklung der Stile der Etrurier (Etrusker) unter dem Einfluss angrenzender Völker (Samniter, Volsker und Kampaner). Die Kultur der Etrurier überschnitt sich mit phönizischen, italienischen und römischen Einflüssen. Unter den Funden, die in etruskischen Gräbern lagen, befanden sich auch Objekte aus Ägypten. Sie übten einen besonders exotischen Reiz aus und wurden – wie griechische Vasen – in der Antike als Luxusgüter betrachtet. Die Künstler ließen sich anfangs von griechischen und orientalischen Vorbildern inspirieren. Im 7. / 6. Jh. v. Chr. war die etruskische Keramik dann so weit entwickelt, dass sie nach Griechenland exportiert und dort sogar nachgeahmt wurde. Da Sujets und Zeichnung der Vasen – die Profilstellung schwarzer Figuren vor hellem Grund – sie als griechische Importe auswiesen, glaubte man in der Vasenmalerei jene klassischen Kriterien gefunden zu haben, nach denen man so lange gesucht hatte (177).

In Winckelmanns Kunstgeschichte heißt es: „Diese Gefäße sind, wie die kleinsten geringsten Insekten die Wunder in der Natur, das Wunderbare in der Kunst der Alten, und so wie in Raffaels ersten Entwürfen seiner Gedanken der Umriß eines Kopfs, ja ganze Figuren, mit einem einzigen unabgesetzten Federstriche gezogen, [...], ebenso erscheint in den Gefäßen mehr die große Fertigkeit und Zuversicht der alten Künstler als in anderen Werken. Eine Sammlung derselben ist ein Schatz von Zeichnungen" (178).

Winckelmann zeigte sich begeistert von d'Hancarvilles präzisen Tafelabbildungen. 1767 veröffentlichte Hamilton den ersten Band der *Antiquités étrusques, grecques et romaines tirées du cabinet de M. Hamilton envoyé extraordinaire de S. M. Britannique à la Cour de Naples* zunächst in französischer, dann in englischer Sprache – seinem König George III. gewidmet. Diese aufwändige Publikation, von Hamilton als Geschenkband gedacht, gewann außerordentlichen Einfluss auf Kunstverständnis und Mode des ausgehenden 18. Jahrhunderts. Hamiltons Sammlung erwarb 1772 das Britische Museum. Eine zweite Sammlung wurde zwischen 1794 und 1803 publiziert. Der russische Gesandtschaftssekretär in Neapel André d'Italinsky verfasste dazu detaillierte Beschreibungen, der Direktor der

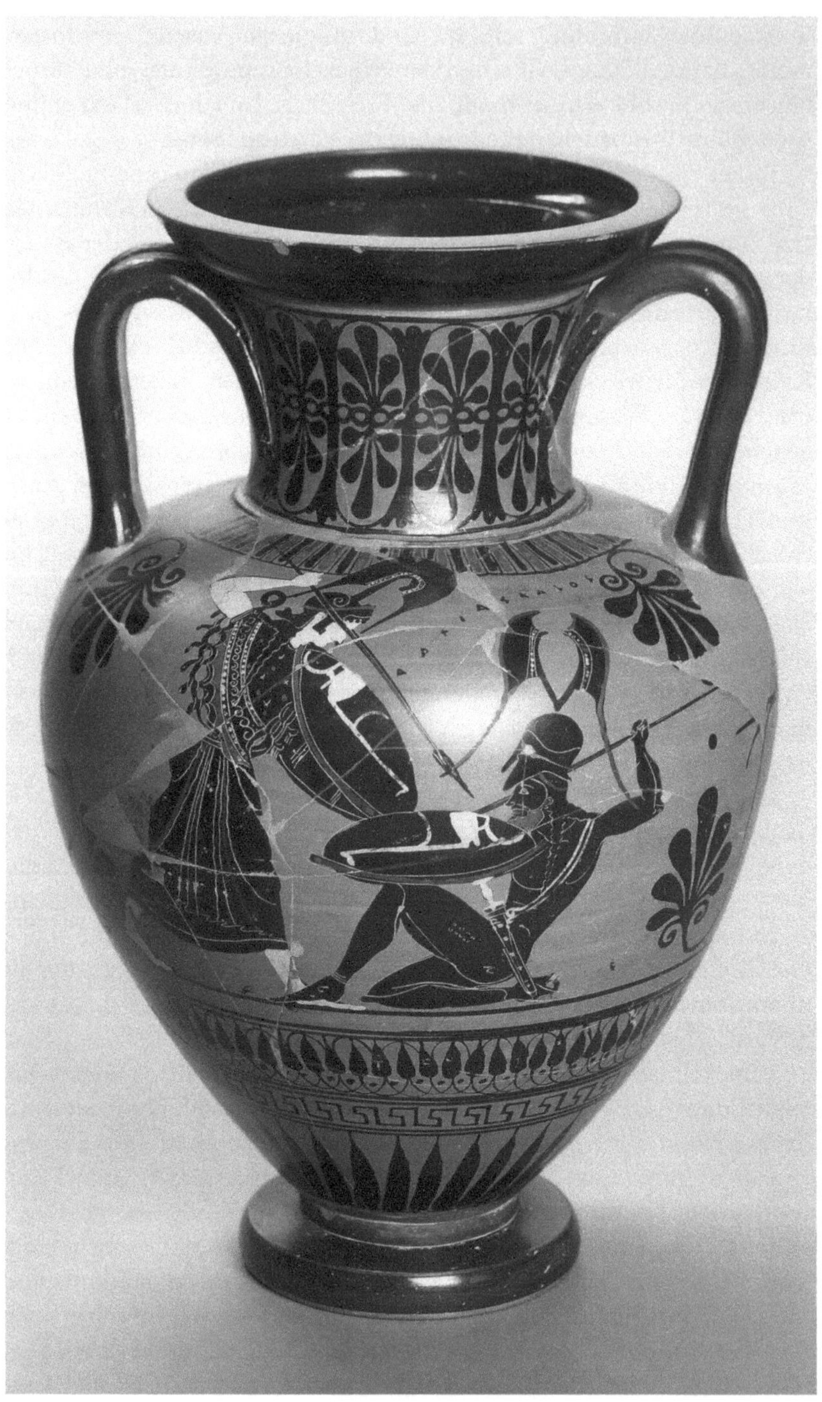

Abb. 64 Attisch-schwarzfigurige Hydra der Leagros-Gruppe im Antikenmuseum der Universität Leipzig. Inv. T 4796

Accademia di Belle Arti zu Neapel, Johann Heinrich Wilhelm Tischbein, gab die Vasenbilder als reine Umrisszeichnungen wieder.

Mit gemischten Gefühlen reiste Winckelmann im Herbst 1767 weiter nach Portici, wo er Recherchen zur Fortsetzung seiner Kunstgeschichte anstellen wollte. Von dem spanischen Ingenieur-Obristen Alcubierre hätte er sich wegen seiner üblen Nachrede durchaus „eine Tracht Schläge" vorstellen können, aber die Anfeindungen fielen weniger heftig aus als erwartet. Tanucci erlaubte den sogar Zutritt zum Herculanense Museum. Am 15. Oktober machte die Vorhersage einer heftigen Eruption des Vesuv die Schließung des Museums notwendig – und damit die Verlängerung des Aufenthalts.

Am 19. Oktober ereignete sich der angekündigte Vulkanausbruch. Winckelmann besichtigte die sich 40 Kilometer nördlich befindliche Großbaustelle des Palazzo Reale von Caserta. Als er am nächsten Tag nach Neapel zurückfuhr, ergossen sich die heißen Lavaströme von San Giorgio a Cremona bis nach Torre Annunziata. Abenteuerlustig wagten sich Winckelmann, Baron d'Hancarville, Freiherr von Riedesel und mehrere ortskundige Begleiter nachts mit Fackeln bergan. Sie wollten das Schauspiel aus allernächster Nähe erleben. Nach zwei Stunden beschwerlichen Aufstiegs „mit geplatzten Schuhsohlen über glühende Lava" erreichten sie die Mündung. Dass die Gesellschaft an der feurigen Lava Tauben briet und Winckelmann – nackend wie ein Kyklop – seine Abendmahlzeit hielt, gehört zu den heiteren Anekdoten aus seinem Leben.

Der hessische Diplomat und Reiseschriftsteller Riedesel und Winckelmann hatten sich 1763 in Rom kennen gelernt. Nach ausgiebiger Korrespondenz begegneten sich beide im November 1767 in Neapel endlich wieder. Neben Stosch, Mengs und dessen Frau galt er als einer seiner wenigen wirklichen Freunde. Riedesel lud den Altertumsforscher zu einer Reise nach Griechenland und Kleinasien ein, doch Winckelmann verzichtete zugunsten seiner lange geplanten Deutschlandreise. Nun reiste Riedesel in Begleitung des italienischen Altertumsforschers Ignazio Pricipe di Biscari nach Sizilien. Die Fortsetzung der Reise erfolgte durch die Levante, Kleinasien, die Türkei und Griechenland.

Die an Winckelmann adressierten Sendschreiben wurden von Orell, (Rudolf) Füeßlin und Compagnie in der Schweiz publiziert. Riedesels seinem Freunde Winkelmann zugeeignete *Reise durch Sicilien und Großgriechenland (1771)* gilt als die erste und gleichzeitig erfolgreichste Landesbeschreibung Siziliens und Maltas durch einen deutschen Schriftsteller. „[...] es ist der treffliche *von Riedesel*, dessen Büchlein ich wie ein Brevier oder Talisman am Busen trage", notierte Goethe am 26. April 1787 in Girgent. „Sehr gern habe ich ich mich immer in solchen Wesen bespiegelt, die das besitzen was mir abgeht und so ist es gerade hier: ruhiger Vorsatz, Sicherheit des Zwecks, reichliche, schickliche Mittel, Vorbereitung und Kenntnis, inniges Verhältnis zu einem meisterhaft Belehrenden, zu Winckelmann; dies alles geht mir ab und alles übrige was daraus entspringt. Und doch kann ich mir nicht Feind sein daß ich das zu erschleichen, zu erstürmen, zu erlisten suche, was mir während meines Lebens auf dem gewöhnlichen Wege versagt war. Möge jener treffliche Mann in diesem Augenblick mitten in dem Weltgetümmel empfinden, wie ein dankbarer Nachfahr seine Verdienste feiert, einsam in dem einsamen Orte, der auch für ihn soviel Reize hatte, daß er sogar hier, vergessen von den Seinigen und ihrer vergessend, seine Tage hier zugebracht wünschte" (179).

Anton von Marons Winckelmannbildnis

Credo des trefflichen Winckelmann war die Freundschaft. In der Hoffnung auf Gegenliebe schloss er seine Briefe – wie damals nicht unüblich – mit Formulierungen wie „Ihr ewiger", „Ihr eigener und ewiger W.", „Ihr ewiger, eigener und einziger und geweiheter Freund" (180). Kunstwerke personifizierte er, um selbst mit ihnen wie mit einem Freund bekannt zu werden. Da er keine Verwandten hatte, sah er in Uden und Stosch den „getreuen Bruder". Als Letzter ihn 1766 um ein Bildnis bat, willigte Winckelmann ein und schlug als Künstler den befreundeten Porträtmaler Anton Maron vor. Das nach seinen Vorstellungen komponierte Ölgemälde wurde im März 1767 begonnen, konnte „wegen überhäufter Arbeit des Malers" aber erst im darauffolgenden Jahr fertiggestellt werden.

Das 135 x 98 Zentimeter große Porträt (Abb. 65) zeigt den Altertumsforscher in erhabener Pose. Exotisch anmutende Kleidung symbolisiert Weltoffenheit und geistige Verbundenheit. Nach dem Vorbild prominenter Künstler- und Gelehrtenporträts trägt Winckelmann einen turbanartigen Kopfschmuck, „ein seidenes Tuch, anstatt der Mütze verloren gebunden gelegt". Die Draperie des mit weißem russischen Wolfspelz gefütterten Mantels verleiht ihm eine aristokratische Erscheinung, kaschiert aber auch die körperliche Konstitution des 50-Jährigen.

Die Beschreibungen des Äußeren Winckelmanns unterscheiden sich je nach Erinnerungsvermögen und Wohlwollen seiner Zeitgenossen. Johann Heinrich Füssli beschreibt ihn als einen Mann von mittlerer Größe mit bräunlicher Gesichtsfarbe, lebhaften schwarzen Augen, vollen Lippen, zwangloser, aber edler Haltung und rascher Bewegung. Sein Stimme sei nicht laut, aber rein und deutlich gewesen. Die Rede floss schnell von seinen Lippen, außer, wenn er lehrte oder erklärte. Er konnte schnell in

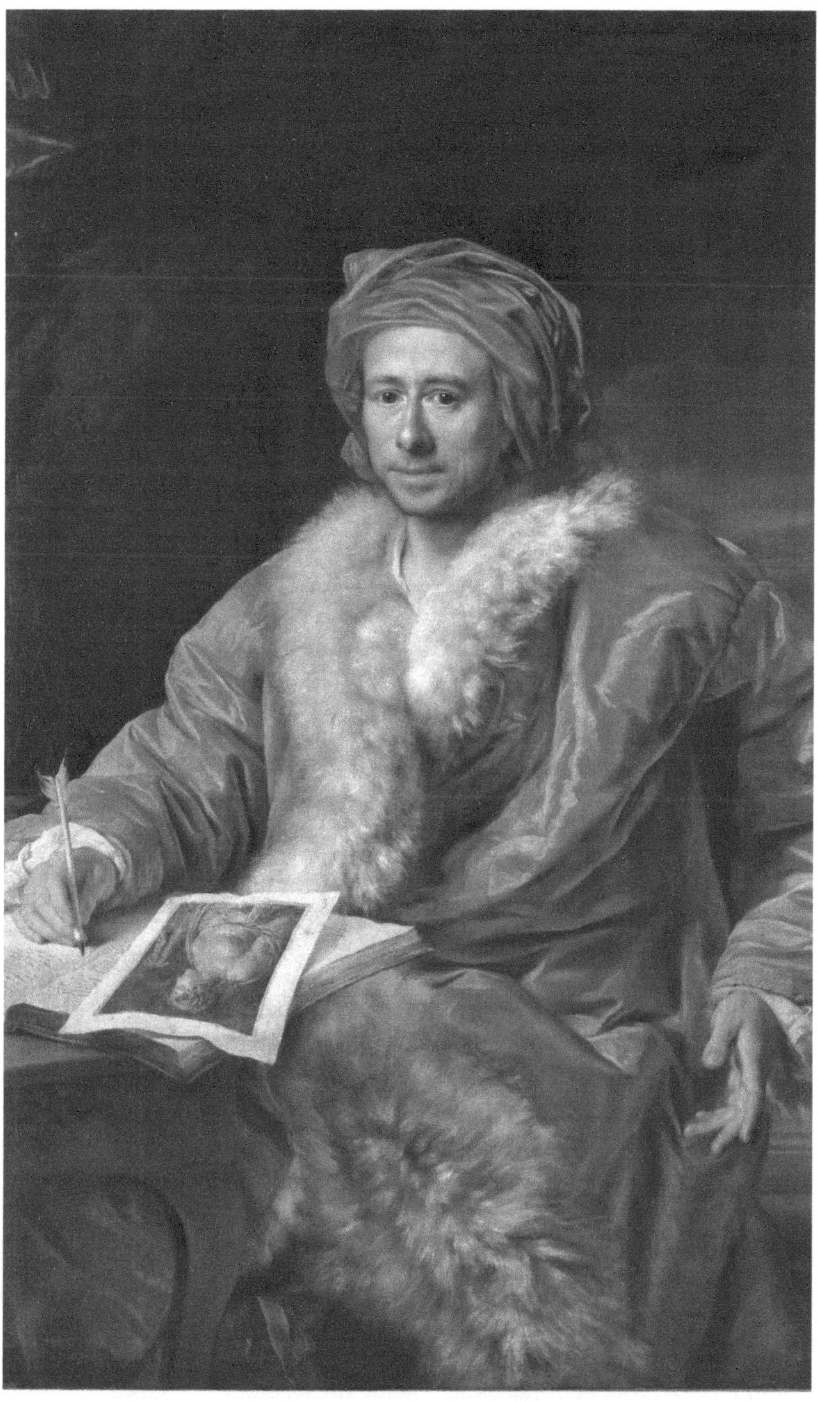

Abb. 65 Johann Joachim Winckelmann, Porträt von Anton von Maron, 1768

Heftigkeit und bei Gegenständen seiner Bewunderung ins Pathos geraten. Aufgrund einsetzenden Haarausfalls habe er eine Perücke getragen (181).

Auf dem Gemälde ist im Stil barocker Ikonografie rechts hinter Winckelmann eine Homer-Büste platziert. Sie zeigt den Dichter als hellenistischen Blindentypus. Homers Epen hatten Winckelmann das Sehen gelehrt und die Bildhaftigkeit seiner Sprache inspiriert. Da der Hintergrund stark nachgedunkelt ist, kommt die Stosch'sche Hermes-Gemme Psychopompos (Seelenführer) links im Bild kaum zur Geltung: Hermes symbolisiert die Freundschaft über den Tod hinaus. Aber das Auge des Betrachters ahnt das „weite Meer" – gleichsam Metapher für den „unermeßlichen Blick", der die „Schranken des Geistes" erweitert. Vor Winckelmann liegt die Abbildung des Antinous-Reliefs aus der Villa Albani. Er arbeitet also gerade an seinen *Monumenti antichi inediti*. Die Augen lassen den Intellekt erkennen, mit dem er seine Gedanken formuliert. Winckelmanns Augen – der Spiegel der Seele eines Menschen – verraten vieles: Rastlosigkeit, Leutseligkeit, Begeisterungsfähigkeit, Drang nach persönlicher Freiheit und Anerkennung, aber auch Kränklichkeit…

Während andere das Bildnis als realitätsfern abwerteten und in der Melancholie die Andeutung des nahenden Todes sahen, lobte der Auftraggeber Stosch die Ähnlichkeit des Porträts mit seinem berühmten Freund. 1769 sandte Kardinal Albani ihm das Gemälde nach Berlin.

Wegen der Bedeutung des Altertumsforschers avancierte Marons Werk zum bekanntesten Winckelmann-Bildnis. Leopold III. Friedrich Franz von Anhalt-Dessau erhielt eine Replik. Sie befindet sich heute im Kunstmuseum Stiftung Moritzburg Halle. Eine dritte hängt im Frankfurter Goethe-Museum, eine vierte im Herzog Anton Ulrich-Museum Braunschweig. Der Maler Otto Gerike schuf Kopien für das Winckelmann-Museum Stendal und das Winckelmann-Institut der Humboldt-Universität zu Berlin.

1776 wurde auf Initiative des Mäzens Friedrich Justin Bertuch und des Malers Georg Melchior Kraus im Weimarer Roten Schloss die Fürstlich freie Zeichenschule gegründet. Am 6. Dezember 1805 berichtete der Theater- und Bibliothekssekretär Christian August Vulpius an den Bremer Arzt Nikolaus Meyer, „der Erbprinz [Karl Friedrich] hat uns Winckelmanns Portrait geschenkt gemalt von Maron, er hat's für 100 Dukaten gekauft" (182).

1807 übernahm Johann Heinrich Meyer die Stelle des Direktors der Zeichenschule. Am 3. September 1809, zum Geburtstag des Herzogs Carl August, wurde im Fürstenhaus die erste ständige Gemäldeausstellung eröffnet. Als größtes Bildnis beeindruckte das von Anton von Maron in Rom geschaffene Porträt Johann Joachim Winckelmanns. Nach mehrfachem Ortswechsel befindet es sich heute im sogenannten Goethezimmer des Schlossmuseums zu Weimar.

Das Verhängnis – Tod in Triest

Zahlreiche Briefe und Exzerpte belegen Winckelmanns Sehnsucht nach dem Morgenland. 1760 hoffte er sich mit der reichen Pensionärin Lady Orford (alias Walpole) nach Attika einschiffen zu können, im Sommer 1762 wollte er mit dem englischen Sprachgenie Edward Wortley Montagu in die Levante. Bei ihm, der sich wie ein Osmane kleidete und als illegitimer Sohn des Sultans ausgab, nahm Winckelmann Unterricht in arabischer Sprache. Einer seiner Fieberanfälle verhinderte diese Reise. 1767 hätte der griechische Traum mit dem Freiherrn von Riedesel in Erfüllung gehen können, doch Winckelmann entschied sich zugunsten seiner deutschsprachigen Freunde. Auf deren finanzielle Unterstützung hoffte er, um eigene Grabungen im westgriechischen Elis durchführen zu können. In seinen *Anmerkungen über die Geschichte der Kunst des Alterthums (1767)* hatte Winckelmann aufgerufen, Olympia auszugraben, wo sich in der Antike die jugendlichen Athleten auf die Wettkämpfe vorbereiteten (183). Er war versichert, „daß hier die Ausbeute über alle Vorstellung ergiebig seyn, und daß durch die Untersuchung dieses Bodens der Kunst ein großes Licht aufgehen würde“ (184).

Regenten, Gelehrte und Künstler in Deutschland, Österreich und der Schweiz erwarteten den Altertumsforscher seit langem. Geplant war ursprünglich ein Besuch in Weimar, um sich mit dem befreundeten Hofrat Berendis „in diesem Leben zum letzte Male“ zu sehen. In Leipzig erwartete ihn Oeser, inzwischen Professor und Direktor der Zeichenakademie. Von dort sollte der Weg zum Fürsten Franz von Anhalt-Dessau führen, bei dem Winckelmann auch Stosch treffen wollte. Mit ihm plante er einen Besuch beim Erbprinzen von Braunschweig-Wolfenbüttel und die gemeinsame Weiterreise nach Hannover zum Minister Gerlach Adolph Freiherr von Münchhausen, Kurator der Universität Göttingen. In Berlin wollte er Schlabbrendorf treffen und für die Übersetzung seiner *Anmerkungen* ins Französische sorgen. Für den Herbst 1768 hatte Winckelmann einen Aufenthalt bei seinen Schweizer Freunden Usteri, Füssli und Gessner vorgesehen. Von dort sollte über Wien die Rückreise nach Italien erfolgen. Die Reiseroute änderte sich mehrfach und auch die Abreise musste erneut verschoben werden. Schließlich wurde der Archäologe Giovanni Battista Visconti zu seinem Stellvertreter ernannt. Am 10. April 1768 machten sich Winckelmann und sein Begleiter Cavaceppi auf den Weg nach Norden. Über Venedig erreichten sie Verona, wo ihnen die Antikensammlung im Palazzo Bevilacqua (Corso Cavour, 19) noch Vergnügen bereitete. Dann ging es weiter Richtung Gebirge, hinter dem Freunde und lukrative Geschäfte warteten. Doch zwischen Ideal und Wirklich-

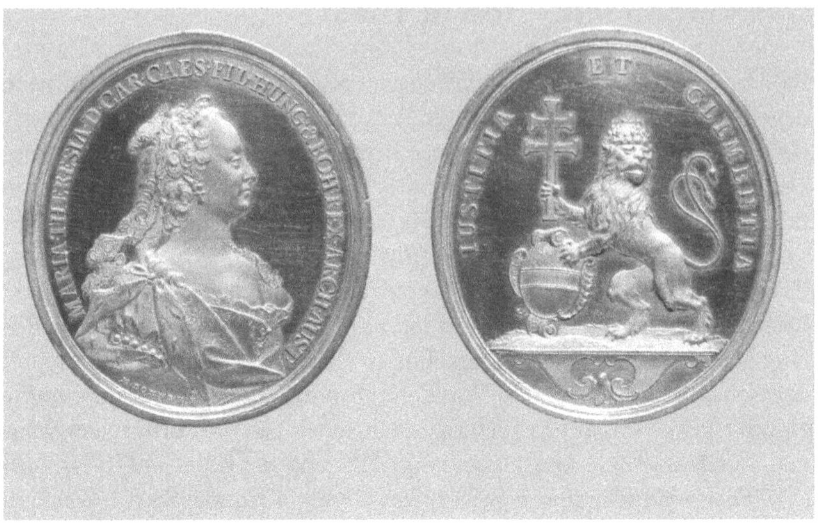

Abb. 66 Gnadenmedaille Maria Theresias von Stempelschneider Matthäus Donner, 1743

Abb. 67 Rückseite der Gnadenmedaille Maria Theresias von Stempelschneider Matthäus Donner, 1743

keit befanden sich furchterregende Hindernisse – die Alpen, „[...] wo das Große mit dem Schönen, das Grauenvolle mit dem Lachenden so überraschend abwechselt [...]" (185). Bereits während der Auffahrt zum Brenner bekam der die südländischen Annehmlichkeiten gewohnte Winckelmann Zweifel an der Richtigkeit seiner Entscheidung. „Schon die Veränderung der Vegetation schien ihn zu quälen. Der Anblick felsiger Schluchten und dichter Waldungen, die freilich hie und da von sonnenwarmen Weinbergen unterbrochen wurden, an denen sich der starre Blick des Reisenden hilflos festsog, legte sich auf sein Gemüt wie eine Nebeldecke, unter deren Last er nur mit Mühe atmete. Als dann um die Gegend von Bozen Regen einsetzte und schweres Gewölk von den Alpen her über das immer mehr sich verengende Tal zog, verschloß er sich in dumpfer Abwehr gegen die ihn bedrängende Landschaft und setzte jeder Bemerkung des Reisegefährten nur noch steinernes Schweigen entgegen", schreibt Gerhart Hauptmann (186). Anders als auf der Reise nach Rom, erfreuten Winckelmann diesmal keine tirolischen Schönheiten. Die Architektur, die spitz zulaufenden Dächer, lösten Entsetzen aus. Alle Erklärungen Cavaceppis halfen nichts gegen seine Schwermütigkeit.

Nach Augsburg erreichten sie München, wo beide die kurfürstliche Sammlung besichtigten. Verehrer – darunter der kunstbegeisterte Kurfürst Maximilian III. Joseph und seine Gemahlin Maria Anna von Sachsen – erwiesen dem Altertumsforscher ihre Ehre und beschenkten ihn mit einem wertvollen tiefgeschnittenen Stein. Bis Regensburg ließ sich der Wankelmütige noch mitschleppen, dann entschloss er sich zur Umkehr. Ein Brief an Kardinal Albani kündigte die baldige Rückkunft an. Ein ähnlicher Brief ging an den befreundeten Kupferstecher Mogalli, der seine Sachen verwaltete. Cavaceppi versuchte den Freund bei der Ehre zu packen – vergeblich. Winckelmann beteuerte, nicht anders zu können, als zurückzureisen. Angesichts seines bedürftigen Zustands nahm Cavaceppi mehrere hundert Kilometer Umweg auf sich. Am 12. Mai – in der fünften Reisewoche – erreichten beide die prachtvolle Barockstadt Wien, wo ihnen der Bankier Schmidtmayer Unterkunft bot.

Mit zwei letzten Briefen vom 14. Mai wandte sich Winckelmann an Stosch und den Fürsten von Dessau. Er beklagte kein Mittel gegen die Schwermut zu wissen als den Rückweg nach Rom. Seine Bitte an Stosch war, dem Bildhauer Cavaceppi eine Audienz beim preußischen König zu verschaffen.

Cavaceppi ließ Winckelmann im Wiener Allgemeinen Krankenhaus zurück, „blaß, mit erloschenen Augen, zitternd, stumm und verwirrt", wie er in seinem Tagebuch vermerkte. Er reiste allein weiter – über Prag und Dresden zunächst nach Dessau. Von dort nach Kassel und Braunschweig und schließlich nach Potsdam. Cavaceppi trug zwar einen Verkaufskatalog bei sich, führte aber auch Aufträge aus – darunter eine Büste des preußischen Königs.

Von einem erneuten Fieberanfall genesen wurde Winckelmann Ende Mai von Kaiserin Maria Theresia und Staatskanzler Fürst Kaunitz-Rietberg empfangen. Auf Schloss Schönbrunn ehrte die Kaiserin den Altertumsforscher für seine wissenschaftlichen Leistungen mit wertvollen Gnadenmedaillen – zwei goldenen und zwei silbernen. Am Sonntag, dem 29. Mai, verließ Winckelmann in einer Postkutsche Wien via Graz nach Triest (ital. Trieste) – eine Reise von rund 500 Kilometern. Von dort wollte er ein Schiff nach Ancona nehmen und schließlich auf dem Landweg zurück nach Rom reisen.

Die Stadt Triest war seit 1382 Teil des habsburgischen Österreichs. Ihr Aufstieg begann im Jahre 1719 mit der Erhebung zum Freihafen durch Kaiser Karl VI. Unter seiner Nachfolgerin Maria Theresia setzte sich der wirtschaftliche Aufschwung durch städtebauliche Maßnahmen fort. Der einzige große Seehafen Österreichs, zugleich die nördlichste Hafenstadt am Mittelmeer, zog ein buntes Völkergemisch an: Serben, Kroaten, Griechen, Deutsche, Türken und Juden. Napoleon bezeichnete Triest, die „Stadt der Winde", als die wahre Hauptstadt der Adria. Hier begegnete Johann Gottfried Seume auf seinem „Spaziergang nach Syrakus" erstmalig mediterranen Gerüchen. Der französische Konsul Henri Beyle alias Stendhal verbrachte in Triest widerwillig den Winter 1830 / 31. Der Maler und Architekt Karl Friedrich Schinkel erlebte 1833 ein Gewühl von Schiffsvolk aus allen Häfen Italiens, der Levante und Griechenlands (187)...

Am 1. Juni gegen 11.45 Uhr hielt die Kutsche vor dem vornehmen Hotel Osteria Grande (Locanda Grande, seit 1873 Grand Hotel Duchi d'Aosta). Dort trug sich der Reisende als Signor Gioanni ein, bevor ihm der Wirt Francesco Richter das Gepäck in die zweite Etage bringen ließ: einen Koffer, einen Reisekorb, zwei Leinwandsäcke mit Wäsche, eine Handtasche... Der Gast erhielt das Zimmer Nr. 10 mit Ausblick auf die Piazza San Pietro und den Mandracchio genannten Hafen (188). Von dort wollte er so schnell wie möglich weiterreisen. Beim Mittagessen gesellte sich ein Fremder zu ihm. Er wohnte im benachbarten Zimmer Nr. 9 und bot ihm seine Dienste an. Winckelmann, der als guter Menschenkenner galt, hegte keinen Argwohn gegenüber dem (nach eigener Aussage) 38-Jährigen. Da sich die Abfahrt des Schiffes verzögerte nutzte er dessen Ortskundigkeit. Das Verhängnis nahm seinen Lauf...

Der Hotelinhaber beobachtete die zunehmende Vertrautheit der beiden Männer. Neugierig geworden versuchte er Arcangeli, einen vorbestraften Koch, der unter falschem Namen unterwegs war, über die Identität des Signor Gioanni auszuhorchen. Arcangeli hielt ihn für einen Juden, Lutheraner oder sogar einen Spion. Offenbar auf dessen Geldbeutel und Medaillen aus, schmiedete er den Plan zu einem Raubüberfall. Zunächst beschaffte er sich ein Seil und ein großes Messer.

Am Vormittag des 8. Juni gegen 10 Uhr trat Arcangeli in das Nachbarzimmer. Winckelmann saß am Schreibtisch und machte Notizen für seine Kunstgeschichte. Arcangeli warf ihm das zu einer Schlinge gebundene Seil über den Kopf, um ihn zu erwürgen. Als sein Opfer sich wehrte, stach er auf ihn ein. Der Kellner Andrea Harthaber hörte den Lärm und öffnete die Tür zum Zimmer Nr. 10. Dort sah er Winckelmann auf dem Boden liegend, der Gast aus Nr. 9 hatte ihm ein Knie auf die Brust gesetzt und stach erneut auf ihn ein. Bevor Harthaber um Hilfe rufen konnte, floh der Mörder.

Als Erste erschienen ein Polizeibeamter und zwei Ärzte am Tatort. Die spätere Obduktion ergab fünf Stiche in Brust und Bauch, zwei davon lebensbedrohlich. Ein Kapuzinermönch nahm dem Verwundeten die Beichte abnahm. Winckelmann war noch in der Lage, Aussagen zu Protokoll zu geben und sein Testament zu machen. Sechs Stunden später – gegen vier Uhr nachmittags – erlag er seinen Wunden. Der auf dem Koffer liegende Pass gab Auskunft über Identität und Reiseziel des Toten. In seinem Gepäck fand man einen goldenen Ring mit Karneol, eine in Silber gefasste Lupe und die erwähnten Medaillen, die unversehrt in Etuis steckten. Allein das Bargeld entsprach dem sechsfachen Wert der Medaillen. Offenbar war nichts gestohlen worden (189). Unter den Büchern waren zwei in griechischer Sprache, Homers *Ilias* und *Odyssee* ...

Am 9. Juni wurden die sterblichen Überreste ohne Zeremoniell im Beinhaus der Kathedrale San Giusto in Triest beigesetzt. Fürst Kaunitz und Kardinal Albani, der von Winckelmann als Universalerbe benannt worden war, erfuhren als Erste von dem mysteriösen Mord. Weitaus größere Aufmerksamkeit erfuhr der Mörder. Am 14. Juni wurde Arcangeli aufgegriffen und am 15. des Monats den Triester Behörden übergeben. Nach anfänglichen Falschaussagen gestand er schließlich den Mord an dem rätselhaften Fremden. Als Motiv gab er an, auf dessen Münzen ausgewesen zu sein. Bereits am 18. Juli vernahm er sein Urteil: Er war bei lebendigem Leib von oben nach unten zu rädern, danach sollte seine Leiche auf dem Rad zur Schau gestellt werden. Am 20. Juli 1768 gegen 10 Uhr – es war die Tatzeit – wurde das Urteil unter großer Anteilnahme der Bevölkerung auf der Piazza San Pietro vollstreckt.

Obwohl der Winckelmann-Mord mit einem Umfang von drei Akten zu den bestdokumentierten Kriminalfällen des 18. Jahrhunderts zählt, sind bis heute viele Fragen ungeklärt: Weshalb hatte Winckelmann seine Deutschlandreise abgebrochen? Worin bestand der Inhalt seines vertraulichen Gesprächs mit Kaiserin Maria Theresia und Fürst Kaunitz? Wie konnte Winckelmann, der die Triester Öffentlichkeit mied, ausgerechnet Vertrauen in Arcangeli fassen? Welche Gründe hatte Fürst Kaunitz, bei der Bestrafung des Mörders auf Eile zu drängen? Interessanterweise ließ er Winckelmanns Habseligkeiten erst nach Wien bringen, bevor sie Kardinal Albani in Rom ausgehändigt wurden (190)...

In *Spaziergang nach Syrakus im Jahre 1802* schreibt der Schriftsteller Johann Gottfried Seume, im gleichen Triester Gasthause gewohnt zu haben, wo Winckelmann von einem „meuchlerischen Bedienten" ermordet wurde. Aber die Geschichte sei schon ziemlich vergessen. Als Seume sein Grab aufsuchen wollte, vermochte niemand es ihm zu zeigen.

Mehr Erfolg hatte Leopold Schefer aus Muskau, der 1816 seine als „Lebensuniversität" bezeichnete Reise antrat. In Triest wohnte er ebenfalls in der Locanda Grande. Dort begegnete er Domenico Rossetti de Scander, dem informiertesten Winckelmannforscher jener Zeit. Er besaß damals die umständlichen Prozeßakten und konnte Schefer ein genaueres Bild vermitteln. Schefer reiste weiter nach Griechenland, in die Türkei und den Vorderen Orient, bis er schließlich 1821 nach Muskau zurückkehrte. Hermann Fürst von Pückler-Muskau half ihm bei der Redaktion seiner Reiseaufzeichnungen: *WINKELMANN* sollte Schefers Prosastück heißen...

Der Anwalt und Mäzen Domenico Rossetti Graf de Scander war während der Besetzung Triests durch Napoleon (1809 bis 1813) Mitglied des Consiglio dei Patrizi. Bereits 1808 initiierte er eine akribische Untersuchung des vierzig Jahre zurückliegenden Mordes an dem Altertumsforscher Winckelmann. Er verfasste *Johann Winckelmann's letzte Lebenswoche. Ein Beitrag zu dessen Biographie. Aus den gerichtlichen Originalacten des Kriminalprozesses seines Mörders Arcangeli (Dresden 1818)* mit einer Vorrede Karl August Böttigers. Gleichzeitig beauftragte er den Bildhauer Antonio Bosa, einen Schüler Antonio Canovas, mit der Konzeption eines Denkmals. Im Jahre 1832 wurde das neoklassizistische Kenotaph im Friedhof der Kathedrale San Giusto, dem heutigen Museo d'Antichità J. J. Winckelmann, aufgestellt. Im folgenden Jahr beschrieb Rossetti das Grabmal in *Il sepolcro di Winckelmann in Trieste (Venedig 1823).*

Nachruf

Der preußische König Friedrich II. erfuhr 1768 aus einer Depesche seines Etatministers und bevollmächtigten Gesandten in Wien, Jacob Friedrich von Rohd, vom Tod Winckelmanns. Der Bildhauer Cavaceppi erhielt die unglückliche Nachricht, als er zur Anfertigung einer Büste des Königs in Potsdam weilte. Bei den Bewunderern Winckelmanns löste der Mord einen Schock aus. Fürst Franz erhielt die Nachricht im Dessauer Stadtschloss. Tief erschüttert gestand er seiner Gemahlin: „Louise, ich habe einen einzigen Freund verloren, du einen Anbeter, der nicht zu ersetzen ist." Seine Dankbarkeit gegenüber Winckelmann war die eines Schülers gegenüber seinem verehrten Lehrer (191). Auch Lessing war fassungslos. Am 5. Juli 1768 bemerkte er gegenüber Nicolai : „Das ist seit kurzem der zweite Schriftsteller [nach dem Engländer Lawrence Sterne], dem ich mit Vergnügen ein paar Jahre von meinem Leben geschenkt hätte" (192). Von dem von Stosch in Aussicht gestellten Empfehlungsschreiben als Nachfolger bei Kardinal Albani wollte Lessing keinen Gebrauch machen.

Goethe, der als Student ab Dezember 1765 in Leipzig Zeichenunterricht nahm, wurde durch seinen Lehrer Oeser mit den epochalen Gedanken des Altertumsforschers vertraut. „Bei allen Bemühungen, welche sich auf Kunst und Literatur bezogen, hatte jeder stets Winckelmann vor Augen, dessen Tüchtigkeit im Vaterlande mit Enthusiasmus anerkannt wurde. Wir lasen fleißig seine Schriften und suchten uns die Umstände bekannt zu machen, unter welchen er die ersten geschrieben hatte. Wir fanden darin manche Ansichten, die sich von Oeser herzuschreiben schienen, ja sogar Scherz und Grillen seiner Art [...]. Winckelmann genoß einer solchen all-

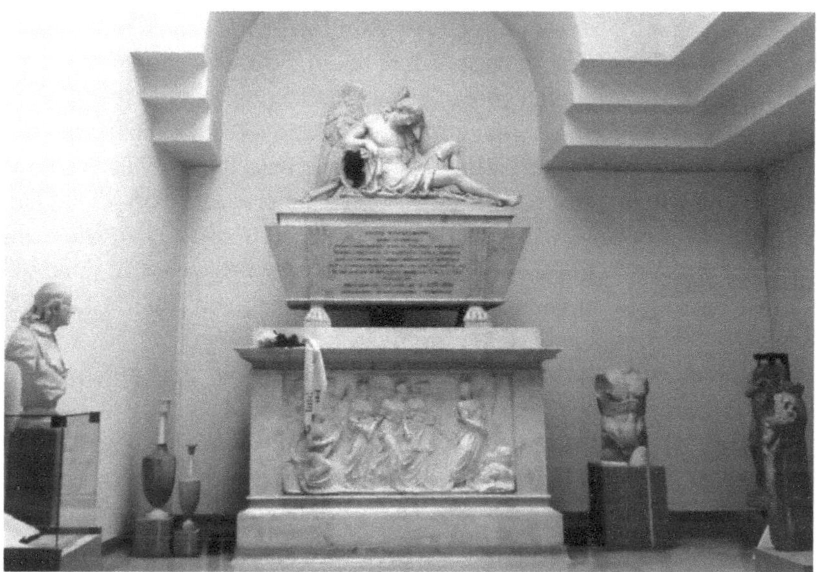

Abb. 68 Kenotaph für Winckelmann von Antonio Bosa in Triest, 1822

gemeinen, unangetasteten Verehrung, und man weiß, wie empfindlich er war gegen irgend etwas und Öffentliches, das seiner wohlgefühlten Würde nicht gemäß schien.

Alle Zeitschriften stimmten zu seinem Ruhme überein, die bessern Reisenden kamen belehrt und entzückt von ihm zurück, und die neuen Ansichten, die er gab, verbreiteten sich über Wissenschaft und Leben. Der Fürst von Dessau hatte sich zu einer gleichen Richtung emporgeschwungen. [...] Nun vernahmen wir jungen Leute mit Jubel, daß Winckelmann aus Italien zurückkehren, seinen fürstlichen Freund besuchen, unterwegs bey Oesern eintreten und also auch in unsern Gesichtskreis kommen würde. Wir machten keinen Anspruch mit ihm zu reden; aber wir hofften, ihn zu sehen, und weil man in solchen Jahren einen jeden Anlaß gern in eine Lustpartie verabredet, so hatten wir schon Ritt und Fahrt nach Dessau verabredet, wo wir in einer schönen, durch Kunst verherrlichten Gegend, in einem wohl administrierten und zugleich äußerlich geschmückten Lande bald da, bald dort aufzupassen dachten, um die über uns so weit erhabenen Männer mit eigenen Augen umherwandeln zu sehen", erinnerte er sich später. „Oeser war selbst ganz exaltiert [aufgeregt], wenn er nur daran dachte, und wie ein Donnerschlag bey klarem Himmel fiel die Nachricht von Winckelmanns Tode zwischen uns nieder. Ich erinnere mich noch der Stelle, wo ich sie zuerst vernahm; es war in dem Hofe der Pleißenburg, nicht weit von der kleinen Pforte, durch die man zu Oeser hinaufzusteigen pflegte. Es kam mir ein Mitschüler entgegen, sagte mir, daß Oeser nicht zu sprechen sei, und die Ursache warum. Dieser ungeheure Vorfall that eine ungeheure Wirkung; es war ein allgemeines Jammern und Wehklagen, und sein frühzeitiger Tod schärfte die Aufmerksamkeit auf den Wert seines Lebens. Ja, vielleicht wäre die Wirkung seiner Thätigkeit, wenn er sie auch bis in ein höheres Alter fortgesetzt hätte, nicht so groß gewesen, als sie es jetzt werden mußte, da er, wie mehrere außerordentliche Menschen, auch noch durch ein seltsames und widerwärtiges Ende vom Schicksal ausgezeichnet worden" (193). Mit seinem Werk *Winckelmann und sein Jahrhundert in Briefen und Aufsätzen (1805)* wird er dem Altertumsforscher ein Vierteljahrhundert später ein literarisches Denkmal setzen.

Noch 1768 reiste Goethe zurück nach Frankfurt. Auf halber Strecke machte er Halt in der Residenzstadt Gotha und betrat zum ersten Mal den Thronsaal des Schlosses Friedenstein. Er ahnte noch nicht, dass ihm „an eben dieser Stelle so viel Gnädiges und Liebes widerfahren sollte"...

Gotha

Nach dem Hubertusburger Frieden von 1763 versuchten mindermächtige Fürstentümer wie Sachsen-Meiningen-Coburg, Sachsen-Weimar-Eisenach und Sachsen-Gotha-Altenburg ihre politische Selbstständigkeit zu behaupten. Unter der Regierung Friedrich III. entwickelte sich das Herzogtum Sachsen-Gotha-Altenburg zu einem Zentrum der Aufklärung. Vorleser, später Gesandter am französischen Hof war der Schriftsteller und Diplomat Friedrich Melchior von Grimm. Die aus dem Hause Sachsen-Meiningen stammende Herzogin Luise Dorothea – von Voltaire die „deutsche Minerva" genannt – besaß eine 3.500 Bände umfassende Privatbibliothek und nahm wesentlichen Einfluss auf die Politik des Hofes. Nach ihrer Grand Tour 1768 / 69 sorgten der Thronfolger Ernst II. und sein Bruder August für den Ausbau der Residenzstadt Gotha zu einem geistig-kulturellen Zentrum.

Ernst II., ab 1772 Landesfürst, war in erster Linie ein Freund der Naturwissenschaften, erwies sich aber auch als Kenner und Sammler bildender Kunst. Er förderte den Maler Johann Heinrich Wilhelm Tischbein sowie die Bildhauer Friedrich Wilhelm Doell und Jean-Antoine Houdon.

Houdon bildete sich von 1764 bis 1768 an der Académie de France à Rome. 1771 wurde er an den Gothaer Hof empfohlen. Wegen seiner allegorischen Statuen, vor allem aber wegen seiner feinsinnigen Porträtbüsten gilt Houdon als der bedeutendste französische Bildhauer des 18. Jahrhun-

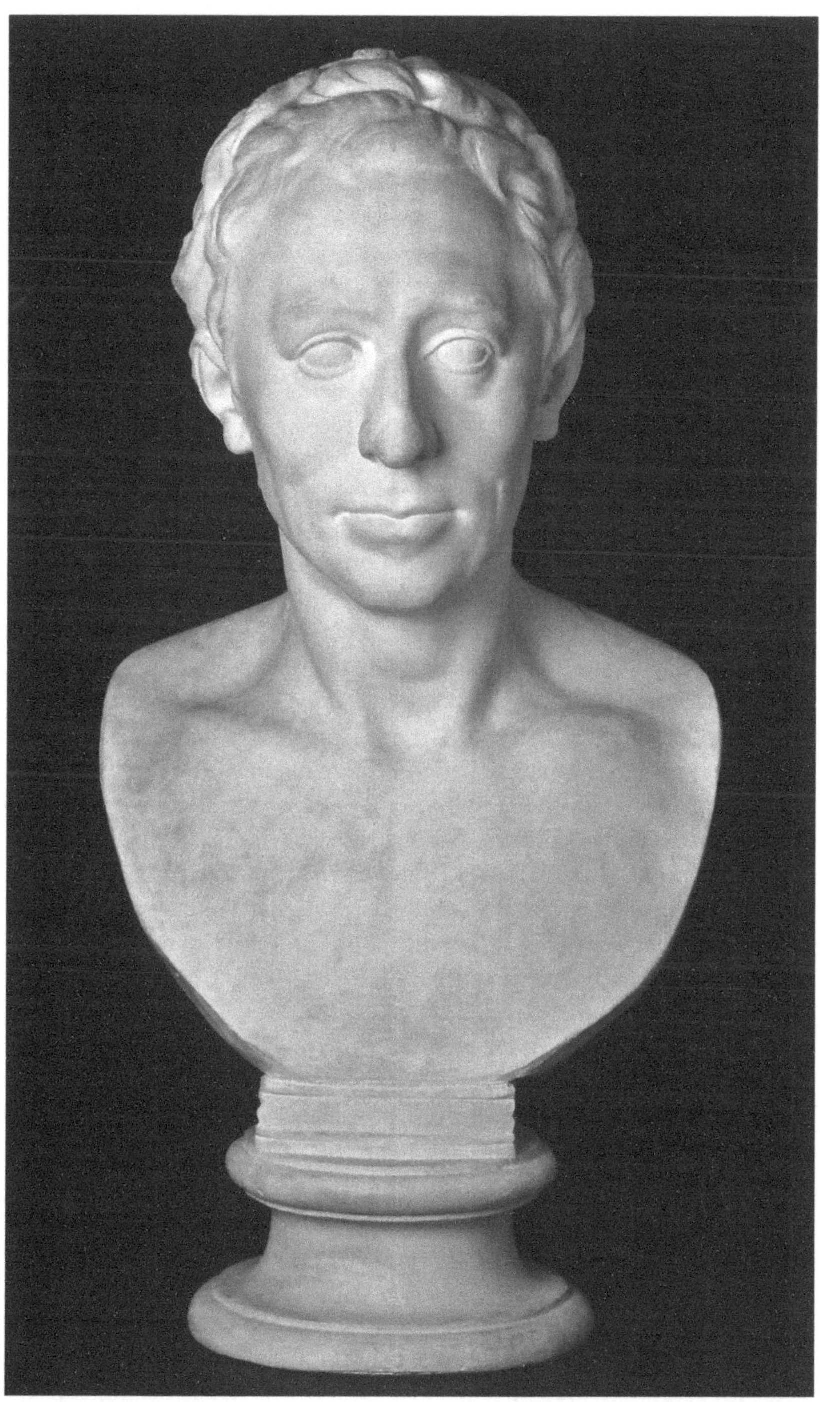

Abb. 69 Johann Joachim Winckelmann, Büste von Friedrich Wilhelm Eugen Doell, 1781

derts. Neben Paris besitzt Gotha die umfangreichste Sammlung von Werken Houdons. In Altenburg, Rudolstadt und Weimar befinden sich ebenfalls authentische Bildnisbüsten des Meisters.

Die Herzogliche Bibliothek enthält kostbare Handschriften und Drucke und war bereits damals mit den Bibliotheken in Wolfenbüttel und Weimar vergleichbar. Über sogenannte Agenten erwarb Ernst II. wertvolle Kunstwerke für seine Sammlungen. Zwischen 1775 und 1801 fanden regelmäßige Besuche Goethes in Gotha statt – sei es als Reisebegleiter des Weimarer Herzogs, wegen der Berufung Schillers an die Universität Jena oder zwecks Studium der Kunstwerke, darunter der Abgusssammlung griechischer und römischer Antiken. Eine Miniatur nahm Goethe 1782 stolz als Neujahrsgeschenk entgegen – den Apollo von Belvedere.

Zu den außergewöhnlichen Sammlungsstücken auf Schloss Friedenstein gehören Modelle antiker Bauwerke des Phelloplastikers Antonio Chichi. Dank dieser Korkminiaturen war es möglich, Tempel, Theater, Triumphbögen und Grabbauten über die Alpen zu holen und detailgetreu zu studieren (194). Deren Vermittlung erfolgte über den Hofrat Johann Friedrich Reiffenstein. Ihm ist zu verdanken, dass Gotha neben Kassel und Darmstadt über die größte Sammlung dieser Architekturmodelle verfügt.

Der Maler und Antiquar Reiffenstein gelangte 1762 als Präzeptor des jungen Grafen Friedrich Ulrich zu Lynar nach Rom, wo er sich als Cicerone für prominente Besucher betätigte. Durch Winckelmann wurde Reiffenstein mit wichtigen Künstlern seiner Zeit bekannt. Seit 1767 residierte er im Palazzo Zuccari. Später entwickelte sich eine enge Freundschaft zu der benachbarten Malerin Angelika Kauffmann. 1768 ernannte man ihn zum Agenten der Akademie St. Petersburg, 1772 zum Kunstagenten für den Gothaer Hof und 1778 für die russische Zarin Katharina die Große. Durch Winckelmann wurde Reiffenstein mit wichtigen Künstlern seiner Zeit bekannt.

Der Gothaer Bildhauer Friedrich Wilhelm Doell kam 1773 nach Rom, wo er durch Reiffenstein den ehemaligen Kreis um Winckelmann kennenlernte. Im Frühjahr 1777 äußerte Reiffenstein den Wunsch nach einer Büste für den verstorbenen Altertumsforscher. Die Kopie des von Maron gemalten Winckelmann-Bildnisses erwies sich als Vorlage wenig geeignet. Schließlich stellte Mengs den Abguss einer Büste des römischen Philosophen Cicero zur Verfügung. Danach fertigte Doell zwei idealisierte, aber als authentisch geltende Porträtbüsten Winckelmanns. Einen Bronzeabguss mit leicht zur Seite geneigtem Kopf erhielt die Akademie der Altertümer in Kassel, eine Marmorbüste mit gerader Kopfhaltung (Abb. 69) erwarb 1782 der Winckelmann-Verehrer Herzog Ernst II. für Gotha. Sie befindet sich heute im prächtigen Herzoglichen Museum. Doells Arbeit beeinflusste alle nachfolgenden Büsten des Altertumsforschers.

Weimarer Klassik

Bereits 1617 wurde in Weimar die sogenannte „Fruchtbringende Gesellschaft“ gegründet. Nach dem Vorbild der florentinischen Accademia della Crusca (1583) bemühten sich deren Mitglieder um Pflege und Erhalt der deutschen Sprache. Die in der Mitte Thüringens liegende Residenzstadt des Herzogtums (ab 1741 Sachsen-Weimar-Eisenach) und die Universitätsstadt Jena blieben von den schlimmsten Zerstörungen des Dreißigjährigen Krieges verschont. So wurden beide Städte zu bevorzugten Orten für Kunst und Kultur, Naturwissenschaften und Philosophie.

Weimar verdankt seine Bedeutung nicht zuletzt dem nahen Gotha, wo Ernst August II. Constantin als Kronprinz eine angemessene Erziehung genossen hatte. Durch seine Vermählung mit der 16-jährigen Prinzessin Anna Amalia von Braunschweig-Wolfenbüttel kam 1756 eine vielseitig gebildete, mit der preußischen Dynastie verbundene Persönlichkeit an den Weimarer Hof. Am 3. September 1757 wurde der Erbprinz Carl August geboren, am 28. Mai 1758 starb der junge Herzog an Auszehrung. Am 8. September des gleichen Jahres erblickte Prinz Constantin das Licht der Welt.

Gemäß testamentarischer Verfügung übernahm Herzogin Anna Amalia am 8. September 1759 die vorläufige Regentschaft über das Herzogtum Sachsen-Weimar-Eisenach. Längst überfällige Reformen wurden aufgeschoben, aber die Herzogin traf kluge Personalentscheidungen. Die 16-jährige Charlotte von Schardt, ab 1764 verheiratete von Stein, machte sie für die folgenden sechs Jahre zu ihrer Hofdame. Noch 1759 wurde der Premierminister Heinrich Graf von Bünau entmachtet und zog sich auf das Gut Oßmannstedt zurück. Nach dem Ende des Siebenjährigen Krieges stand die Konsolidierung des Staatshaushaltes an vorderster Stelle. Als Erzieher des Erbprinzen Carl August wurde Johann Eustach von Schlitz, genannt Graf Görtz, eingestellt. Des Weiteren verpflichtete Anna Amalia gut ausgebildete Beamte und namhafte Künstler bei Hofe. Frischen Wind nach Weimar brachten der Pagenhofmeister und spätere Gymnasialprofessor Johann Karl August Musäus (1763), der Hofmeister Karl Ludwig von Knebel (1773), der Hofbildhauer Martin Gottlieb Klauer (1773) und der Direktor der Fürstlichen freien Zeichenschule Georg Melchior Kraus (1775).

Für die Herzogliche Bibliothek, die zunächst im Weimarer Residenzschloss untergebracht war, ließ die Herzogin ab 1766 das Grüne Schloss umbauen. Im Stil des späten Rokoko entstand ein repräsentativer Büchersaal mit zwei Galerien. 1797 beauftragte Herzog Carl August die Mitglieder des Geheimen Consiliums Johann Wolfgang von Goethe und Christian Gottlob von Voigt mit der Oberaufsicht über die Bibliothek. In den folgenden Jahren verdoppelte sich der Buchbestand auf 80.000 Bände.

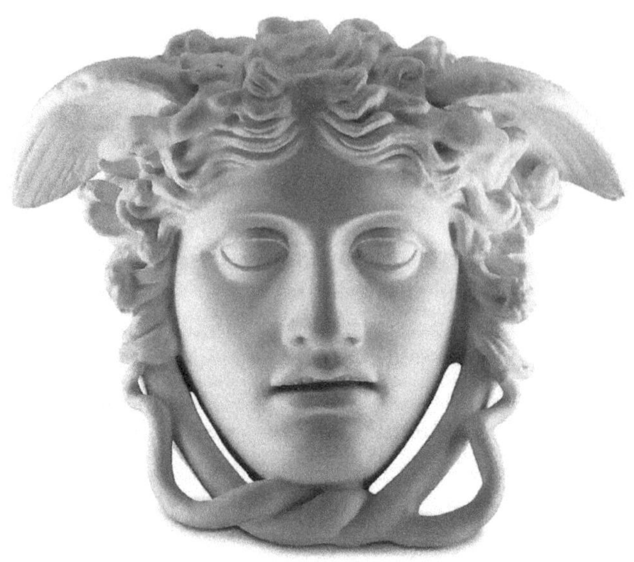

Abb. 70 Medusa Rondanini 5. Jh. v. Chr., Kopie 20. Jh.

Gemälde und Skulpturen verdienter Zeitgenossen vervollständigten die öffentlich nutzbare Bildungseinrichtung. Heute gehört die Herzogin Anna Amalia Bibliothek zum Weltkulturerbe. Zu ihren Kostbarkeiten zählen die repräsentativen Bände über etruskische, griechische und römische Vasen aus der Sammlung Sir William Hamiltons.

Ab 1802, aber vor allem in den Jahren 1817 bis 1824, war Goethe auch mit der Umgestaltung der Universitätsbibliothek in Jena beschäftigt. Die 56.000 Bände der Bibliothek mussten neu geordnet und öffentlich zugänglich gemacht werden. 1826 erfolgte die Ernennung von Carl Wilhelm Goettling zum Direktor des Philologischen Seminars und Universitätsbibliothekar. Zwei Jahre später begab sich Goettling auf seine italienische Reise, während der er auch die noch vorhandenen Wirkungsstätten Winckelmanns besuchte. Nach weiteren Reisen, unter anderem nach Griechenland und Konstantinopel, gründete Goettling 1845 im Stadtschloss das Jenaer Archäologische Museum. 1908 gelangte die Sammlung in den Südostflügel des Universitätsgebäudes. Seit 2012 befindet sich die Antikensammlung in der Carl-Pulfrich-Straße 2.

Nach der Regierungsübernahme durch ihren Sohn Carl August verließ die Herzoginmutter Weimar nicht Richtung Allstedt, sondern bezog das ehemalige Palais des Ministers Jakob Friedrich von Fritsch. Der „Wittumspalais" genannte Witwensitz wurde durch den Maler Oeser mit repräsentativen Deckengemälden ausgestaltet. Als typisches Beispiel frühklassizistischen Stils gilt der als Wohnzimmer genutzte Grüne Salon. Das Tafelrundenzimmer war das Gesellschafts-, Lese- und Speisezimmer Anna Amalias. Dort versammelte sich die legendäre Tafelrunde; wo „jeder auf seine Weise sich und andere unterhielt", schrieb Goethe. Im zweiten Obergeschoss befinden sich die Repräsentationsräume. Die allegorische Darstellung der Athene (röm. Minerva) im Festsaal verweist auf Anna Amalia als „durchlauchtigste Schutzgöttin der Kunst". Die griechisch-römische Antike war en vogue.

Die Antikenbegeisterung rührte sowohl von zeitgenössischen Reiseberichten als auch von der Belesenheit der Herzoginmutter. In ihrer 5.000 Bände umfassenden Privatbibliothek befanden sich auch die Werke des Aufklärers und Altertumsforschers Winckelmann. Der Dank dafür gebührte ihrem Bibliothekar Christian Joseph Jagemann. Er publizierte die *Gazetta di Weimar (1787 / 89)*, natürlich in italienischer Sprache, veröffentlichte ein zweisprachiges Wörterbuch und war ein hervorragender Kenner der Schriften des Altertumsforschers. Anna Amalia verstand Winckelmanns Forderung nach sinnlicher Begegnung als Voraussetzung für den Genuss von Kunst. Die Wärme seines Tons, „die Markigkeit und sentenzenhafte Kürze der Sätze, die Leichtigkeit und Beweglichkeit des Stils, der den Prunkschmuck gelehrter Zitate vermied" (195), machten ihn zum Begleiter der gebildeten Gesellschaft. Nicht zuletzt die ihr 1782 von ihrem Schatullier Berendis hinterlassenen Briefe Winckelmanns beflügelten Anna Amalias Wunsch, selbst das „Land, wo die Zitronen blühen" zu bereisen. Am 15. August 1788 machte sie sich unter dem Namen „Gräfin von Allstedt" auf den Weg. Die Reisekosten für die in zwei Kutschen und einer Chaise reisenden Suite sollen immens gewesen sein. Voran zu Pferde ritt der Römer Filippo Collino, den Goethe bereits 1787 als Cicerone von Rom nach Weimar geschickt hatte.

Vor Ort dienten Johann Jakob Volkmanns *Historisch-kritische Nachrichten von Italien (1770 / 71)* mit Winckelmanns Anmerkungen zu antiken Baudenkmälern den Reisenden als „Baedeker". Obwohl Louise von Göchhausen bemüht war, das Besichtigungsprogramm in ihrem Tagebuch zu dokumentieren, fertigte auch Anna Amalia Notizen an, anhand derer sie 1796 / 97 die an eine fiktive „liebe Schwester" gerichteten *Briefe aus Italien* verfasste. Ganz im Stile Winckelmanns erwähnt sie darin die kanonischen Kunstwerke und setzt wichtigen Persönlichkeiten ein bleibendes Denkmal, darunter der Malerin Angelika Kauffmann, dem britischen Diplomaten Sir William Hamilton und ihrem Bibliothekar Jagemann. Ein ausführliches Porträt ist Guiseppe Capecelatro, dem Erzbischof von Tarent, gewidmet.

Ab 4. Oktober 1788 traf die Suite in Rom ein, wo Quartier an der Piazza di Spagna genommen wurde. Noch am gleichen Abend gesellten sich Johann Gottfried Herder und Johann Friedrich Reiffenstein dazu. Herder bereiste von Sommer 1788 bis Frühjahr 1789 als Begleiter des Domherrn und Musikschriftstellers Johann Friedrich „Fritz" von Dalberg Italien. Vier Tage später erfolgte der Antrittsbesuch bei Angelika Kauffmann. Beeindruckt von der Warmherzigkeit der Gastgeberin erging umgehend eine Einladung nach Weimar. Die erste Sitzung für ein Porträt der Herzogin wurde verabredet. Es zeigt Anna Amalia in griechisch drapierter Kleidung auf einer Loggia sitzend. Auf dem Schoß hält sie Herders *Ideen zur Philosophie der Geschichte der Menschheit,* ihr gegenüber liegen eine Schriftrolle und ein Notenblatt. Im Hintergrund sind die Ruinen des Kolosseum erkennbar. Von rechts neigt sich die Büste der Schutzgöttin Minerva der Herzogin zu. In Weimar fand das Gemälde einen Ehrenplatz im Blauen Salon des Römischen Hauses. Für Christoph Martin Wieland war das in frischen Farben leuchtende Porträt „die schönste Poesie", die man von der Herzogin machen konnte. Jahrzehntelang galt das klassizistische Gemälde als „Lost Art", bis es 2011 in London wiederentdeckt wurde.

Nach sieben Wochen in Rom – am 23. November – wurde die Herzogin Papst Pius VI. präsentiert. Am 4. Dezember erfolgte ihre Aufnahme in die Accademia dell'Arcadia. Dann floh Anna Amalia vor den gesellschaftlichen Zwängen und der eisigen Kälte nach Süden; „sich an den Vesuv zu wärmen, der ganz unbändig seyn soll", schrieb Louise von Göchhausen. Am 5. Januar 1789 traf die Suite in Neapel ein. „Wenn man aus der Todesstille des Majästätischen Roms sich auf einmal unter lebhafte fröhliche Menschen versetzt sieht, und die reinste Luft den Lebensgenuß anwehet, wo die größte Fruchtbarkeit zu dem *Benedetto far niente* einladet, sollte man glauben, sich in einer ganz andern Welt zu finden. So sehr ist *Clima* und *Nation* von dem Römischen verschieden" (196), erfuhr die „liebe Schwester".

Winckelmann schwärmte einst von Rom, Anna Amalia favorisierte Neapel. Sie wünschte, die Art und Natur der Neapolitaner mit Allegorien und feinen Sprichwörtern beschreiben zu können. Durch ihre Leidenschaft für die Musik fühlte sie sich mit den neapolitanischen Menschen verbunden. Selbst der untergehende Mond schien ihr wärmer als die thüringische Sonne am Mittag. Nach dem Absolvieren des obligatorischen Besichtigungsprogramms kehrte die Suite Mitte Februar 1789 nach Rom zurück, wo in unmittelbarer Nachbarschaft zu Angelika Kauffmann die Villa Malta bezogen wurde. Mit der Nähe zu der „vielleicht kultiviertesten Frau Europas" besserte sich auch Herders Meinung von der Ewigen Stadt. Ein gemeinsamer Ausflug führte die Gesellschaft zur Villa d'Este di Tivoli. Am 15. Mai trat Herder die Rückreise nach Weimar an. Luise von

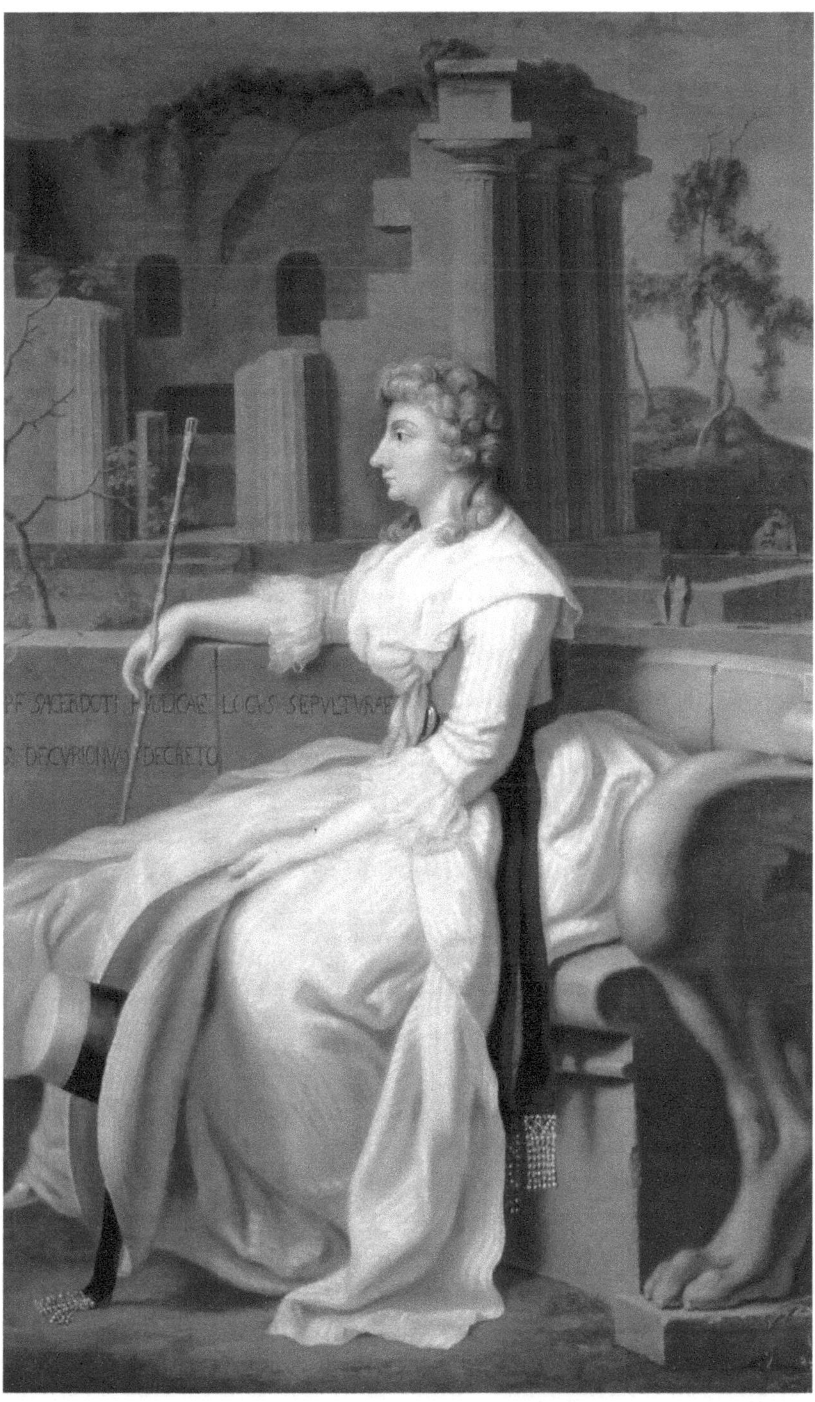

Abb. 71 Herzogin Anna Amalia in den Ruinen Pompejis von Johann Heinrich Wilhelm Tischbein, 1788 – 90

Göchhausen kommentierte: „Seine Penelope und die kleinen Thelemachs ziehen diesen Ulisses zurück."

Während ihres zweiten Aufenthalts am Golf von Neapel befanden sich die Maler Jacob Philipp Hackert, Maximilian von Verschaffelt und Johann Heinrich Wilhelm Tischbein im Umkreis der Herzogin. So entstand das Porträt Anna Amalias in den Ruinen von Pompeji (Abb. 71). Tischbein zeigt sie inmitten einer pittoresken Landschaft, wo Anna Amalia – einem Denkmal gleich – auf dem Grabmal der Venus-Priesterin Mamia thront. Eine Kopie des steinernen Throns – eine halbrunde Bank mit geflügelten Greifenprotomen – kann man in Weimar wiederfinden.

In Neapel widmete sich Anna Amalia besonders dem eigenen Musizieren. Sie nahm Gitarrenunterricht und brachte sogar ein derartiges Instrument mit nach Hause. Ungeklärt ist das Schicksal ihres 31-jährigen „Cammermusicus" David Heinrich Grave, eines Lieblings vor allem des weiblichen Publikums. Am 30. November nahm er sich in Anna Amalias neapolitanischer Residenz das Leben…

Seine Mäzenin befand sich bereits auf dem Weg ins 300 Kilometer entfernte Apulien. Sie folgte der Einladung des erwähnten Erzbischofs Capecelatro. Der gesellige Freund hatte mit seiner Privatbibliothek den Grundstein für die Biblioteca Arcivescovile Taranto gelegt.

> „Allein man muß viel beobachten ehe man entscheidet, und muß auch auf die Traditionen unsrer Vorfahren achten. Wie viele Erzählungen der Griechen und Römer sind bis jetzt für Mährchen gehalten worden! Und doch bestätigt die Erfahrung von Tag zu Tag ihre Wahrheit mehr, zur Beschämung der Neuern, welche sie so vorschnell verwarfen."
> (Giuseppe Capecelatro, Erzbischof von Tarent)

Inzwischen hatte sich im nördlichen Europa etwas grundlegend Neues ereignet: Durch die französische Nationalversammlung war die *Erklärung der Menschen- und Bürgerrechte* verkündet worden! Am Weimarer Hof sorgte man sich um die Rückreise Anna Amalias. Carl August sandte seiner Mutter den vertrauten Berater Goethe entgegen, der sie von Venedig sicher nach Hause geleiten sollte. Die Ankunft der Herzoginmutter verzögerte sich. Goethe ahnte, dass sie keine Eile hatte und unterwegs zahlreiche Reiseerinnerungen einkaufte. Müde geworden, „nur immer Gemälde zu sehen, herrliche Schätze der Kunst, wie sie Venedig bewahrt", verfasste er die *Venezianischen Epigramme (1790)*. Deren überwiegend unfreundlicher Ton verwundert nicht, immerhin vergingen fünf Wochen, bis er am 6. Mai 1790 „aus diesem Stein- und Wassernest" erlöst wurde. Vier Jahre zuvor hatte er die Lagunenstadt noch ganz anders beschrieben…

Der Spätaufklärer Christoph Martin Wieland wuchs im evangelischen Pfarrhaus von Oberholzheim auf. Bereits als Schüler liebte er die Poesie und verschlang Texte von Horaz und Vergil. Von 1747 bis 1749 besuchte Wieland die pietistische Internatsschule Klosterberge bei Magdeburg, wo er mit den Schriften namhafter Aufklärer bekannt wurde. 17-jährig verlobte er sich mit Sophie Gutermann, spätere Frau von La Roche, bevor er als Stipendiat der Homannischen Stiftung ein Jurastudium an der Universität Tübingen aufnahm.

Nach zweijährigem Aufenthalt bei dem Zürcher Philologen Johann Jakob Bodmer und anschließender Tätigkeit als Hauslehrer kehrte Wieland 1760 in seine schwäbische Heimat zurück. 1765 heiratete er die Augsburger Kaufmannstochter Anna Dorothea von Hillenbrand, mit der er vierzehn Kinder haben würde. Als Senator und Kanzleiverwalter von Biberach an der Riß beschäftigte sich Wieland mit französischer Literatur, übersetzte Shakespeares Dramen und und verfasste eigene Erzählungen und Romane. Inspirationen vermittelte der „Musenhof" des Grafen Anton Heinrich Friedrich von Stadion auf Schloss Warthausen. Für Aufsehen sorgte Wieland mit seinem Roman *Geschichte des Agathon (1766 / 67),* der als erster deutscher Bildungsroman gilt: Der Jüngling Agathon, vor kurzem noch ein Günstling des Glücks, erlebt Neid und Missgunst seiner Mitbürger. Aus Athen vertrieben besteht er zahlreiche Abenteuer und gelangt mithilfe des weisen Mentors Archytas von Tarent zu nützlichen Einsichten.

Die Übernahme von Stoffen aus der antiken Dichtung schien Wieland ergiebiger, als „in den Wäldern der alten Teutschen herum zu irren". 1768 erschien *Idris und Zenide. Ein romantisches Gedicht.* Im Vorwort wird das Werk als ein Feenmärchen in fünf Gesängen, dem Herrn P. R. in E. gewidmet, angekündigt. Fünf Jahre später, zu Klopstocks 49. Geburtstag, verbrannten die Barden des Göttinger Hainbundes die Schriften des „Erzverderbers" Wieland, die sie als „undeutsch" und „frivol" empfanden.

1769 wurde Wieland vom Mainzer Kurfürst Emmerich Joseph an die Universität Erfurt berufen. Er war nun Kurmainzischer Regierungsrat und Professor für Philosophie, doch als Quereinsteiger fand er auch in Erfurt nicht die erhoffte Erfüllung. Wieland liebäugelte mit einer Anstellung an der Akademie der bildenden Künste in Wien. Neben seiner mit Eifer betriebenen Lehrtätigkeit verfasste er den didaktischen Roman *Der goldene Spiegel, oder die Könige von Scheschian (1772).* Auf unterhaltsame Weise – im Stil von 1001 Nacht – wird die Geschichte eines idealen Fürstentums erzählt, in dem das Volk der Stimme „einiger Männer von Talenten und Einsichten" Gehör schenkt. Damit gelangte der Schriftsteller Wieland auf den Höhepunkt seiner Popularität.

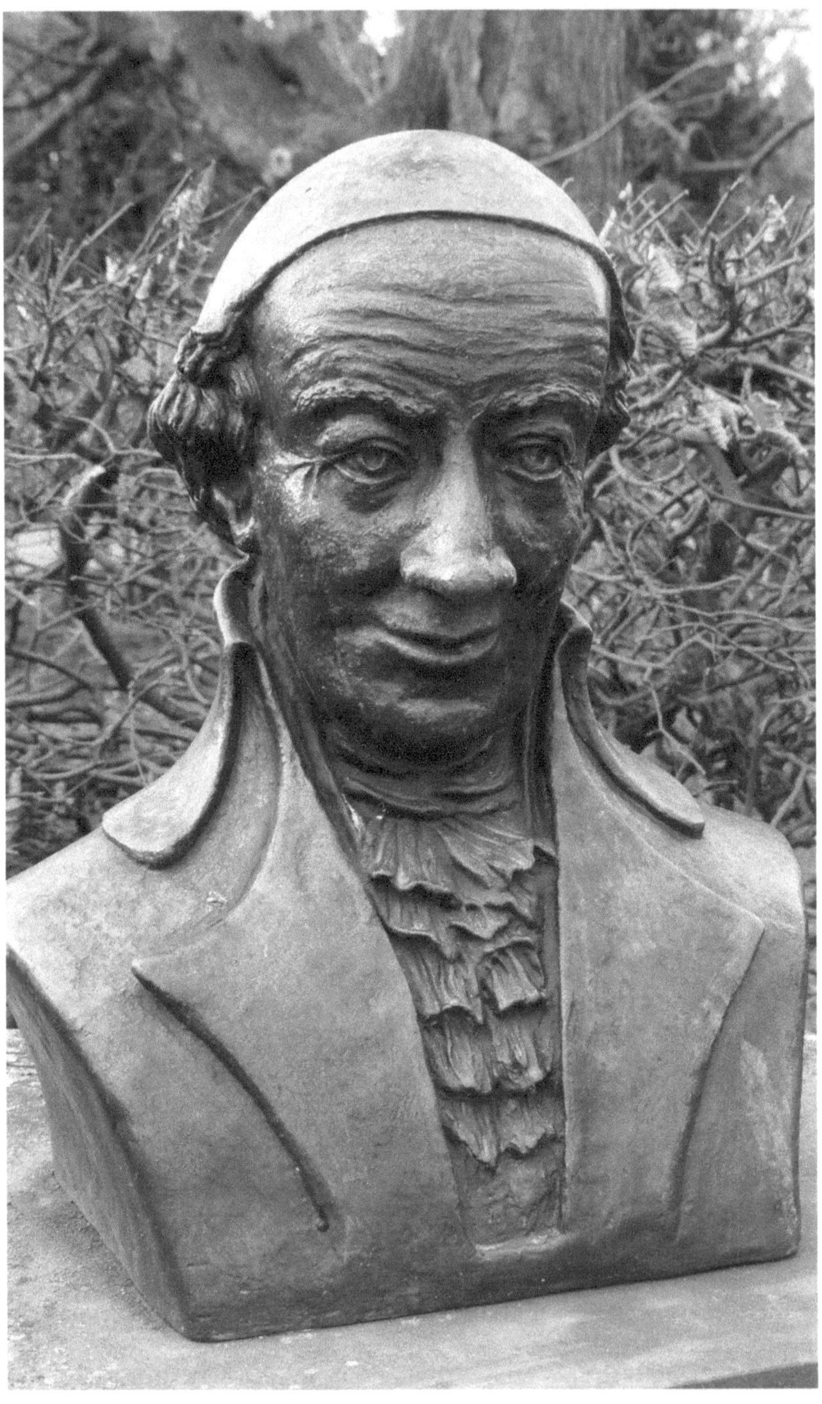

Abb. 72 Wielandbüste von Lothar Döring, Wielandgut Oßmannnstedt, 2002

Am 28. August 1772 berief ihn die Herzogin Anna Amalia als zweiten Erzieher des Erbprinzen an den Weimarer Hof. In den folgenden drei Jahren gelang es ihm sogar, den ungestümen Carl August für Theater und Literatur zu interessieren. Nach dessen Volljährigkeit erlaubte eine 600 Taler umfassende Pension sich ganz auf die schriftstellerische Tätigkeit zu konzentrieren. Der „Kosmos Weimar" begann zu strahlen...

Im Lutherhof (heute Luthergasse 1) entstanden das Libretto zum Singspiel *Alceste* und der satirische Roman *Geschichte der Abderiten*. Der befreundete jülisch-bergische Hofkammerrat Jacobi wurde einer der Mitherausgeber von Wielands Kunstzeitschrift *Der Teutsche Merkur (ab 1790 Der neue Teutsche Merkur)*. Die darin erschienenen Rezensionen zu den Schriften Winckelmanns enthielten zunehmend kritische Töne. In seinem Aufsatz *Gedanken über die Ideale der Alten (1777)* nimmt Wieland die „überspannte Meynung von der höhern körperlichen und sittlichen Vollkommenheit der Grieche" aufs Korn. Ohne Winckelmann namentlich zu nennen, widerspricht er ihm: Nicht alle Künstler hätten solche Anerkennung genossen wie Phidias, nicht alle Philosophen wären so geachtet worden wie Sokrates. Wieland zweifelt die Einteilung der Stilepochen an und nennt schließlich doch „Winckelmann", von dem er sich „nicht ohne Schüchternheit entfernen" müsse. Der Altertumsforscher blieb also eine anerkannte Autorität (198). Wieland selbst orientierte sich an der römischen Klassik.

Mit seinen politischen, philosophischen und kulturgeschichtlichen Schriften aller Genres, darunter zahlreiche Übersetzungen, wurde er zum meistgelesenen Schriftsteller seiner Zeit. Doch im Alter von 63 Jahren fühlte er in Weimar – dem „unendlich kleinen Rom" – seinen „Geist durch den Hof", seinen „Körper durch das fatale Clima gemordet". Sein Traum war ein Refugium ähnlich der Villa des römischen Dichters Horaz. Im Frühjahr 1797 zog das Ehepaar Wieland mit zwei Söhnen, vier Töchtern und vier Enkelkindern auf das abgelegene Landgut Oßmannstedt, auf dem einst der Reichsgraf von Bünau seinen Lebensabend verbracht hatte. Wie Horaz einst sein „Sabinum", so schuf sich Wieland sein „Osmantinum": ein kleines Ackergut, ein großer Garten mit 300 angepflanzten Reineclauden, dem Haus benachbart ein frisch rinnender Quell und ein Fleckchen Wald... Hier spazierte er „in antiken Hainen" und verfasste seinen letzten (Brief-)Roman *Aristipp und einige seiner Zeitgenossen (Leipzig 1800 / 02)*. In der vom Autor bevorzugten Dialogform entsteht das Bild einer idealen, von Vernunft und Glück geprägten Gesellschaft.

Zu den zahlreichen Gästen auf dem Gut Oßmannstedt zählten Wielands Jugendliebe Sophie von La Roche, deren Enkel Sophie und Clemens Brentano sowie die Schriftsteller Jean Paul, Johann Gottfried Seume, Johann

Wilhelm Ludwig Gleim und Heinrich von Kleist. Im Frühjahr 1803 – zwei Jahre nach dem Tod seiner Frau Anna Dorothea – zog Wieland einsam und verschuldet nach Weimar zurück, wo er in einfachsten Verhältnissen am Erfurter Tor (heutige Wielandstraße 1) wohnte.

Am 2. Oktober 1808 verbeugte sich der französische Kaiser Napoleon in Erfurt symbolisch vor Goethe und überreichte ihm das Kreuz der Ehrenlegion. Am 6. Oktober gab das Théâtre-Français im Weimarer Hoftheater Shakespeares Tragödie *Julius Cäsar.* Im Anschluss fand im Schloss eine Fête statt, die Gelegenheit zu einer Unterredung mit Wieland bot. Napoleon soll die anderthalbstündige Konversation mit dem Bonmot „Sie also sind der Voltaire der Deutschen?" begonnen haben. Wieland wurde nach Erfurt eingeladen, wo der Minister Hugues-Bernard Maret auch ihm das Kreuz der französischen Ehrenlegion überreichte. Wieland hatte bereits 1798 die Niederlage der Ersten Französischen Republik prophezeit, die Niederlage Napoleons in der Völkerschlacht bei Leipzig erlebte er allerdings nicht mehr. Er starb am 20. Januar 1813. Seinem Wunsch gemäß fand er in Oßmannstedt zwischen seiner Frau und seiner „Seelentochter" Sophie Brentano die letzte Ruhestätte. Das an der Ilm gelegene Grabmal, ein dreiseitiger Obelisk, enthält dieses von Wieland selbst verfasste Distichon: „Liebe und Freundschaft | umschlang die verwandten | Seelen im Leben, | Und ihr Sterbliches deckt | dieser gemeinsame Stein."

Der Student Johann Jakob Wilhelm Heinse aus Langewiesen bei Ilmenau war Wieland in Erfurt begegnet. Dorthin war er seinem 26-jährigen Professor Friedrich Justus Riedel gefolgt, der sich in Jena mit der *Theorie der schönen Künste und Wissenschaften (1767)* einen Namen gemacht hatte. Darin widerspricht Riedel Winckelmanns Allegorieverständnis, lobt aber dessen „vortreffliche" Beschreibung des Laokoon. Im Kapitel über die Grazie bezeichnet er ihn gar als „Meister in der Kunst, Schönheiten aus Formen und Figuren in Worte zu übersetzen" (199).

Wie sein Lehrer verehrte auch Heinse den „großen Winkelmann" und hegte den Wunsch, den „Winkelmannischen Apollo" in Italien zu betrachten. Nur wenige Jahre später sorgte Heinse mit seinen Briefen *Ueber einige Gemählde der Düsseldorfer Galerie (1776 / 77)* für Überraschung: Als Stürmer und Dränger lehnte er die Nachahmung eines antiken Schönheitsideals ab. 1780 begab sich Heinse auf eine Reise nach Italien, wo er den Spuren des Mannes folgte, dem er die notwendige Sachkenntnis zu verdanken hatte.

Im Oktober 1776 kam Johann Gottfried Herder nach Weimar. Der Sohn einer Kantors- und Lehrerfamilie wuchs im preußischen Mohrungen (poln. Morąg) auf. Mit 18 Jahren verließ er sein Elternhaus auf Nimmerwiedersehen. Der junge Herder schrieb sich an der Universität Königsberg (russ.

Kaliningrad) ein, um Medizin zu studieren. Als ihm seine Nichteignung als Chirurg klar geworden war, widmete er sich Theologie und Philosophie. Seinen Lebensunterhalt verdiente er als Hilfslehrer an der Elementarschule des Königlichen Collegium Fridericianum. Mit dankbarer Freude erinnerte er sich später des Philosophen Immanuel Kant, der sein eigenes Denken geweckt hatte. Doch Herder und der mit ihm befreundete Königsberger Philosoph und Schriftsteller Johann Georg Hamann standen Kant nicht unkritisch gegenüber: Verstand sei von Empfindung und Sprache nicht zu trennen. Herder verfasste Gedichte und Rezensionen für die *Königsbergische Zeitung* und beteiligte sich an der Preisaufgabe der Schweizerischen Patriotischen Gesellschaft zum Thema: „Wie können die Wahrheiten der Philosophie zum Besten des Volkes allgemeiner und nützlicher werden?" Dann bewahrte ihn die Stelle als Lehrer und Hilfspfarrer in der livländischen Hauptstadt Riga vor dem Militärdienst.

Herder hatte offenbar Winckelmanns Schriften kennen und schätzen gelernt, denn im Juni 1768 verfasste er sein pathetisches Gedicht *Lobgesang auf meinen Landsmann Johann Winckelmann bei der Nachricht seiner Ermordung*. Dem Inhalt des Lobgesanges ist zu entnehmen, dass seine Bewunderung wohl mehr den frühen Schriften des Aufklärers galt.

Der Gelehrtenstreit mit dem feurigen Professor Klotz aus Halle war nur ein Grund, Riga den Rücken zu kehren: Der 25-Jährige wollte in die Welt hinaus, in Westeuropa den „Weltgeist", Menschen und Kulturen studieren. In Paris machte Herder Bekanntschaft mit Diderot und d'Alembert, in Hamburg traf er Lessing, in Darmstadt Johann Heinrich Merck und Caroline Flachsland, seine spätere Frau. Als er sich im Winter 1770 / 71 wegen eines Augenleidens in Straßburg aufhielt, sprach ihn ein Student an, der sich als Johann Wolfgang Goethe vorstellte. Bei regelmäßigen Konsultationen ließ sich Goethe von dem sprachgewandten Herder auf den verschiedensten Gebieten unterweisen. Den Studenten faszinierte dessen Auffassung des Schöpferischen, sein Konzept von Volkspoesie bis hin zu Shakespeare als dem Vorbild für emotionale Dichtung. Dankbar vermittelte Goethe – noch ehe er selbst ein Amt übertragen bekommen hatte – seinen Mentor als Konsistorialrat nach Weimar. Am 14. Februar 1776 sagte Herder zu, wartete jedoch noch in Bückeburg die Geburt des zweiten Sohnes ab. Am 2. Oktober bezog die später achtköpfige Familie ihre Dienstwohnung gleich hinter der Stadtkirche St. Peter und Paul. In den folgenden 27 Jahren wirkte Herder als Oberhofprediger, Oberkonsistorialrat, Generalsuperintendent und Pastor primarius in Weimar.

Arbeitseifer und Unnachgiebigkeit des Kirchenrepräsentanten, Philosophen und Schriftstellers flößten auch seinen Widersachern Respekt ein. Angeregt von Rousseaus *Emile oder über die Erziehung (1762)* bemühte

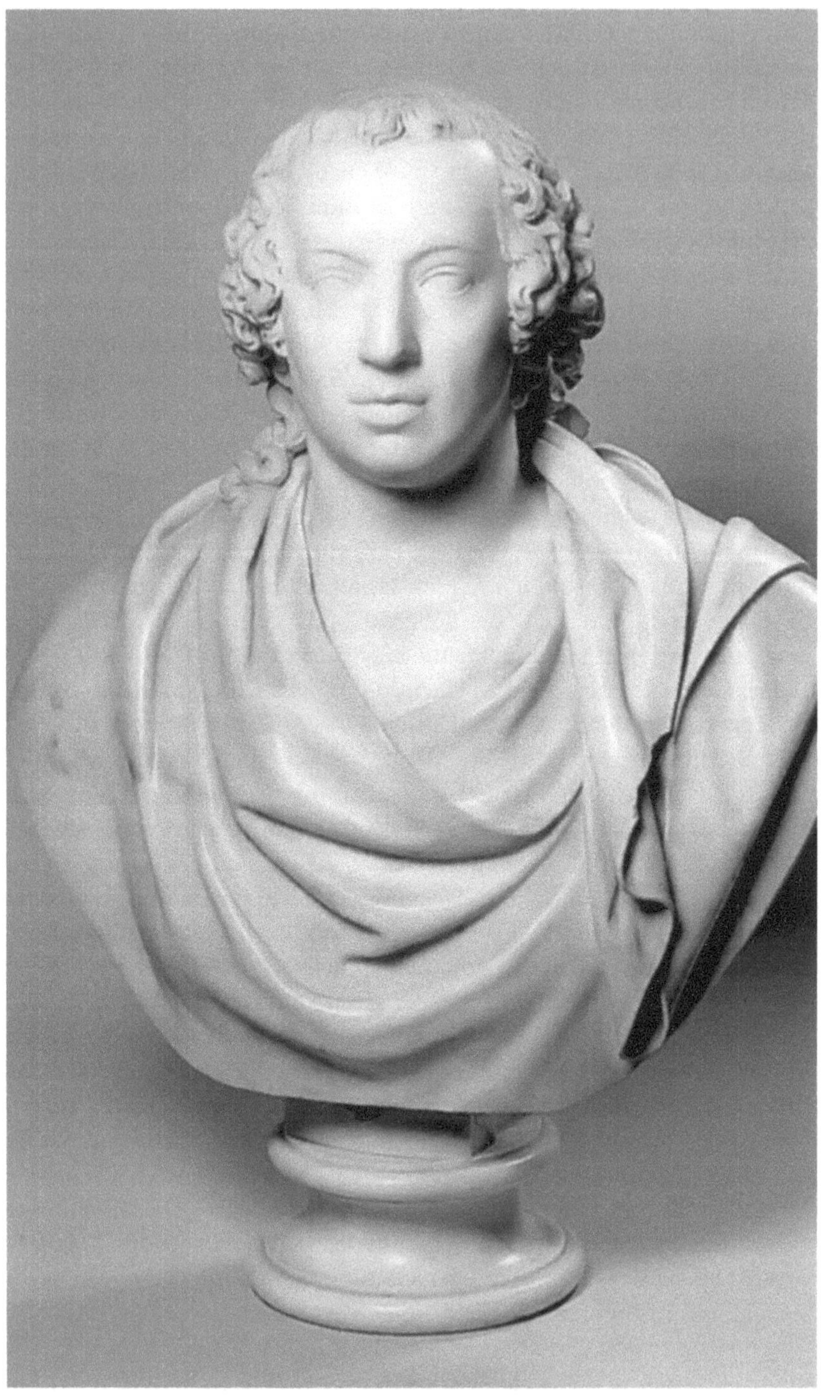

Abb. 73 Johann Gottfried Herders, Büste von Alexander Trippel, 1790

sich Herder um Verbesserungen im Bildungswesen, das noch immer ein Schattendasein führte. Ab 1780 stand die Reformierung des bereits bestehenden Lehrerseminars im Mittelpunkt. Das Alter der sich aus dem Ernst-Wilhelm-Gymnasium rekrutierenden Schüler betrug „wenigstens 14 Jahre“. Mangels Unterstützung „von oben“ rollten die Jahre dahin, erst 1788 wurde seinen Plänen für die Errichtung eines Landschullehrer-Seminars stattgegeben. Inzwischen verfasste Herder selbst ein *Buchstaben- und Lesebuch (1787)* für den Elementarunterricht. Er forderte die Schaffung einer Volksschule, in der allen Kindern die Grundlagen des Rechnens, Schreibens und Lesens vermittelt würden.

Nach dem Siebenjährigen Krieg rief auch der Landgraf Friedrich II. von Hessen Künstler und Gelehrte nach Kassel und ermöglichte seinen Untertanen den Zugang zu Bildung. 1769 entstand das Museum Fridericianum. Die durch Winckelmann ausgelöste Antikenbegeisterung und seine eigene italienische Reise 1776 / 77 veranlassten den Landgrafen zur Gründung der Société des Antiquités de Cassel, der ersten Akademie der Altertümer in Deutschland. 1777 rief die Société auf, eine Lobschrift auf Winckelmann zu verfassen. An der Preisaufgabe beteiligten sich Christian Gottlob Heyne aus Göttingen und Johann Gottfried Herder aus Weimar.

Herders Preisschrift *Denkmahl Winckelmanns* charakterisiert die Schreibart des Altertumsforschers als etwas „Pindarisches“, Hymnisches. Als Philologe sieht Herder die Bedeutung Winckelmanns darin, „die natürliche und schöngebildete Denkart“ der Griechen wieder lebendig gemacht zu haben – und das in deutscher Sprache! Schließlich fordert er seine Zeitgenossen auf „mit Winckelmanns Würde, Geist und Eifer“ nach Vorbildlichem zu streben.

Obwohl Heyne der erste Preis zuerkannt wurde, würdigte Herder ihn neidlos als „einen der ältesten Winckelmannischen Freunde“, der die Schriften des Altertumsforschers am besten kenne. Johann Friedrich Reiffenstein stiftete der Société einen Bronzeabguss der erwähnten Doellschen Marmorbüste, der sich heute in der Museumslandschaft Hessen Kassel befindet.

Große Popularität errang Herder mit seiner Sammlung *Stimmen der Völker in Liedern (ab 1778).* Im Ergebnis des wissenschaftlichen Erfahrungsaustausches mit Goethe entstand sein Hauptwerk *Ideen zur Philosophie der Geschichte der Menschheit (1784–1791).* Es enthält die Grundlagen für die Kulturgeschichte als Wissenschaft. „Wie kam also Europa zu seiner Kultur und zu dem Range, der ihm damit vor andern Völkern gebühret? […] Das Klima in Europa, die Reste der alten Griechen- und Römerwelt kamen dem Allen zu Hülfe; mithin ist auf Thätigkeit und Erfindung, auf Wissenschaften und ein gemeinschaftliches, wetteiferndes Bestreben

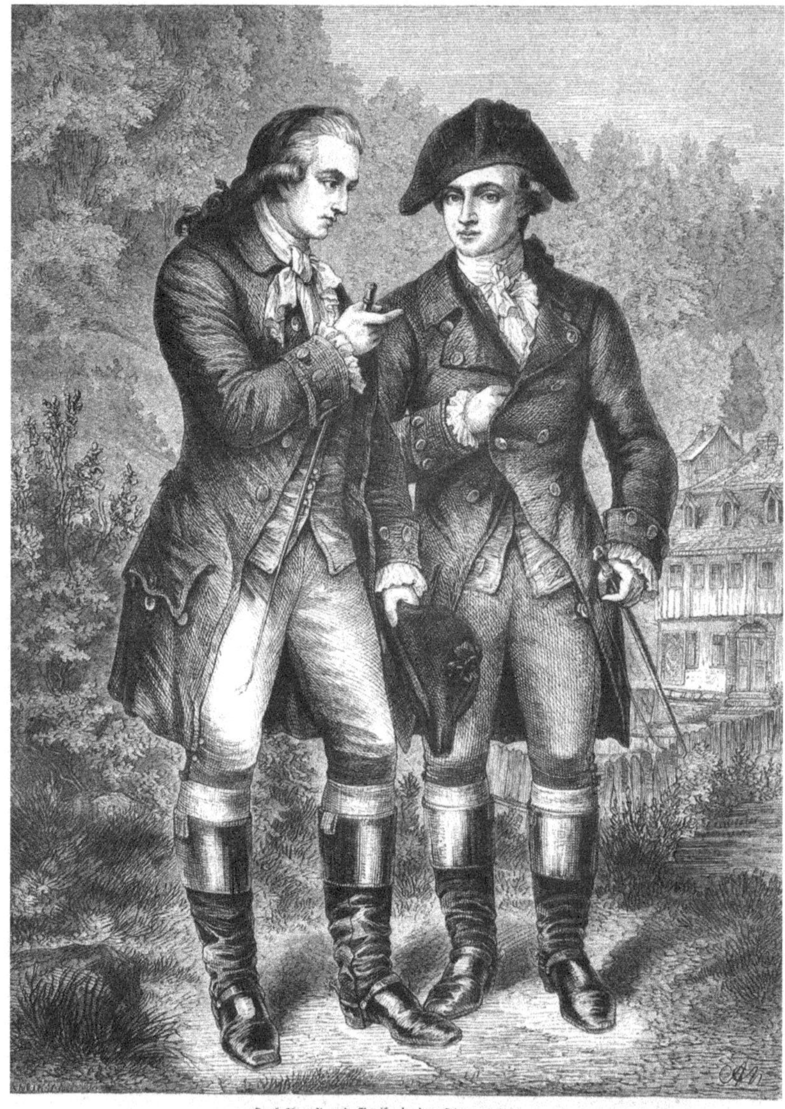

Abb. 74 „Goethe und Karl August in der Sturmperiode.“, von Adolf Neumann

die Herrlichkeit Europa's gegründet" (200), heißt es in seinen Schlussanmerkungen. Nicht zuletzt Herders *Briefe zur Beförderung der Humanität (1793)* leisteten einen wesentlichen Beitrag zur Weimarer Klassik.

1801 erhob ihn nicht der Weimarer Herzog Carl August, sondern der bayerische Kurfürst Maximilian IV. Joseph in den Adelsstand. Zwei Jahre darauf verstarb der Mann, den Wieland als seinen besten und einzigen Freund in Weimar bezeichnete. Herders Grabstätte befindet sich in der Stadtkirche St. Peter und Paul (auch Herderkirche). Seit 1819 ziert eine gusseiserne Grabplatte das Epitaph. Darauf ist eine Schlange (Ouroboros) abgebildet, die sich vom Schwanz her selbst auffrisst: das antike Symbol für den geschlossenen Kreislauf. Die Innenseite der Schlange ziert Herders Wahlspruch „Licht – Liebe – Leben". Die Zeichen Alpha und Omega erinnern an die Offenbarung aus Johannes 22,13: „Ich bin das A und das O, der Erste und der Letzte, der Anfang und das Ziel." Erst 1850 schuf der österreichische Bildhauer Ludwig Schaller das vor der Stadtkirche befindliche Standbild, das Herder als ersten der „großen Vier" in würdiger Pose zeigt: Die linke Hand hält eine Schrift, auf der wiederum die Worte Licht – Liebe – Leben zu lesen sind, die rechte hat er symbolisch auf sein Herz gelegt.

Mit zunehmender Bildung änderte sich am Ende des 18. Jahrhunderts das Leseverhalten bürgerlicher und adliger Kreise, besonders das der Frauen. Goethes Briefroman *Die Leiden des jungen Werthers (1774)* beförderte den Freundschaftskult weit über den deutschen Sprachraum hinaus. Private Briefe pflegten die „Seelenfreundschaft", die Entwicklung des Postwesens ermöglichte den emotionalen Austausch über große Entfernungen.

Aber wie kam der junge Goethe nach Weimar? Auskunft darüber gibt seine Autobiographie *Aus meinem Leben. Dichtung und Wahrheit (Stuttgart und Tübingen 1814)*: Der Patriziersohn Johann Wolfgang Goethe hatte die Universitätsstadt Leipzig ohne Abschluss verlassen, die Promotion wurde 1771 in Straßburg (franz. Strasbourg) abgeschlossen. Im folgenden Jahr kam er nach Wetzlar, um am Reichskammergericht Berufserfahrung zu sammeln. Als Advokat fühlte sich Goethe jedoch nicht berufen, sondern als Künstler. Sein *Götz von Berlichingen (1773)* erregte die Gemüter, der *Werther (1774)* machte ihn zum Idol. Im Herbst 1774 kehrte Goethe nach Frankfurt zurück, wo ihm „das Dichten und Bilden" nur so von der Hand ging. Eine bürgerliche Karriere schien absurd. Wohin also würde die Reise gehen? Der befreundete Zeichenlehrer Georg Melchior Kraus war auf Empfehlung Wielands und Friedrich Justin Bertuchs von Erfurt an den Weimarer Hof gelangt. Zu einem Besuch in Frankfurt brachte Kraus seine Portefeuilles mit. Da die Fotografie erst fünfzig Jahre später erfunden wurde, stellte er dem jungen Anwalt den Weimarischen Kreis anhand seiner Porträts vor. Der Kunstliebhaber Goethe wurde neugierig und witterte eine Gelegenheit, dem „Nest" Frankfurt zu entfliehen.

Im folgenden Winter befanden sich die Hofmeister Johann Eustach Graf von Görtz und Karl Ludwig von Knebel mit ihren Prinzen Carl August und Constantin auf Grand Tour nach Paris. Bei einem Zwischenstopp in Frankfurt wollte man Goethe kennenlernen, der als Autor des borstigen *Götz von Berlichingen (1773)* und des leidenden jungen *Werthers (1774)* in aller Munde war. Knebel, gedienter Offizier und Liebhaber römischer Antike, sondierte. Goethe war erfreut über das Interesse des Weimarer Erbprinzen und äußerte den Wunsch, „mit den dortigen Verhältnissen näher bekannt zu sein". So wurde Knebel sein „Urfreund". Als die Prinzen ihn am 11. Dezember empfingen, lagen zufällig die noch unberührten *Patriotischen Phantasien (1774)* des Osnabrücker Aufklärers Justus Möser auf dem Tisch. Der Rechtsanwalt Dr. Goethe hatte den ersten Band bereits studiert und konnte die jungen Herrschaften mit seiner Sachkenntnis beeindrucken. Sie nahmen ihm das Versprechen ab, ihnen nach Mainz zu folgen, wo mit dem Statthalter Karl Theodor von Dalberg die Vermählung Carl Augusts mit der Prinzessin Luise von Hessen-Darmstadt verhandelt wurde.

Während des dreitägigen Aufenthaltes in Mainz erheiterte Goethe die Gesellschaft damit, wie er im Herbst 1773 bei einer Flasche guten Burgunders seine Farce *Götter, Helden und Wieland* zu Papier gebracht hatte – in einem Zuge. Wielands barocker Auffassung von Tugend und Empfindsamkeit in dessen Singspiel *Alceste (1773)* setzte er ein antikes Totengespräch entgegen: Wielands Schatten mit Nachtmütze muss sich in der Unterwelt von Euripides, Herkules und Pluto eines Besseren belehren lassen. Die griechischen Helden waren alles andere als tugendhaft! Der deutsche „Metastasio" Wieland reagierte scheinbar gelassen. Er rezensierte die „kleine Schrift" in seiner Literaturzeitschrift und empfahl sie den Lesern als ein „Meisterstück von Persiflage". Goethe versprach sich mit Carl Augusts einstigem Mentor zu versöhnen und nahm die Einladung zu einem Besuch in Weimar an.

Zu Ostern 1775 verlobte er sich mit der Frankfurter Bankierstocher Anna Elisabeth Schönemann. Bald darauf überkamen den unter pathologischer Bindungsangst leidenden Dichter Zweifel, eine Ehe mit seinen Lebensplänen vereinbaren zu können. Um Abstand zu gewinnen, folgte er der Einladung von Freunden zu einer mehrmonatigen Reise durch die Schweiz.

Im September 1775 fand in Karlsruhe die Hochzeit Carl Augusts, inzwischen regierender Herzog, mit Prinzessin Luise statt. Auf dem

Rückweg machte das junge Paar wiederum in Frankfurt Station, wo am 12. Oktober die Einladung Goethes nach Weimar erneuert wurde. Dessen Vater, der vermögende Jurist und Kaiserliche Rat Johann Caspar Goethe, warnte: Wollte sein hoffnungsvoller Sohn die Freie Reichsstadt wirklich mit einem Duodezfürstentum vertauschen? Doch der 26-Jährige brauchte eine neue Herausforderung, die Verlobung mit Lili wurde gelöst.

Wie zwanzig Jahre zuvor Winckelmann in Dresden saß nun Goethe in Frankfurt auf gepackten Koffern. Wann würde die herzogliche Kutsche eintreffen? Hatte sein Vater recht gehabt? In einen großen Mantel gehüllt schlich er in der Stadt umher, an den Häusern seiner Freunde und Bekannten vorbei und trat heimlich an das Fenster von Lili Schönemann. Aber er hatte sich entschieden; er wollte der 17-jährigen Bankierstochter nicht beschwerlich sein (201). Als der erwartete Bote ausblieb, floh Goethe nach Heidelberg, um von dort eine Reise nach Italien anzutreten. Am 3. November erreichte ihn die Nachricht, der Kammerjunker August von Kalb erwarte ihn in Frankfurt. Dann fuhr ein nagelneuer Landauer am Großen Hirschgraben vor, der den Gast über die Rhön nach Thüringen brachte. Am 7. November früh um fünf traf Goethe in dem Provinzstädtchen Weimar ein, das von der düsteren Ruinenlandschaft des ein Jahr zuvor abgebrannten Stadtschlosses dominiert wurde. Vorläufige Unterkunft bot das Haus des Kammerpräsidenten Karl Alexander von Kalb gegenüber der Stadtkirche (heute „Sächsischer Hof", Eisfeld 12).

Der Herzog empfing seinen Gast im Fürstenhaus (heute Hochschule für Musik, Platz der Demokratie). Aber wozu brauchte Carl August einen Goethe? So wie sein Großonkel Friedrich II. einst Voltaire in Potsdam, wollte er in Weimar ein Genie an seiner Seite wissen, mit dem er sein Herzogtum einzigartig gestalten konnte.

Die Absicht Carl Augusts ging auf, die Residenzstadt wurde zum Anziehungspunkt in- und ausländischer Intellektueller, darunter die Französin Madame de Staël und der Engländer Joseph Charles Mellish. Nach den Befreiungskriegen brachte der Wiener Kongress von 1814 / 15 dem Herzogtum Sachsen-Weimar-Eisenach die Vergrößerung seines Territoriums und den Anstieg der Einwohnerzahl von 120.000 auf nahezu 200.000. Carl August durfte sich nun Großherzog nennen. Deutschlands erste konstitutionelle Monarchie gewährte ihren Untertanen wichtige Grundrechte. Vier Jahre später, am 23. März 1819, wurde in Mannheim August von Kotzebue erstochen. Die nachfolgenden Karlsbader Beschlüsse bedeuteten das Ende der Pressefreiheit.

Goethe wurde bereits in Weimar erwartet. Wieland gewann ihn binnen weniger Tage „lieb", der junge Hof begehrte ihn als Gesellschafter – zahlreiche Anekdoten erzählen davon. Bald war Goethe ganz in „Hof- und politische Händel verwickelt“ und das Ende seiner Aufenthaltsdauer nicht abzusehen. Mit zunehmender Sympathie wuchsen die dem Geheimen Legationsrat übertragenen Aufgaben – die Schriftstellerei „subordinierte“ sich dem Leben.

Die empfindsame Hofdame Charlotte von Stein stand den stürmischen „Geniestreichen“ Goethes zunächst ablehnend gegenüber. Der Fokus der Aufmerksamkeit lag ohnehin auf der jungen Sängerin und Schauspielerin Corona Schröter, die Goethe für ein Jahresgehalt von 400 Talern als Kammersängerin verpflichtet hatte.

Am 3. Februar 1779 wurde Luise Auguste Amalie, die erste Tochter der herzoglichen Familie, geboren. Aus diesem freudigen Anlass wurde Goethe mit einem Schauspiel beauftragt: Eine weibliche Figur sollte im Mittelpunkt der Handlung stehen. Abgeschirmt von unliebsamen Störungen – teils im „neuen Schloss“ Dornburg – schrieb er die Prosafassung der *Iphigenie auf Tauris* nieder.

Iphigenie, die von ihrem Vater Agamemnon zum Opfer bestimmt worden ist, wird von der Göttin Diana gerettet und auf die skytische Insel Tauris entführt. Dort wirkt sie als Priesterin und schafft – anders als in der Tragödie des Euripides – den Brauch des Menschenopfers ab. Bald sehnt sich Iphigenie nach ihrer griechischen Heimat zurück, aber Thoas, der König der Taurier, begehrt sie zur Frau. Nur widerwillig verspricht er, sie gehen zu lassen. Doch vorher soll sie der Göttin Diana ein Menschenopfer bringen: Zwei Fremde sind unerlaubt an Tauris’ Ufer erschienen. Für Iphigenie ist es undenkbar, dem Mythos zu folgen und das Opfer zu vollziehen. Als sie in den Gefangenen Bruder und Cousin erkennt, wird ein Fluchtplan geschmiedet. Thoas schöpft Verdacht, die Griechen erwartet der Tod. Mit ihrem mutigen Auftreten gelingt es Iphigenie, den König umzustimmen.

Am 6. April fand im Hauptmannschen Redoutenhaus (heute Schillerstraße 18) die Premiere statt. Schon die Besetzung war klassisch: Corona Schröter als Iphigenie, Goethe als Orest! Prinz Constantin spielte den Cousin Pylades, der König Thoas wurde mit Goethes „Urfreund“ Knebel besetzt. Die Rolle von dessen Vertrautem Arkas erhielt der Oberkonsistorialsekretär Heinrich Seidler, ein Onkel der Malerin Louise Seidler. Die dritte Aufführung erhielt ihre besondere Note dadurch, dass Herzog Carl August selbst in die Rolle des Pylades schlüpfte.

Goethes Drama konfrontierte die Zuschauer mit aktuellen Fragen: Was ist moralisch richtig? Was zeugt von stiller Größe? Die Bewunderung galt Iphigenies Mut, Entscheidungen gegen bestehende Konventionen zu treffen. Auch wenn der Künstler nicht auf die Umsetzung dieser Ideale hoffen durfte, avancierte die Bühnenfassung von 1786 zu einem der

Schlüsselwerke der Weimarer Klassik. Das Drama erfüllte alle Bedingungen, die an eine klassische Tragödie gestellt wurden.

Der Mediziner Christoph Wilhelm Hufeland erinnerte sich noch 50 Jahre später an den Eindruck, den Goethe in seinem griechischen Chiton hinterlassen hatte: Man glaubte einen Apollo zu sehen. Hufeland soll es auch gewesen sein, der den Begriff vom Athen an der Ilm prägte.

Corona Schröter zeigte sich nach ihrem spektakulären Auftritt auch in der Öffentlichkeit in einem schlichten „griechischen" Gewand – ganz ohne Schnürbrust und Reifrock (202). Als Goethe merkte, dass die „Crone" auf Distanz bedacht war, setzte er alle Hoffnung in die Frau des Rittmeisters von Stein. Ab 1777 befand sich ihre Dienstwohnung über den Pferdeställen im Haus Ackerwand 25 – in Sichtweite seines Gartenhauses. Den wohlhabenden (Ober-) Stallmeister Josias von Stein hatte Charlotte im Mai 1764 geheiratet und ihm in den ersten zehn Ehejahren sieben Kinder geboren. Wenn ihr Mann auf Reisen war – was häufig vorkam – dilettierte sie auf künstlerischem Gebiet. So wunderte es niemanden, dass sie auf Dauer dem geistreichen Verführer nicht widerstehen konnte. Bis zu Goethes Flucht nach Italien war Lotte seine Muse, später „verehrte Freundin". Seine mehr als 1.770 an sie gerichteten „Briefgen" und „Zettelgen" sind als wichtige Denkmäler bis heute erhalten. Ihre eigenen Briefe forderte Lotte von ihrem „lieben Geheimrath" und „verehrten Meister" zurück. Über deren Verbleib ist nichts bekannt. Im April 1777 ließ Goethe unter Mitwirkung seines Leipziger Zeichenlehrers Adam Friedrich Oeser im Garten an der Ilm den Stein des guten Glücks – „Agathé Tyche" – errichten. Die auf einem Kubus ruhende Kugel sollte Haus und Garten Glück bringen und seine Liebe zu Charlotte von Stein bekunden.

Überhaupt befand sich Goethe in Weimar in einer überwiegend „vorteilhaften Lage". Auch die Herzoginmutter hatte ihn ins Herz geschlossen, 1782 wurde er auf ihren Vorschlag hin nobilitiert. Zu seinen Verdiensten gehörten die Inszenierungen am Liebhabertheater. Es galt, Geschmack und Sitten zu verbessern. Zu ihren „Tafelrunden" im Wittumspalais und ihrem Sommersitz auf Schloss Ettersburg lud Anna Amalia kunst- und kulturbegeisterte Zeitgenossen. Die körperlich benachteiligte Luise von Göchhausen – ab 1783 offiziell Kammerfrau – war Gesellschafterin und Spaßmacherin am Hofe. Sie durfte Goethe den „liebsten aller Geheimen Räthe" nennen, wofür er ihr hin und wieder seine Manuskripte zur Abschrift überließ. Einhundert Jahre später fand man in ihrem Nachlass den *Urfaust (1775).*

Luise von Göchhausen arbeitete auch für das legendäre *Journal von Tiefurth (1781 / 84)* und trug zur Gestaltung des neuen Sommersitzes bei. Wie der Park an der Ilm wurde auch der drei Kilometer entfernte Tiefurter Park umgestaltet und avancierte zur Bühne für die sogenannten

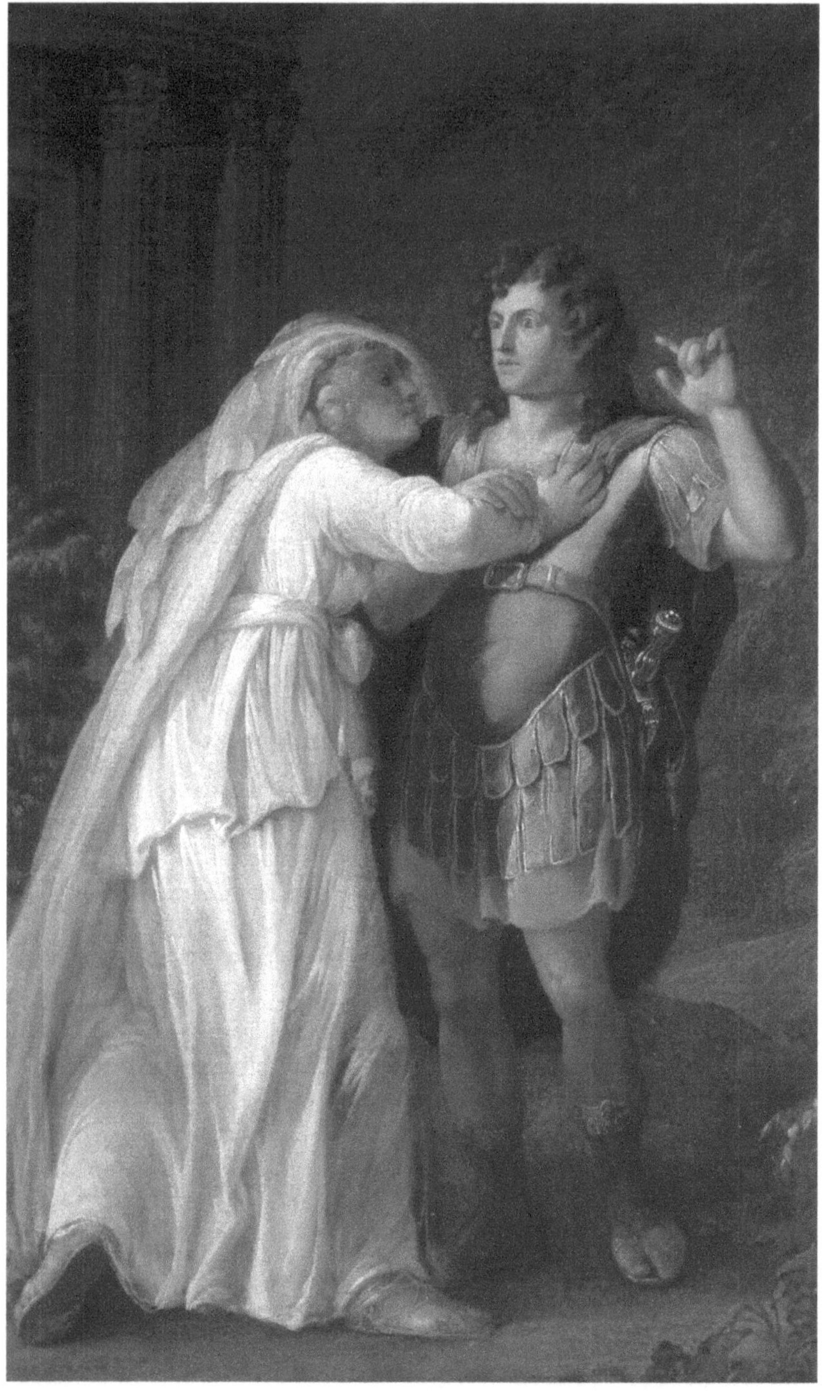

Abb. 75 „Corona Schröter als Iphigenie und Goethe als Orest" von Georg Melchior Kraus, 1779

„Wald- und Wasserdramen“, darunter Goethes Singspiel *Die Fischerin (1782).* Als Anna Amalia am 18. Juni 1790 aus Italien zurückkehrte, fand sie Tiefurt wieder einmal von der Ilm überflutet. In den folgenden Jahren galt es, die Sommerresidenz zu „italianisieren“. 1803 wurde der weithin sichtbare Monopteros mit Kalliope, der Muse für die epische Dichtung, errichtet. Im Sommer 1804 empfand ihr neuer Bibliothekar Carl Ludwig Fernow den Park in Tiefurt „in Rücksicht auf bloßen Naturgenuß“ sogar schöner als die Villa Borghese bei Rom. Er ist bis heute ein Geheimtipp.

Spätestens mit Beginn der 1790er Jahre begann das Dilletantentum bei Hofe zu verblassen. Nachdem sich Künstler und Kunstliebhaber lange gemeinsam an Literatur, Gesang und Theaterspiel erfreut hatten, sahen die Könner nun abfällig auf den „Dilletantismus“ der Nichtkönner herab. 1791 gründete Herzog Carl August das Weimarer Hoftheater (seit 1908 Deutsches Nationaltheater, Theaterplatz 2). Die Leitung wurde Goethe übertragen, dessen *Regeln für Schauspieler (1803)* die professionelle Aufführung klassischer Dramen garantieren sollten. Autoren wie Schauspieler erlangten nun eine hohe Wertschätzung.

In Weimar entstanden neue Treffpunkte. Schillers Schwägerin Caroline von Wolzogen übersetzte antike griechische Texte und führte eine rege Korrespondenz. Ihr Salon lud zu geistreichen Gesprächen. In ihrem Haus am Gelben Schloss trafen sich die Philosophen Fichte, Schelling und Dalberg sowie das Ehepaar Caroline und Wilhelm von Humboldt.

Wielands Vorhersage, dass man „von den Enden der Welt“ an den Dichterhof kommen werde, war eingetroffen. Im Jahre 1806 zogen auch Johanna Schopenhauer und ihre achtjährige Tochter Adele von der Freien und Hansestadt Hamburg nach Weimar, wo sie eine Wohnung an der Esplanade (heute Theaterplatz 1) im Haus der Hofrätin Caroline Ludekus bezogen. Im folgenden Jahr kam auch ihr Sohn Arthur, um sich auf sein Studium vorzubereiten. Diesmal war es Goethe, der dem geistreichen jungen Mann Verdienste prophezeite.

Am 14. Oktober endete die Schlacht nahe Jena und Auerstedt mit einer verheerenden Niederlage der preußischen Armeen. Wie immer trug die Zivilbevölkerung die Hauptlast des Krieges: Zerstörungen, Einquartierungen, Plünderungen und Demütigungen. Auch das Haus am Frauenplan blieb von den siegtrunkenen Franzosen nicht verschont. Nur die Courage Christianes rettete Goethe vor deren Zudringlichkeit. Dankbar wollte er nun die „kleine Freundin“ als die Seine anerkennen. Am 19. Oktober wurde in der kleinen Sakristei hinter der Jakobskirche durch den Hofprediger Günther die Trauung „Sr. Exzellenz Johann Wolfgang von Göthe mit Demoisell Johanna Christiana Sophia, geb. Vulpius“ vollzogen. Anwesende waren deren 17-jähriger Sohn August und Goethes Sekretär und Vertrauter Friedrich Wilhelm Riemer. Am Tag darauf stellte Goethe seine Frau der Teegesellschaft Johanna Schopenhauers vor. Zu deren Gästen zählten der Philologe Riemer, der Direktor der Fürstlichen freien Zeichenschule Meyer, der Bibliothekar Fernow, der Schriftsteller Schütze, der Kammerherr von Einsiedel sowie der Pädagoge Falk und dessen Frau. Wieland soll es vorgezogen haben, außerhalb der Gesellschaftstage seine Aufwartung zu machen.

Die Hofrätin Ludekus, Schwester des Schriftstellers August von Kotzebue, publizierte unter dem Pseudonym „Amalie Berg". Bald verspürte auch Johanna Schopenhauer Ambitionen zur Schriftstellerei. Die Grundlage dafür legte ihr freundschaftliches Verhältnis zu dem Italienkenner Carl Ludwig von Fernow. Er vermittelte ihr Kenntnisse in Sachen Kunst und brachte ihr die Antike näher. Nach der Beteiligung an Goethes Schrift *Winckelmann und sein Jahrhundert (1805)* editierte Fernows *Johann Joachim Winckelmann's gesammelte Werke (Walthersche Hofbuchhandlung, Dresden 1808).* Nach dem Tod des Freundes am 4. Dezember 1808 schlug der Verleger Johann Friedrich Cotta vor, eine Biografie Fernows zu verfassen. Mit den beiden Bänden von *Carl Ludwig Fernow's Leben (Tübingen 1810)* feierte Johanna Schopenhauer ihren ersten Erfolg.

Im Sommer 1829 zogen Johanna und Adele Schopenhauer vom „Ilm-Athen" an den Rhein. Adele Schopenhauer pflegte weiterhin ihre Kontakte zu Goethes Schwiegertochter Ottilie und befreundete sich mit ihrer Schriftstellerkollegin Annette von Droste-Hülshoff. Mit der „Rheingräfin" Sibylle Mertens-Schaaffhausen – Musikerin, Archäologin und Kunstmäzenin – verband sie nicht nur eine leidenschaftliche Liebesbeziehung. Ihre Salons in Bonn und Rom waren legendär.

Goethe und der Winckelmannsche Faden

Seit seiner Kindheit träumte Goethe von einer Reise nach Italien. Nach mehr als einem Jahrzehnt in Thüringen war alles vorbereitet, um diesen Traum endlich verwirklichen zu können. Den Sommer 1786 hatte die Hofgesellschaft mit einer Trinkkur in Karlsbad (tsch. Karlovy Vary) verbracht. Als man sich auf den Rückweg nach Weimar vorbereitete, floh Goethe in die entgegengesetzte Richtung – um sich von den physisch moralischen Übeln zu heilen, die ihn in Deutschland quälten, „sodann den heißen Durst nach wahrer Kunst zu stillen" (203). Unterwegs führte er ein Charlotte von Stein gewidmetes Tagebuch, das er packenweise nach Weimar sandte. Diese Aufzeichnungen Goethes enden einen Tag nach der Ankunft in Rom.

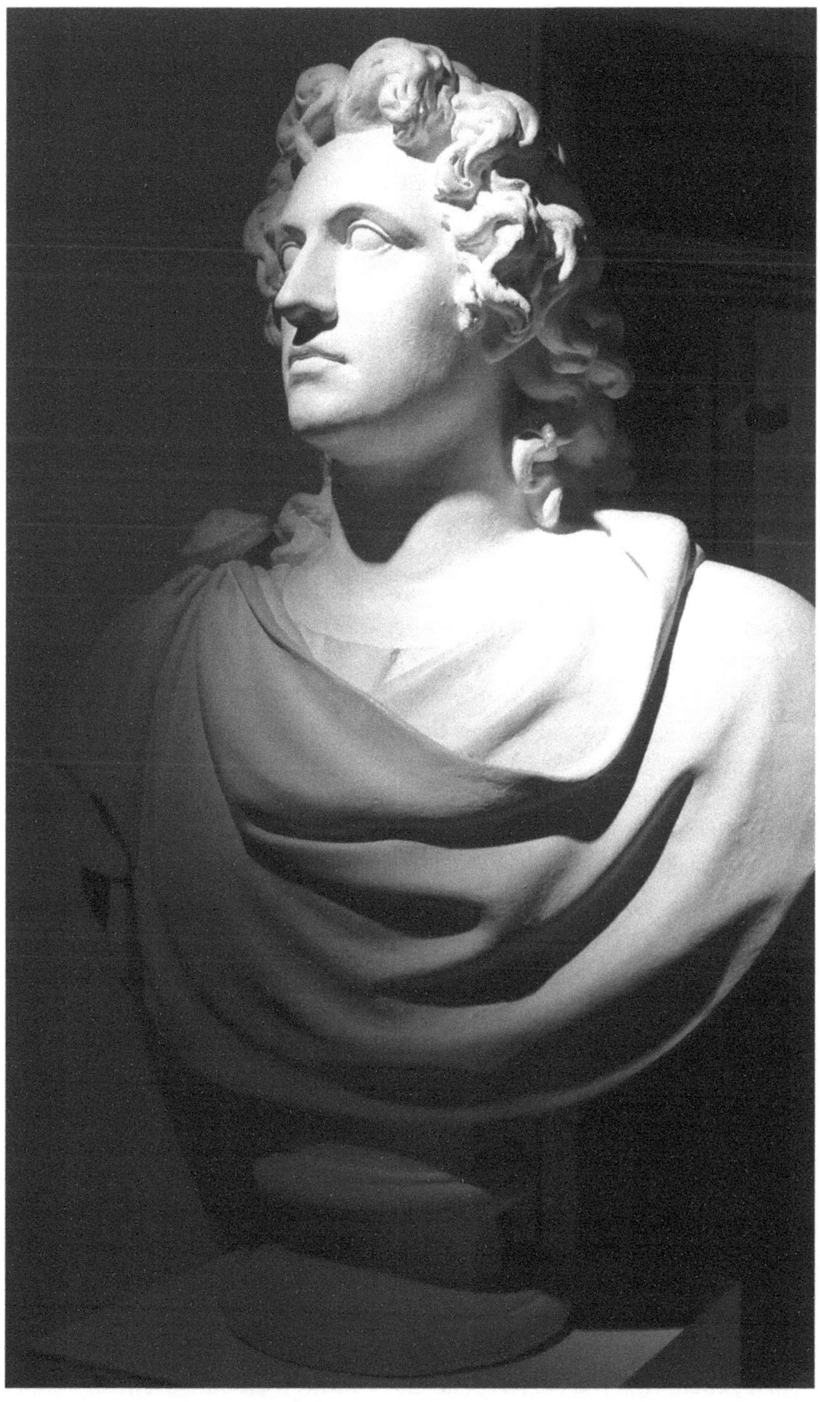

Abb. 76 Johann Wolfgang von Goethe, Büste von Alexander Trippel, 1787, heute in der Herzogin Anna Amalia Bibliothek in Weimar

Am 3. September früh drei Uhr ging die Post-Chaise nach Regensburg, wo er sich als „Leipziger Kaufmann Joh. Phillip Moeller" ausgab. Hier komplettierte er seine Reiseausrüstung und besichtigte das Museum Schaefferianum (Naturalienkabinett) des Theologen Jacob Christian Schäffer. Die prächtigen Kirchen, Türme und Gebäude der Stadt flößten Ehrfurcht ein – die Jesuiten hatten einen Reichtum angehäuft, der die „Bettler aller Stände" blenden musste. Freilich sah Goethe hier und da „etwas Abgeschmacktes, damit die Menschheit versöhnt und angezogen werde". An die Bilder und Antiken in der Münchner Residenz musste sich sein Auge erst gewöhnen, glücklicher fühlte er sich auch dort im Naturalienkabinett. Aber er wollte ja weiter. Über Benediktbeuern ging die Fahrt hoch zum Kochelsee, noch weiter hinauf zum Walchensee und von dort nach Mittenwald. Ab Innsbruck, wo die Natur immer schöner wurde, half der mitgeführte „Linnée" [Carl von Linné] bei der Bestimmung der üppigen Pflanzenwelt.

Die Überquerung des Brenner war längst nicht mehr so strapaziös wie zu Winckelmanns Zeiten. Kaiserin Maria Theresia hatte den Pass ausbauen und damit die Alpenüberquerung sicherer machen lassen. Am 10. September übernachtete Goethe auf der Passhöhe im Posthaus. Von dort ging es am nächsten Morgen so schnell bergab, dass dem Reisenden Hören und Sehen verging. Über Bozen und Trient flog er nach Rovereto, „wo die Sprache sich abscheidet". Endlich konnte er sein Italienisch anwenden! Ab Torbole glitt Goethe auf einem Segelschiff vorbei an malerischen Zitronenbäumen nach Malcesine, der „Perle des Gardasees". Noch auf dem Wasser skizzierte er das Kastell der Skaliger. Als er die Burg vor Ort im Bild festhalten wollte, hielt man ihn zunächst für einen Maler, der die Grenze zwischen „dem Gebiete Venedigs und dem Österreichischen Kaiserstaate" ausspionieren wollte. Mehr beeindruckt von der Natur als von den misstrauischen Menschen erfolgte per Schiff die Weiterfahrt nach Bardolino. Von dort ritt der Geheime Legationsrat auf einem Esel nach Verona, wo er sich in einen italienischen Kaufmann verwandelte. Aus dem *Volkmann* wusste er, welche Sehenswürdigkeiten ihn wo erwarteten: das römische Amphitheater in Verona, die berühmten Bauten des Andrea Palladio in Vicenza…

Goethe bedauerte, wie das Teatro Olympico und andere herrliche Gebäude des Baumeisters Palladio durch das „schmutzige Bedürfnis des Menschen entstellt sind". Wie immer suchte er nach einem Grund und resümierte: „Denn man verdient wenig Dank von den Menschen, wenn man ihr inneres Bedürfnis erhöhen, ihnen eine große Idee von ihnen selbst geben, ihnen das Herrliche eines wahren edlen Daseins zum Gefühl bringen will. Aber wenn man die Vögel belügt, Märchen erzählt, von

Tag zu Tag ihnen forthelfend, sie verschlechtert, da ist man ihr Mann und darum gefällt sich die neuere Zeit in viel Abgeschmacktem. Ich sage das nicht, um meine Freunde herunter zu setzen, ich sage nur, daß sie so sind und daß man sich nicht verwundern muß, wenn alles ist, wie es ist" (204).

Eine halbe Stunde von Vicenza entfernt – auf einer angenehmen Höhe liegend – besichtigte er die Villa Rotonda. „Es ist ein viereckiges Gebäude, das einen runden, von oben erleuchteten Saal in sich schließt. Von allen vier Seiten steigt man auf breiten Treppen hinan und gelangt jedesmal in eine Vorhalle, die von sechs corinthischen Säulen gebildet wird. Vielleicht hat die Baukunst ihren Luxus niemals höher getrieben. Der Raum den die Treppen und Vorhallen einnehmen, ist viel größer als der des Hauses selbst: denn jede einzelne Seite würde als Ansicht eines Tempels befriedigen […]".

Goethe versuchte schon lange, Palladios Werke zu erwerben, doch bisher ohne Erfolg. Am 27. September betrat er einen angesehenen Buchladen in Padua und fragte nach ihnen. Während „der Herr des Ladens" suchte, hielt man den nach zeitgenössischer Mode ausstaffierten Reisenden prompt für einen Architekten und lobte seine Wahl. Schließlich hielt er zwar nicht die Originalausgabe, aber eine genaue Kopie von Palladios *I Qvattro Libri Dell'Architettvra (Die vier Bücher zur Architektur, Venedig 1570)* in der Hand, herausgegeben von Joseph Smith, dem ehemaligen englischen Konsul in Venedig.

Andrea di Pietro della Gondola wurde 1508 in Vicenza geboren. Sein Mentor, der Dichter und Sprachforscher Gian Giorgio Trissino, nannte ihn „Palladio". Mehrfach besuchten beide Rom, wo sich der mathematisch begabte junge Mann im Vermessen und Skizzieren von Bauwerken klassischer Altertümer übte. Mit großem Erfolg setzte Palladio alle theoretischen Erkenntnisse um. Nach dem Vorbild des Pantheon schuf er in der venetischen Landschaft einen Palazzo für den Priester Paolo Almerico, berühmt als Villa La Rotonda. Neben römischen Monumentalbauten galt Palladios Vorliebe der antiken Geschichtsschreibung. Das Prinzip des „disegno", des konzeptionellen Entwurfs, ließ ihn zu einem großartigen Künstler werden.

Am 28. September erreichte Goethe Venedig, „diese wunderbare Inselstadt, diese Biberrepublik". Zwei Wochen nahm er sich Zeit für ihre Sehenswürdigkeiten. Beim Besuch des Convento Santa Maria della Carità (heute Gallerie dell'Accademia, Dorsoduro 1050) dünkte ihm, „nichts höheres, nichts vollkommneres gesehen" zu haben; wieder hieß der Meister Palladio. Nach einem Brand war nur der dreistöckige Ostflügel des Kreuzgangs erhalten geblieben. Im Jahre 1566 beeindruckte das bis dahin einmalige architektonische Ensemble den Künstler und Biografen Vasari.

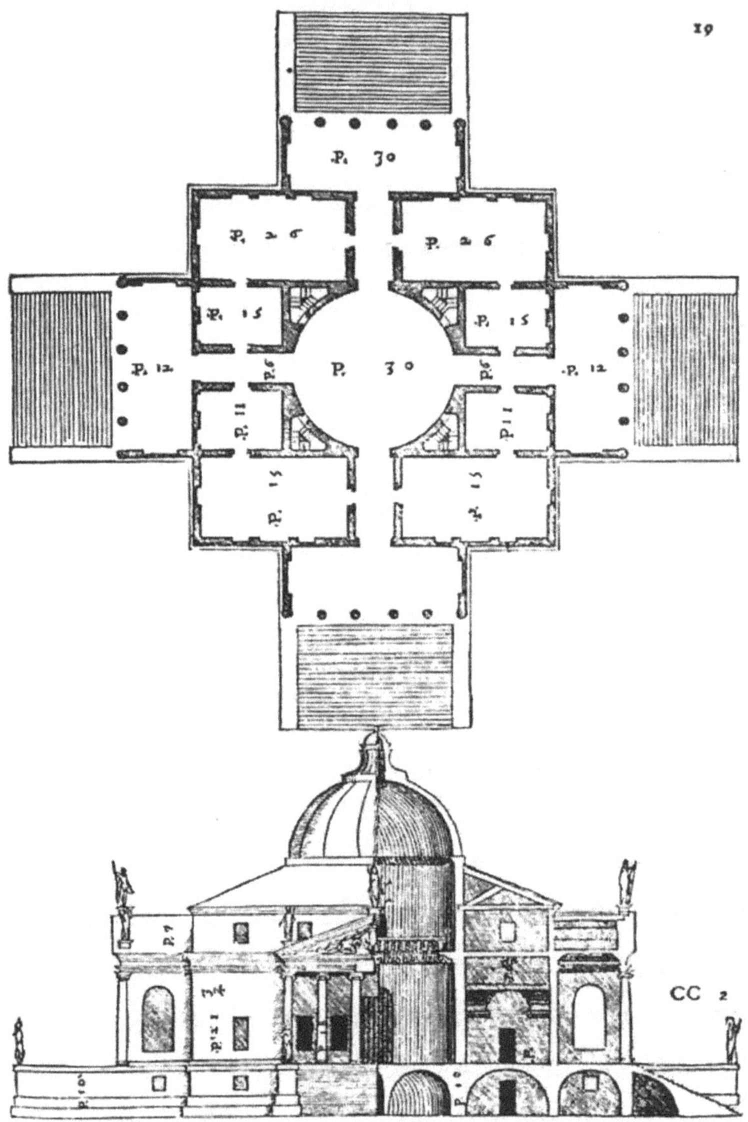

Abb. 77 „Plan der Villa Rotond“ von Andrea Palladio, in „I Quattro Libri dell’Architettura“, 1570

Per Kurierschiff ging es weiter nach Ferrara. Hier hatte das Dichteridol Torquato Tasso gewirkt. Goethe glaubte, dessen Rolle am Hof des Herzogs Alfonso II. d'Este mit seiner Situation in Weimar vergleichen zu können: der Künstler als Decorum. 1790 publizierte Goethe seinen *Torquato Tasso* bei Göschen in Leipzig, von einer Aufführung riet Carl August ab. Erst 1807 sollte das konfliktreiche Schauspiel auf die Bühne gelangen.

Am 18. Oktober erreichte Goethe Bologna. Von dort erfolgte die noch immer beschwerliche Überquerung des Apennin. Die Reisewege hatten sich seit Winckelmann kaum gebessert. Für Florenz mussten vorerst drei Stunden reichen – pünktlich zu Allerheiligen wollte Goethe in Rom sein. Der Umweg über Assisi lohnte sich, die Kirche Santa Maria sopra Minerva (Piazza del Comune) war „das erste vollständige Denkmal der alten Zeit". Vom einstigen Tempel der Minerva (1. Jh. v. Chr.) sind bis heute der Pronaos und die Fassade mit sechs korinthischen Säulen, Architrav und Giebel erhalten.

Rechtzeitig vor Allerheiligen traf Goethe am 29. Oktober in Rom ein. Als „Sign. Filippo Miller, tedesco, pittore 32 [anni]" ließ er sich in das Register der Pfarrei Santa Maria del Popolo eintragen. Dieses „Inkognito" – ein zweckgebundener und zeitlich begrenzter Identitätswechsel – wurde bereits in der Antike zelebriert. In der Neuzeit erlangten die Reisen des Kaisers Joseph II. von Habsburg Berühmtheit. Dass ein Inkognito nicht vor Überwachung schützte, hatte Goethe bereits in Malcesine erfahren. In Rom war es der kaiserliche Botschaftssekretär Franz Eberle, der den Weimarer Minister im Auftrag des Staatskanzlers Fürst Kaunitz-Rietberg beobachten ließ. Der Maler Johann Heinrich Wilhelm Tischbein war bereits ins Visier geraten. Er bot Goethe Unterkunft in der Casa Moscatelli (heute Casa die Goethe, Via del Corso 18–20) an. Ihre Mitbewohner waren die Maler Johann Heinrich Schütz aus Frankfurt und Friedrich Bury aus Hanau. Tischbein erwies sich bald als talentierter Künstler, sachkundiger Cicerone und herzlicher Freund.

Freimütig sandte Goethe nach seiner Ankunft die Erlebnisse seiner „gleichsam unterirdischen Reise" in die Heimat. Der nachfolgenden Korrespondenz ist zu entnehmen, wie er sich am „Winckelmannschen Faden" zurechtfand (205):

An den Freundeskreis in Weimar, Rom d. 1. Nov. 1786

> „Endlich bin ich in dieser Hauptstadt der alten Welt angelangt! Wenn ich sie in guter Begleitung, angeführt von einem recht verständigen Manne [Winckelmann], vor funfzehn Jahren gesehn hätte, wollte ich mich glücklich preisen. Sollte ich sie aber allein, mit eignen Augen sehen und besuchen; so ist es gut daß mir diese Freude so spät zu Theil ward..."

An Herzog Carl August, 3. Nov. 1786

„In Vicenz hab ich mich an den Gebäuden des Palladio höchlich geweidet und mein Auge geübt. Seine Vier Bücher der Baukunst, ein köstliches Werck, und den Vitruv des Galiani hab ich mir angeschafft und schon fleißig studirt, hier werd ich in Gesellschafft eines guten Architeckten, die Reste der alten, die Gebäude der neuen Zeit besehen und nicht allein meinen Geschmack bilden, sondern auch im Mechanischen mir Kenntniße erwerben, denn eins kann ohne das andre nicht bestehen.

Haben Sie die Güte mir zu schreiben: wieviel Bände sie von denen in Vicenz herausgekommnen Gebäuden des Palladio besitzen? ich glaube zwey; Es sind ihrer aber jetzt *fünfe* die man alle haben muß. Wenn ich weiß was fehlt will ich die andern zu kaufen suchen, sie sind jetzt schon rar geworden. Gemälde und Statuen zu sehen hilft mir des Hofrath Reifenstein lange Pracktick und Tischbeins Künstler Auge. und ich sehe denn nur so hin."

An Charlotte von Stein, 24. November 1786

„Von der Nation zu sagen bleib ich dir schuldig, es ist ein sonderbar Volck. Was allen Fremden auffällt und was heute wieder die ganze Stadt reden, aber auch nur *reden* macht, sind die Todtschläge, die ganz was gemeines sind. Viere sind schon seit ich hier bin erschlagen worden von denen ich nur weiß. Heute ward ein braver Künstler, ein Schweizer, Medailleur, der letzte Schüler von Hedlinger überfallen, völlig wie Winckelman."

An das Ehepaar Herder, 2. (- 9.) Dez. 1786

„Ich will so lang ich hier bin die Augen aufthun, bescheiden sehen und erwarten was sich mir in der Seele bildet. Winckelmanns Geschichte der Kunst, die neue Italiänische Ausgabe [übersetzt von Carlo Fea] ist sehr brauchbar, ich bringe sie mit."

An das Ehepaar Herder, 13. Dez. 1786

„Heute früh fielen mir Winckelmanns Briefe, die er aus Italien schrieb in die Hand. Mit welcher Rührung hab ich sie zu lesen angefangen! Vor 31 Jahren in derselben Jahrszeit kam er, ein noch ärmerer Narr als ich, hierher, ihm war es auch so deutsch Ernst um das Gründliche und sichre der Alterthümer und der Kunst. Wie brav und gut arbeitete er sich durch! Und was ist mir nun das Andencken dieses Mannes auf diesem Platze. [...]

Ausser den Gegenständen der Natur die in allen ihren Theilen wahr und konsequent ist, spricht doch nichts so laut als die Spur eines guten verständigen Mannes. Hier in Rom kann man das recht fühlen wo so manche Willkührlichkeit gewüthet hat, wo so mancher Unsinn durch Macht und Geld verewigt worden.

Eine Stelle in Winckelmanns Briefen an Francken freute mich „Man muß alle Sachen in Rom mit einem gewißen Phlegma suchen, sonst wird man für einen Franzosen gehalten. In Rom, glaub ich, ist die hohe Schule für alle Welt, und auch ich bin geläutert und geprüft." Das gesagte paßt recht auf meine Art den Sachen hier nach zu gehn und gewiß man hat außer Rom keinen Begriff wie man hier geschult wird."

An Charlotte von Stein, 6. Jan. 1787

„Meine Iphigenie ist fertig und ich kann mich noch von ihr nicht schreiben, besonders da Herder in einem Brief vom 11. Dec. noch nicht auf Manuscript dringt, noch nichts schreibt von den zwey ersten Bänden und wieweit der Druck gekommen ist.

Seit gestern hab ich einen kolossalen Junokopf in dem Zimmer oder vielmehr nur den Vordertheil, die Maske davon. Es war dieser meine erste Liebschafft in Rom und nun besitz ich diesen Wunsch. Stünd ich nur schon mit dir davor. Ich werde ihn gewiß nach Deutschland schaffen und wie wollen wir uns einer solchen Gegenwart erfreuen. Keine Worte geben eine Ahndung davon, er ist wie ein Gesang Homers."

An den Freundeskreis in Weimar, 6. Jan. 1787

„Das stärckste was mich in Italien hält ist Tischbein, ich werde nie und wenn auch mein Schicksal wäre das schöne Land zum zweitenmal zu besuchen, so viel in so kurzer Zeit lernen können als jetzt in Gesellschafft dieses ausgebildeten, erfahrnen, feinen, richtigen, mir mit Leib und Seele anhängenden Mannes. Ich sage nicht wie es mir schuppenweise von den Augen Fällt.

Wer in der Nacht steckt hält die Dämmrung schon für Tag, und einen grauen Tag für helle, was ists aber wenn die Sonne aufgeht? Dann hab ich mich bisher aller Welt enthalten, die mich so nach und nach zu faßen kriegt und die ich auch wohl gern mit flüchtigen Blicken beobachtete."

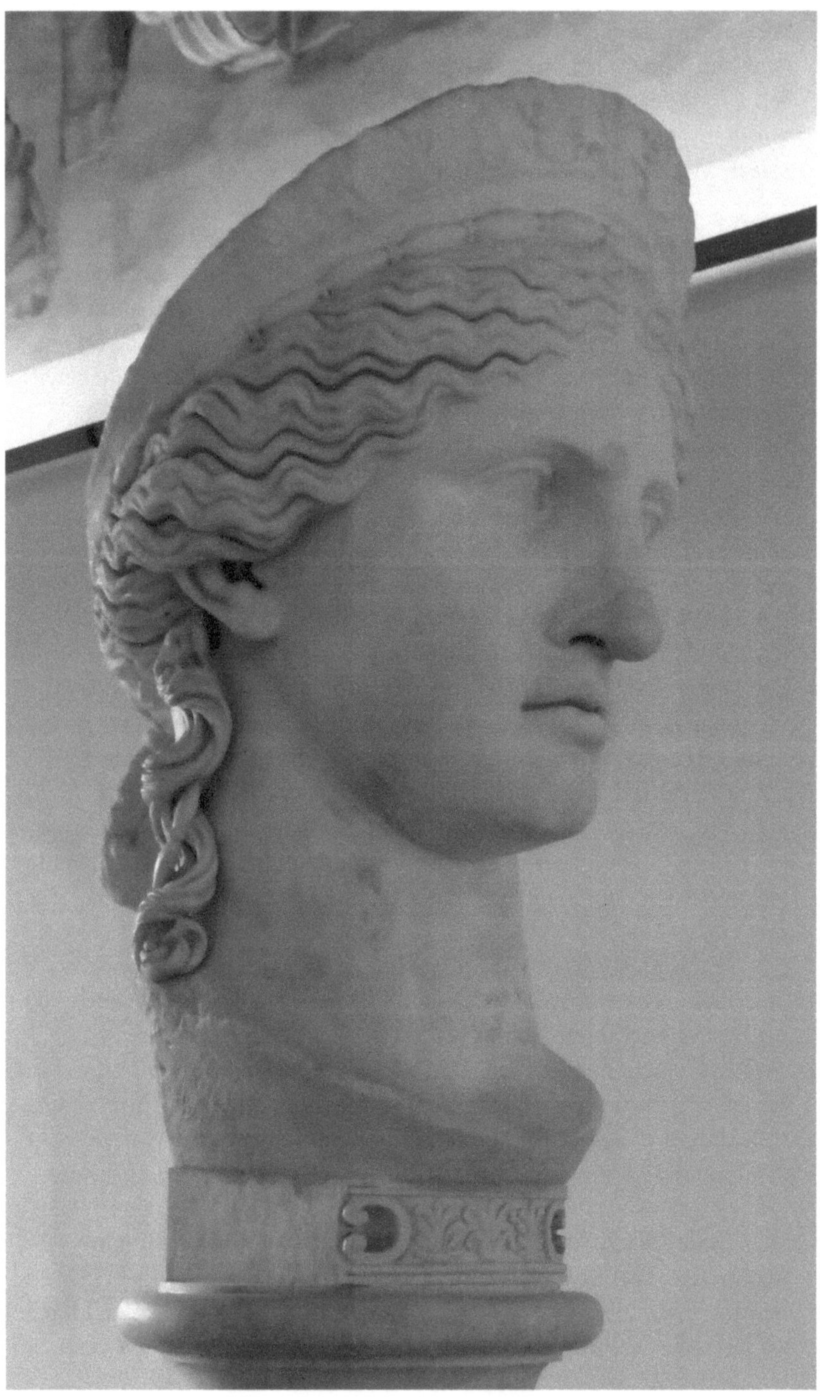

Abb. 78 „Juno Ludovisi", Antonia Minor, nach 37 n. Chr., im Palazzo Altemps, 2013

An den Diener Philipp Seidel, 13. Jan. 1787

„Ein Brief läuft gewöhnlich 16 Tage; wie du gegenwärtiges erhälst, melde mir die Ankunft mit umlaufender Post, daß ich beruhigt werde. Ich habe eine Abschrifft hier behalten. Nun gehts an Egmont und die andern Sachen, ich will nichts in Stücken geben.

Decke den Apoll [das Neujahrsgeschenk aus Gotha], der im Vorsale steht, mit einer Serviette zu, erst hier lernt man solch ein Besitzthum schätzen."

An den Freundeskreis in Weimar, 13. Jan. 1787

„Im Pallaste Giustiniani steht eine Minerva die meine ganze Verehrung hat. Wickelmann gedenckt ihrer kaum, wenigstens nicht an der rechten Stelle und ich fühle mich nicht würdig genug über sie etwas zu sagen. [...]

Wollen meine Freunde ein näheres Wort hören; so lesen sie was Winckelmann vom *hohen* Styl der Griechen sagt. Leider führt er dort diese Minerva nicht an. Wenn ich aber nicht irre so ist sie von jenem hohen strengen Styl da er in den schönen übergeht, die Knospe indem sie sich öffnet und eben eine Minerva deren Charackter eben dieser Übergang, so wohl ansteht!"

An J. G. Herder, 13. Jan. 1787

„Hier lieber Bruder die Iphigenia. Ich schicke sie mit der heut abgehenden Post an Seidel und laße dießen Brief gerade an dich abgehn damit eine Art Controlle entstehe, wenn etwa das größere Packet länger aussenbliebe. [...]

Ich habe mich an dem Stücke so müde gearbeitet. Du verbesserst das mit einem Federzuge. Ich gebe dir volle Macht und Gewalt. Einige halbe Verse habe ich gelaßen, wo sie vielleicht gut thun, auch einige Veränderungen des Sylbenmases mit Fleiß angebracht. Nimm es nun hin und laß ihm deine unermüdliche Gutheit heilsam werden. Lies es mit der Frauen, laß es Fr. v. Stein sehen und gebt euren Segen dazu. Auch wünscht ich daß es Wieland ansähe der zuerst die schlotternde Prosa in einen gemeßnern Schritt richten wollte und mir die Unvollkommenheit des Wercks nur desto lebendiger fühlen ließ. Macht damit was ihr wollt, dann laß es abschreiben und schaff es mit dem übrigen zur rechten Zeit und Stunde an Seidel u. s. w. und verzeih der Plage.

Ich bin selbst ein geplagter Fremdling, den nicht die Furien, den die Musen und Grazien und die ganze Macht der seligen Götter mit Erscheinungen überdecken. Ich kann noch nichts sagen, denn es wird nur. Hätte ich Zeit ich wollte euch große Schätze zurückbringen. Denn ach Winckelmann! wie viel hat er gethan und wieviel hat er uns zu wünschen übrig gelaßen. Du kennst mich Hypothesen-Auflößer und Hypothesen-Macher. Er hat mit denen Materialien die er hatte geschwinde gebaut um unter Dach zu kommen. Lebte er noch; (und er könnte noch frisch und gesund seyn) so wäre er der erste der uns eine neue Ausarbeitung seines Wercks gäbe. Was hätte er nicht noch beobachtet, was berichtigt, was benutzt das nach seinen Grundsätzen gethan und beobachtet, was neuerdings ausgegraben worden. [...]

In meiner Stube hab ich schon die schönste Jupiter Büste, eine kolossale Juno über allen Ausdruck groß und herrlich, eine andre kleiner und geringer, das Haupt des Apoll von Belvedere und in Tischbeins Studio steht auch manches dessen Werth mir aufgeht. Nun rücke ich zu den Gemmen, und alle Wege bahnen sich vor mir, weil ich in der Demuth wandle.

[Karl Philipp Moritz sah in der Büste das Erhabene, mit Macht vereinte Schöne. Und Goethe glaubte, schon die obersten Gipfel des Großen und Schönen gepflückt zu haben. Dennoch ließ er die sogenannte Juno Ludovisi in Rom zurück und schenkte sie der befreundeten Malerin Angelika Kauffmann. Als Herder die Büste sah stand fest: „Sie soll Ehrfurcht einflößen, aber nicht durch sanften fesselnden Liebreiz anziehen"] (206).

Einigen Deutschen dien' ich schon wieder als Cicerone, Ausleger und Deuter und mein Leben mit den Künstlern ist einzig dießem Ort angemessen. Das andre Leben ist schaal wie überall und schaaler wo möglich. Ich will zuletzt nur einige Becher schlurpfen. [...] Lebe wohl. Ich bin heute müd und matt von Schreiben. Liebt mich, verlangt mich! daß ich mit Freuden wiederkehre. d. 13. Jan. 87. Rom."

An Herzog Carl August, 13.–20. Jan. 1787

„Endlich geht heut die umgeschriebene Iphigenie ab, nun werd ich gleich den Egmont endigen daß er wenigstens ein scheinbares Ganze mache.Das wichtigste, woran ich nun mein Auge und meinen Geist übe sind die Style der verschiednen Völcker des Alterthums und die

Epochen dieser Style in sich, wozu Winckelmanns Geschichte der Kunst ein treuer Führer ist.

Mit Hülfe der Künstler Augen und eigner Combinations Gabe, suche ich so viel als möglich manches zu finden und zu suppliren, was uns Winckelmann jetzt selbst geben würde, wenn er in diesen Jahren eine neue Ausgabe veranstalten könnte. Von der neuen Kunst genieß ich was ich darneben kann.

Auch hab ich mich zu den Gemmen gewendet und werde eine kleine Sammlung der besten Schwefel mitbringen. [...]

Der Fürst v. Waldeck aus Böhmen ist hier, er empfiehlt sich Ihnen aufs beste. Es ist das fünftemal daß er nach Rom kommt. Er besitzt ein großes Münzkabinet welches zu kompletiren er gewaltig kauft. Doch sind seine Liebhabereyen nicht bloß antiquarisch, er hat eine schöne Böhmische Dame zur Gesellschafft. Sie war den letzten Sommer auch in Carlsbad, wir hörten aber nur ihre Liebenswürdigkeit rühmen, sie war schon als wir ankamen nach Töplitz abgegangen. Sie ist mit dem Bischoff von Prag verwandt, ihr alter Mann ist mit hier. [...]

In das neue lebendige Rom mag ich gar nicht hineinsehen, um mir die Immagination nicht zu verderben. Unmöglich kann es eine schlechtere Administration geben."

An das Ehepaar Herder, 3. Februar 1787

„Durch Rom hab ich mich durchgesehn und es ist Zeit daß ich eine Pause mache. Die Mummereyen des Carnevals mögen noch vor meinen Fenstern vorüber gehn, dann nach Neapel. Palmarum bin ich wieder da und richte meine Reise weiter ein, wie mir Eure Stimmen zurufen und wie der Geist treibt.

Ich könnte nach Ostern gleich nach Sicilien gehn, denn das Land ist im April und May noch bereisbar, obschon heis genug, und sehn müßt ich's denn doch.

Was Kunst betrifft hab ich nun Grund gelegt und kann nun drauf bauen wie es Zeit und Umstände erlauben, das Alterthum ist mir aufgeschloßen und die Geschichte lieb, darinn sollst du mir nun forthelfen und mir haben ein Paar Vereinigungs Punckte mehr. Laß uns zusammenhalten; es ist in der ganzen Welt ein lumpig kümmerlich Wesen.

Komm ich zurück; so lesen wir Winckelmanns Geschichte der Kunst zusammen, da giebts Gelegenheit von allem zu reden und ich will schon kommentiren daß du dich freuen sollst, wenn ich nur Beyspiele genug mitnehmen kann. Der Transport kostet soviel und wir müßen alles aus eignen Kräfften thun."

An Herzog Ernst II. von Sachsen-Gotha, 6. Febr. 1787
„Herr Hofrath Reifenstein erzeigt mir viele Gefälligkeiten, bei Tischbein habe ich meine Wohnung aufgeschlagen, und dieses Künstlerleben, dieser Künstlerumgang verschafft mir großen Nutzen, erleichtert mir das Studium und bringt mich in kurzer Zeit vorwärts. Diesen Ihren Künstler will ich nicht loben, das große Bild, das er für Ew. Durchl. unter Händen hat, mag von seinem unermüdlichen Fleiße zeugen. [...] Ich zähle eine Wiedergeburt von dem Tage an, da ich Rom betrat; ich lebe eine neue Jugend, der ich mich immer mit den größten Freuden erinnern werde."

An Herzog Carl August, 7.–10. Februar 1787
„Es bleibt mir noch ein wenig Zeit und ich muß diese Seite noch vollschreiben. Ganz besonders ergötzt mich der Anteil, den Sie an Wilhelm Meister nehmen. Seit der Zeit, da Sie ihn in Tannrode lasen, hab ich ihn oft wieder vor der Seele gehabt.

Die große Arbeit die noch erfordert wird ihn zu endigen und ihn zu einem Gantzen zu schreiben wird nur durch solche teilnehmende Aufmunterungen überwindlich. Ich habe das wunderbarste vor. Ich möchte ihn endigen mit dem Eintritt ins vierzigste Jahr, da muß er auch geschrieben seyn. Daß es, auch nur der Zeit nach, möglich werde, laßen Sie uns, wenn ich wiederkomme zu Rathe gehn. Ich lege *hier* den Grund zu einer soliden Zufriedenheit und werde zurückkehrend mit einiger Einrichtung, Vieles thun können.

Noch eins Tischbein mahlt mich in Lebensgröße im weißen Mantel auf Ruinen sitzend. Es giebt ein glückliches Bild, er nimmt zur Ausarbeitung seine ganze Kunst zusammen, da die Idee glücklich ist. Leben Sie wohl."

An Seidel, 17. Februar 1787
„Die Nachricht, daß Iphigenie angekommen ist freut mich sehr. Nun geh ich ganz frey nach Neapel.

Schreibe mir nur einmal, wie meine Caffe steht. Was Paulsen überhaupt von mir in Händen hat, und was mir von meiner Besoldung bis Ostern übrig bleibt, auch auf wieviel ich, deductis deducendis, biß zu Ende des Jahres rechnen kann."

An Georg Joachim Göschen, Rom, 27. Oktober 1787

„Mad. Angelicka hat mich mit einer gar schönen Zeichnung zum fünften Bande begünstigt. Hr. Lips hat sie auch bereits gestochen und schon im Probedruck verdient seine Arbeit allen Beyfall. Sobald er fertig ist werde ich ihn befriedigen und meine Auslage anzeigen. Die Platte soll mit Claudinen ankommen.

Der Mad. Angelika darf ich kein Geld anbieten, dagegen wünschte ich durch Bücher unsere Erkänntlichkeit zu zeigen und eine gute Einleitung für die Zukunft zu machen.

Schicken Sie deßwegen auf das baldigste
Wielands poetische Schriften die kleine neue Ausgabe.
Herders zerstreute Blätter 3 Bände.
Desselben Volckslieder 2 Bände.
Vossens kleine Gedichte.
Höltys Gedichte.
Vossens Odyssee.

sämmtlich in englischen Band gebunden, wo möglich alles Schreibpapier, wohl gepackt, unter der bekannten Adreße an Hrn. Tischbein nach Rom.

Die Zeichnung aus der Iphigenie, welche die trefliche Künstlerinn für mich gefertigt, liegt mir so nah am Herzen, daß ich mich nicht entschließen kann, sie aus Händen zu geben. Bringe ich sie dereinst nach Deutschland, so bin ich vielleicht nicht abgeneigt, sie einem bekannten sorgfältigen Künstler anzuvertrauen."

An Carl August, 17. November 1787

„Verbrennen Sie doch ja meine Briefe gleich daß sie von niemanden gesehen werden, ich kann in dieser Hoffnung desto freyer schreiben. Leben Sie tausendmal wohl! Und wenn Ihr neuster Schritt manche Mißvergnügte gemacht hat, wenn Sie im Dienste manchem streng aufdrücken müssen, wenn Sie in einem halb feindlichen Lande nicht immer Zufriedne vor Sich sehen; so genießen Sie wenigstens des Gedanckens: daß Sie Einen Menschen, der Ihnen nah angehört, durch Ihre Liebe, Güte und Nachsicht ganz glücklich machen."

Herzog Carl August, 25. Jan. 1788
„Die nächste Woche werden nun die vorzüglichsten Statuen und Gemählde Roms mit frischgewaschnen Augen besehen.

Diesen Cursum habe ich an der Hand eines Schweitzers, Nahmens Meyer, eines gar verständigen und guten Künstlers, gemacht, und ein junger Hanauer, Nahmens Büry, der mit mir zusammen wohnt und ein gar resolutes gutes Wesen ist hat mir nicht wenig geholfen. Meine Absicht ist nun, im Februar einige Landschaftszeichnungen zu kopiren, einige Veduten nach der Natur zu zeichnen und zu koloriren und so auch darin sichrer zu werden."

Christoph Martin Wieland, Anfang Sept. 1788
„Indem du beschäfftigt bist mir einen Freundschaftsdienst zu erzeigen, komme ich dir einen Gegendienst anzubieten, der nicht ganz so uneigennützig ist.

Du hast mir neulich gesagt daß du wünschest ich möchte dir von meinen Reisebemerckungen manchmal etwas für den Merkur geben. Bisher habe ich meine Journale, die Briefe, die ich hierher geschrieben, unzähliche zerstreute Blätter durchgesehn und wünsche selbst nach und nach etwas in Ordnung zu sehen. Allein ohne Compelle ist dazu bey mir keine Hoffnung.

Ich wollte dich also fragen ob du Lust hättest eine Folge solcher kleinen Aufsätze nach und nach in den Merkur aufzunehmen und zwar so daß ich mich engagirte monatlich vom nächsten Sept. biß zu Ende des Jahrs 89 mehr oder weniger zu liefern, damit ich eine Aufsatz mit dem andern verbinden, einen durch den andern erläutern kann. Ich habe so vielerley, so mancherley, das doch nach meiner Vorstellungs und Bemerckens-Art immer zusammenhängt und verbunden ist. Naturgeschichte, Kunst, Sitten pp., alles amalgamirt sich bey mir. Heute früh dicktirte ich einen Beytrag zur Witterungs Lehre, der sich ganz natürlich mit der Lustperspektiv endigte.

Genug es steht dir mancherley nach und nach zu Dienste.

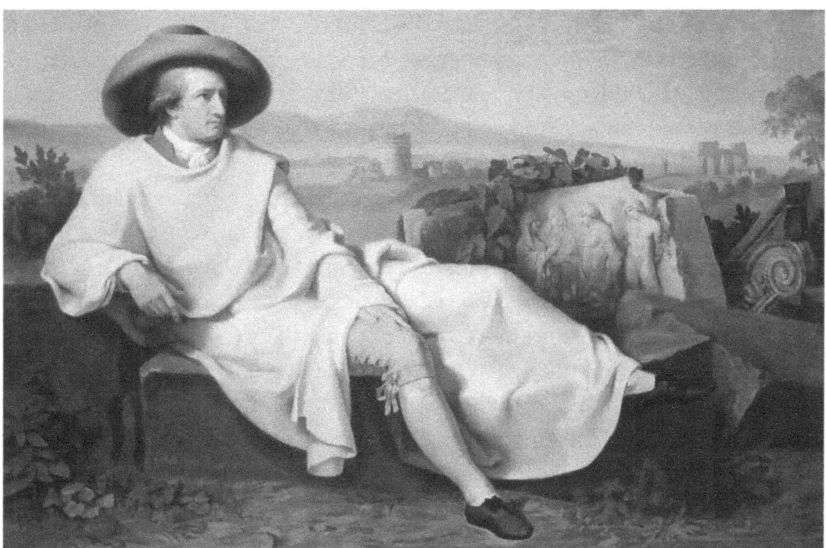

Abb. 79 „Goethe in der Campagna", Porträt von Johann Heinrich Wilhelm Tischbein, 1787

> Nun wünschte ich zu wissen ob dir der Vorschlag annehmlich sey? Ob du monatlich etwas magst? Wieviel ohngefähr an Blätter und Bogenzahl dir recht wäre? Und, damit unser Contract ganz rein werde, was du mir dagegen an Gold oder Silber geben willst? Ob ich gleich keine Kinder zu ernähren habe; so muß ich doch darauf dencken etwas in den Beutel zu leiten, da so viel hinaus geleitet wird. Lebe wohl. Wenn wir einig sind arbeite ich dir gleich auf eine Paar Monate voraus. Lebe wohl und liebe mich."

In seiner *Italienischen Reise (1813 / 17)* kommt Goethe zu der Einsicht: „Zuerst wird man also bei dem ungeheuern und doch nur trümmerhaften Reichtum dieser Stadt, bei jedem Kunstgegenstande aufgefordert, nach der Zeit zu fragen, die ihm das Dasein gegeben. Durch Winkelmann sind wir dringend aufgeregt die Epochen zu sondern, den verschiedenen Styl zu erkennen dessen sich die Völker bedienten, [...]. Eine vieljährige entschiedene Übung des Auges ist nötig und man muß erst lernen um fragen zu können" (207).

Am Abend des 23. April 1788, als der Mond seinen Zauber über die Ewige Stadt verbreitete, zelebrierte er seinen Abschied von Rom. Zum letzten Mal durchwanderte er die Via del Corso und bestieg den Kapitolshügel. Über die Via Sacra näherte er sich den erhabenen Resten des Kolosseums und schaute durch das verschlossene Gitter. Ein Schauer überfiel ihn...

Am nächsten Morgen trat Goethe die Rückreise an. In Florenz erwartete ihn die „allen Glauben übersteigende“ Mediceische Venus, jenseits der Alpen die alten Lebensmuster. Aus Italien, dem formreichen, sah er sich „in das gestaltlose Deutschland zurückgewiesen, heiteren Himmel mit einem düsteren zu vertauschen“.

Erst am Abend des 18. Juni traf Goethe in Weimar ein. Die Freunde, statt ihn wieder an sich zu ziehen, brachten ihn zur Verzweiflung. „Mein Entzücken über entfernteste, kaum bekannte Gegenstände, mein Leiden, meine Klagen über das Verlorne schien sie zu beleidigen, ich vermißte jede Theilnahme, niemand verstand meine Sprache“, heißt es (208). Was ihm fehlte, war menschliche Wärme. Doch bald fühlte er sich doppelt beglückt.

Am 12. Juli wurde der Geheimrat von einer jungen Frau angesprochen, die ihm eine Bittschrift ihres Bruders überreichen wollte. Es war die 23-jährige Putzmacherin Christiane Vulpius – keine unnahbare Schönheit, eine Frau aus Fleisch und Blut – ein wahrer „Bettschatz“. Inspiriert von der antiken Liebeselegie verband der Dichter sein römisches Abenteuer mit der vorerst heimlichen Liebe zu Christiane. Seine in Distichen verfassten *Römischen Elegien (1788 / 90)* zeugen davon, dass mit „Marmor“ nicht allein staubige Kunstwerke, sondern auch erotische Erlebnisse verbunden sein können (209):

V.
Froh empfind' ich mich nun auf klassischem Boden begeistert,
Vor- und Mitwelt spricht lauter und reizender mir.
Hier befolg' ich den Rat, durchblättre die Werke der Alten
Mit geschäftiger Hand, täglich mit neuem Genuß.
Aber die Nächte hindurch hält Amor mich anders beschäftigt;
Werd' ich auch halb nur gelehrt, bin ich doch doppelt beglückt.
Und belehr' ich mich nicht, wenn ich des lieblichen Busens
Formen spähe, die Hand leite die Hüften hinab?
Dann versteh' ich den Marmor erst recht: ich denk' und vergleiche,
Sehe mit fühlendem Aug', fühle mit sehender Hand.
Raubt die Liebste denn gleich mir einige Stunden des Tages,
Giebt sie Stunden der Nacht mir zur Entschädigung hin.
Wird doch nicht immer geküßt, es wird vernünftig gesprochen;
Überfällt sie der Schlaf, lieg' ich und denke mir viel.
Oftmals hab' ich auch schon in ihren Armen gedichtet
Und des Hexameters Maß leise mit fingernder Hand
Ihr auf den Rücken gezählt. Sie atmet in lieblichem Schlummer,
Und es durchglühet ihr Hauch mir bis ins Tiefste die Brust.
Amor schüret die Lamp' indes und denket der Zeiten,
Da er den nämlichen Dienst seinen Triumvirn getan.

Die Götter Griechenlands

Johann Christoph Friedrich Schiller wurde in Marbach am Neckar geboren. Da sein Vater als Wundarzt und Werbeoffizier in Diensten des Herzogs Karl Eugen von Württemberg stand, zog die Familie zunächst nach Lorch und von dort in die Residenzstadt Ludwigsburg. Mit 14 Jahren trat Friedrich in die militärisch organisierte Karlsschule ein. 1776 wurde sie nach Stuttgart verlegt, wo der Eleve schließlich Medizin studierte. Im Jahre 1778 machte ihn Jakob Friedrich von Abel, sein Professor für Philosophie, mit Winckelmanns *Geschichte der Kunst des Alterthums* bekannt.

Sechs Jahre später, am 10. Mai 1784, ergötzte sich Schiller im Mannheimer Antikensaal mit eigenen Augen „an dem Triumph [...], den die schöne Kunst Griechenlands über das Schicksal einer ganzen Erdkugel feiert" (210). Aber „das Auge erkennt die Schönheit, das Gefühl die Wahrheit". Schiller sah, dass die Griechen ihre Götter als edle Menschen malten und ihre Menschen den Göttern näherten – „als Kinder einer Familie". Schließlich wünschte er, auch etwas zu hinterlassen, das nicht untergeht: keine Obelisken, auch nicht den Kopf zum Torso – in jedem Falle etwas Schönes.

1781 entstand sein Schauspiel *Die Räuber*. „Ich darf meiner Schrift [...] mit Recht einen Platz unter den moralischen Büchern versprechen; das Laster nimmt den Ausgang, der seiner würdig ist", heißt es in der Vorrede. Am 13. Januar 1782 wurde das Stück mit triumphalem Erfolg am Mannheimer Nationaltheater uraufgeführt. In der Rolle des Karl Moor beeindruckte der Charakterdarsteller August Wilhelm Iffland das Publikum, in dem sich damals auch der Autor selbst befand. Der Mannheimer Intendant Wolfgang Heribert von Dalberg nahm Schiller unter Vertrag – allerdings nur für ein Jahr. Ein hartnäckiges Fieber behinderte seine Schaffenskraft, so dass ihn nur die Hilfe von Freunden vor dem Schuldturm bewahren konnte. Schiller hoffte auf Beistand von Herzog Carl August. Es musste kein Amt sein; eine Sinekure, die ihn finanziell sorglos machte, wäre genug. Sein Freund Christian Gottfried Körner bat den Mainzer Erzbischof Karl Theodor von Dalberg um Vermittlung.

Als Schiller am 21. Juli 1787 in Weimar eintraf, war der Herzog in seiner Eigenschaft als preußischer Generalmajor nach den Niederlanden unterwegs, der Geheimrat Goethe noch auf Studienreise in Italien. Wieland, sein schwäbischer Landsmann, nahm sich Schillers an. Er brachte dem Dichterrebell die Reinheit und den Geschmack antiker Epen und Tragödien nahe. Wieland machte Schiller auch mit Herder und Reinhold bekannt. Als Professor für Philosophie engagierte sich Karl Leonhard Reinhold, Wielands Schwiegersohn, für die Verbreitung der Kantischen Philosophie. In der Frauentorstraße 21, gleich neben dem Gasthaus

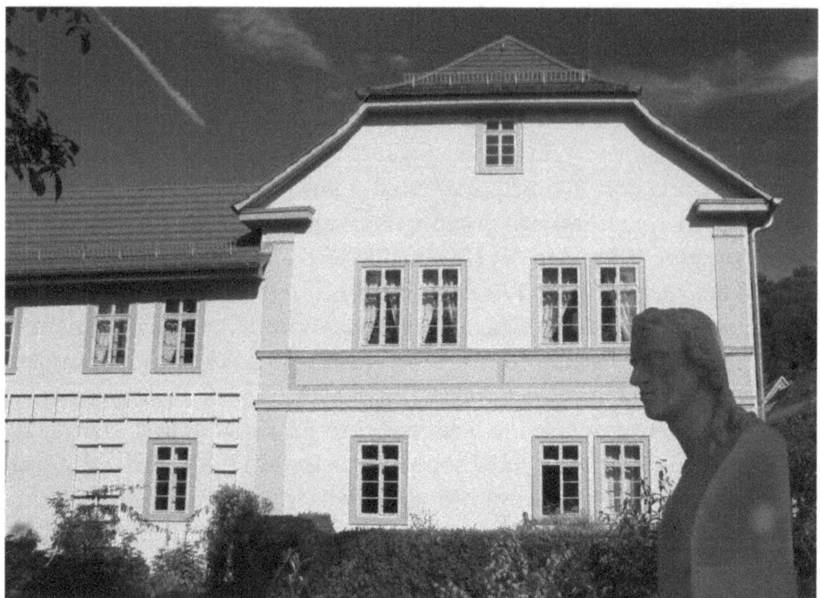

Abb. 80 Schillerhaus in Rudolstadt

„Zum weißen Schwan", bezog Schiller eine Wohnung. Die schwärmerische Charlotte von Kalb half dem Freund sich bei Hofe zurechtzufinden und reiste mit ihm nach Tiefurt und ins benachbarte Jena. Nach sechs Tagen Behaglichkeit im Hause des Professors Reinhold wusste Schiller, er würde wiederkommen.

Vier Monate später lernte er in Rudolstadt die Cousinen seines Freundes Wilhelm von Wolzogen kennen. Die Schwestern, Caroline, verheiratete von Beulwitz, und Charlotte lebten im Haus ihrer Mutter, der Witwe von Lengefeld (heute Schillerhaus, Schillerstraße 25). Nicht für eine, gleich für beide Schwestern entflammte das Herz das 28-Jährigen. Um in ihrer Nähe zu sein, bezog er von Mai bis November 1788 eine Wohnung im nahen Volkstedt.

Im Hause Lengefeld-Beulwitz versammelte sich die aus adligen wie bürgerlichen Intellektuellen bestehende Freitagsgesellschaft: Man führte Gespräche, führte Theaterstücke auf oder vergnügte sich im angrenzenden Garten, dessen damals zweigeschossiger Pavillon sich in Sichtweite von Schillers Unterkunft befand. In Volkstedt vollendete er seine historische Abhandlung *Geschichte des Abfalls der vereinigten Niederlande von der spanischen Regierung* und setzte sein Romanfragment *Der Geisterseher* fort, das er zunächst als Fortsetzungsgeschichte in der *Thalia* publizierte.

Der Rudolstädter Sommer wurde zu einer wichtigen Zäsur in Schillers Leben. Die Beschaulichlichkeit der Landschaft am Fuße der Heidecksburg und der Umgang mit den geliebten Schwestern beförderten seine dichterische Kreativität. Auf der Grundlage lateinischer Übersetzungen „verdeutschte" Schiller für sie Auszüge griechischer Tragödien. Frei nach *Homers Odüßee (1781)* von Johann Heinrich Voß wurde der poetische Sprachstil der Antike in Szene gesetzt. Ende August erheiterte Lottchen folgender Brief:

> „Wie haben Sie denn heute Nacht in Ihrem *zierlichen Bette* geschlafen? Und hat der *süße Schlaf* ihre lieben holden Augenlider besucht? Sagen Sie mirs in ein paar geflügelten Worten – aber ich bitte Sie dass Sie mir Wahrheit verkündigen. *Lügen werden Sie nicht sagen*, denn Sie sind viel zu verständig. Es ist heute wieder ein gar schöner Tag und er würde noch einmal so schön seyn, wenn Sie recht heiter aufgestanden wären, und sich mit uns desselben freuen wollten. Sind Sie aber noch nicht ganz gut und nicht frey genug um den Kopf um sich mit sich selbst zu beschäftigen oder zerstreut Sie vielleicht Gesellschaft, so lassen Sie michs wissen, und wir leben dann den Tag so miteinander hin – schwatzen, lesen und freuen uns, daß wir zusammen in der Welt sind. Was macht ihre Schwester? Klappert der Pantoffel schon um ihre *zierlichen Füsse*, oder ligt sie noch im weichen *schöngeglätteten* Bette [*schöngeglättet* sind bei Homer nur Materialien und Gegenstände]? Adieu. Sind Sie noch nicht aufgestanden, so lassen Sie mich nur mündlich wissen, wie Sie die Nacht zugebracht haben. Lassen Sie auch den Garten aufschliessen, ich habe eine Versuchung ein bischen drinn herum zu wandeln. Leben Sie recht wohl!" (211)

Weitaus ernsthafter ging Schiller am Vorabend der Französischen Revolution mit einer antiken Tragödie des Euripides (nach 406 v. Chr.) um. Seine *Iphigenie in Aulis (1788)* ist die Vorgeschichte zu Goethes gefeiertem Drama. Sie handelt von der psychologischen Vorbereitung eines riskanten Krieges und erlaubt einen tiefen Einblick in die privaten und politischen Konflikte im Lager der Angreifer (212).

Iphigenie ahnt nicht, was Agamemnon plant. Um das begehrte Troja zu erobern, eigenes Versagen abzugelten und die Götter günstig zu stimmen, ist der Feldherr sogar zum Kindsmord bereit. Persönliche Gefühle treten hinter politische Machtinteressen zurück. Der Tochter wird die Reise zur Opferstätte unter dem Vorwand einer Heirat schmackhaft gemacht. Iphigenie, in ihrer Liebe zum Vater blind, ist in diesem Drama

Spielball und Trophäe zugleich. Als sie ihr Schicksal begreift, widersetzt sie sich nicht. „Im Krieg ist die Wahrheit das erste Opfer“ (Aischylos).

Für Aufsehen sorgte auch Schillers Gedicht *Die Götter Griechenlands (1788).* Euphemistisch, aber in beispielhafter Sprache, malt er ein Idealbild der griechischen Antike, mit dem er der Neuzeit den Spiegel vorhält. Das Gedicht erschien in der Märzausgabe des *Teutschen Merkur.* Die kontroversen Lesermeinungen zeigten, dass Schiller den Nagel auf den Kopf getroffen hatte. Nun war er „sehr neugierig“ auf Goethe, denn nur wenig Sterbliche interessierten ihn wie diesen.

Am 5. September empfing Charlotte von Stein den aus Italien zurückgekehrten Goethe auf Schloss Kochberg. Obwohl sie ihm seine Flucht vorerst nicht verzeihen konnte, traf man sich zwei Tage später in Rudolstadt wieder. Als Leiter der Bergwerkskommission besichtigte Goethe das Brockenburgische Naturalienkabinett. Gespeist wurde im Hause des Hofrates von Beulwitz. Frau von Stein und ihr Patenkind „Lolochen“ [Charlotte von Lengefeld] hatten alles bestens arrangiert: Schiller war aus dem nahen Volkstedt herübergebeten worden, sein Gedicht *Die Götter Griechenlands* hatten die Damen wie zufällig ausgelegt. Tatsächlich überflog Goethe den Text und bat, das Oktavheft mitnehmen zu dürfen. Schillers Gedanken entsprachen seiner Vorstellung: Die Welt der alten Griechen sollte wieder zum Quell für humanistische Bildung und Kultur werden (213).

Die Götter Griechenlands (1788)

Da ihr noch die schöne Welt regiertet,
an der Freude leichtem Gängelband
glücklichere Menschenalter führtet,
schöne Wesen aus dem Fabelland !
Ach ! da euer Wonnedienst noch glänzte,
wie ganz anders, anders war es da !
Da man deine Tempel noch bekränzte,
Venus Amathusia !

Für eine Annäherung der beiden Dichter war damals nicht der richtige Zeitpunkt; zu groß war die Gesellschaft, zu leidenschaftlich schwelgte Goethe noch in seinen Italienerinnerungen. Aber er verhalf Schiller zu einer – zunächst unbesoldeten – Professur für Philosophie in Jena. Fast sechs Jahre sollten vergehen, bevor Goethe seinem Kollegen die ihm gebührende Aufmerksamkeit schenkte.

Der Poet Schiller ließ sich inzwischen von Winckelmanns *Sendschreiben* und *Nachrichten von den Herculanischen Entdeckungen* inspirieren.

Die Verbindung von literarischen Quellen und aktuellem Kontext gefiel ihm. Seine Elegie *Pompeji und Herkulaneum (1796)* entstand. Die griechische Antike bildete das kontrastreiche Muster, „voll Form und Fülle, philosophierend und bildend" (214), das über die Sitten hinwegtrösten konnte. Die Neuzeit war von Vernunft geprägt, aber nur was in der Empfindung lebte, konnte durch den Verstand Gestalt annehmen.

Im November 1788 verließ Schiller Rudolstadt, im folgenden Sommer verlobte er sich mit der jüngeren der beiden Schwestern. Am 22. Februar 1790 gaben sich der Sachsen-Meiningische Hofrat Friedrich Schiller und Charlotte von Lengefeld in der Kirche Unserer Lieben Frau (heute Schillerkirche, Schlippenstraße 32) von Wenigenjena das Jawort. Sein Dasein rückte in eine harmonische Gleichheit, ihre Liebe war Lotte wichtiger als der Adelstitel.

Im Februar 1794 zog die Familie Humboldt der Nähe zu Schiller wegen nach Jena. Nachdem die Aufklärung des Verstandes nicht zu einer Besserung der Verhältnisse geführt hatte, musste mehr für die Erwärmung der Gefühle getan werden. Dabei konnte der Geist der alten Griechen eine wertvolle Orientierung sein. Caroline und Wilhelm von Humboldt hatten zunächst auf den Dacheröden'schen Gütern in Thüringen gelebt. Aus der Freundschaft mit dem Hallenser Altphilologen Friedrich August Wolf war 1793 Wilhelm von Humboldts Aufsatz *Über das Studium des Altertums, und des griechischen insbesondere* entstanden.

Im Frühjahr 1802 reiste der Legationsrat Humboldt nach Rom, wo er zunächst als preußischer Ministerresident und ab 1806 als bevollmächtigter Minister am päpstlichen Stuhl fungierte. Ihr erstes Quartier bezogen die Humboldts in der Villa Malta, die vor ihm Herzogin Anna Amalia bewohnt hatte. Nachbarin war noch immer die inzwischen 63-jährige Malerin Angelika Kauffmann. Die Schriftstellerin Friederike Brun führte die Humboldts in den Kreis um den Kunsthistoriker Carl Ludwig Fernow, den Archäologen Aloys Hirt und den Altertumswissenschaftler Georg Zoëga ein. 1803 richtete sich die Familie im Palazzo Tomati (Via Gregoriana, 42) ein, der bis Oktober 1808 zu einem Treffpunkt für Gelehrte und Künstler wurde.

Die klassizistische Ausgestaltung Weimars

Indes holte Goethe den Schweizer Maler Johann Heinrich Meyer nach Weimar. Mit ihm hatte er in Rom Kunststudien durchgeführt, wobei ihnen Winckelmanns *Geschichte der Kunst des Alterthums* „ein treuer Führer" gewesen war. Meyer arbeitete zunächst als Lehrer an der Fürstlichen freien Zeichenschule, später erhielt er dort eine Professur. Von 1795 bis

1797 sandte Goethe seinen „Kunschtmeyer“ noch einmal nach Italien, um Recherchen für eine gemeinsam zu verfassende Kunstgeschichte anzustellen. Wieder zurück in Weimar beaufsichtigte Meyer die klassizistische Ausgestaltung des Stadtschlosses. Goethe hatte dafür die Architekten Johann August Arens, Nikolaus Friedrich von Thouret, Heinrich Gentz und den Bildhauer Christian Friedrich Tieck gewinnen können.

Der Wandfries des frühklassizistischen Treppenhauses versetzt die Besucher in die griechische Mythologie: Der Herzog beschützt als Musenführer die Künste und die Wissenschaften, die Herzogin in Gestalt der Fruchtbarkeitsgöttin Demeter (röm. Ceres) symbolisiert Glück und Wohlbefinden. Ein Zeus(röm. Jupiter)-Relief über dem Entrée zeigt den aufgeklärten Herrscher als Diener seines Volkes, der sich zum Dank für seine Wohltaten huldigen lässt. Im Festsaal des Schlosses wird der Besucher in die ägyptische, griechische und römische Antike versetzt, der angrenzende Spiegelsaal bietet einen imposanten Ausblick auf Fluss und Park. So korrespondieren Kultur und Natur auf geniale Weise miteinander.

Von 1791 bis 1797 wurde ilmaufwärts nach Entwürfen des Hamburger Architekten Arens und unter Leitung Goethes ein tempelartiges Refugium für den Herzog errichtet – das Römische Haus. Während der ilmseitige Unterbau von dorischen Säulen getragen wird, erfolgt der Eingang durch einen Portikus mit vier ionischen Säulen. Die Innengestaltung übernahm der Dresdner Architekt Christian Friedrich Schuricht. Die Wand- und Deckenmalereien, in deren Zentrum Apoll und die neun Musen stehen, stammen von Meyer. Das nach dem Vorbild antiker Villen errichtete Römische Haus gilt wie das Wörlitzer Schloss als Musterbau des Klassizismus.

Auch Goethes Haus am Frauenplan trägt Meyers Handschrift. Im Treppenhaus fällt der Blick auf das Deckenbild Iris auf dem Regenbogen. Vorbei an mythologischen Szenen schreitet der Besucher hinauf zum Gelben Saal und wird – wie in Pompeji – an der Schwelle mit SALVE begrüßt. In der Großen Stube hängt das im Stile Raffaels angefertigte Bildnis Christianes mit dem kleinen August. Vier Supraporten um Amor schmücken die Urbino- und Junozimmer genannten Repräsentationsräume. In der Vatikanischen Apostolischen Bibliothek kopierte Meyer 1797 den Aldobrandinische Hochzeit genannten römischen Wandfries. Das „kräftige und lebensfrische“ Bild fand seinen Platz zunächst im Deckenzimmer, wo Goethe für kunstinteressierte Gäste den grünen Vorhang aufzog. In seinen *Anmerkungen über die Geschichte der Kunst des Alterthums (1767)* interpretiert Winckelmann das Bild als die Vorbereitung zur Vermählung des Königs Peleus mit der Meeresnymphe Thetis. Das Bildnis befindet sich heute im Junozimmer, das von der Kolossalbüste der sogenannten Juno Ludovisi beherrscht wird. Fast vier Jahrzehnte nach seinem Romaufent-

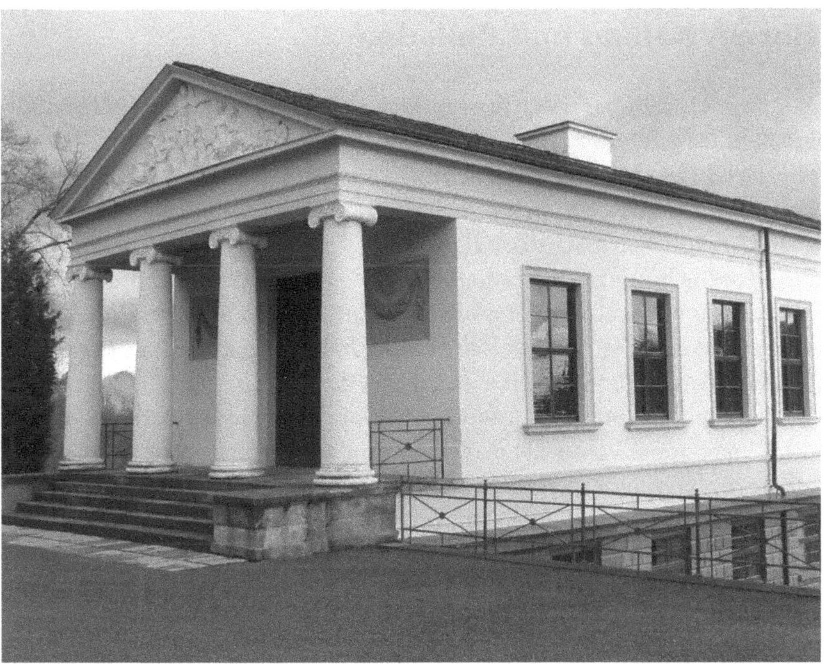

Abb. 81 Römisches Haus in Weimar

halt wurde Goethe dieser Abguss zum Geschenk gemacht. Zwischen den Fenstern steht die Medusa Rondanini. Aus der gleichnamigen Sammlung besaß Goethe bereits in Rom einen Abguss des Medusenhauptes. Im Jahre 1826 machte ihm der bayerische König Ludwig I. die Medusa, die Gewalt und Schönheit vereint, zum Geschenk.

In der griechischen Mythologie galt die schlangenumwobene Gorgo Medusa mit dem zum Schrei aufgerissenen Mund als Ungeheuer, deren Anblick versteinerte. Der Heron Perseus brachte der Schutzgöttin Athene ihren Kopf. Seither diente das Haupt der Medusa zur Abschreckung von Feinden. Das Kunstwerk (um 450 v. Chr.) des griechischen Bildhauers Phidias stellt die Medusa dem hellenistischen Ideal entsprechend dar. Zwei unter dem Kinn verschlungene Schlangen umrahmen nun das Haupt. Ihr ruhiger Gesichtsausdruck und der leicht geöffnete Mund gelten als Zeichen von edler Einfalt und stiller Größe (Abb. 70).

Selbst im Gelehrtenstreit mit den für die Gotik schwärmenden Frühromantikern hielten Goethe und sein „Kunschtmeyer" an ihren Auffassungen fest. Allerdings fanden sowohl ihre *Propyläen (1798–1800)*, eine Zeitschrift für bildende Kunst, als auch ihre sieben *Weimarer Preisaufgaben (1799–1805)* nicht die erhoffte Resonanz. Die Revolutionskriege waren humanistischem Gedankengut hinderlich.

Horen, Xenien und Balladen

Vor dem Hintergrund der Französischen Revolution – deren Ehrenbürger Schiller geworden war – plante der Verleger Cotta im Jahre 1794 eine politische Tageszeitung, doch Schiller stand dem Verlauf der Ereignisse in Frankreich inzwischen kritisch gegenüber. Er wünschte ein Journal, das „den vorzüglichsten Schriftstellern der Nation" eine Bühne für Kunst und Philosophie bot, um dem „allerweitetesten Kreis der Leser und Käufer" bekannt zu werden. Schiller und Cotta einigten sich auf zwei Projekte: die *Allgemeine Zeitung*, von der sich Schiller bald zurückzog, und *Die Horen*, benannt nach Eunomia, Dike und Irene, den griechischen Göttinnen der Jahreszeiten, des Schönen und der Ordnung. Die Horen waren es, welche die neugeborene Venus bei ihrer Ankunft auf Zypern empfingen, sie mit göttlichen Gewändern bekleideten und so in den Kreis der Unsterblichen führten. „[...] eine reizende Dichtung, durch welche angedeutet wird, daß das Schöne schon in seiner Geburt sich unter Regeln fügen muß und nur durch Gesetzmäßigkeit würdig werden kann, einen Platz im Olymp, Unsterblichkeit und einen moralischen Wert zu erhalten" (215), heißt es in Schillers Vorwort.

Bereits am 13. Juni 1794 hatte sich Schiller von Jena aus mit einem Brief an den Geheimen Rat Goethe gewandt. Darin äußerte er den Wunsch, seine Zeitschrift mit eigenen Beiträgen zu beehren. Die Herren Johann Gottlieb Fichte, Karl Ludwig von Woltmann und Wilhelm von Humboldt hatten sich bereits dazu vereinigt. Am 24. Juni sagte Goethe mit Freuden zu. Eine nähere Verbindung und der Gedankenaustausch mit so „wackeren Männern" konnte die eigene Arbeit nur beleben. *Die Horen*, die in den folgenden drei Jahren monatlich in der Cotta'schen Verlagsbuchhandlung zu Tübingen erschienen, gelten als Gründungswerk der Weimarer Klassik.

Untrennbar mit der kulturellen Entwicklung des Herzogtums verbunden war die Jenaer Naturforschende Gesellschaft. Am Abend des 20. Juli 1794, nach einem Vortrag des Botanikers August Batsch, war endlich der Zeitpunkt für einen mündlichen Gedankenaustausch gekommen. Goethe schloss sich Schiller an und sah die Gelegenheit, ihn mit seiner „alten Grille" bekanntzumachen. In den Gärten von Palermo hatte er sich bemüht herauszufinden, worin die vielen Pflanzen voneinander zu unterscheiden seien. Deren Gesamtheit deutete auf ein geheimes Gesetz, „auf ein heiliges Rätsel"... Das angeregte Gespräch lockte in Schillers Wohnung, wo Goethe vor dessen Augen seine „Urpflanze" entstehen ließ. Nachdem er seinen Vortrag geendet hatte, musste ihm der Kantianer Schiller widersprechen: Das sei keine Erfahrung, sondern eine Idee. Er bezweifelte, solch eine „Urpflanze" sichtbar machen zu können.

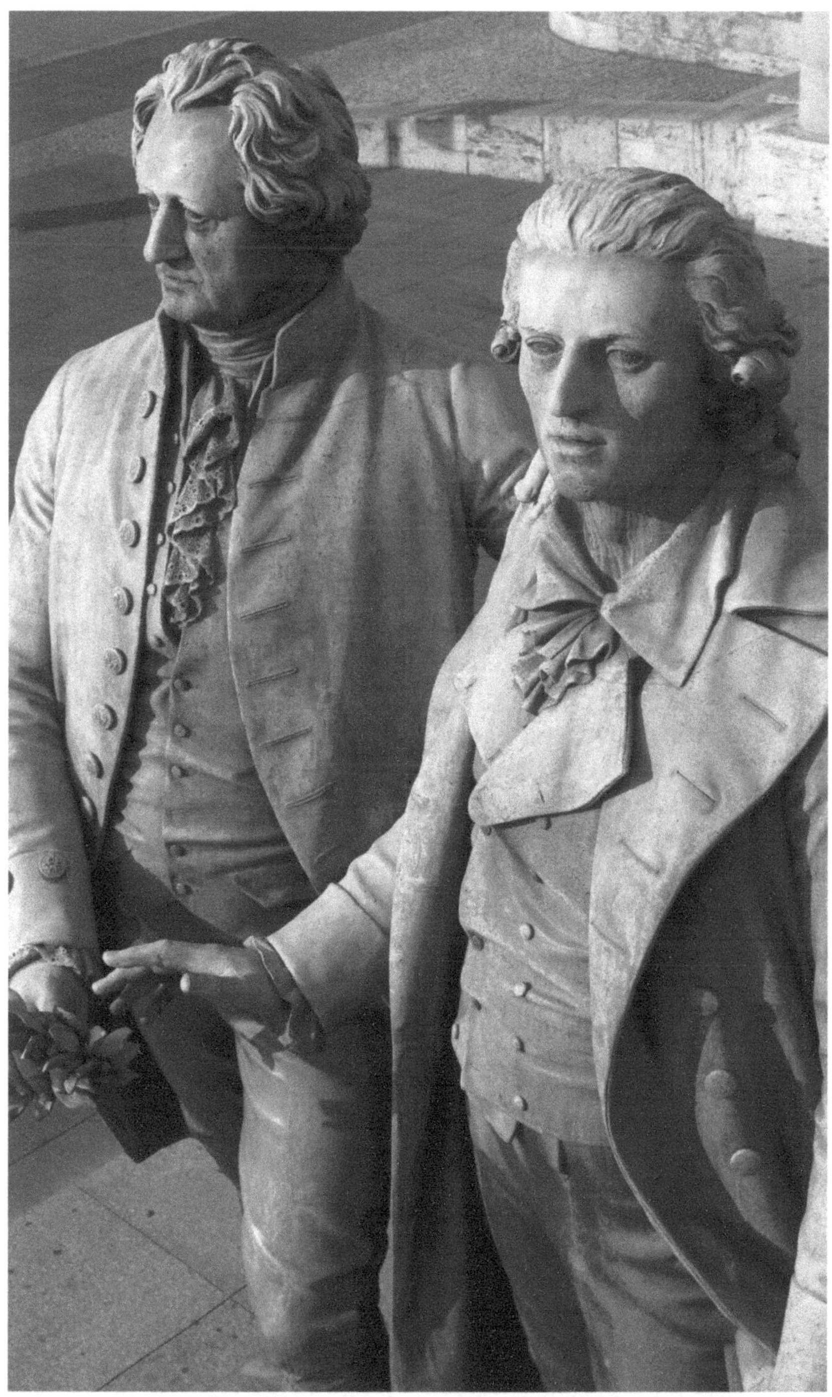

Abb. 82 Goethe-und-Schiller-Denkmal von Ernst Rietschel, 1857

Goethe sah ihn daraufhin verwundert an und bemerkte, es sei ihm sehr lieb, ohne es zu wissen, Ideen zu haben, die man sogar sehen könne. Aber er war neugierig geworden auf seinen gebildeten Kollegen und wertete dieses Gespräch als „glückliches Beginnen". Fünf Tage darauf schrieb er Schiller, sich auf eine „öftere Auswechslung der Ideen" lebhaft zu freuen. Jetzt treibe ihn die Pflicht erst einmal nach Dessau und Wörlitz.

Am 23. August 1794 reagierte Schiller mit einem langen Brief. Ihre Unterhaltung habe ein „unerwartetes Licht" in ihm angesteckt. Er bewunderte Goethes Universalität. Ein Deutscher, dessen griechischer Geist in eine nordische Schöpfung geworfen wurde. Es wäre gut, wenn das neue Journal bald in Gang käme – mit einem Stück von Goethe. Der bedankte sich einen Tag vor seinem 55. Geburtstag, ihm habe kein angenehmeres Geschenk zuteil werden können. Nun folgte – per Post oder im persönlichen Gespräch – ein intensiver Gedankenaustausch zu ästhetischen und literarischen Fragen, aber auch zu alltäglichen Sorgen. Entweder fuhr Goethe nach Jena oder Schiller war zu Gast am Frauenplan. Mit großen Schritten kam man sich näher. Dazu trug nicht zuletzt Schillers Gattin Charlotte bei, die Goethe von Kindheit an lieben und schätzen gelernt hatte.

Vom 14. bis 27. September war Schiller Goethes Gast im Haus am Frauenplan. Nach dieser „vierzehntägigen Konferenz" wusste man, dass man sich in Prinzipien einig war. „Leben Sie wohl und lieben mich, es ist nicht einseitig", beendete Goethe ein halbes Jahr später seinen Brief. Mitte Januar 1795 erschien die erste Ausgabe der *Horen*. Im fünften Brief *Ueber die ästhetische Erziehung des Menschen [...]* schrieb Schiller: „In seinen Thaten malt sich der Mensch, und welche Gestalt ist es, die sich in dem jetzigen Drama abbildet! Hier Verwilderung, dort Erschlaffung: die zwei Außersten des menschlichen Verfalls, und beide in einem Zeitraum vereinigt" (216). Die Literaturszene wurde nämlich von trivialen Schriftstellern beherrscht.

Im März 1795 bedauerte der Theologe und Spätaufklärer Daniel Jenisch in der Zeitschrift *Berlinisches Archiv der Zeit und ihres Geschmacks* „die entschiedenste Dürftigkeit oder vielmehr Armseligkeit der Deutschen, an vortreflichen classisch-prosaischen Werken jeder Gattung. [...] Alle diese Feinheiten aber, wo sie sich bei einem Volke finden, und wo ein bestimmter Sinn dafür herrscht, setzen [...] eine gewisse Masse harmonisch ausgebildeter Geistesfähigkeiten voraus, z. B. der Urtheilskraft nicht nur, sondern auch insbesondere der Einbildungskraft, des Witzes, des Geschmacks". Ein „classischer Prosaist" müsse ein Mann von Geschmack sein: hell denken, richtig empfinden und treffend darstellen können. Jenisch bedauerte vor allem „die Armseligkeit der Deutschen an vortrefflich klassisch prosaischen Werken" (217). Goethe konterte mit seinem Artikel *Literarischer Sansculottismus (1795)*: Der deutschen Nation dürfe nicht zum Vorwurfe gemacht werden, dass sie zwar geographisch zusammenhalte, politisch aber zerstückelt sei. Nirgends sei ein Mittelpunkt gesellschaftlicher Lebensbildung, wo sich Schriftsteller zusammenfinden und ausbilden könnten. Die Bildung der höheren Klassen durch fremde Sitten und ausländische Literatur, soviel Vorteil sie auch gebracht hatten, behinderte die Entwicklung. Bekanntlich fürchtete Goethe nichts mehr als „die Umwälzungen, die in Deutschland klassische Werke vorbereiten könnten". Deshalb gab er einen optimistischen Ausblick: „Man braucht nicht weit zu suchen, um einen artigen Roman, eine glückliche Erzählung, einen reinen Aufsatz über diesen oder jenen Gegenstand zu finden. Unsre kritischen Blätter, Journale und Kompendien, welchen Beweis geben sie nicht oft eines übereinstimmenden guten Stils!" (218) Beide, Goethe und Schiller, sahen sich als Vorbilder gegenüber dem „Greuel des Dilletantismus".

Aufgrund ihrer originellen wie anregenden Beiträge erfreuten sich *Die Horen* allgemeiner Beliebtheit. Als Goethe jedoch im Sechsten Stück seine für damalige Begriffe freizügigen *Römischen Elegien* veröffentlichte, begann es in Weimar zu „rumoren". Alle ehrbaren Frauen sollen empört gewesen sein und Herder habe Schiller vorgeschlagen, die *Horen* künftig mit u zu schreiben (219), berichtete der stets gut informierte Direktor des Weimarer Gymnasiums Karl August Böttiger.

Neben den Horen gab Schiller den *Musenalmanch (1796 / 98)* heraus, eine Sammlung lyrischer Stücke zeitgenössischer Autoren. Während sich Goethe von der Natur inspirieren ließ, nutzte Schiller die Geschichte als Quell. Von seinem Weimarer Freund erbat er Literatur über die Herkulanischen Entdeckungen. Er stellte fest, dass allgemein noch immer der „Winkelmannische und Leßingsche Begriff" des Schönen herrsche, doch es reiche nicht aus, „[…] den vaticanischen Apoll und ähnliche, durch ihren Inhalt schöne Gestalten, mit dem Laokoon, mit einem Faun oder anderen peinlichen oder ignoblen Repräsentationen unter Einer Idee von Schönheit" (220) zu begreifen. Wollte man das Publikum durch Kunst erziehen, musste der Anspruch hoch sein.

Mit den gemeinsam verfassten *Xenien* (satirischen Epigrammen) führten beide scharfe polemische Angriffe gegen „gewisse Hasenfüße, Heuchler, Philister und Pedanten" (221). Neben vielen anderen blieb auch Wieland nicht verschont. Die *Xenien* dienten aber auch zur Selbstverteidigung. Am 7. Dezember 1796 schrieb Goethe, er hoffe, dass sie auf eine ganze Weile wirkten und den bösen Geist gegen ihre Verfasser in Tätigkeit erhielten. In Weimar konnte man die *Xenien* (ironisch auch „Gastgeschenke") bei dem Buchhändler Karl Ludolf Hoffmann (noch heute Hoffmann's Buchhandlung, Schillerstraße 9) erwerben.

Nr. 160: Die Adressen.
Alles ist nicht für alle, das wissen wir selber, doch nichts ist
Ohne Bestimmung, es nimmt jeder sich selbst sein Paket.

Die zweite Hälfte der neunziger Jahre war eine sehr produktive Zeit. Goethe weilte häufig für mehrere Wochen in Jena, wo ihn Schiller ermunterte. 1795 / 96 erschien sein achtbändiger Bildungsroman *Wilhelm Meisters Lehrjahre*, im Oktober 1797 lag sein Versepos *Hermann und Dorothea* vor, dessen Gesänge die Namen der antiken griechischen Musen tragen. Schiller arbeitete an seiner Dramentrilogie *Wallenstein (1799)*. Parallel dazu diskutierten die beiden „Dioskuren" die Möglichkeiten des epischen Gedichts. Die bereits in der Antike beliebte Strophenform war auch für moderne Dichtkunst geeignet, das Metrum schloss unliebsame Konkurrenz aus – ein Konzert auf einem anderen Instrument eben. „Da es in der größten Ruhe und Behaglichkeit angehört werden soll, so macht der *Verstand* vielleicht mehr als an andere Dichtarten seine Forderungen [...]" (222), argumentierte Goethe.

Im Sommer 1797 waren sich beide einig: Balladen, erzählende Gedichte, sollten dem genusssüchtigen Publikum die antiken Werte nahebringen. Schiller verfasste *Die Kraniche des Ibykus:* Auf seinem Weg zu den Isthmischen Spielen wird Ibykus, der Götterfreund, Opfer eines hinterhältigen Mordes. Der Zusammenhalt der Öffentlichkeit, die sich zum Kunstgenuss eingefunden hat, hilft die Mörder zu entlarven. Handlung und Dramatik dieser Ballade errangen allgemeine Bewunderung. Von der griechischen Welt war es „nur ein leichter Schritt" zu den Ritterfiguren. Eine „Löwen- und Tiger-Geschichte" bot Platz für Überraschungen. Goethe stellte die Entwürfe im Freundeskreis zur Diskussion. Zu Schillers Ballade *Der Handschuh* gab es Zweifel, ob man sagen könne das Tier „lecke sich die Zunge" (223). Darauf wusste selbst Goethe keine bestimmte Antwort zu geben. Schiller änderte seinen Text zu „[der Tiger] recket die Zunge".

Der „alten Götter bunt Gewimmel" in Goethes „Vampirstück" *Die Braut von Korinth* gefiel dem Publikum weniger. Er musste zugeben, dass er Schiller in Sachen Balladen nichts vormachen konnte und wollte den *Faust* wieder aufleben lassen. Doch zunächst gürtete er sich zu seiner nächsten italienischen Reise. Napoleons Straffeldzug gegen den Kirchenstaat zwang ihn in der Schweiz zur Umkehr, doch nicht ohne bei Schaffhausen den Rheinfall studiert zu haben. Kein Zweifel: Der Vers „wie es wallet und siedet und brauset und zischt" im *Zauberlehrling* war ihm trefflich gelungen. Im September schrieb Schiller zur Bestätigung nach Stäfa, dieses sei das Balladenjahr.

Neben dem Zürichsee war Goethe von der herrlichen und großartigen Natur um den Vierwaldstätter See so angetan, dass es eigentlich nur noch handelnder Figuren bedurfte, um sie in einer Ballade darzustellen. Schiller war bereits 1789 von Charlotte auf eine bemerkenswerte Schweizer Figur aufmerksam geworden, den Freiheitskämpfer Wilhelm Tell. Aus Zeitgründen hatte er ihm aber keine größere Beachtung schenken können. Am 17. März 1804 gelangte Schillers Schauspiel zur Uraufführung: aber nicht in Weimar, sondern am Berliner Gendarmenmarkt. Intendant des von dem Architekten Langhans erbauten Königlichen Nationaltheaters (ab 1821 Königliches Schauspielhaus) war August Wilhelm Iffland.

Iffland war Dramatiker, Theaterdirektor, Schauspieler und zu seiner Zeit berühmter als Goethe. Er sah in ihm den Begründer einer neuen Theaterepoche. Bis heute gilt der „Iffland-Ring" als die wichtigste Auszeichnung für Theaterschauspieler im deutschsprachigen Raum.

1796 und 1798 gastierte Iffland in Weimar und begeisterte Schauspieler und Publikum. Goethe wusste, ohne den Umbau des Hoftheaters würde es nicht möglich sein, das vorgegebene Niveau zu erreichen. Als Direktor gelang es ihm schließlich, die notwendigen finanziellen Mittel zu erhalten und den Stuttgarter Architekten Thouret mit den Arbeiten zu beauftragen.

Die Begeisterung für das Theater war ab 1797 auch der zwanzigjährigen Caroline Jagemann zu verdanken, die seit Januar als Kammersängerin und Schauspielerin brillierte. Sie war in Mannheim unter Iffland ausgebildet worden und gehörte bis 1796 zum Ensemble des dortigen Nationaltheaters. Am 22. September 1797 schockierte der Tod der erst 19-jährigen Schauspielerin Christiane Becker-Neumann. Ihr zu Ehren verfasste Goethe seine Elegie *Euphrosyne*. Nach einem Entwurf Meyers schuf der Gothaer Bildhauer Doell ein antikisierendes Denkmal – geschmückt mit Masken, tanzenden Nymphen und Sternzeichen. Ab dem Jahr 1800 stand es auf dem sogenannten Rosenberg, nach 1945 fand es seinen Platz auf dem Historischen Friedhof. Eine Kopie befindet sich oberhalb des Corona-Schröter-Weges im Park an der Ilm.

Schillers vergebliche Hoffnung

Am 12. Oktober 1798 erfolgte nach erfolgreichem Umbau im „heitern Tempel" des Hoftheaters die Uraufführung von Schillers dramatischem Gedicht *Wallensteins Lager*. Sein Prolog verdeutlicht den künstlerischen Anspruch:

„Ernst ist das Leben, heiter ist die Kunst."
(Friedrich Schiller, Prolog zu *Wallensteins Lager*)

Im Januar 1799 folgten *Die Piccolomini,* im April *Wallensteins Tod.* Um Goethe und dem Theater näher zu sein, verließ Schiller das geliebte Jena und wurde Weimarer. Am 3. Dezember übernahm die Familie die Wohnung von Charlotte von Kalb in der Windischengasse. Die dortigen Verhältnisse waren allerdings sehr beengt. 1802 wurde der Dichter vom Kaiser nobilitiert, der Herzog erhöhte sein Gehalt auf 800 Taler. Im gleichen Jahr erwarb Friedrich von Schiller das geräumige Haus des englischen Kammerherrn und Sprachwissenschaftlers Joseph Charles Mellish an der Esplanade (heute Schillerstraße 12). Viel Arbeit würde nötig sein, um die Schulden zu tilgen.

Die erste Etage diente der bald sechsköpfigen Familie als Wohnbereich, in der Mansarde hatte der Dichter sein Refugium. Diese Räume sind nahezu unverändert geblieben. Im Gesellschaftszimmer steht die lebensgroße Büste Schillers, die der klassizistische Bildhauer Johann Heinrich Dannecker, ein Schüler des Malers Harper, 1794 in Stuttgart anfertigte. Schiller zeigte sich von der edlen Größe seiner Darstellung begeistert, zeigte sie doch keine Spur seiner Krankheit. Das Original der Büste befindet sich heute im Weimarer Schlossmuseum.

Um die Jahrhundertwende verspürte Schiller große Lust, Einsicht in die griechische Metrik zu erhalten und hoffte auf die Unterstützung von Wilhelm von Humboldt und Friedrich von Schlegel. Die Kritik der Jenaer Frühromantiker an den *Horen* und August Wilhelm Schlegels Parodie auf sein *Lied von der Glocke* schienen vergessen.

Nachdem auch sein Drama *Die Braut von Messina (1803)* wenig Zuspruch gefunden hatte, hoffte Schiller auf die Gunst der Götter: Goethe hatte ihm den Tell-Stoff abgetreten. Wie der Dichterfreund berichtete, erhob sich Schiller erst von seinem Schreibtisch, wenn er sein Arbeitspensum erledigt hatte. Überfiel ihn die Müdigkeit, trank er starken schwarzen Kaffee – in sechs Wochen wäre der *Tell* fertig gewesen – wie aus einem Guss.

Goethe selbst arbeitete zurückgezogen an seinem Trauerspiel *Die natürliche Tochter,* das am 2. April 1803 aufgeführt wurde. Die eigentliche Tragik des Stückes blieb der Autor seinem Publikum schuldig. Bereits im Sommer 1799 hatte Goethe von Anna Amalia die 29 Briefe Winckelmanns an ihren verstorbenen Schatullier Berendis erhalten. In der Abgeschiedenheit des Jenaer Stadtschlosses machte er sich im November 1803 das Verdienst „dieses wackeren Mannes" deutlich und entschied, 27 dieser Briefe zu veröffentlichen.

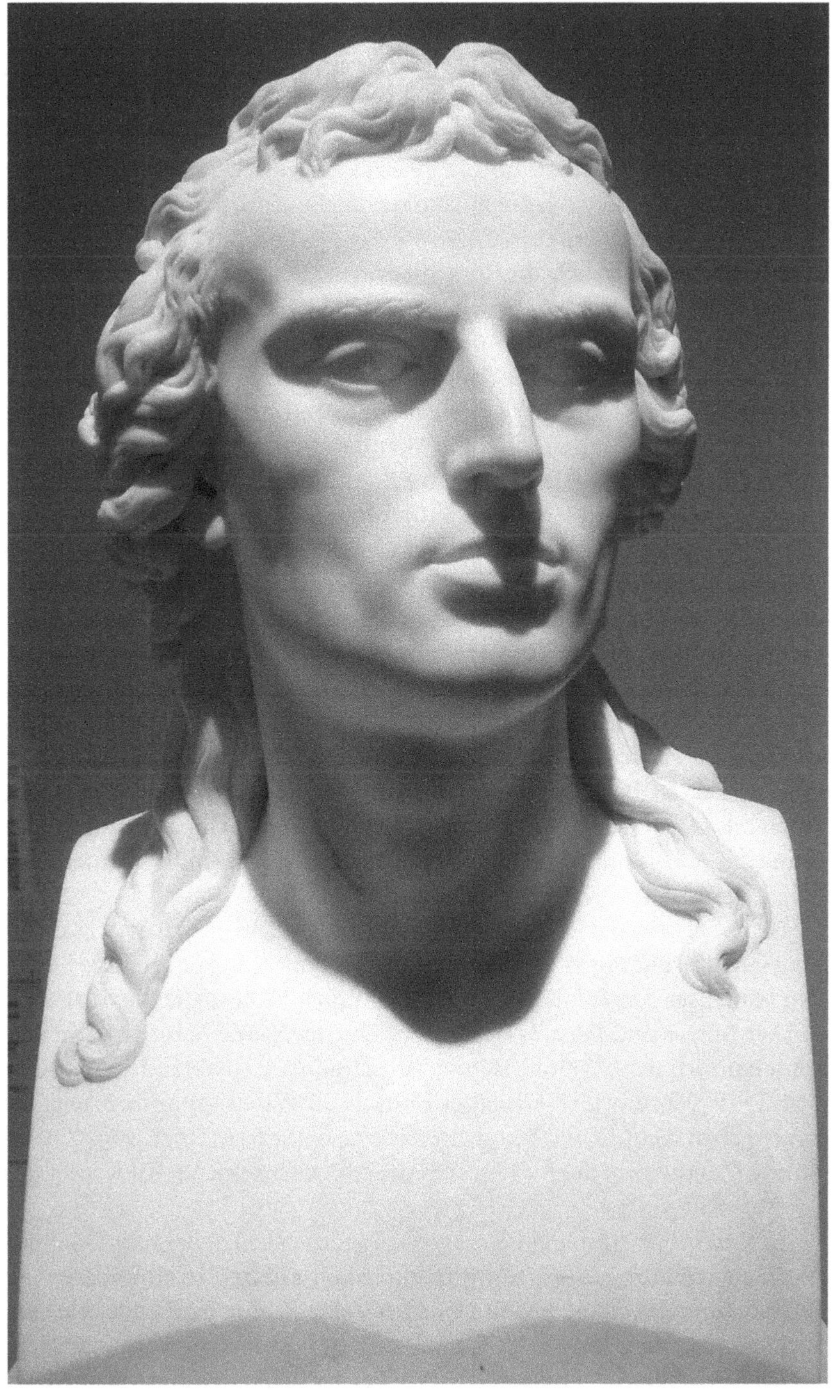

Abb. 83 Friedrich Schiller, Büste von Johann Heinrich von Dannecker, Schillermuseum in Weimar

Dank der Vermittlung des Konsistorialrates Karl August Böttiger war der Kunsttheoretiker Carl Ludwig Fernow als außerordentlicher Professor an die Universität Jena berufen worden. In abendlichen Gesprächen relativierte sich Goethes Bild von dem Autodidakten Fernow, der neun Jahre lang als Kunsttheoretiker in Rom gewirkt hatte. Er sei „in seiner Art gar brav" und habe eine „so redliche und rechtliche Ansicht der Kunsterscheinungen", schrieb Goethe am 27. November aus Jena. Es käme ihm vor, als sei er selbst erst kürzlich aus Rom zurückgekehrt.

Der heftige Wintereinbruch und die Nachricht vom Tod Herders am 18. Dezember 1803 holten ihn in nordische Gefilde zurück. Kurz vor Weihnachten rief man ihn nach Hause: Die französische Schriftstellerin Madame de Staël habe ihren Besuch angekündigt. Sie wollte das „sittliche, gesellige, literarische Weimar" kennen lernen und über alles genau unterrichtet werden. Sie musste mit Schiller und Wieland vorliebnehmen, Goethe blieb in Jena. Erst auf Drängen des Herzogs – inzwischen waren bereits alle Wege verschneit – machte er sich auf den Rückweg. Am Weihnachtsabend empfing er am Frauenplan die „Kaiserin des Geistes", deren Grazie sich niemand entziehen konnte. Aus dem auf Französisch geführten Interview schloss Madame de Staël: „Goethe liebt es, in seinen Schriften wie in seinen Gesprächen Fäden zu zerreißen, die er selbst gewebt hat, mit Rührungen zu spielen, die er selbst erregt, Statuen umzustürzen, die er zur Bewunderung aufgestellt" (224). Mehr würde man in ihrem Buch *De l'Allemagne (Über Deutschland, 1813)* lesen können. An Wieland schrieb sie: „Die Weimarer Welt bewegt sich ganz und gar im Sinne der Schellingschen Philosophie: es ist die Ruhe oder vielmehr der Schlaf des Idealen im Realen" (225).

Für Goethe war viel Zeit verlorengegangen. Um eine Aufsatzsammlung zur Würdigung Winckelmanns zu erarbeiten, zog er Freunde heran: den Hallenser Altphilologen Friedrich August Wolf sowie die Kunsthistoriker Meyer und Fernow. Auch sein Dichterfreund Schiller hatte versprochen sich den „Weimarischen Kunstfreunden" beratend anzuschließen. Ende Februar 1805 erhielt er Einsicht in Winckelmanns Briefe. Sie kamen eben recht, seine Rekonvaleszens zu befördern. Noch am 20. April sandte Goethe ihm auch die ersten drei Skizzen seiner Schilderung des Altertumsforschers.

Am 9. Mai verstarb Schiller. Seine Tragödie *Demetrius oder Die Bluthochzeit von Moskau* hätte wahrscheinlich alle früheren Dramen an Aktualität und Ausstattung übertroffen – sie musste unvollendet bleiben. Am Sonntag, dem 12. Mai 1805, nachts 1 Uhr wurde der großartige Dichter im Kassengewölbe beigesetzt. Wie der namenlose Altertumsforscher im Beinhaus der Kathedrale San Giusto, verschwand er im Kassengewölbe, einer Massengruft auf dem Jakobsfriedhof. Die Trauerfeier fand an demselben Tag nachmittags 3 Uhr in der Jakobskirche statt. Die Gedächtnisrede hielt der neue Generalsuperintendent Vogt. Klänge aus Mozarts Requiem rahmten die Feier ein. Am 10. August beschlossen die Schauspieler des Theaters in Bad Lauchstädt die Spielzeit mit einer Gedenkfeier für den Verstorbenen. Goethe hatte dazu den *Epilog zu Schillers Glocke* verfasst. Am Schluss heißt es: „Er glänzt uns vor, wie ein Komet entschwindend, Unendlich Licht mit seinem Licht verbindend."

Nach zweiundzwanzig Jahren erfolgte die Überführung der vermeintlichen Gebeine Schillers in die Fürstengruft auf dem neuen Weimarer Friedhof (heute Historischer Friedhof). 1828 wurden dort Herzog Carl August und 1832 Goethe fürstlich bestattet.

1857 stiftete Großherzog Friedrich I. von Baden dem Dichterpaar Goethe und Schiller das bekannte Doppelstandbild nach dem Entwurf des Dresdner Bildhauers Ernst Rietschel: zwar in antikisierender Pose, aber in authentischer Kleidung. Am 4. September wurde es auf dem heutigen Theaterplatz feierlich enthüllt. Am selben Tag fand die Einweihung des Wieland-Denkmals des Österreichers Hanns Gasser auf dem heutigen Wielandplatz statt. Der Gestus der Statue verweist auf Wieland als Vermittler zwischen Antike und Neuzeit.

Epilog – Goethe und das Jahrhundert Winckelmanns

Nach dem Tod Schillers erhielt Goethes Schrift *Winckelmann und sein Jahrhundert in Briefen und Aufsätzen (Tübingen 1805)* – der Herzogin Anna Amalia gewidmet – eine doppelte Bedeutung: Es war der Abschluss eines bedeutungsvollen Jahrhunderts und eines produktiven Jahrzehnts. Auch wenn Goethe glaubte, die Hälfte seines Daseins verloren zu haben, galt es, den Ruf Weimars als „Ilm-Athen" – Hort der Künste und der Wissenschaften – zu behaupten.

Den größten Umfang der Aufsatzsammlung nimmt Meyers *Entwurf einer Kunstgeschichte des achtzehnten Jahrhunderts* ein. Er sieht wie Winckelmann den Tiefgang der Bildhauerkunst in den Werken von Bernini. Erst seit Mitte des 18. Jahrhunderts sei ein Aufwärtstrend erkennbar. Schließlich bedauert Meyer „die Versetzung der berühmtesten alten und neueren Kunstwerke aus Italien nach Frankreich" und den entsetzlichen Verlust für Rom. Der Kunsthistoriker Fernow trug mit den *Bemerkungen eines Freundes* zu Goethes Werk bei. Er unterstreicht, dass die bildenden Künste sich nur dann bei einem Volke entwickeln, „wenn sie in dem Fortgange seiner Kultur ein Bedürfnis desselben geworden sind". Ergänzt wurde die Aufsatzsammlung durch einen eingeschobenen Brief des Rom-Kenners Wilhelm von Humboldt. „Wie Homer sich nicht mit anderen Dichtern, so läßt sich Rom mit keiner anderen Stadt, römische Gegend mit keiner anderen vergleichen. [...] Aber es ist auch nur eine Täuschung, wenn wir selbst Bewohner Athens und Roms zu sein wünschten. Nur aus der Ferne, nur von allem Gemeinen getrennt, nur als vergangen muß das Altertum uns erscheinen. Es geht damit, wie wenigstens mir und einem Freunde mit den Ruinen. Wir haben immer einen Ärger, wenn man eine halb versunkene ausgräbt, es kann höchstens ein Gewinn für die Gelehrsamkeit auf Kosten der Phantasie sein" (226), schreibt Humboldt.

Der Altphilologe Wolf bedauerte, dass sich Winckelmann nach seinem Eintritt in Italien „in dem Meere von Schönheit verlor". Aber seine Schriften seien vom Geist der Alten durchdrungen. Schließlich äußert Wolf den Wunsch nach einer vollständigen Sammlung des Mannes, dem man so viel Nationalruhm verdanke.

Goethes *Einleitung* und die *Skizzen zu einer Schilderung Winckelmanns* veranschaulichen den Lebensweg des Altertumsforschers zwischen den Jahren 1752 und 1767. „In ihn hatte die Natur gelegt, was den Mann macht und ziert. Dagegen verwendete er sein ganzes Leben, ein ihm Gemäßes, Treffliches und Würdiges im Menschen und in der Kunst, die sich vorzüglich mit dem Menschen beschäftigt, aufzusuchen", heißt es. Geleitet von seinem Genius habe er die Idee ergriffen, sich nach Rom durchzudrängen. Es sei ein entschiedener Plan gewesen, den er mit Klugheit und Festigkeit verwirklichte (227).

Als in den alten Sprachen bewanderter Bibliothekar war Winckelmann in Rom willkommen. Erfreulicherweise wurde aus ihm ein Poet, „und zwar ein tüchtiger, unverkennbarer in seinen Beschreibungen der Statuen, ja beinahe durchaus in seinen späteren Schriften. Er sieht mit den Augen, er faßt mit dem Sinn unaussprechliche Werke, und doch fühlt er den unwiderstehlichen Drang mit Worten und Buchstaben ihnen beizukommen. Das vollendete Herrliche, die Idee, woraus diese Gestalt entsprang, das Gefühl, das in ihm beim Schauen erregt ward, soll dem Hörer, dem Leser mitgeteilt werden, [...]". Goethe würdigt *Winckelmanns Gedanken über die Nachahmung der griechischen Werke in der Malerey und Bildhauer-Kunst (1755)* als Gründungsurkunde des Klassizismus.

Auch wenn sich der erhoffte Beifall für seine Aufsatzsammlung in Grenzen hielt, setzte Goethe Maßstäbe für die Winckelmann-Rezeption. Gegenüber Eckermann machte er noch am 12. Mai 1825 den persönlichkeitsbildenden Wert des Altertumsforschers deutlich: „Daß Lessing, Winckelmann und Kant älter waren als ich und die beiden ersteren auf

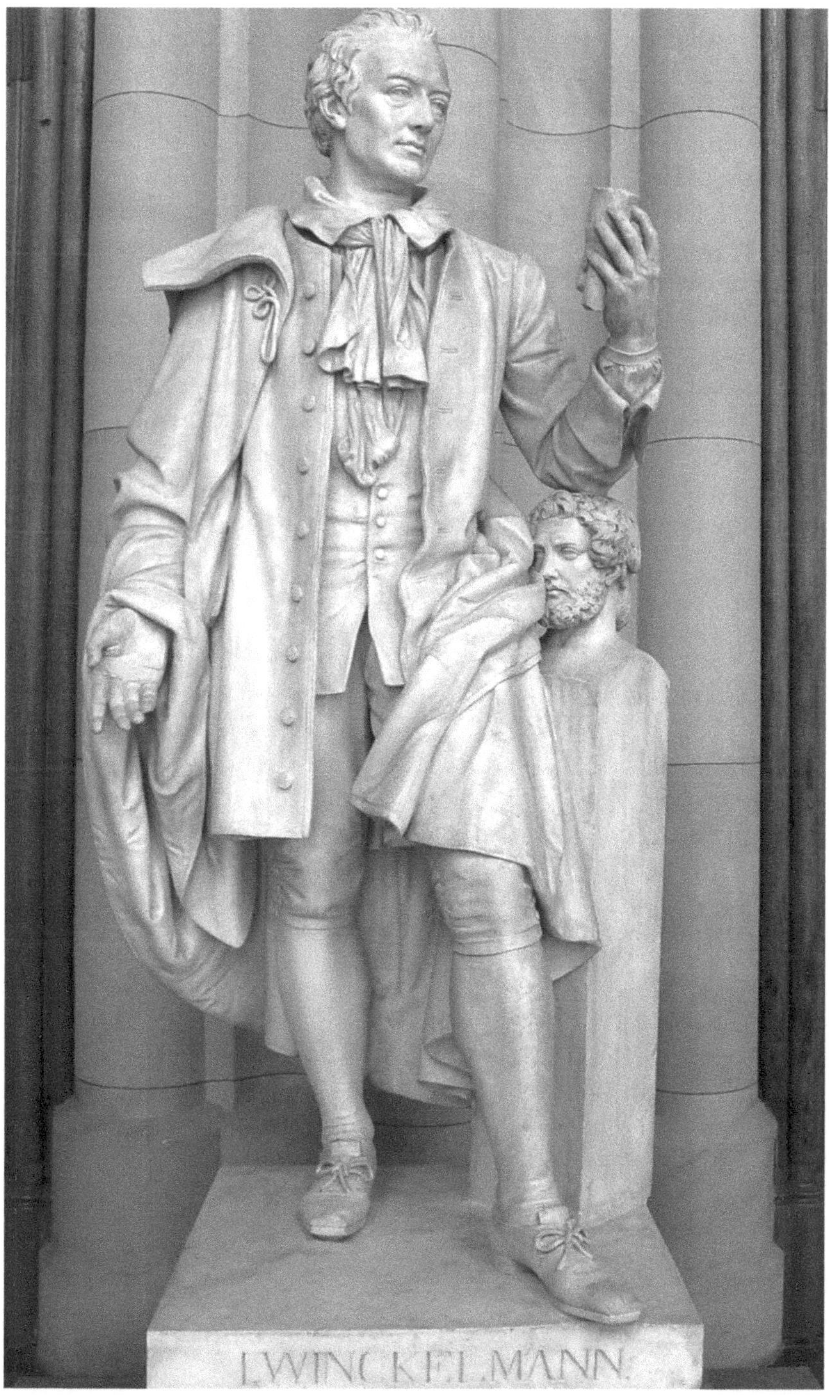

Abb. 84 Johann Joachim Winckelmann, Marmorstatue von Ludwig Wilhelm Wichmann, 1840 – 1850, Friedrichwerdersche Kirche, Nationalgalerie Berlin

meine Jugend, der letztere auf mein Alter wirkte, war für mich von großer Bedeutung“ (228). Und am 16. Februar 1827 verglich er ihn sogar mit Kolumbus, als er die neue Welt zwar noch nicht entdeckt hatte, aber sie doch schon „ahndungsvoll“ im Sinne trug. Dann heißt es überraschend pejorativ: „Man *lernt* nichts , wenn man ihn lieset, aber man *wird* etwas.“ Und im selben Atemzug: „Meyer ist nun weitergeschritten und hat die Kenntnis der Kunst auf ihren Gipfel gebracht. Seine ‚Kunstgeschichte‘ ist ein ewiges Werk; allein er wäre das nicht geworden, wenn er sich nicht in der Jugend an Winckelmann hinaufgebildet hätte und auf dessen Wege fortgegangen wäre. Da sieht man abermals, was ein großer Vorgänger tut und was es heißt, wenn man sich diesen gehörig zunutze macht“ (229).

Winckelmanns Beispiel beweist, dass ein Vorhaben nur mit Enthusiasmus zum Erfolg geführt werden kann. Die beiden Federn, die er zu führen verstand – die kämpferische Vitalität und die poetische Bildlichkeit seiner Sprache – sind noch immer das offene Geheimnis wirkungsvoller Polemik.

Zeittafel

1717	geboren am 9. Dezember in Stendal / Altmark als Sohn des Schuhmachermeisters Martin Winckelmann und seiner Frau Anna-Maria
1722–1735	Schulbesuch in Stendal, Amanuensis bei Rektor Tappert
1735–1738	Besuch des Köllnischen Gymnasiums in Berlin und der Altstädter Lateinschule in Salzwedel / Altmark
1738–1740	Studium der Theologie in Halle
1740–1741	Hauslehrer bei Familie Grolmann in Osterburg / Altmark
1741–1742	Studium der Medizin und Mathematik in Jena
1742–1743	Hauslehrer bei Familie Lamprecht auf der Burg (Amt) Hadmersleben / Börde
1743–1748	Konrektor an der Lateinschule in Seehausen / Altmark
1748–1754	Bibliothekar des Reichsgrafen Heinrich von Bünau auf Schloss Nöthnitz / Bannewitz, Kunststudien in Dresden
1754–1755	Aufenthalt bei Adam Oeser in Dresden und Studien zur bildenden Kunst
ab 1755	dank eines Stipendiums des Kurfürsten Friedrich August II. / König August III. von Polen Aufenthalt in Rom, unabhängiges Gelehrtenleben bei Kardinal Domenico Silvio Passionei
1756–1758	Bibliothekar des Kardinals Alberico Archinto
1758	erste Reise an den Golf von Neapel
ab 1759	Bibliothekar beim Altertumskenner Kardinal Alessandro Albani und Kurator der Museumsvilla Albani
1762	zweite Reise an den Golf von Neapel
ab 1763	Präsident aller Altertümer in und um Rom sowie Cicerone für ausländische Besucher
1764	dritte Reise an den Golf von Neapel
1765	Verhandlungen über eine Anstellung als Bibliothekar beim preußischen König Friedrich II.
1767	vierte Reise an den Golf von Neapel
1768	Reise nach Deutschland, Abbruch und Rückweg über Wien, ermordet am 8. Juni in Triest / Erzherzogtum Österreich

Auswahlbiografie Winckelmanns

1752	Beschreibung der vorzüglichsten Gemälde der Dreßdner Gallerie
1753	Gedanken vom mündlichen Vortrag der neueren allgemeinen Geschichte
1755	Gedanken über die Nachahmung der Griechischen Werke in der Malerey und Bildhauerkunst
1756	Sendschreiben über die Gedanken von der Nachahmung der griechischen Werke in der Malerey und Bildhauerkunst
1756	Erläuterung der Gedanken über die Nachahmung der griechischen Werke in der Malerey und Bildhauer-Kunst und Beantwortung des Sendschreibens über diese Gedanken
1756	Nachricht von einer Mumie in dem Königlichen Cabinet der Alterthümer in Dreßden
1758–1759	Beschreibung der Gemmensammlung des verstorbenen Barons Philipp von Stosch in Florenz
1759	Von der Grazie in Werken der Kunst
1759	Beschreibung des Torso im Belvedere zu Rom
1759	Baukunst der alten Tempel zu Girgenti in Sicilien
1760	Description des pierres gravées du feu Baron de Stosch
1762	Anmerkungen über die Baukunst der Alten
1762	Sendschreiben von den Herculanischen Entdeckungen
1763	Abhandlung von der Fähigkeit der Empfindung des Schönen in der Kunst und dem Unterrichte in derselben
1764	Geschichte der Kunst des Alterthums
1764	Nachrichten von den neuesten Herculanischen Entdeckungen
1766	Versuch einer Allegorie, besonders für die Kunst
1767	Monumenti antichi inediti, spiegati ed illustrati
1767	Anmerkungen über die Geschichte der Kunst des Alterthums

Der handschriftliche Nachlass Winckelmanns befindet sich in Florenz in der Biblioteca della Società Colombaria, in Hamburg in der Staats- und Universitätsbibliothek, in Montpellier in der Bibliothèque de la Faculté de Médecine und in Paris in der Bibliothèque Nationale, Fonds Allemand. Quelle: Winckelmann-Gesellschaft.com

Anmerkungen

1 Goethe, Johann Wolfgang von: Italienische Reise. Hrsg. von Andreas Meyer und Norbert Miller, Carl Hanser Verlag München 1992, S. 358
2 Winckelmann, Johann Joachim: Gedanken über die Nachahmung der griechischen Werke in der Malerei und Bildhauerkunst. Reclams Universalbibliothek Stuttgart 1995, S. 20
3 Winckelmann-Museum: Ein Gang durch die Ausstellung. Verlag Franz Philipp Rutzen, Ruhpolding und Mainz und Winckelmann-Gesellschaft, Stendal 2007, S. 20
4 Ebd. S. 19
5 Ebd. S. 21
6 Bock, Hartmut / Fritsch, Barbara / Mittag, Lothar / Müller, Johannes: Großsteingräber der Altmark. Hrsg. von Harald Meller, Landesamt für Denkmalpflege und Archäologie Sachsen-Anhalt mit Museum für Vorgeschichte Halle (Saale) 2006, S. 60 ff.
7 Winckelmann, Johann Joachim: Winckelmanns Werke Erster Band. Hrsg. von C. L. Fernow, Walthersche Hofbuchhandlung, Dresden 1839, S. 42
8 Winckelmann-Museum (Anm. 3), S. 23
9 Waetzoldt, Wilhelm: Johann Joachim Winckelmann, Der Begründer der deutschen Kunstwissenschaft. Verlag E.A. Seemann, Leipzig, 1940, S. 8
10 Winckelmann, Johann Joachim: Briefe Band 3, 1764–1768: Brief an Schlabrendorf vom Juli 1765
11 Ebd. S. VI: Brief von Boysen an Gleim vom 10. August 1743
12 Biographie Winckelmann. Quelle: Winckelmann-Gesellschaft
13 Heres, Gerald: Winckelmann in Sachsen. Koehler & Amelang Leipzig 1991, S. 12
14 Goethe, Johann Wolfgang von: Winckelmann und sein Jahrhundert, Seemann Verlag, Leipzig 1969, S. 13
15 Ebd.
16 Winckelmann, Johann Joachim: Briefe. Hrsg. von Walther Rehm, Berlin 1952, Bd. IV, S. 178
17 Vgl. Goethe (Anm. 14), S. 211
18 Vgl. Winckelmann (Anm. 16), Bd. I, S. 87, Brief an Uden vom 14. September 1748
19 Ebd. S. 92, Brief an Uden vom 31. August 1749
20 Ebd. S. 126, Brief an Bünau vom 17. September 1754
21 Gizycki, Joachim von: Cleinow, Chronik 1775. Wehrhahn Verlag Hannover 2007, S. 103
22 Vgl. Winckelmann (Anm. 16), Briefe III, S. 55, Brief an Füssli vom 22. September 1764

23 Justi, Carl. Winckelmann und seine Zeitgenossen. Bd. I, zweite durchgesehene Auflage, S. 376, F.C.W. Vogel in Leipzig 1898, S. 94 Brief an Uden vom 7. Dezember 1749

24 Ude-Bernays, Hermann: J.J. Winkelmanns kleine Schriften und Briefe (Bd. 2), Insel-Verlag zu Leipzig 1925, S. 103

25 Ebenda, S. 99

26 Catt, Henri Alexandre de: Gespräche Friedrichs des Großen mit Henri de Catt. Hrsg. von Friedrich von Oppeln-Bronowski, Spamer AG Leipzig 1933, S.15

27 Vgl. Goethe (Anm. 14), S. 48, Brief an Berendis vom 27. März 1752

28 Ebd. S. 51, Brief an Berendis vom 6. Januar 1753

29 Ebd. S. 57, Brief an Berendis vom 21. Februar 1753

30 Vgl. Justi (Anm. 23) Bd. I, S. 376

31 Ebd. S. 64, Brief an Berendis vom 12. Juli 1754

32 Vgl. Goethe (Anm. 14), S. 223

33 Vgl. Winckelmann (Anm. 16), Brief an Uden vom 3. März 1752, S. 294

34 Winckelmann, Johann Joachim: Kleine Schriften. Vorreden. Entwürfe. Hrsg. Von Walther Rehm, Walther de Gruyter GmbH & Co. KG, Berlin 2002, S. 10

35 Vgl. Goethe (Anm. 14), S. 69, Brief, vom 29. Dezember 1754 an Berendis.

36 Ebd. S. 79, Brief an Berendis vom 25. Juli 1755

37 zitiert nach: Gurlitt, Cornelius (Bearb.): Beschreibende Darstellung der älteren Bau- und Kunstdenkmäler des Königreichs Sachsen. Unter Mitwirkung des K. Sächsischen Alterthumsvereins. Herausgegeben von dem K. Sächsischen Ministerium des Innern. Heft 22, Meinhold und Söhne, Dresden 1901, S. 518f.

38 Baumecker, Gottfried: Winckelmann in seinen Dresdner Schriften. Verlag Junker und Dünnhaupt, Berlin 1933, S. 59 ff.

39 Vgl Winckelmann, Johann Joachim (Anm. 2), S. 4 ff.

40 Ebd. S. 18 ff.

41 Ebd.

42 Ebd. S. 20

43 Ebd. S. 4

44 Ebd. S. 20

45 Winckelmann, Johann: Geschichte der Kunst des Altertums. Phaidon-Verlag Wien 1934, S. 240

46 Lessing, Gotthold Ephraim: Laokoon. Oder: Über die Grenzen der Malerei und Poesie. Mit beiläufigen Erläuterungen verschiedener Punkte der alten Kunstgeschichte. Philipp Reclam jun. Verlag Stuttgart 1986, S. 7 ff.

47 Ebd. S. 16

48 Ebd. S. 34 ff.

49 Ebd. S. 6
50 Vgl. Winckelmann (Anm. 2), S. 24
51 Vgl. Winckelmann (Anm. 34), S. 303 ff.
52 Vgl. Winckelmann, Johann Joachim (Anm. 2), S. 37
53 Ebd.
54 Ebd. S. 39
55 Ebd.
56 Ebd. S. 127
57 Vgl. Winckelmann (Anm. 2), S. 150.
58 Vgl. Goethe (Anm. 14), S. 78 Brief an Berendis vom 4.6.1755
59 Morgenstern, Carl: Rede in Dorpat. Leipzig bei Göschen, 1805, S. 16
60 Vgl. Goethe (Anm. 14), S. 76
61 Vgl. Goethe (Anm. 1), S. 176
62 Vgl. Goethe (Anm. 14), S. 81
63 Fellmann, Walter: Heinrich Graf Brühl. Ein Lebens- und Zeitbild. Koehler & Amelang Leipzig 1989, S. 291 ff.
64 Vgl. Goethe (Anm. 14), S. 84
65 Casanova, Giacomo: Memoiren 3. Hrsg. von Ernesto Grassi unter Mitarbeit von Walter Hess. Nach der Übersetzung von Franz Hessel und Ignaz Ježover. Rowohlt Hamburg 1959, S. 98 ff.
66 Vgl. Goethe (Anm. 14), S. 215
67 Vgl. Goethe (Anm. 1), S. 575
68 Vgl. Ude-Bernays (Anm. 24), S. 165 Brief an Francke vom 20. Januar 1756
69 Vgl. Winckelmann (Anm. 45), S. 163
70 Winckelmann, Johann Joachim: Kleine Schriften S. 36. Hrsg. von Walther Rehm, Berlin 1968 In: Heres, Gerald: Winckelmann, Bernini, Bellori – Betrachtungen zur Nachahmung der Alten, S. 9
71 Vgl. Goethe (Anm. 14), S. 86 ff.
72 Ebd.
73 zitiert nach: Prange, Peter / Wünsche, Raimund: Das Feige(n)blatt. Milleniumsausstellung Glyptothek München. Verlag München 2000, S. 92
74 Vgl. Goethe (Anm. 14), S. 86
75 Sichtermann, Hellmut: Kulturgeschiche der klassischen Archäologie. Verlag C.H. Beck, München 1996, S. 95
76 Vgl. Winckelmann (Anm. 34), S. 169 ff.
77 Vgl. Goethe (Anm. 14), S. 86, Brief an Berendis, wahrscheinlich Juli 1756
78 Vgl. Goethe (Anm. 14), S. 94, Brief an Berendis vom 5. Februar 1758
79 Ebd.
80 Pommier, Edouard: Winckelmann und die Betrachtung der Antike im Frankreich der Aufklärung und der Revolution. Akzidenzen 2 – Flugblätter der Winckelmann-Gesellschaft Stendal 1992, S. 8
81 Vgl. Goethe (Anm. 14), S. 93, Brief an Berendis vom 5. Februar 1758
82 Ebd. S. 91, Brief an Berendis vom 29. Januar 1757
83 Ebd. S. 98

84 Schlegel, August Wilhelm. In: Heidelbergische Jahrbücher der Litteratur 1812, Berlin bey A. Mylius 1811, S. 112
85 Ebd. S. 93, Brief an Berendis vom 5. Februar 1758
86 Ebd. S. 99
87 Ebd. S. 99
88 Vgl. Goethe (Anm. 1), S. 415
89 Goethe, Johann Caspar: Viaggio per l'Italia (Reise durch Italien im Jahre 1740). In: Richter, Dieter: Pompeji und Herculaneum. Ein Reisebegleiter. Insel Verlag, Frankfurt am Main und Leipzig 2005, S. 52 ff.
90 Moritz, Karl Philipp: Reisen eines Deutschen in Italien in den Jahren 1786 bis 1788. In: Richter, Dieter (Anm. 89), S. 59 ff.
91 Goethe, Johann Wolfgang (Anm. 1), S. 243 ff.
92 Vgl. Goethe (Anm. 14), S. 101
93 Kierkuć-Bielinski, Jerzy: Ausstellung Piranesis Paestum – Neuentdeckung der Meisterzeichnungen. Ausstellung 4.6. bis 31.8.2013 Tchoban Foundation – Museum für Architekturzeichnung Berlin
94 Winckelmann, Johann Joachim: Briefe. Hrsg. von W. Rehm und H. Diepolder. Berlin 1952, Bd. II, S. 130, Brief an Volkmann, 1. Dez. 1758.
95 Eiselein, Joseph: Johann Winckelmanns sämtliche Werke, Bände 9–10. Donaueschingen 1825, S. 440. Brief an Stosch vom 26. Juli 1760
96 Vgl. Justi (Anm. 23), Brief an Stosch vom 7. Dezember 1763., s. 226
97 Vgl. Goethe (Anm. 14), S. 105, Brief an Berendis vom 21. Februar 1761
98 Gregorovius, Ferdinand: Wanderjahre in Italien. Wolfgang Jess Verlag Dresden 1950, S. 252
99 Winckelmann (sh. Anm. 34), S. 226
100 Ebd., S. 466. Zitiert nach: Heinse, Wilhelm. Italienisches Tagebuch, 1783. Sämtliche Werke, ed C. Schüddekopf, Leipzig 1909, VII 77, S. 251
101 Kotzebue, August von. Reise aus Liefland nach Rom und Neapel. Köln 1805 bey Peter Hammer, S. 32–33,
102 Senff, Wilhelm: J.J. Winckelmann, Kleine Schriften und Briefe, Hermann Bühlaus Nachfolger, Weimar 1960, S. 241
103 Vgl. Winckelmann (Anm. 45), S. 378
104 Vgl. Senff (Anm. 102), S. 351, Brief an Muzel-Stosch vom 18. Juli 1767
105 Steinmann, Ernst: Die Plünderung Roms durch Bonaparte. In: Internationale Monatsschrift für Wissenschaft Kunst und Technik, begründet von Friedrich Althoff, Heft 6, Leipzig-Berlin 1917, S. 21 ff.
106 Kunze, Max: Römische Antikensammlungen im 18. Jahrhundert. Hrsg. im Auftrag der Winckelmann-Gesellschaft, Verlag Philipp von Zabern, Mainz am Rhein 1998, S. 62 ff.
107 Varnhagen von Ense, Karl August: Denkwürdigkeiten des eigenen Lebens. Bd. 1. Rütten & Loening, Berlin 1971.
108 Varnhagen von Ense, Karl August: Paris 1810. Reisebericht aus Straßburg, Lothringen und Paris mit neun Briefen an den Autor von Henriette Mendelssohn. Hrsg. Gatter, Nikolaus. Varnhagen Gesellschaft e. V. Köln 2013, S. 25 ff.
109 Vgl. Winckelmann (Anm. 44), S. 203

110 Winckelmann, Johann: Johann Winckelmanns Sendschreiben von den Herculanischen Entdeckungen. Waltherische Verlagsbuchhandlung Dresden 1762, S. 26
111 Sweet, Denis M.: Die Grenzen der Aufklärung – Winckelmann im englischen Sprachraum. In: Beiträge der Winckelmann-Gesellschaft . Hrsg. von Max Kunze, Bd. 16 Stendal S. 1986, S. 7
112 Vgl. Goethe (Anm. 14), S. 104, Brief an Berendis vom 12. Dezember 1759
113 Winckelmann, Johann Joachim: Brief an Erich Wilhelm Marpurg vom 8. Dezember 1762. In: Winckelmanns Werke in einem Band. Hrsg. von den Nationalen Forschungs- und Gedenkstätten der klass. Literatur in Weimar, Aufbau-Verlag Berlin und Weimar 1986, S. XLIII und XLIV
114 Vgl. Goethe (Anm. 14), S. 109
115 Rüstow. Alexander: Winckelmanns Brief an Usteri 15. Januar 1763. In: Ortsbestimmung der Gegenwart Bd. II., LIT Verlag Münster, 2003
116 Wilken, Friedrich: Geschichte der Königlichen Bibliothek zu Berlin. Verlegt bei Duncker und Humblot Berlin 1828, S. 101
117 Winckelmann, Johann Joachim: Brief an Stosch vom 17. Dezember 1763. In: Winckelmann Briefe, Band 2 Verlag Walter de Gruyter, 1954. Online Publikation, Brief an Stosch vom 8. Februar 1766
118 Ebd., Brief an Freiherrn von Schlabrendorf vom 8. Februar 1766
119 Ebd., Brief an Stosch vom 12. April 1766
120 Friedrich der Große, De la Littérature allemande. In: Mommsen, Katharina, Herzogin Anna Amalias „Journal von Tiefurth" als Erwiderung auf Friedrichs II. „De la Littérature allemande". Rede in Weimar am 16. Oktober 2008
121 Baden, Torkel: Brief über die Kunst von und an Christian Ludwig von Hagedorn. In der Weidmannischen Buchhandlung, Leipzig 1797, S. 263 Brief vom 12. Oktober 1764
122 Ebd., Brief an Stosch vom 25. Juli 1767
123 Ebd., Brief an Stosch vom 14. Mai 1768
124 Maaz, Bernhard: Alexander Trippels Bildnisbüsten im Arolser Schloß – Immortalisierung und Deifikation. In: Antikes Leben – Ideal und Wirklichkeit. Schriften aus der Fürstlich Waldeckschen Hofbibliothek, Museum Bad Arolsen. Michael Imhof Verlag GmbH & Co. KG, Petersberg 2009, S. 208
125 Winckelmann, Johann: Versuch einer Allegorie, besonders für die Kunst. In: Winckelmann's Werke. Kurzer Abriss von Winckelmanns Leben, Bd. 2. Hrsg. von Carl Ludwig Fernow, Walthersche Hofbuchhandlung, Dresden 1808, S. 430 ff.
126 Gleimhaus Halberstadt, Porträt Johann Joachim Winkelmann Inv. Nr. A 046. Quelle: www.museum-digital.de/nat/index.php?t=objekt&oges=861 [20.06.2018]
127 Mengs, Raphael: Gedanken über die Schönheit und den Geschmack in der Malerey. Hrsg. bey Orell, Geßner, Johann Caspar Füeßlin u. Comp., Zürich 1771, S30 ff.
128 Vgl. Winckelmann (Anm. 2), S. 179

129 Ebd. S. 77
130 Ebd. S. 90 ff.
131 Autorenkollektiv: Winckelmann und Ägypten: Die Wiederentdeckung der ägyptischen Kunst im 18. Jahrhundert. Karl M. Lipp Verlag , München 2005, S. 138
132 Winckelmann (Anm. 2), S. 276 ff.
133 Ebd. S. 128 ff.
134 Ebd. S. 158 ff.
135 Ebd. S. 164 ff.
136 Ebd. S. 207 ff.
137 Ebd. S. 364.
138 Ebd. S. 365
139 Pommier (Anm. 80), S. 17
140 Ebd. S. 29
141 Goethe, Johann Wolfgang: Goethe-WA-IV, Bd. 1. Brief an Herder Sept./Okt. 1771 1/78. Quelle: www. zeno.org 20-05-2012
142 Vgl. Winckelmann (Anm. 45), S. 262 ff.
143 Goethes Werke. Herausgegeben im Auftrag der Großherzogin Sophie von Sachsen. IV. Abteilung: Goethes Briefe, Bd. 1–50, Weimar 1887–1912
144 Vgl. Goethe (Anm. 1), S. 165
145 Justi, Carl: Winckelmann, sein Leben, seine Werke und und seine Zeitgenossen, Bd. 1. F. C. W. Vogel Leipzig 1866, S. 401
146 Vgl. Justi (Anm. 23), Bd. III, S. 766, Brief an Stosch vom 15. November 1766
147 Kunze, Max: Giovanni Battista Casanova contra Winckelmann. In: H.G. Held, Winckelmann und die Mythologie der Klassik. Max Niemeyer Verlag Tübingen 2009, S. 39 ff
148 Goethe, Johann Wolfgang von: Goethes ausgewählte Werke in sechzehn Bänden. Hrsg von Prof. Dr. S. M. Prem. Max Hesses Verlag Leipzig 1910, Bd. 7, S. 7
149 Mittler, Elmar: Der gute Kopf leuchtet überall hervor. Goethe, Göttingen und die Wissenschaft. Wallstein Verlag, Göttingen 1999, S. 84
150 Goethe, Johann Wolfgang von: Briefe 1805–1808, Jazzybee Verlag Jürgen Beck, Altenmünster 2012, Brief Nr. 5512
151 Winckelmann, Johann: Monumenti antichi inediti. In: Winckelmann's Werke. Hrsg. von Heinrich Meyer und Johann Schulze. 7. Bd. Walthersche Hofbuchhhandlung in Dresden 1817, S. 8
152 Naumer, Sabine. Monumenti antichi inediti – Johann Joachim Winckelmanns großes italienisches Werk. Magisterarbeit Kunsthochschule Kassel 2000, S. 17
153 Förster, Friedrich: Winckelmanns Briefe. Zweiter Band 1761–1766. In der Schlesingerschen Buch- und Musikhandlung Berlin 1824, S. 343 ff., Brief an Stosch 4. Februar 1765
154 Vgl. Goethe (Anm. 14), S. 109 Brief an Berendis vom 26. Juli 1765.
155 Winckelmann, Johann Joachim. Hrsg. von Rehm, Walther; Diepolder, Hans: Briefe 1764–1768, Kritisch-Historische Gesamtausgabe von De Gruyter 1956, Band 3. Brief an Johann Heinrich Füßli vom 19. Juni 1765

156 Hauptmann, Gerhart: Winckelmann – Das Verhängnis. C. Bertelsmann Gütersloh 1954, S. 100.
157 Vgl. Förster (Anm. 153), Dritter Band 1766–1768, S. 9 ff. Brief an Francke, 18. Januar 1766
158 Justi, Carl. Winckelmann und seine Zeitgenossen. Bd. II, zweite durchgesehene Auflage, S. 380, F.C.W. Vogel in Leipzig 1898
159 Eiselein, Joseph: Johann Winckelmanns sämtliche Werke, Donaueschingen im Verlage deutscher Classiker 1925, Elfter Band, S. 367
160 Vgl. Winckelmann (Anm. 34), Brief an Weiße 15. Mai 1764
161 Vgl. Winckelmann (Anm. 7), S. 255
162 Winckelmann, Johann Joachim: Anmerkungen über die Geschichte der Kunst des Alterthums. In: Kleine Schriften – Vorreden – Entwürfe. Hrsg. von Walther Rehm, Walter de Gruyter GmbH & Co. KG, Berlin 2002, S. 251
163 Winckelmann, Johann Joachim: Winckelmanns Werke Bd. 1 v. 2 Bänden. Walthersche Hofbuchhandlung, Dresden 1839, S. 8
164 Ebd. S. 272
165 Leibetseder, Mathis: Die Kavalierstour – adlige Erziehungsreisen im 17. und 18. Jh. Böhlau Verlag Köln Weimar Wien, 2004
166 Winckelmann, Johann Joachim: Brief vom 9. Juni 1762 an Friedrich Reinhold von Berg. In: Eberhard Haufe, Deutsche Briefe aus Italien, Koehler & Amelang Leipzig, 1987, S. 23
167 Winckelmanns Werke in einem Band. Berlin und Weimar 1969, Abhandlung von der Fähigkeit der Empfindung des Schönen in der Kunst und dem Unterrichte in dersleben, S. 138
168 Ebd. S. 107
169 Vgl. Förster (Anm. 153), Band 3, S. 57 ff., Brief an Stosch vom 15. August 1766
170 Hirsch, Erhard / Hirschnitz, Kathleen: Ein Printz, der Kayser seyn sollte... Edition scriptum im Renneritz Verlag, Sandersdorf 2008, S. 10
171 Vgl. Goethe (Anm. 14), S. 267
172 Sichtermann, Hellmut: Gemalte Gärten in pompejanischen Zimmern. In: Antike Welt 5, Heft 3, 1974, S. 41 ff.
173 Richter, Dieter: Der Vesuv von Wörlitz. In: Der Vulkan im Wörlitzer Park, Hrsg. von der Kulturstiftung Dessau Wörlitz, Nicolaische Verlagsbuchhandlung GmbH, Berlin 2005, S. 30
174 Das Dessau-Wörlitzer Gartenreich, Besuch des Landschaftsparks. Quelle: http://www.woerlitz-information.de/woerlitz-de/ho/ho_lp.php
175 Pückler-Muskau, Hermann von: Briefe eines Verstorbenen. Ein fragmentarisches Tagebuch aus England, Wales, Ireland, und Frankreich, geschrieben in den Jahren 1828 und 1829. Anonym veröffentlicht im Verlag F. G. Franck München 1830. Kapitel 4: Brief vom 14. September 1826 an seine Frau Lucie
176 Biedermann, Flodoard Freiherr von: Goethes Gespräche. Gesamtausgabe Bd. 3. Leipzig 1909–1911, S. 115. Goethe zu Karl August Varnhagen von Ense am 8.7.1825. Zitiert nach: Netzwerk der Aufklärung. Neue Lektüren zu Johann Heinrich Merck. Hrsg. Leuschner, Ulrike / Luserke-Jaqui, Matthias. Walter de Gruyter GmbH & Co. KG Berlin 2003

177 Cain, Hans-Ulrich / Müller, Hans-Peter / Schmidt, Stefanie: Faszination der Linie. Griechische Kunst auf dem Weg von Neapel nach Europa. Sonderaustellung Antikenmuseum Universität Leipzig und Bibliotheca Albertina Leipzig 2004 / 05. Passage-Verlag Leipzig 2004, S. 37
178 Vgl. Winckelmann (Anm. 45), S. 124 ff.
179 Vgl. Goethe (Anm. 1), S. 343 ff.
180 Tutsch, Claudia: Man muß mit ihnen wie mit einem Freund, bekannt geworden seyn... Verlag Philipp von Zabern, Mainz 1995, S. 47. Zitiert nach: Winckelmann, Briefe IV Nr. 127, Frühjahr 1764, S. 243
181 Ebd. S. 35 ff.
182 Vulpius, Christian August: Eine Korrespondenz zur Kulturgeschichte der Goethezeit. Band 1: Brieftexte. Hrsg. von Andreas Meier. Walter de Gruyter GmbH 2003, S. 114
183 Winckelmann, Johann Joachim: Anmerkungen über die Geschichte der Kunst des Alterthums – Erster Theil. In der Waltherischen Hof-Buchhandlung Dresden 1767, S. 84
184 Ebd.
185 Schiller, Friedrich: Über Matthissons Gedichte. In: Sämmtliche Werke, Bd. 12. Verlag der J G. Cotta'schen Buchhandlung, Stuttgart 1875, S. 311
186 Vgl. Hauptmann (Anm. 156), Seite 193
187 Heinichen, Veit / Scabar, Ami: Triest. Stadt der Winde. Insel Verlag Berlin 2013, S. 9–11
188 Stoll, Heinrich Alexander: Tod in Triest. Leben, Taten und Wunder Johann Joachim Winckelmanns. Union Verlag Berlin 1975, S. 583
189 Dolen, Hein van: Mord in Triest. Der Tod von Johann Joachim Winckelmann (1717–1768) aus neuer Sicht. Akzidenzen 10. Flugblätter der Winckelmann- Gesellschaft Stendal 1998, S. 15 ff.
190 Torlo, Marzia Vidulli: Un atroce misfatto. L'assassionio di Winckelmann a Trieste. A heinous crime. The murder of Winckelmann in Trieste. Civico Museo di Storia ed Arte – Orto Lapidario. Comune di Trieste 2012, S. 13 ff.
191 Winckelmann, Johann Joachim: Briefe, Kritisch-historische Gesamtausgabe. Hrsg. von Rehm, Walther / Diepolder, Hans, Band 4: Dokumente zur Lebensgeschichte. Walter de Gruyter GmbH & Co. KG, Berlin 1957, S. 284
192 Ernst, Adolf Wilhelm: Lessings Leben und seine Werke. Europäischer Hochschulverlag GmbH & Co. KG Bremen 2010, S. 237
193 Vgl. Goethe (Anm. 138), Bd. 13, S. 89 ff.
194 Wallenstein, Uta: Herzog Ernst II. als Sammler von Altertümern. In: Die Gothaer Residenz zur Zeit Herzog Ernsts II. von Sachsen-Gotha-Altenburg. (1772–1894). Katalog Stiftung Schloss Friedenstein Gotha Schlossmuseum 2004, S. 229 ff.
195 Waetzoldt, Wilhelm: Johann Joachim Winckelmann – Der Begründer der deutschen Kunstwissenschaft. Verlag E.A. Seemann, Leipzig 1940
196 Anna Amalia von Sachsen-Weimar-Eisenach: Briefe über Italien. Nach den Handschriften mit einem Nachwort herausgegeben von Heide Hollmer. Werner J. Röhrig Universitätsverlag, St. Ingbert 1999, S. 43

197 Bock, Heinrich: Wieland in Bildern. Verlag Dr. Karl Höhn KG, Biberach 1998, S. 87

198 Baeumer, Max L.: Winkelmann und Heinse. Die Sturm- und-Drang- Anschauung von den bildenden Künsten. Schriften der Winckelmann- Gesellschaft Bd. 14. Hrsg. von Max Kunze, Stendal 1997, S. 120

199 Riedel, Friedrich Justus: Theorie der schönen Künste und Wissenschaften. Ein Auszug aus den Werken verschiedener Schriftsteller. Jena bey Christian Heinrich Cuno 1767, S. 343

200 Herder, Johann Gottfried: Ideen zur Philosophie der Geschichte der Menschheit. Mit einer Einleitung von Heinrich Luden. Leipzig 1841 bei Johann Friedrich Hartknoch, S. 433

201 Vgl. Goethe (Anm. 138), Bd. 16, S. 252 ff.

202 Müller, Ulrike: Die klugen Frauen von Weimar. Elisabeth Sandmann Verlag GmbH München 2009, S. 29 ff.

203 Vgl. Goethe (Anm. 58), S. 659. Brief an Herzog Karl August vom 27. Januar 1788

204 Vgl. Goethe (Anm. 1), S. 60

205 Goethes Briefe. Zitiert nach: Goethes Werke. Herausgegeben im Auftrag der Großherzogin Sophie von Sachsen. IV. Abteilung: Goethes Briefe, Bd. 1–50, Weimar 1887–1912.

206 Pashchenko, Mic hail: Goethe und Schiller – eine Annäherung: Die Juno Ludovisi als Inbegriff der Weimarer Klassik. Quelle: http://share.pdfonline.com/

207 Vgl. Goethe (Anm. 1), S. 200

208 Bertholdt, Sybille: Mir geht's mit Goethen wunderbar. Charlotte von Stein und Goethe – Geschichte einer Liebe. By Langen Müller in der F. A. Herbig Verlagsbuchhandlung GmbH München 1999, S. 213 ff.

209 Vgl. Goethe (Anm. 141), Bd. 1–3, S. 149

210 Schiller, Friedrich. Brief eines reisenden Dänen – der Antikensaal zu Mannheim. Thalia 1. Bd. Heft 1, Göschen'sche Verlagsbuchhandlung Leipzig 1785, S. 176 ff.

211 Schiller, Friedrich: Brief an Charlotte von Lengefeld, Ende August 1788. Quelle: http://www.wissen-im-netz.info/literatur/schiller/briefe/1788/178808xx4.htm

212 Zitiert nach: Programmheft Theater Rudolstadt, Iphigenie in Aulis. Steffen Mensching, April 2013

213 Schiller, Friedrich: Die Götter Griechenlands, erste Strophe, 1788. In: Der TeutscheMerkur. März 1788. S. 250. Quelle: www. unidue.de/lyriktheorie/scans/ 20-05-2012

214 Schiller, Friedrich: Über die ästhetische Erziehung des Menschen. Fünfter und Sechster Brief. In: Schillers Werke. Achter Band. Hrsg. von L. Bellermann. Bibliographisches Institut Leipzig und Wien 1911, S. 183 ff

215 http://www.ub.uni-bielefeld.de/diglib/aufkl/horen/horen.htm

216 Schillers sämmtliche Werke in zwölf Bänden. Hrsg. Cotta'scher Verlag, Stuttgart 1860, S. 13

217 Sternke, René: Böttiger-Lektüren – Die Antike als Schlüssel zur Moderne. Akademie Verlag GmbH Berlin 2012, S. 266 Brief Böttigers vom 27. Juli 1795 an Johann Christoph Friedrich Schulz
218 Beetz, Manfred: Briefwechsel zwischen Schiller und Goethe in den Jahren 1794 bis 1805. Carl Hanser Verlag München Wien 2005, Bd. 1, S. 179, Brief Goethes an Schiller vom 22. Juni 1796
219 Jenisch, Daniel: Zeitschrift Berlinisches Archiv der Zeit und ihres Geschmack. Quelle: http://blog.litteratur.ch/WordPress/?p=4087
220 Vgl. Beetz (Anm. 218), S. 372
221 Ebd. S. 331
222 Ebd. S. 362
223 Ebd. S. 381
224 Appel, Sabine: Madame de Staël: Biographie einer großen Europäerin: Biographie einer berühmten Europäerin. Patmos verlag GmbH & Co. KG, Artemis & Winkler Verlag Düsseldorf 2006, S. 182
225 Ebd., S. 185
226 Goethe (Anm. 14), S. 217
227 Ebd. S. 209 ff.
228 Eckermann, Johann Peter: Gespräche mit Goethe in den letzten Jahren seines Lebens. Aufbau Verlag Berlin und Weimar 1984, S. 138
229 Ebd. S. 208 ff

Quellenverzeichnis

Beetz, Manfred: Briefwechsel zwischen Schiller und Goethe in den Jahren 1794 bis 1805. Carl Hanser Verlag München Wien 1990

Beltramini, Guido: Palladio – Lebensspuren. Verlag Klaus Wagenbach Berlin 2009

Beranek, Josef: Johann Joachim Winckelmann und die Altmark. In: Müller, Theo: Altmärkischer Heimatkalender 1974. Hrsg. von der Kreisleitung Salzwedel des Kulturbundes der Deutschen Demokratischen Republik, S. 43 ff.

Bruer, Stephanie-Gerrit (Bearb.): Von Pompeji bis Troja – Archäologische Entdeckungen von Winckelmann bis Schliemann. Ausstellung im Winckelmann-Museum 8. Dezember 1990 bis 10. März 1991. Hrsg. Winckelmann-Museum Winckelmann-Gesellschaft Stendal 1990

Catt, Henri Alexandre de: Gespräche Friedrichs des Großen mit Henri de Catt. Hrsg. von Friedrich von Oppeln-Bronowski, Insel-Bücherei Nr. 435, Leipzig 1933

Baeumer, Max L.: Winkelmann und Heinse. Die Sturm- und-Drang-Anschauung von den bildenden Künsten. Schriften der Winckelmann-Gesellschaft Bd. 14. Hrsg. von Max Kunze, Stendal 1997

Beyer, Andreas / Osterkamp, Ernst: Goethe Handbuch – Supplemente Band 3: Kunst, Verlag J.B. Metzler Stuttgart Weimar 2011

Blanck, Horst: Das Buch in der Antike. Verlag C.H. Beck, München 1992

Bruer, Stephanie-Gerrit und Autorenkollektiv: Winckelmann.Museum, ein Gang durch die Ausstellung. Verlag Franz Philipp Rutzen, Ruhpolding und Mainz 2007

Dziekan, Katrin / Pott, Ute: Lesewelten – Historische Bibliotheken. Büchersammlungen des 18. Jahrhunderts in Museen und Bibliotheken Sachsen-Anhalts. Mitteldeutscher Verlag GmbH Halle (Saale) 2011

Fellman, Walter: Heinrich Graf Brühl, ein Lebens- und Zeitbild. Verlag Koehler & Amelang, Leipzig 1989

Fink, Gerhard: Who's who in der antiken Mythologie. Deutscher Taschenbuch Verlag GmbH & Co.KG, München 1993

Furnari, Salvatore: Die griechischen Mythen Siziliens. Edigrafica Romana, Palermo 1996

Gerlach, Tilo: Die Haftung für fehlerhafte Kunstexpertisen, Nomos Verlagsgesellschaft, Baden Baden 1998

Goethe, Johann Wolfgang: Italienische Reise. Hrsg. von Andreas Meyer und Norbert Miller, Carl Hanser Verlag, München 1992

Goethe, Johann Wolfgang: Winckelmann und sein Jahrhundert in Briefen und Aufsätzen. Seemann Verlag, Leipzig 1969

Götz, Ulrike / M.A.: Museumsführer Schloss Nöthnitz. Hrsg. von Sächsische Landesstelle für Museumswesen, Chemnitz 1991

Götze, Ludwig: Geschichte des Gymnasiums zu Stendal von den ältesten Zeiten bis zur Gegenwart. Nach archivalischen Quellen bearbeitet. Franzen und Große, Stendal 1865

Gregorovius, Ferdinand: Wanderjahre in Italien. Wolfgang Jess Verlag, Dresden 1950

Hauptmann, Gerhart: Winckelmann, das Verhängnis. Hrsg. und vollendet von Frank Thieß, C. Bertelsmann Verlag, Gütersloh 1954

Heilmeyer, Wolf-Dieter (Hrsg.): Die griechische Klassik – Idee oder Wirklichkeit. Ausstellung im Martin-Gropius-Bau Berlin und in der Kunst- und Ausstellungshalle der Bundesrepublik Deutschland Bonn 2002. © 2002 Antikensammlung Berlin – SMPK und Verlag Phlipp von Zabern, Mainz am Rhein

Heres, Gerald: Winckelmann in Sachsen. Koehler & Amelang, Berlin – Leipzig 1991

Heres, Gerald: Dresdener Kunstsammlungen im 18. Jahrhundert. E. A. Seemann Verlag in der Seemann Henschel GmbH & Co. KG. Leipzig 2006

Holler, Wolfgang / Püschel, Gudrun / Werche, Bettina. Lebensfluten – Tatensturm.Begleitbuch Stiftung Klassik Weimar 2012

Hübener, Thomas: Winckelmanns Schönheitsideal. Wehrhahn Verlag, Hannover 2008

Kanz, Roland: Guiovanni Battista Casanova – Ein Künstlerkarriere in Rom und Dresden. Wilhelm Fink Verlag München 2008

Klauß, Jochen: Der Kunschtmeyer. Verlag Hermann Böhlaus Nachfolger, Weimar 2001

Kulturstiftung Dessau-Wörlitz: Der Vulkan im Wörlitzer Park, Nicolaische Verlagsbuchhandlung GmbH, Berlin 2005

Kunze, Max: Römische Antikensammlungen im 18. Jahrhundert. Hrsg. im Auftrag der Winckelmann-Gesellschaft, Verlag Philipp von Zabern, Mainz am Rhein 1998

Kunze, Max: Reisen in den Orient vom 13. bis 19. Jahrhundert. Schriftenreihe der Winckelmann-Gesellschaft Bd. XXVI, Stendal 2007

Leppmann, Wolfgang: Winckelmann – Ein Leben für Apoll. Scherz Verlag, Bern und München 1982

Meller, Harald / Dickmann, Jens-Arne: Pompeji-Nola-Herculaneum. Katastrophen am Vesuv. Hirmer Verlag Gmbh, München 2011

Mengs, Raphael: Gedanken über die Schönheit und den Geschmack in der Malerey. Hrsg. bey Orell, Geßner, Johann Caspar Füeßlin u. Comp., Zürich 1771

Merfert, Walter: Burg Hadmersleben. Hrsg. von Gesellschaft für Denkmalpflege, Kreis Wanzleben 1992

Mittenzwei, Ingrid: Friedrich II. von Preußen. Pahl Rugenstein Verlag GmbH, Köln 1986

Moatti, Claudia und Autorenkollektiv: Reiseführer Rom. Dumont Buchverlag, Köln 2001

Montaigne, Michel de: Von der Kunst, das Leben zu lieben. Vollständige Ausgabe 2007. Hrsg. von Stilett, Hans. DTV GmbH & Co. KG, München 2012

Müller, Ulrike: Die klugen Frauen von Weimar. Elisabeth Sandmann Verlag GmbH München 2009

Museum Bad Arolsen: Antikes Leben. Hrsg. von H. Broszinski, B. Kümmel, J. Wolf, Michael Imhof Verlag GmbH & Co. KG, Petersberg 2009

Osterkamp, Ernst: Johann Joachim Winckelmanns – Heftigkeit im Reden und Richten. Zur Funktion der Polemik in Leben und Werk des Archäologen. Akzidenzen 9 – Flugblätter der Winckelmann-Gesellschaft, Stendal 1996

Pfotenhauer, Helmut: Beschreibungskunst – Kunstbeschreibung. Ekphrasis von der Antike bis zur Gegenwart. Verlag Wilhelm Fink, München 1995

Plinius der Jüngere: Epistulae VI, 16 und 20 – Briefe über den Vesuvausbruch im Jahre 79 n.Chr. Quelle: www. latein.at/Print.php?tr=323 20-05-2012

Pommier, Edouard: Winckelmann und die Betrachtung der Antike im Frankreich der Aufklärung und Revolution. Akzidenzen 2 – Flugblätter der Winckelmann-Gesellschaft, Stendal 1992

Pückler-Muskau, Hermann von: Andeutungen über Landschaftsgärtnerei, verbunden mit der Beschreibung ihrer prakatischen Anwendung in Muskau. Hallberger'sche Verlagsbuchhandlung Stuttgart 1834

Pückler-Muskau, Hermann von: Briefe eines Verstorbenen. Ein fragmentarisches Tagebuch aus England, Wales, Ireland, und Frankreich, geschrieben in den Jahren 1828 und 1829. Anonym veröffentlicht im Verlag F. G. Franck München 1830

Rehm, Walther: Griechentum und Goethezeit. Leo Lehnen Verlag, München 1952

Röttgen, Steffi: Anton Raphael Mengs in Dresden und Madrid: Zur Geschichte des Hochaltarbildes in der katholischen Hofkirche. In: Dresden und Spanien. Akten des interdisziplinären Kolloquiums Dresden 22.–23. Juni 1998. Hrsg. Christoph Rodiek. Verlag Vervuert, Frankfurt am Main 2000, S. 13–23

Safranski, Rüdiger: Goethe & Schiller, Geschichte einer Freundschaft. Carl Hanser Verlag, München 2009

Safranski, Rüdiger: Goethe. Kunstwerk des Lebens. Carl Hanser Verlag München 2013

Schönheit und Revolution. Klassizismus 1770–1820. Katalogbuch zur Ausstellung in Frankfurt a.M., Liebieghaus Skulpturensammlung und Städel Museum, 20.2.-26.5.2013. Hirmer Verlag München 2013

Schröter, Axel: August von Kotzebue. Erfolgsautor zwischen Klassik und Romantik. Weimarer Verlagsgesellschaft, Weimar 2011

Schuster, Martin: Das Dresdener Galeriewerk. Die Publikation zur neuen Bildergalerie im umgebauten Stallgebäude. In: Dresdener Kunstblätter 01/2009, S. 65 - 78. Hrsg. Staatliche Kunstsammlungen Dresden

Sichtermann, Hellmut: Kulturgeschichte der klassischen Archäologie. Verlag C.H. Beck, München 1996

Sichtermann, Hellmut: Winckelmann im zwanzigsten Jahrhundert. Akzidenzen 1-Flugblätter der Winckelmann-Gesellschaft, Stendal 1991

Tutsch, Claudia: Man muß mit ihnen wie mit einem Freund, bekannt geworden seyn... Verlag Philipp von Zabern, Mainz 1995

Waetzoldt, Wilhelm: Die Begründung der deutschen Kunstwissenschaft durch Christ und Winckelmann. In: Zeitschrift für Ästhetik und allgemeine Kunstwissenschaft Bd. 15, 1920 / 21, S. 165-186

Waetzoldt, Wilhelm: Johann Joachim Winckelmann - Der Begründer der deutschen Kunstwissenschaft. Verlag E.A. Seemann, Leipzig 1940

Wangenheim, Wolfgang von: Der verworfene Stein. Matthes & Seitz, Berlin 2005

Winckelmann, Johann Joachim: Gedanken über die Nachahmung der griechischen Werke in der Malerei und Bildhauerkunst. Reclams Universal-Bibliothek Nr. 8338, Stuttgart 1995

Winckelmann, Johann Joachim: Geschichte der Kunst des Altertums. Phaidon Verlag, Wien 1934

Winckelmann, Johann Joachim: Kleine Schriften.Vorreden. Entwürfe. Walter de Gruyter GmbH & Co. KG, Berlin 2002

Winckelmann. Johann Joachim: Unbekannte Schriften - Antiquarische Relationen und Beschreibung der Villa Albani. Hrsg. und bearbeitet von Sigrid von Moisy, Hellmut Sichtermann, Ludwig Tavernier. Verlag der Bayerischen Akademie der Wissenschaften, München 1986

Zapperi, Roberto: Das Inkognito. Goethes ganz andere Exitenz in Rom. Deutscher Taschenbuch Verlag GmbH & Co. KG, München 2002

Zaunstöck, Holger: Das Leben des Fürsten. Mitteldeutscher Verlag GmbH, Halle 2008

ZDF-Dokumentation: Troja ist überall, Teil 3 - Auferstehung am Vesuv. ZDF Enterprises GmbH und Komplett Media GmbH, Grünwald 2007

Zimmermann, Hans-Dieter: Johann Heinrich Schulze. In: Neue Deutsche Biographie. Band 23. Berlin 2007, S. 725 f.

Personenregister

C

H

T

U

V

Johann Joachim Winckelmann wird in diesem Register nicht mit aufgeführt.
In den Endnoten erwähnte Personen werden nicht genannt.

Bildnachweis

Klaus-Werner Haupt: Abb. 1, 2, 3, 6, 7, 10, 14, 15, 16, 17, 23, 24, 25, 28, 29, 31, 32, 33, 35, 36, 37, 38, 40, 48, 50, 59, 60, 62, 72, 78 (Klaus-W. Haupt: su concessione del Ministero deibeni e delle attività culturali e del turismo - Soprintendenza Speciale per i Beni Archeologici di Roma), 81, 82, 84
Klassik Stiftung Weimar: Abb. 5, 32, 65 und 71 (Foto: Roland Dreßler), 70, 73, 75, 76, 83
Babette Jülich: Abb. 8
Theo Spielmann: Abb. 9
Sammlung der Familie von Finck: Abb. 11
Kulturhistorisches Museum Magdeburg: Abb. 12
SLUB Dresden / Deutsche Fotothek: Abb. 13
Skulpturensammlung Dresden: Abb. 18
Gemäldegalerie Alte Meister, Staatliche Kunstsammlungen Dresden: Abb. 21 (Estel / Klut)
Antikenmuseum Basel und Sammlung Ludwig, SH 280. Andreas F. Voegelin: Abb. 19
Winckelmann-Museum; Ein Gang durch die Ausstellung. Verlag Franz Philipp Rutzen, Ruhpolding und Mainz und Winckelmann-Gesellschaft, Stendal 2007: Abb. 20, 38, 39, 42, 46, 58
Timo Sack (2006): Abb. 22
Staatliche Museen zu Berlin, Nationalgalerie. Bernd Kuhnert: Abb. 26
The Metropolitan Museum of Art, New York City: Abb. 27
J.C. Andrä; Griechische Heldensagen für die Jugend bearbeitet, Verlag von Neufeld & Henius Berlin 1902: Abb. 30
Herculanense Museum; Ministero per Beni e le Attività Culturali. Soprintendenza per i Beni Architettonici e Paesaggistici di Napoli e Provincia. electa napoli 2008: Abb. 34, 47
Wolfgang Janecke: Abb. 41
Proprietà Principe Torlonia, Rom: Abb. 43, 45
J. Winckelmann; Geschichte der Kunst des Altertums. Vollständige Ausgabe. Hrsg. Goldscheider, Ludwig. Phaidon Verlag Wien MCMXXXIV: Abb. 44, 54
Volz, Gustav Berthold; Die Werke Friedrichs des Großen, Bd. 1, Hobbing Verlag Berlin 1913. Geheimes Staatsarchiv Preußischer Kulturbesitz: Abb. 49
Stiftung des Fürstlichen Hauses Waldeck u. Pyrmont. Museum Bad Arolsen, Pitze Eckart: Abb. 51
Kunsthaus Zürich: Abb. 52
Bündner Kunstmuseum Chur / Schweiz: Abb 53

Galleria degli Uffizi, Florenz: Abb. 55
Antikenmuseum Basel und Sammlung Ludwig, SH 205. Andreas F. Voegelin: Abb. 56
Palazzo Barberini. Galleria Nazionale d'Arte Antica, Roma: Abb. 57
Museumslandschaft Hessen Kassel: Abb. 61
Antikenmuseum der Universität Leipzig. PUNCTUM / Peter Franke: Abb. 64
Kunsthistorisches Museum Wien: Abb. 66, 67
Torlo, Marzia Vidulli; Un atroce misfatto. L'assassionio di Winckelmann a Trieste. A heinous crime. The murder of Winckelmann in Trieste. Civico Museo di Storia ed Arte – Orto Lapidario. Comune di Trieste 2012: Abb. 68
Herzogliches Museum Gotha: Abb. 69
Die Gartenlaube. Illustrirtes Familienblatt Nr. 601; Verlag Ernst Keil Leipzig 1875: Abb. 74
Beltramini, Guido; Palladio – Lebensspuren. Berlin 2009, S. 59: Abb. 77
Städelmuseum Frankfurt Main. Martin Kraft: Abb. 79
Schillerhaus Rudolstadt: Abb. 80 (Alexander Stemplewitz)
Harald Wenzel-Orf: Abb. 82

Dank

Mein Dank gilt der Winckelmann-Gesellschaft e.V. in Stendal, der Studienstätte Nöthnitz e.V. in Bannewitz, der Kulturstiftung DessauWörlitz in Dessau-Roßlau, dem Schillerhaus Rudolstadt und der Amministrazione Principe Torlonia in Rom, dem Herculanense Museum in Portici sowie den Civici Musei di Storia ed Arte in Triest für das freundliche Öffnen der Türen und Erteilen von Publikationsgenehmigungen.

Namentlich danke ich Herrn Dr. Veit Stürmer (Konservator am Winckelmann-Institut der Humboldt-Universität Berlin, † 2013), Herrn Dr. Hans-Peter Müller (Kustos des Antikenmuseums der Universität Leipzig), Herrn Dr. Johannes Rößler (Institut für Kunstgeschichte der Universität Bern), Herrn Theo Spielmann (Pfarrer in Hadmersleben), Frau Simone Habendorf (Leiterin des Stadtarchivs Stendal) und Herrn Steffen Langusch (Leiter des Stadtarchivs Salzwedel) für das Erteilen fachlicher Ratschläge.

Der Weimarer Verlagsgesellschaft gebührt Dank für die Realisierung meines Publikationsvorhabens.

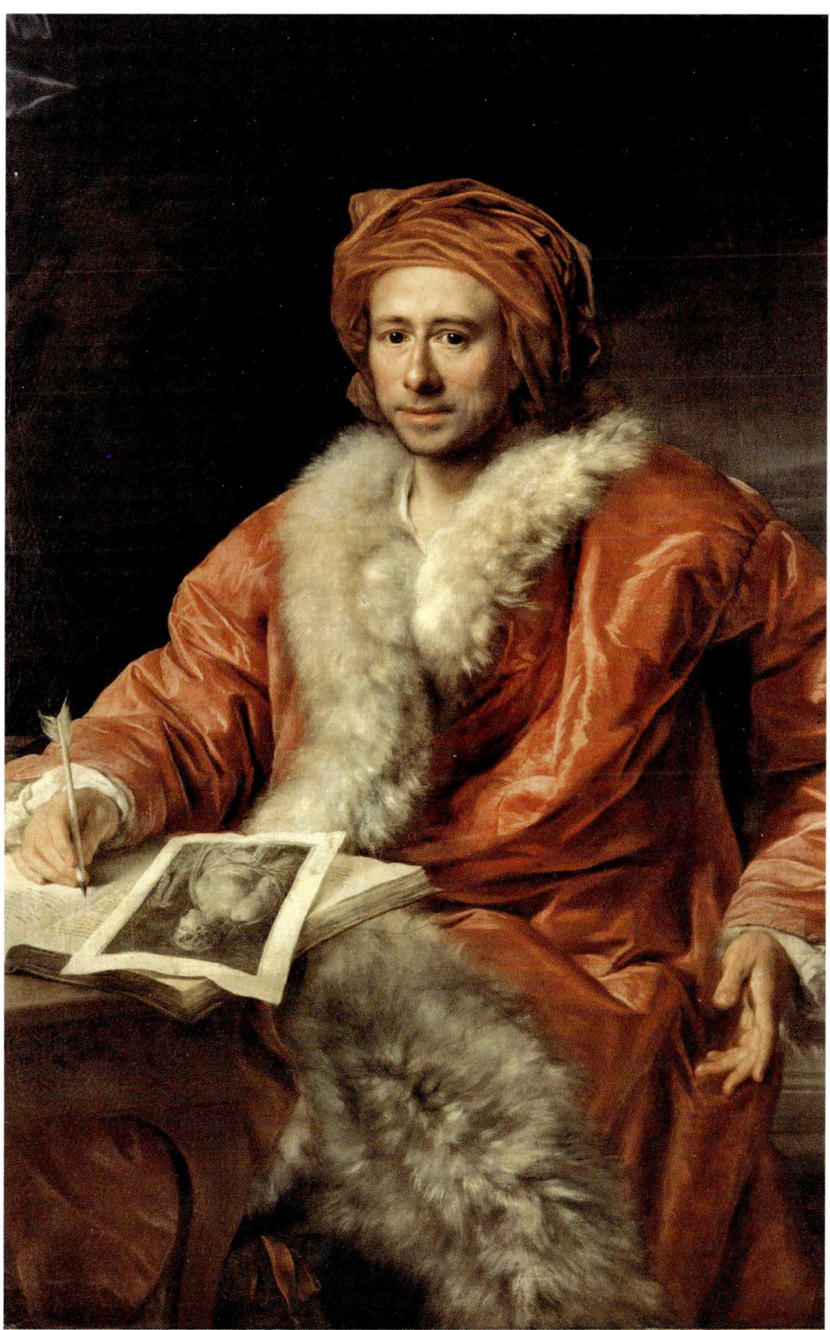

Tafel 1 (Abb. 65)
Credo Winckelmanns war die Freundschaft. 1767 / 68 schuf der Maler Anton Maron das berühmte Freundschaftsbildnis des Altertumsforschers.

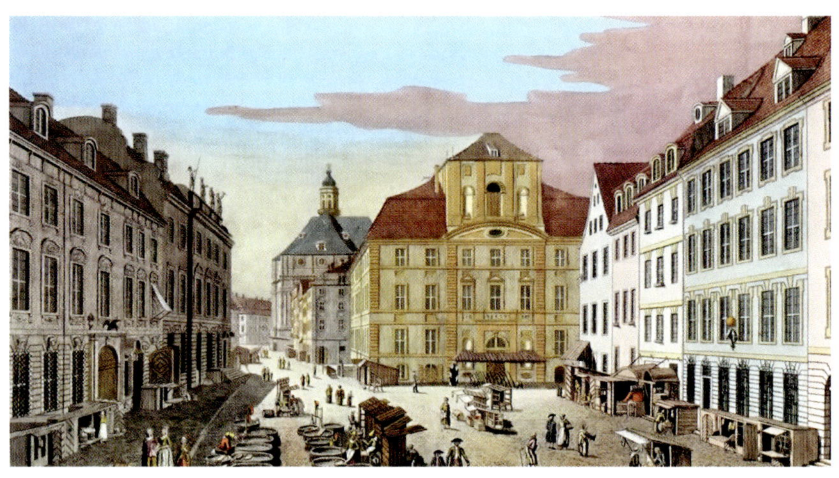

Tafel 2 (Abb. 4)
Im Cöllnischen Rathaus war ab 1730 die Lateinschule untergebracht. Hier wurde der junge Winckelmann in den Jahren 1735 / 36 unterrichtet.

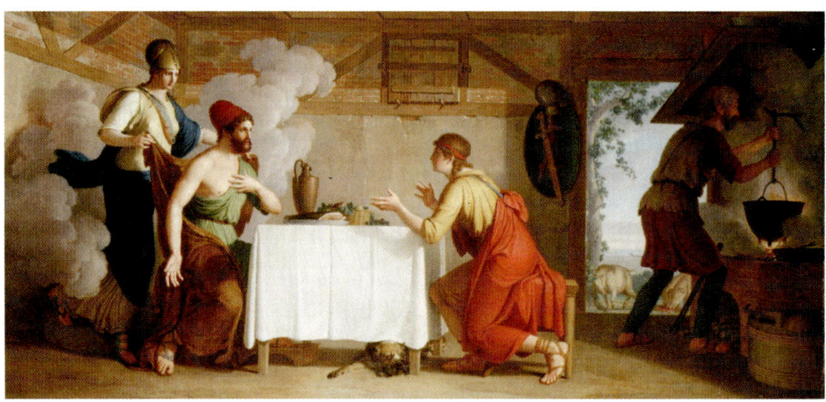

Tafel 3 (Abb. 5)
An den homerischen Epen gefiel dem Schüler der Sprachstil: die Kunst, sinnliche Empfindungen wiederzugeben, Unbelebtes als lebendig erscheinen zu lassen.

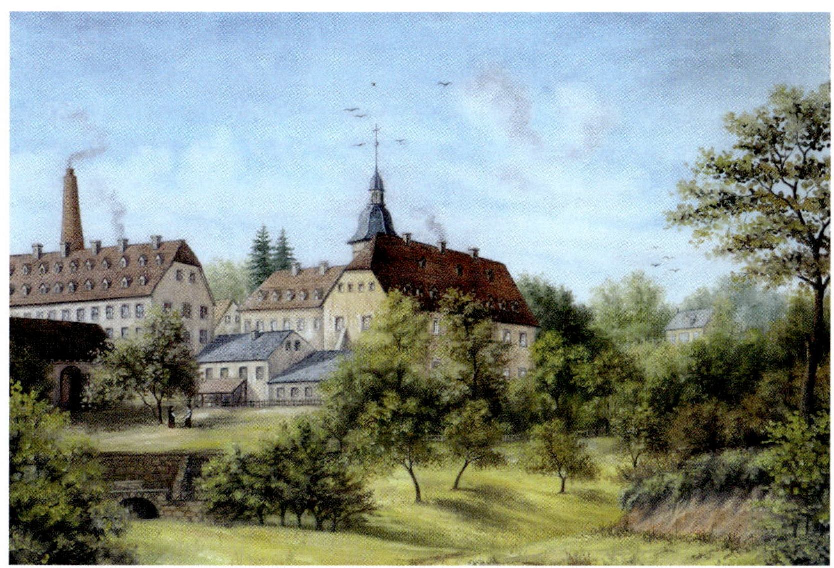

Tafel 4 (Abb. 11)
Von 1748 bis 1754 arbeitete Winckelmann auf dem Rittergut Nöthnitz, wo er wichtige Fertigkeiten im Umgang mit Quellen und Dokumenten erwarb.

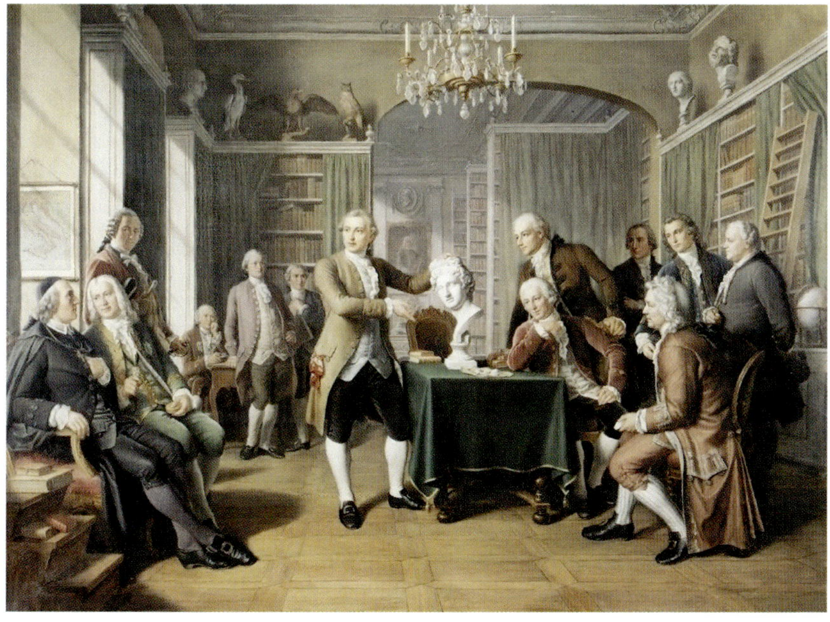

Tafel 5 (Abb. 13)
Bald galt er als sachkundiger Bibliothekar und führte selbst gelehrte Gäste durch die Salons der Bibliotheca Bunaviana.

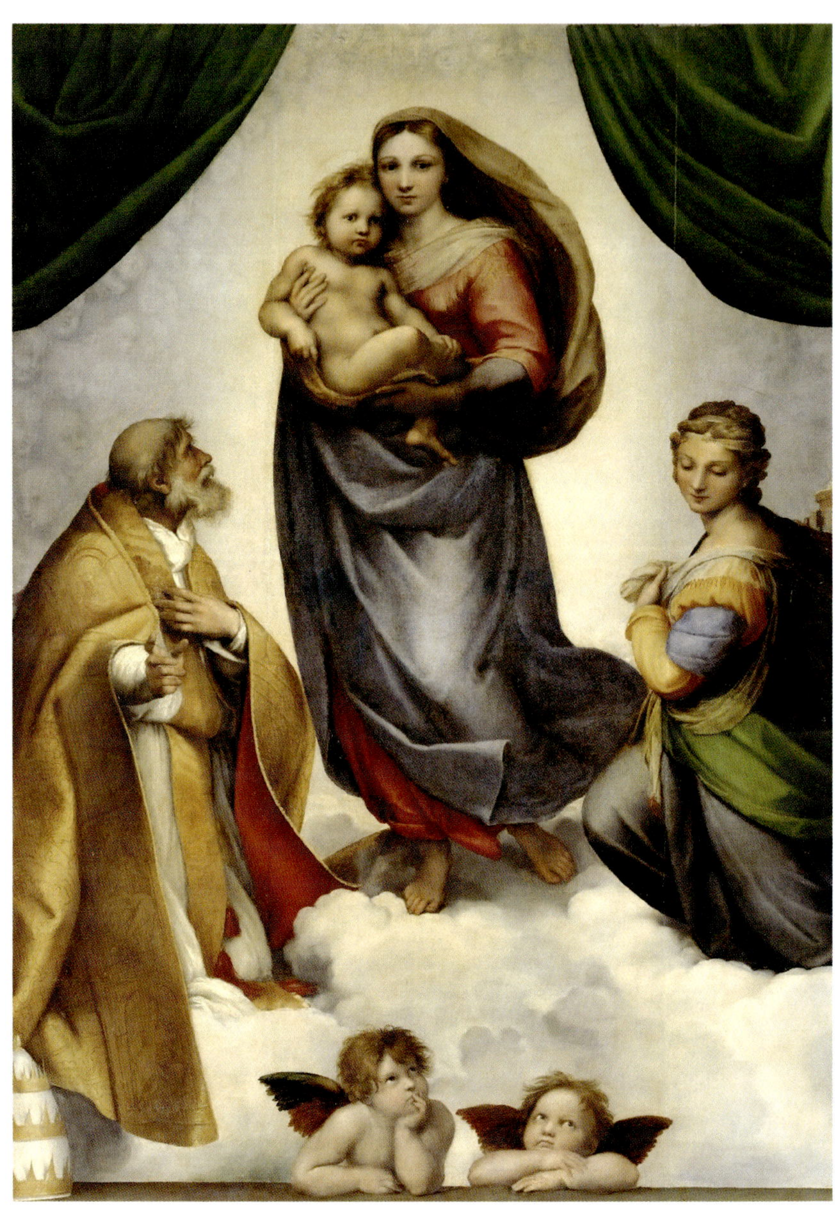

Tafel 6 (Abb. 21)
In Dresden wandte sich Winckelmann der Kunst zu und beschrieb als Erster Raffaels Gemälde „Sixtinische Madonna“ (1512/13).

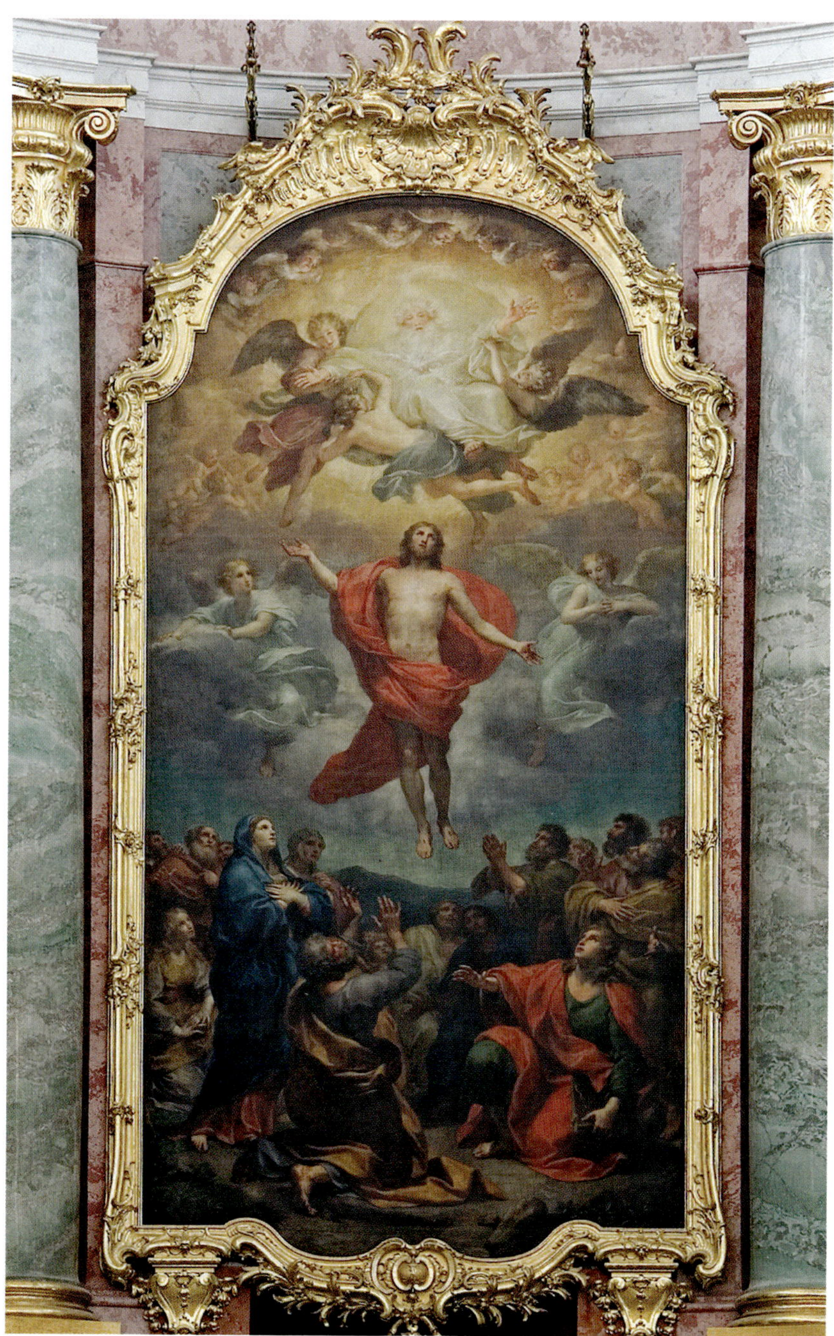

Tafel 7 (Abb. 22)
Der sächsische Oberhofmaler Mengs schuf in Rom das Hochaltarbild „Himmelfahrt Jesu Christi". Über Madrid gelangte es in die barocke Dresdner Hofkirche.

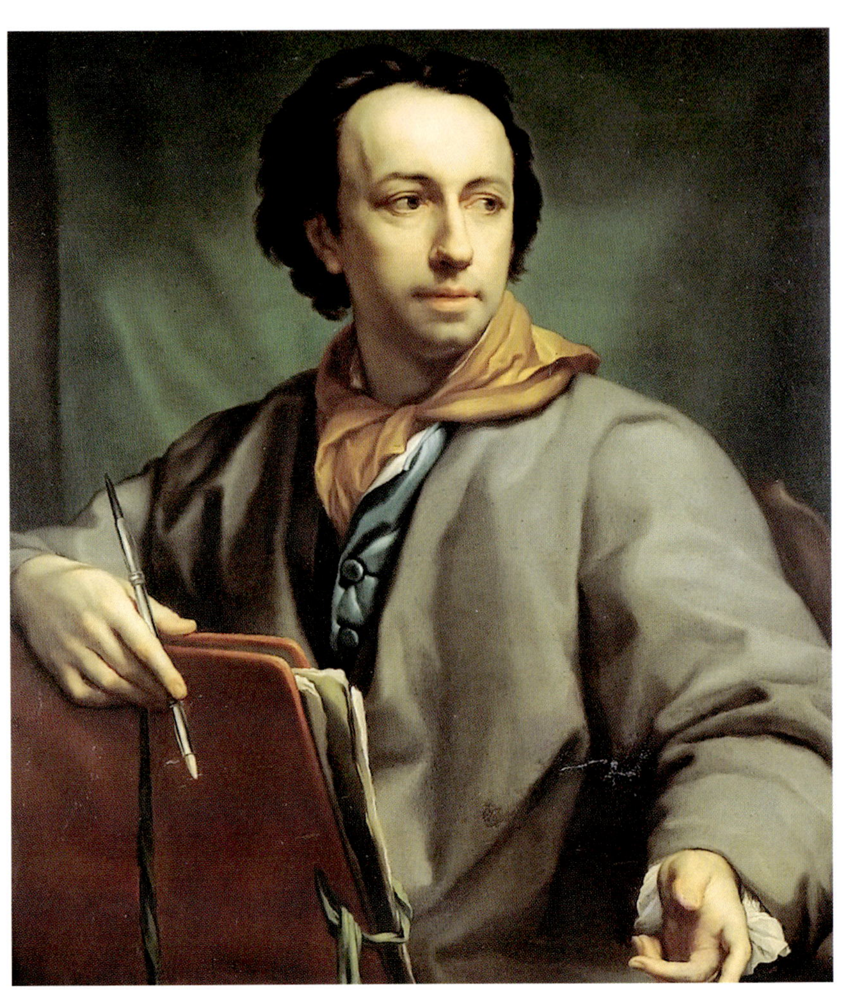

Tafel 8 (Abb. 26)
Seine Geschichte der Kunst des Alterthums (1764) widmete Winckelmann der Kunst, der Zeit und seinem Freund Anton Raphael Mengs.

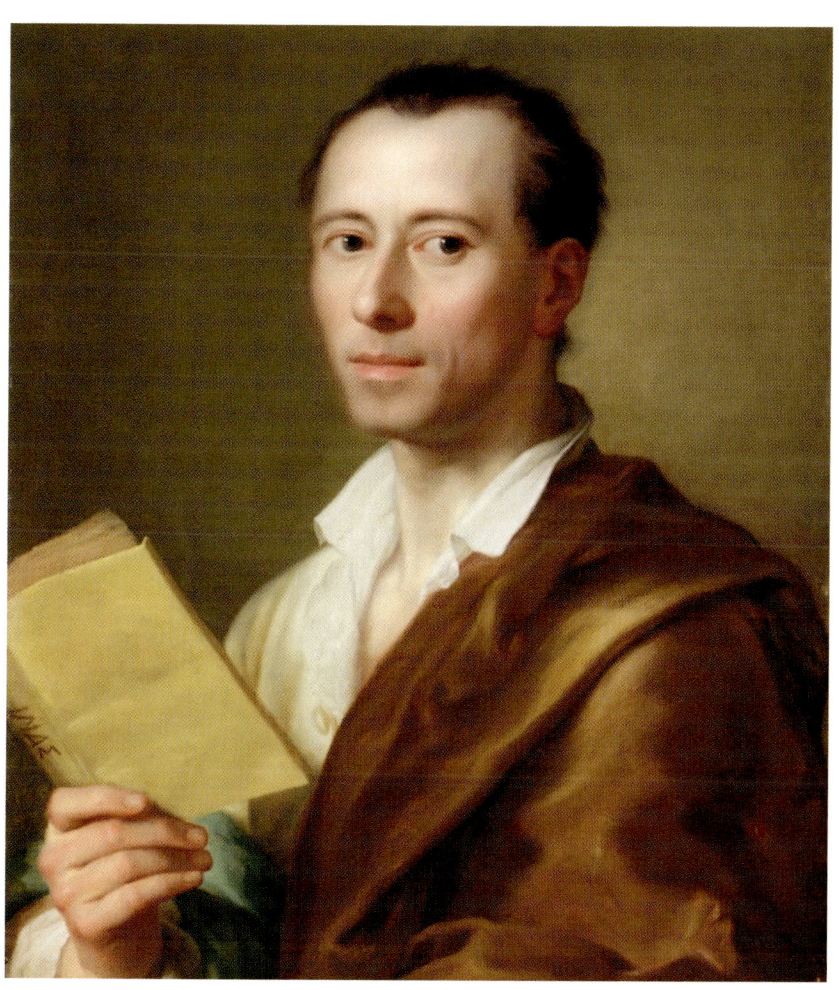

Tafel 9 (Abb. 27)
In Rom standen antike Plastiken im Mittelpunkt des Interesses. Winckelmanns archäologische Studien dienten zur Beschreibung und historischen Einordnung der Kunstwerke.

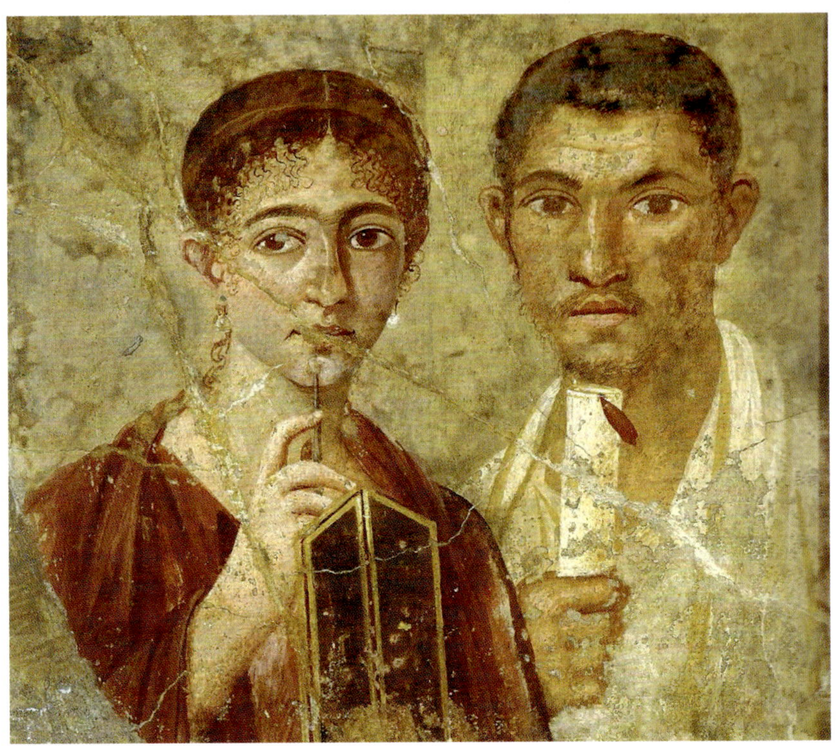

Tafel 10 (Abb.37)
In Pompeji fand sich das antike Fresko des Terentius Neo und seiner Frau. Der Mann hält eine Buchrolle, seine Muse eine Wachstafel und einen Griffel.

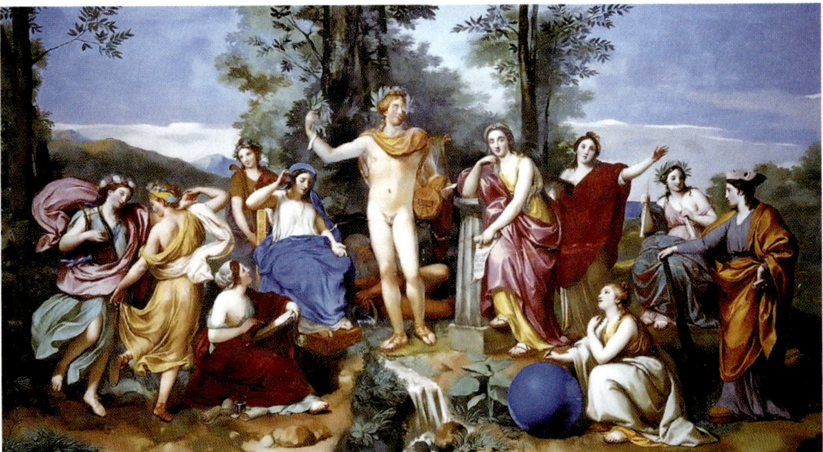

Tafel 11 (Abb. 43)
Für die Villa Albani schuf Mengs das Deckengemälde „Der Parnass". Es zeigt Apoll als Musenführer und gilt als Wiederbelebung der griechischen Malerei.

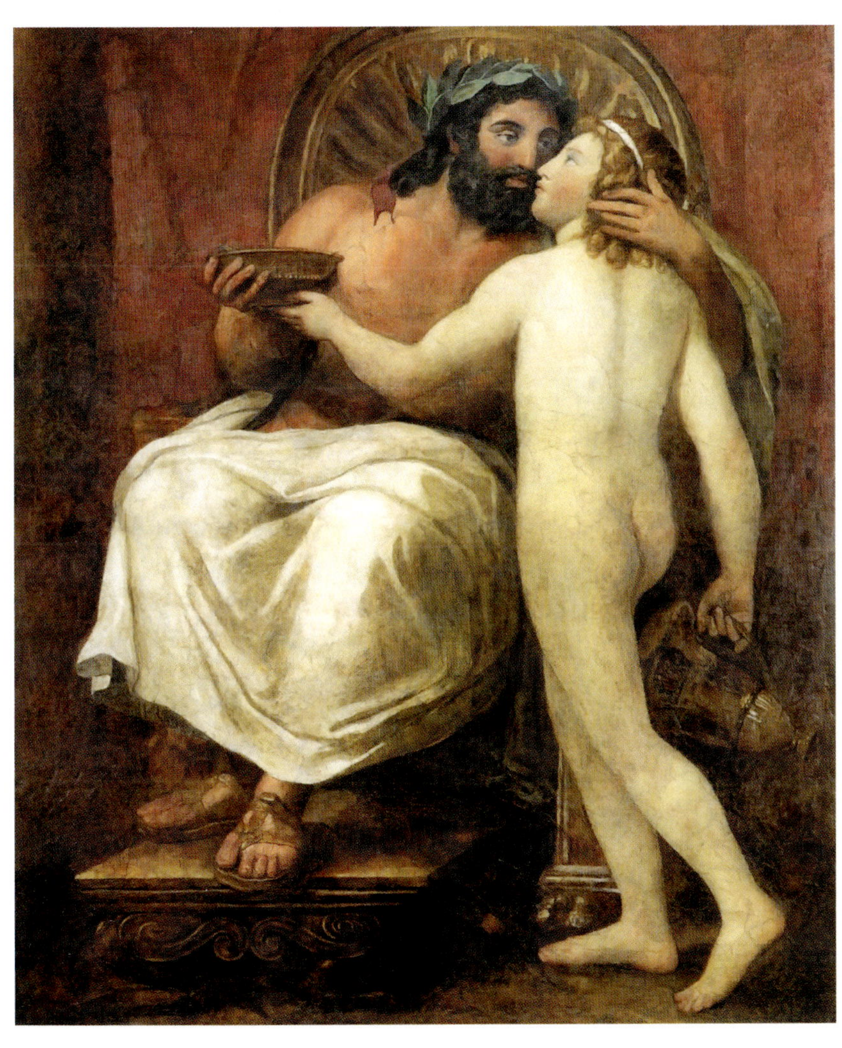

Tafel 12 (Abb. 57)
Auch das Bildnis „Jupiter und Ganymed" wird Mengs zugeschrieben. Es wurde von Winckelmann irrtümlich als antikes Fresko angesehen.

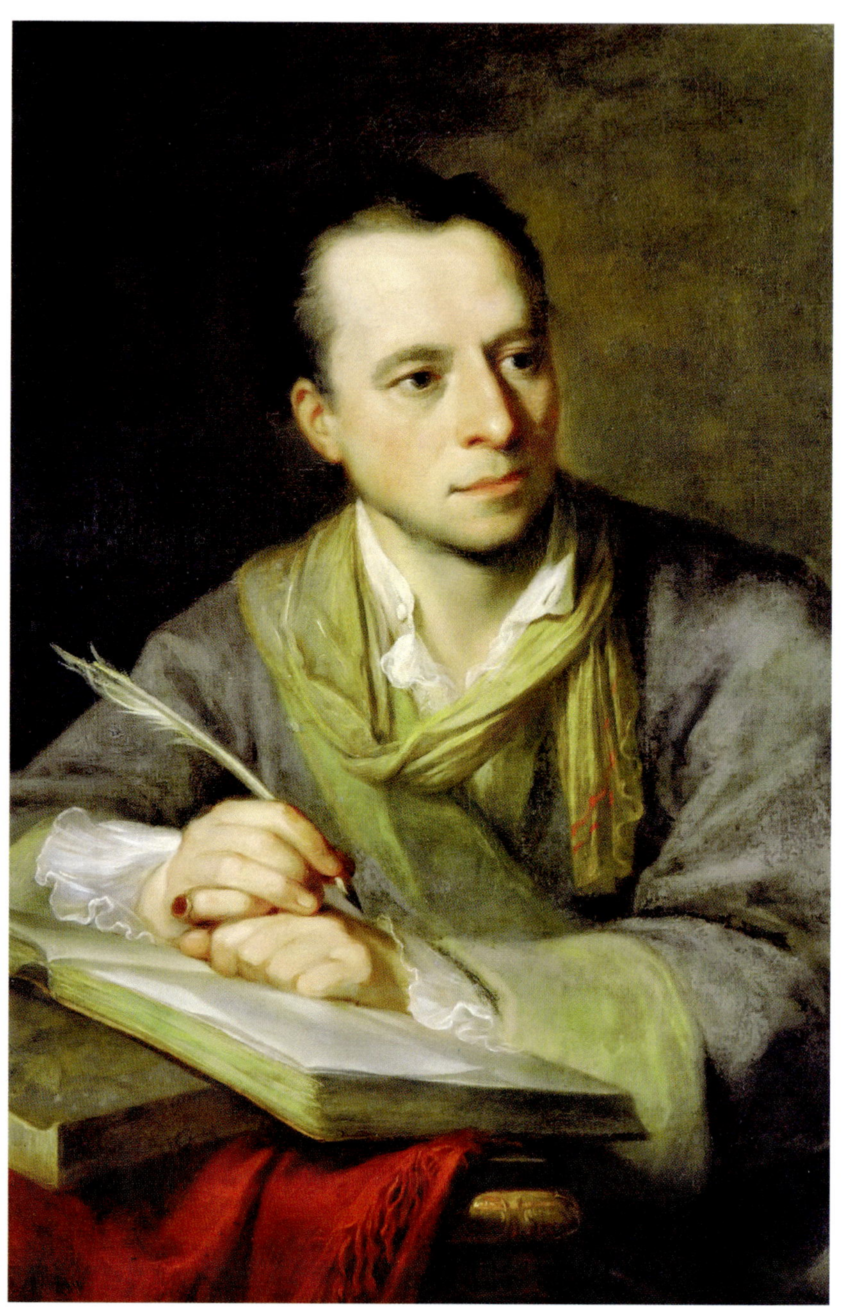

Tafel 13 (Abb. 52)
Mit dem „Bildnis Johann Joachim Winckelmann" (1764) gelangte die Malerin Angelika Kauffmann zu Weltruhm. Es zeigt den Antiquar bei der Arbeit.

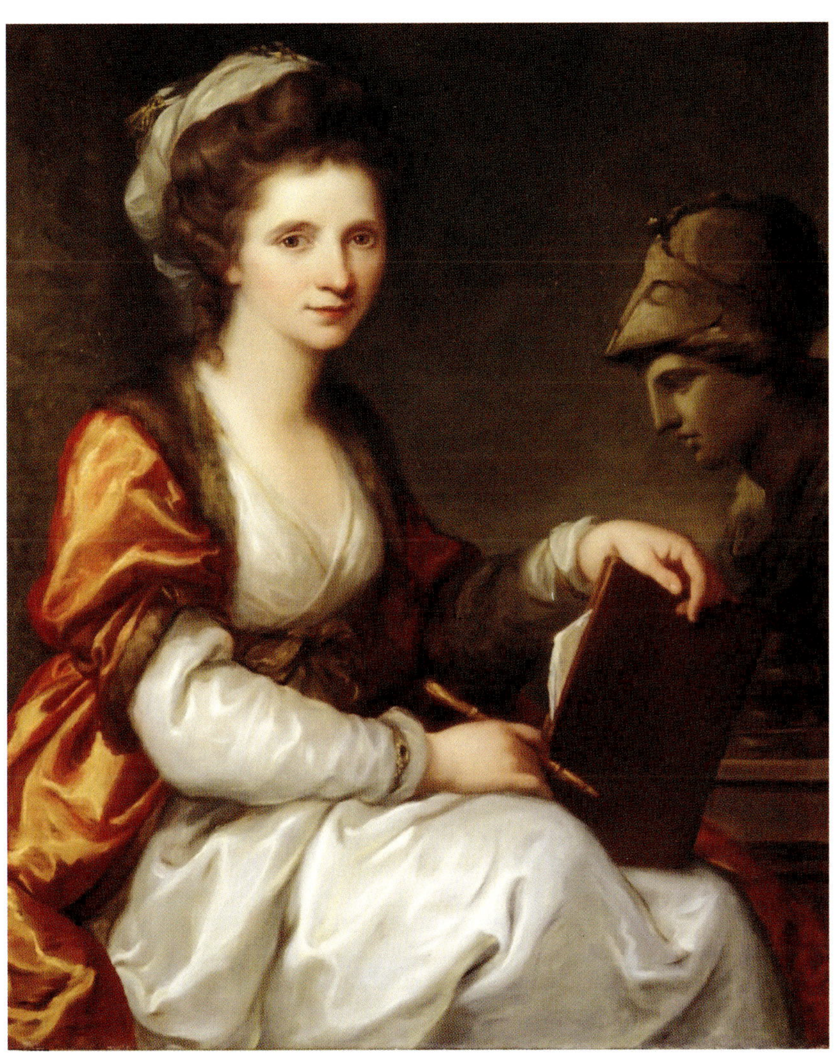

Tafel 14 (Abb. 53)
Angelika Kauffmanns „Selbstbildnis mit der Büste der Minerva“ (um 1780) ist ein Bekenntnis zur klassizistischen Kunst.

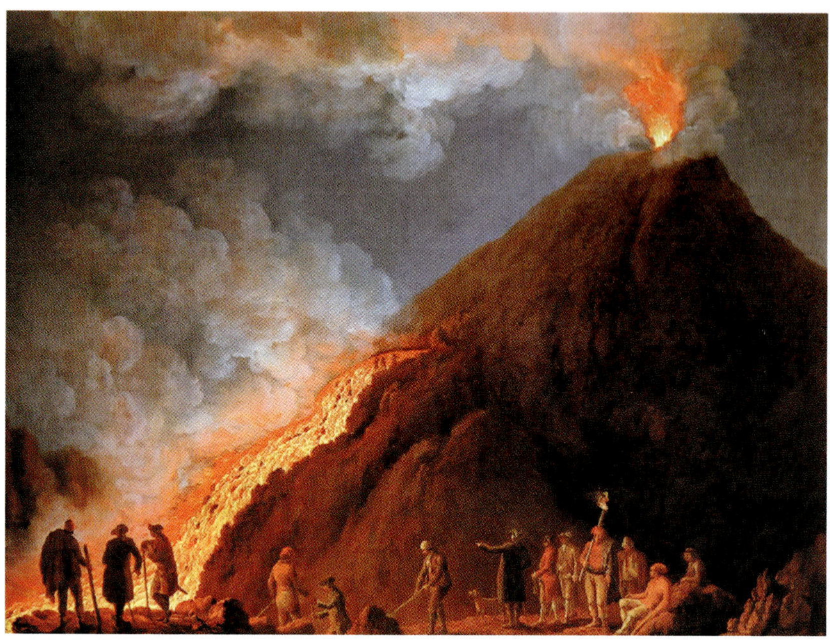

Tafel 15 (Abb. 61)
Jacob Philipp Hackert gilt als angesehener Landschaftsmaler des frühen Klassizismus. „Der Ausbruch des Vesuvs am 12. Januar 1774" erinnert er an die Erlebnisse Italienreisender.

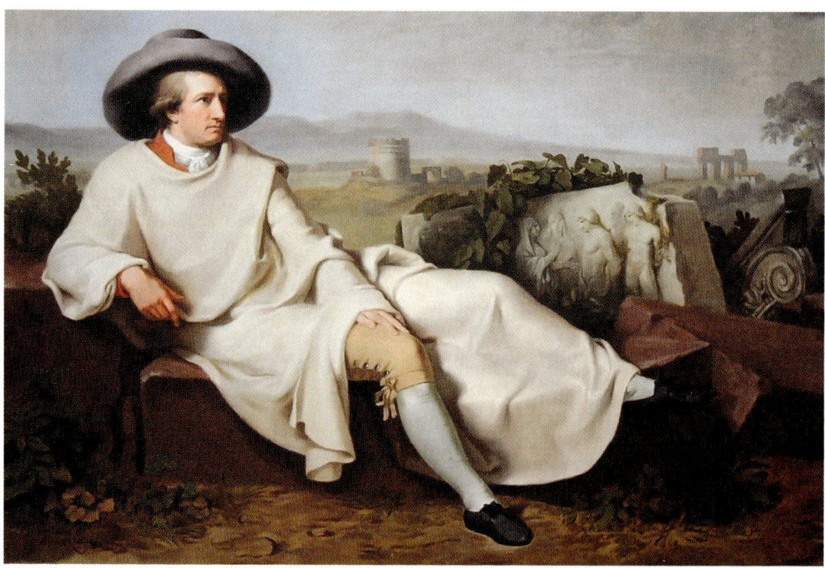

Tafel 16 (Abb. 79)
In Italien half sich Goethe am Winckelmannschen Faden durch die Kunstepochen. Der Maler Tischbein zeigt ihn 1787 auf Ruinen in der römischen Campagna sitzend.

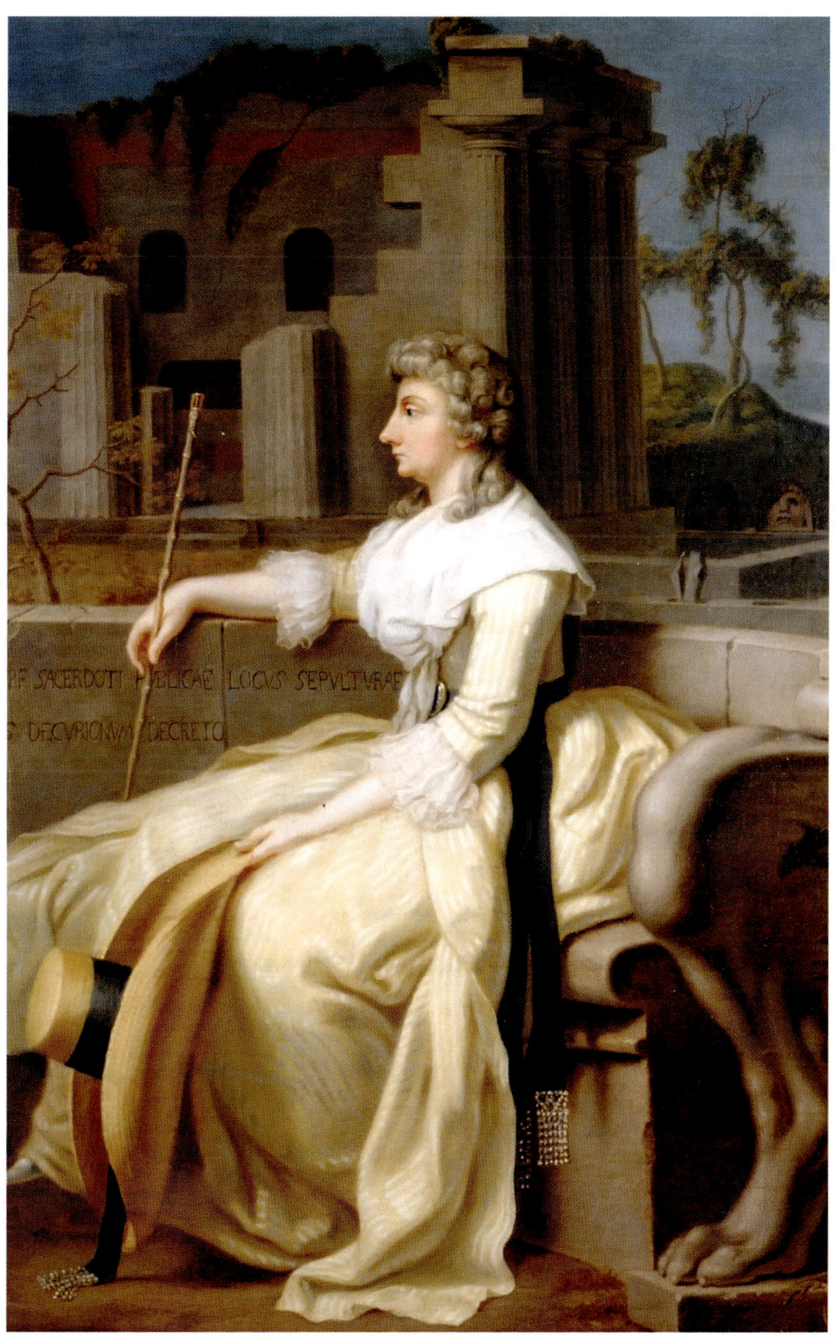

Tafel 17 (Abb. 71)
Im Jahre 1789 schuf Tischbein das Porträt „Anna Amalia in den Ruinen von Pompeji". Es zeigt die Herzoginmutter auf dem Grabmal der Venus-Priesterin Mamia thronend.

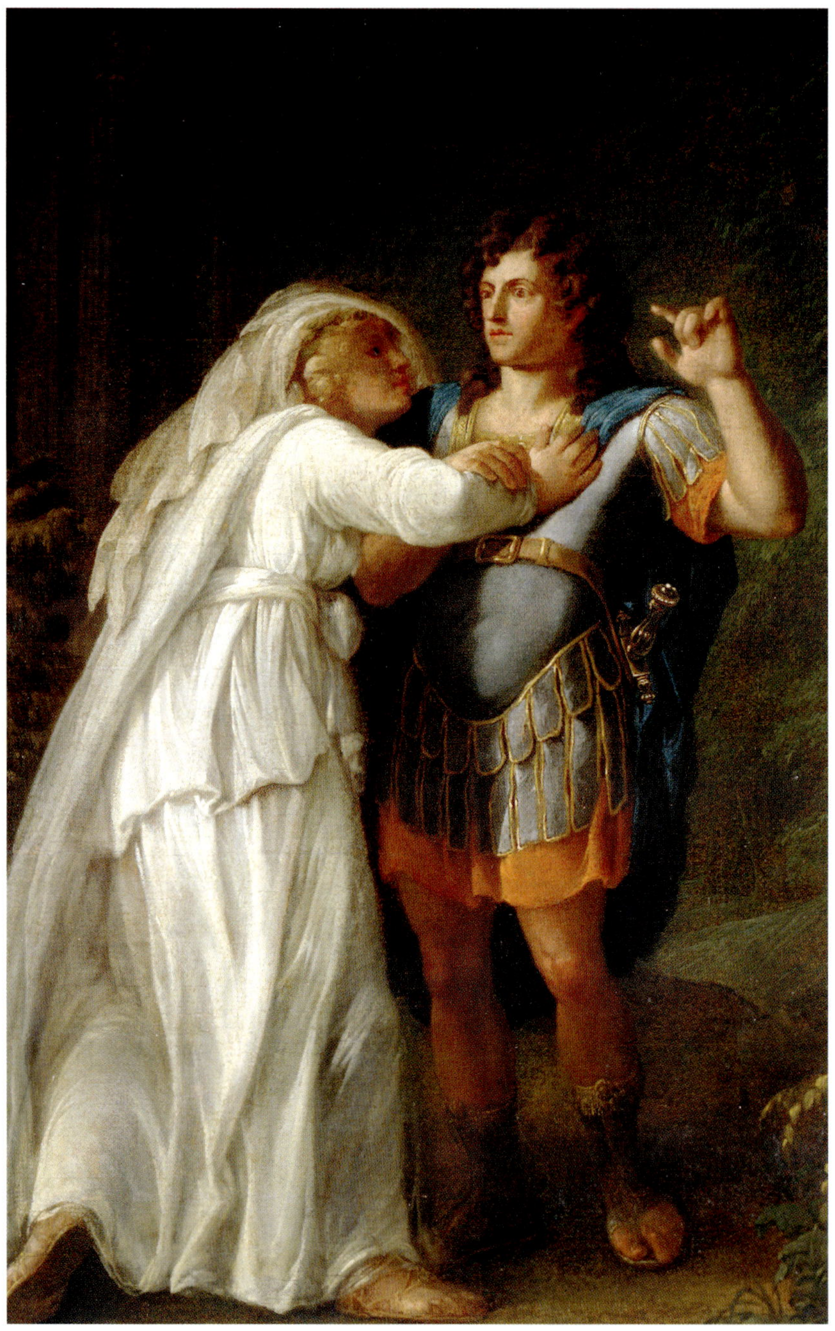

Tafel 18 (Abb. 75)
Das Gemälde zeigt Corona Schröter 1779 als Iphigenie und Goethe als Orest. Sein Drama Iphigenie auf Tauris (Bühnenfassung 1786) avancierte zu einem der Schlüsselwerke der Weimarer Klassik.

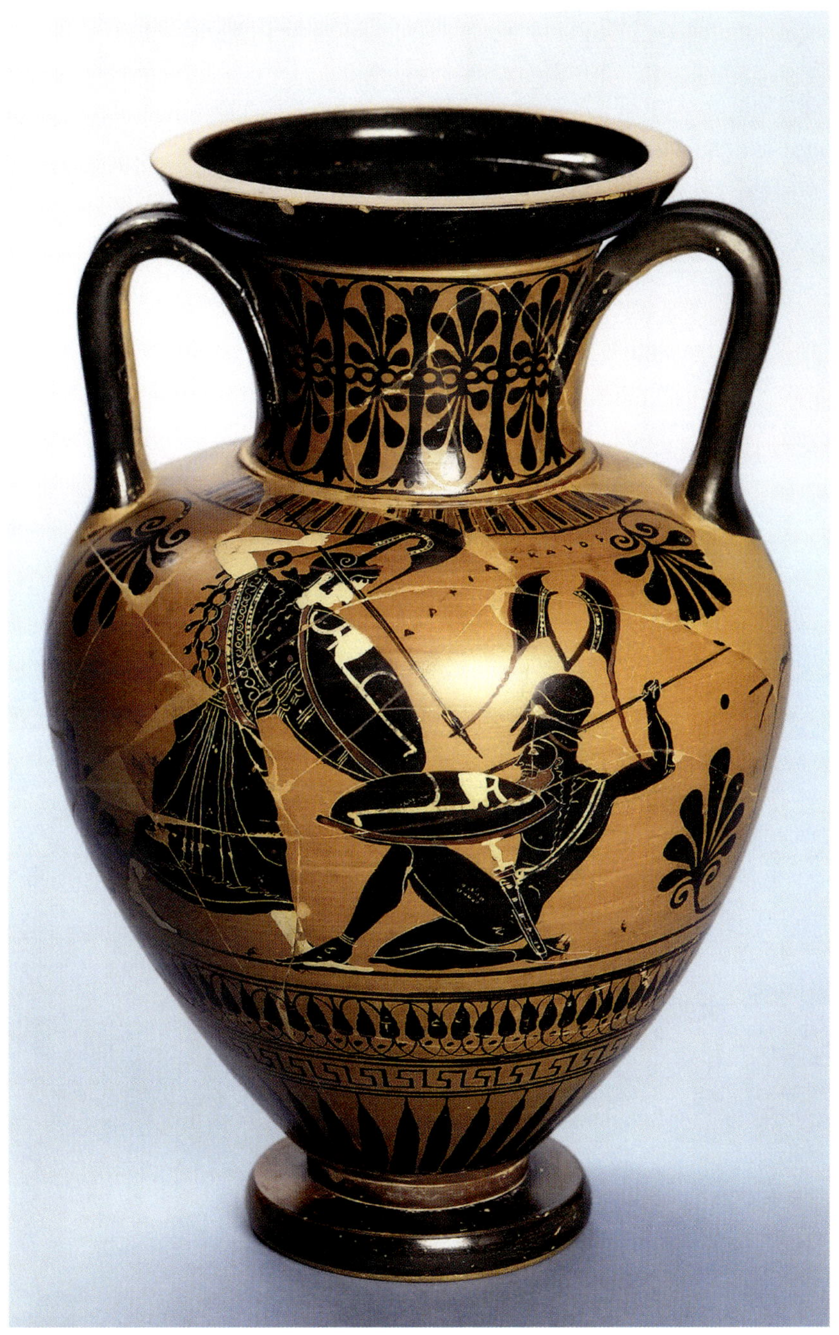

Tafel 19 (Abb. 64)
In den Sujets und Zeichnungen antiker Vasen sah Winckelmann „das Wunderbare in der Kunst der Alten“.

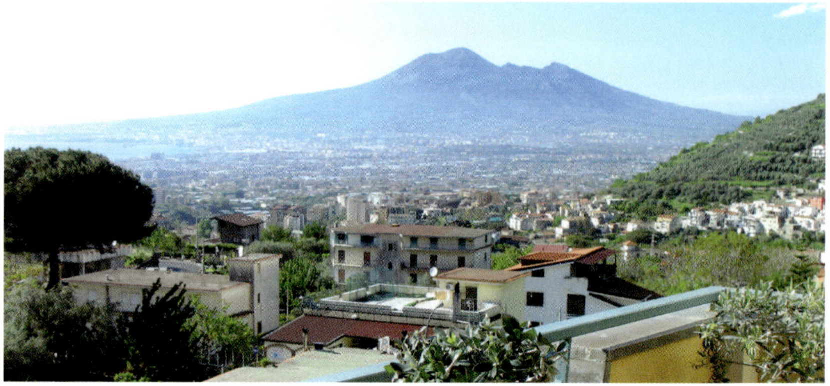

Tafel 20 (Abb. 33) Dieser Blick geht von Gragnano über Pompei auf den 1.281 Meter hohen Vesuv. Das Panorama lässt die allgegenwärtige Gefahr nur erahnen.

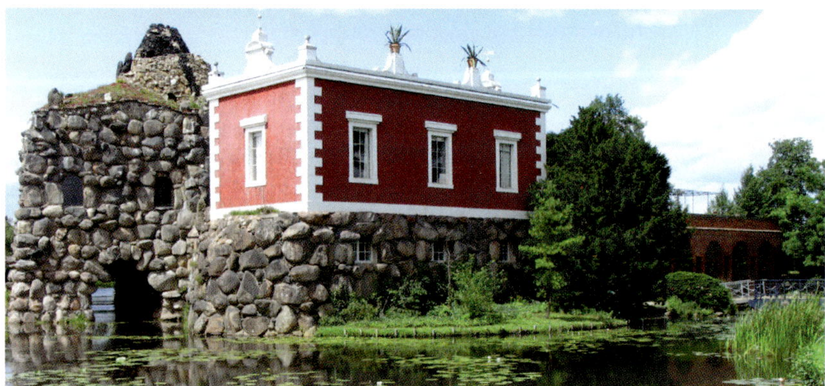

Tafel 21 (Abb. 62) Als Reminiszenz an den Italienaufenthalt des Fürsten Franz entstand in Wörlitz die Felseninsel „Stein" mit künstlichem Vesuv und der „Villa Emma" des englischen Gesandten Lord Hamilton.

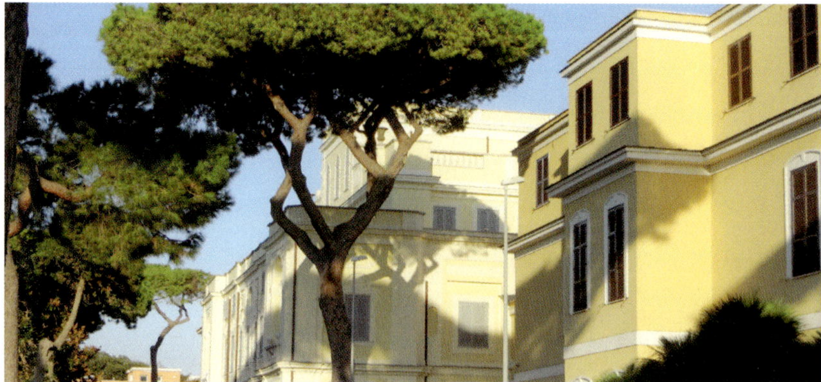

Tafel 22 (Abb. 41) Neben dem Palazzo in Rom und einer Villa in Castel Gandolfo bewohnte Kardinal Albani diese Villa in Anzio am Tyrrhenischen Meer, wo sich ab 1759 auch Winckelmann gelegentlich aufhielt.